인간관계 심리학 2판

이태연 지음

신정

머리말

어릴 때 아기는 부모와의 상호작용을 통해 사회생활을 위해 필요한 기본적 성격과 정서를 형성하게 되며 나이가 들어 가정을 떠나면 사회 속에서 다양한 인간관계를 형성하고 자신의 역할을 찾게 된다. 인간관계를 통해 얻게 되는 정보나 정서적 지지는 사회를 살아가기 위해 필요한 자원이므로 바람직한 인간관계를 형성할 수 있는 능력은 사회생활을 잘 해나가기 위해서 필수적 요소이며 행복한 삶의 기반이 된다. 우리 사회는 과거와 달리 면대면 인간관계뿐 아니라 온라인 인간관계가 활성화되면서 대인관계의 폭은 넓어지고 있지만 마음을 터놓을 수 있는 진실한 대인관계는 줄어들고 있는 상황이다. 이러한 상황은 피상적 인간관계보다 진실된 인간관계를 위해 노력해야 한다는 것을 시사하지만 동시에 인간관계를 바라보는 방식에도 변화가 이루어져야 한다는 점도 보여주고 있다. 즉, 전통적 사회규범의 영향력이 강한 우리 사회에서는 자신의 생각이나 감정을 잘 드러내지 않는 것을 성숙한 사람의 지표로 바라보는 경향이 있었지만 이제는 자신의 생각이나 감정을 자연스럽게 표현하는 것이 바람직한 것으로 여기게 되었다. 이러한 변화는 자연스러운 의사소통을 가능하게 하는 순기능적 효과도 있지만 온오프라인에서 개인적인 감정이나 욕구들이 자제력 없이 표출되어 갈등을 부추기는 문제도 발생하고 있다. 또한 급격한 사회적 변화에 의해 전통적 규범 대신 물질적인 가치관이 인간관계에 영향을 미치면서 정서적 친밀감보다 이해득실을 중요시하는 경향이 증가하여 과거에 비해 소외감이나 외로움은 커지고 있다.

인간관계의 위기 속에서 인간관계를 통해 진실된 만남을 이루고 행복한 삶을 영위하기 위해서는 인간관계에서 나타나는 자신의 문제를 인식하고 그것을 고쳐 나가려는 노력이 필요하다. 그동안 좋은 인간관계가 각자 타고난 성격에 의해 결정되는 것이고 배울 수 있는 것이 아니라고 생각했다면 이제는 좋은 인간관계를 위한 기술도 배울 수 있는 것이고 자신의 인간관계도 긍정적으로 변화될 수 있다고 생각해야 한다. 즉, 어릴 때 부모나 가족과의 부정적 상호작용에 의해 형성된 비합리적 사고방식과 부적절한 대인기술은 타인과의 자연스런 인간관계를 방해하고 자신을 외롭게 만들었을 수 있으며 그러한 상황을 자신의 타고난 운명이라고 받아들였을 수 있다. 게다가 인간관계 문제를 가지고 있는 사람들은 자기가 인간관계에 문제를 보이는 원인을 자신에게 찾기보다 주변 사람들에게 찾는 경향이 있어 상황을 변화시키기 어렵다.

중요한 출발점은 인간관계에서 자신이 가지고 있는 문제가 무엇인지 인식하고 그것을 변화시키려고 노력하는 것이다. 이 책은 우리가 인간관계에서 어려움에 직면하게 되는 원인이 무엇이고 그것을 어떻게 변화시킬 수 있는지를 먼저 알아보고, 사회에서 경험하게 되는 다양한 인간관계 상황에서 원만한 인간관계를 이루어나갈 수 있는 방법을 다루고자 하였다.

이 책은 인간관계의 과정과 의사소통의 원리 그리고 인간관계에서 생길 수 있는 문제와 그것을 극복하기 위한 기본적인 기술을 다룬 기초편과 기초편에서 익힌 대인관계 기술을 친구관계, 이성관계, 부부관계, 가족관계, 직장관계에서 적용하는 응용편으로 구성되었다.

구체적으로 살펴보면 1장에서는 인간관계의 필요성과 이론 등 인간관계를 이해하기 위한 기초적 개념을 다루었으며, 2장에서는 인간관계가 이루어지는 과정에 대해 알아보았고, 3장에서는 인간관계의 기반이 되는 의사소통의 기본

원리들을 설명하였다. 그리고 4장부터 6장까지는 인간관계에서 나타날 수 있는 문제들과 그것을 해결하기 위한 기본적 기술을 다루었다. 조금 더 자세하게 살펴보면 4장에서는 인간관계에서 문제에 직면하는 원인에 대해 다루었고, 5장에서는 그러한 인간관계의 문제를 어떻게 해결할 것인지를 다루었으며, 6장에서는 인간관계에서 발생할 수 있는 위기의 원인과 그것을 극복하기 위한 방법에 대해 알아보았다. 그리고 7장에서 11장까지는 기초편에서 배운 대인관계에 대한 기본적인 지식과 기술을 인간관계의 각 영역에 어떻게 적용할 것인지를 다루었다. 즉, 7장은 친구관계, 8장은 연인관계, 9장은 부부관계, 10장은 가족관계, 11장은 직장과 일에서 바람직한 인간관계를 어떻게 형성하고 인간관계의 문제를 어떻게 극복할 수 있는지를 알아보았다. 마지막으로 12장에서는 사이버 공간에서의 인간관계가 갖는 특징과 그것이 현실세계의 인간관계와 어떻게 다른지 그리고 사이버 공간에서의 인간관계가 가지고 있는 문제점들에 대해 알아보았다.

이 책의 목표는 사회생활에서 경험하게 되는 인간관계에서 상대방을 조종하거나 통제하기 위한 기술을 배우는 데 있지 않으며 자신의 마음과 행동을 성찰하여 진정한 만남을 추구하고 그것을 통해 행복한 삶을 살아갈 수 있도록 돕는 데 있다.

부족한 책을 출판해 주신 신정 출판사와 원고를 꼼꼼하게 검토해 주신 편집부에게 감사의 말씀을 드린다.

2021년 6월

이태연

차례

chapter 03 의사소통과 인간관계

chapter 04 인간관계의 문제

chapter 05 인간관계의 개선

chapter 06 인간관계의 위기

chapter 07 친구관계

chapter 08 연인관계

chapter 09 부부관계

chapter 10 가족관계

chapter 11 직업과 일

chapter 12 사이버 공간과 인간관계

chapter

01

인간관계의 정의

Psychology of Human Relationship

Psychology of Human Relationship

chapter 01 인간관계의 정의

"인간은 자신을 완성하기 위해 다른 사람을 필요로 한다."

아리스토파네스(Aristophanes)

인간은 누구나 행복한 삶을 바라고 그것을 찾기 위해 노력한다. 행복은 객관적 기준으로 정의되기 어려운 심리적 현상이지만, 아리스토파네스의 말처럼 모든 사람이 공감하는 것은 행복이 원만한 인간관계에 바탕을 두고 있다는 점일 것이다. 돈이나 명예와 같은 세속적인 욕망에 집착하기 쉬운 현대인들은 행복의 바탕이 되는 참된 인간관계를 진지하게 생각해볼 여유를 가지고 있지 못하다. 더구나 짧은 기간에 너무나 빠른 사회경제적 변화를 겪고 있는 우리는 참된 인간관계가 행복에서 얼마나 중요한 역할을 하는지 잘 인식하지 못하고 있다.

조너선 하이트(Jonathan Haidt)는 "한국인은 미국인에 비해 개인의 내면적 행복에 무관심하고 경제적 성공을 매우 중시하는 특성을 보인다. 기적적인 경제성장을 거치는 과정에서 어쩔 수 없이 그런 습관이 몸에 밴 한국인은 앞으로 많은 서구인들이 그랬던 것처럼 인간관계와 행복에 대해 더욱 깊이 고민하게 될 것이다. 행복은 자기 혼자 찾거나 성취할 수 없다. 인간의 행복은 나와 가족, 나와 친구, 나와 직장 같은 관계, 즉 '사이(between)'에서 나오기 때문이다." 라고 지적한 바 있다. 이러한 지적은 우리나라 부부들이 가치관의 공유보다 경제적 풍요가 행복한 가정생활에서 더 중요하다고 생각하고 있다는 조사결과를 보더라도 의미가 있다.

행복이 충만한 삶을 만들어 나가려면 어떻게 인간관계를 이루어 나가야 할 것인가? 그 출발점은 인간관계도 다른 행동들과 마찬가지로 시행착오를 통해 배워야 한다는 점과 자신과 상대방에 대해 더 많이 알수록 그 시행착오를 줄여 나갈 수 있다는 점을 인식하는 데 있다. 즉, 우리가 자전거를 처음 배울 때 쓰러지고 다치듯이 인간관계도 실수하거나 실망하는 경험이 필요하다. 또한 자신이나 상대방의 감정이나 사고방식에 어떤 차이가 있고 이러한 차이를 대화를 통해 어떻게 줄여나갈 수 있는지를 알게 될수록 인간관계에서 발생할 수 있는 실수를 줄이고 더 바람직한 인간관계를 이루어나갈 수 있다.

이 장에서는 우선 우리에게 인간관계가 어떤 의미를 가지고 있는지, 그리고 우리가 살고 있는 세상은 왜 진정한 인간관계를 맺기 어려운 곳인지에 대해 알아보고자 한다. 그리고 어떻게 해야 성공적인 인간관계를 형성하고 유지할 수 있는지를 심리적 관점에서 설명하고자 한다.

1. 인간관계의 의미

인간은 누구나 인간관계를 통해 마음의 위안과 용기를 얻고자 하기 때문에 인간에게 인간관계는 행복의 가장 중요한 조건이다. 또한 사회의 구조적 변화와 과학문명의 발달에도 불구하고 인간관계에서 경험하는 행복이나 불행은 과거에 비해 그리 달라지지 않았다. 그렇다면 인간에게 인간관계는 어떤 의미를 가지고 있을까?

1) 생존 수단으로서 인간관계

인간은 다른 동물에 비해 생물학적으로 나약한 상태로 태어나기 때문에 독립된 존재로 살아가기 위해서는 오랜 양육기간을 필요로 한다. 이러한 양육을 책임지는 부모와의 관계는 아기의 생존에 매우 중요하다. 아기가 부모의 접근을 유도하기 위해 사용하는 울음이나 미소 같은 신호나 그러한 신호에 반응하는 과정에서 부모가 보이는 어르기나 안아주기 같은 행동은 부모와 자녀간의 애착이 진화적으로 형성된 행동이며 인간이 생애 초기부터 사회적 존재임을 시사한다. 인간관계는 생존을 유지하기 위해서만이 아니라 사회적 상황에 적응하고 살아나가기 위해서도 필요하다. 즉, 인간은 가정을 떠나 다양한 사회적 집단에 소속되며 그 집단의 사회적 규범에 따라 타인과 상호작용하게 되고 적절한 사회적 역할을 부여받게 된다. 우리 사회는 한 사람이 모든 일을 잘 하기 어렵고 타인과의 상호작용과 도움 없이는 살아가기 어려워졌기 때문에 그만큼 인간관계가 중요한 사회가 되었다.

2) 인간의 기본적 욕구로서 인간관계

인간은 〈그림 1-1〉에서 보는 바와 같이 다양한 욕구(need)를 가지고 있으며 이러한 욕구들은 생리적 욕구에서 자기실현 욕구에 이르기까지 위계(hierarchy)를 이루고 있다(Maslow, 1954). 인간은 하위에 있는 욕구가 충족되어야 상위에 있는 욕구를 추구하려는 경향을 보인다. 즉, 배고픔과 같은 생리적 욕구나 위험에서 보호되고 있다는 안전욕구가 충족된 후에야 영화를 보거나 휴가를 계획하는 등 더 높은 수준의 욕구를 추구하게 된다. 특히, 생리적 욕구나 안전욕구와 같이 생존에 필요한 최소한의 욕구를 제외한다면 인간에게 가장 기본적인 욕구는 소속과 애정에 대한 욕구라고 할 수 있다. 즉, 인간은 누구나 가정이나 학교 같은 집단에 소속되고자 하고 그 속에서 다른 사람들과 애정을 나누기를 원한다. 이렇게 타인과의 인간관계를 통해 정서적인 욕구가 충족되어야 자기를 존중하고 타인의 인정을 추구하는 자존감 욕구나 잠재력을 발휘하고 표현하고자 하는 자기실현 욕구가 나타날 수 있다. 글래서(Glasser, 1988)는 인간이 생존욕구, 사랑과 소속욕구, 힘과 성취욕구, 자유 욕구, 즐거움 욕구 등 다섯 가지의 선천적 욕구를 가지고 있으며, 이러한 욕구를 인간관계를 통해서 충족시킬 때 더 큰 기쁨을 느끼게 된다고 보았다.

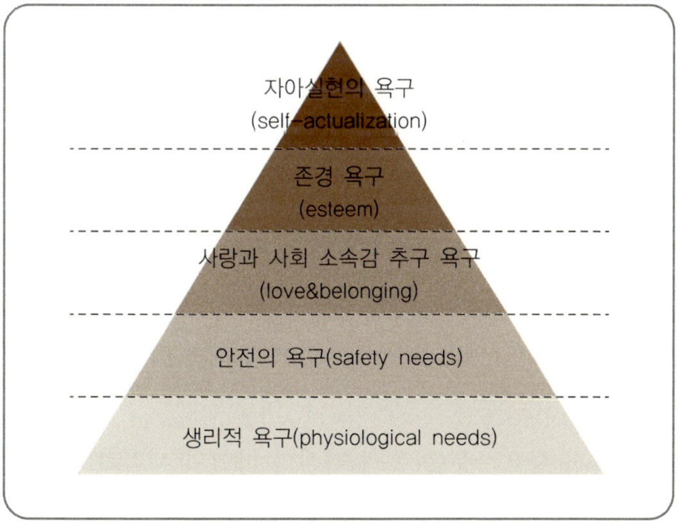

그림 1-1. Maslow(1954)의 욕구위계

3) 사회성 발달의 수단으로 인간관계

우리가 사회 속에서 자신의 역할을 찾고 타인과 원만한 관계를 이루어나가는 것은 사회성을 가지고 있기 때문이다. 사회성은 개별화와 사회화 과정을 통해 발달되는데, 개별화란 자신의 욕구나 특성을 파악하여 그것을 충족시키려는 것을 말하며 사회화는 타인과 원만한 관계를 형성하고 유지하기 위해 자신의 행동을 조절하거나 타인을 배려하는 것을 말한다(Damon & Hart, 1988). 가령, 아이가 자기가 좋아하는 장난감을 가게에서 보고 엄마에게 사달라고 조르는 것은 개별화로 인한 것인데 비해 엄마가 방금 장난감을 사줬으니 또 사달라고 하면 사주지 않을 것이라고 예상하고 사달라는 욕구를 지연하는 것은 사회화로 인한 것이다.

개별화와 사회화는 서로 상충되는 것처럼 보이지만 인간이 자신의 욕구와 특성을 알아차리고 타인과의 상호작용을 통해 조절해 나가는 것은 사회성을 발달시키는 데 매우 중요하다. 어릴 때 아이들은 자신의 욕구나 감정에 따라 행동을 하지만 부모나 또래의 반응을 통해 자신의 행동이 적절한지 판단하고 조절해 나간다. 길리건(Gilligan, 1982)의 도덕발달이론은 사회성의 발달에서 타인과의 상호작용이 왜 중요한지를 보여준다. 즉, 사회성 발달에서 중요한 것은 사회에서 요구하는 규범을 내면화하는 것만이 아니라 자신과 타인에 대한 배려와 관심을 갖게 되는 것이다. 길리건은 도덕적 발달의 수준을 생존을 위해 자신만 돌보는 1수준, 타인에 대한 책임감만 강조하는 2수준, 자신과 타인에 대한 배려와 관심을 강조하는 3수준으로 구분하였다. 이렇게 본다면 바람직한 사회성의 발달은 바로 사회적 상호작용을 통해 자신과 타인의 생각과 감정을 이해하고 배려하는 능력을 키워나가는 것이라고 할 수 있다.

● 사람마다 인간관계에 대한 욕구가 다른 이유는 무엇 때문일까?

어떤 사람은 타인과 교류하기를 즐기고 친밀한 인간관계를 쉽게 형성하는 데 비해 어떤 사람은 인간관계를 가능한 한 피하려고 하며 인간관계를 맺더라도 친밀한 인간관계를 불편하게 생각한다. 이렇게 사람마다 인간관계에 대한 욕구가 다른 이유는 무엇 때문일까?

첫째, 선천적 기질에서 차이가 있을 수 있다. 기질이란 인간이 가지고 태어난 행동 경향성을 말하며 정서적 표현방식이나 주변 자극에 대한 반응방식으로 드러나게 된다. 기질의 차이는 생애 초기부터 나타나고 성격의 기반이 된다. 아동의 기질을 연구한 부스와 폴민(Buss & Polmin, 1984)은 정서, 활동, 사회성 모형(Emotion–Action–Sociability Model)을 제안하였는데 이 모형에서는 기질을 정서성, 활동성, 사회성으로 구분하였다. 정서성이란 아동이 환경의 자극에 얼마나 정서적 반응을 보이는지를 나타내며 활동성은 일상생활에서 주변의 자극에 대해 얼마나 빠르고 강하게 행동으로 반응으로 보이는지에 대한 것이며, 사회성은 다른 사람과 함께 있는 것을 선호하는 정도를 말한다. 만일 아동이 낮은 사회성을 기질적으로 가지고 태어났다면 인간관계에 대한 욕구가 낮을 수 있다.

둘째, 생애 초기에 이루어지는 부모와의 상호작용 경험이 영향을 미칠 수 있다. 영아기에 형성하는 엄마에 대한 지속적 유대감인 애착은 사람이 세상과 타인에 대해 갖게 되는 신뢰감을 결정하여 성장 후의 인간관계에 큰 영향을 미친다(Bowlby, 1973; Kail & Wicks–Nelson, 1993). 즉, 엄마로부터 적절한 보살핌을 받은 아기는 안정된 애착을 형성하여 낯선 환경에도 쉽게 적응하고 원만한 인간관계를 이루어나갈 수 있지만 불안정한 애착을 형성한 아기는 사람들을 신뢰하지 못하고 인간관계를 형성하는 데 어려움을 겪는다(Ainsworth, 1982). 가령, 아기의 욕구에 대해 엄마가 일관적이고 수용적인 반응을 보이게 되면 아기는 사람과 세상에 대한 신뢰감에 기초한 안정애착을 형성하게 되어 타인과의 인간관계에 관심을 보이고 원만한 인간관계를 형성하게 된다. 그러나 아이의 욕구에 대해 엄마가 일관적이지 못하거나 거부적인 반응을 보이게 되면 회피애착이나 저항애착 같은 불안정애착을 형성하게 되어 타인과의 인간관계에 관심을 보이지 않고 혼자 할 수 있는 일을 즐기고 그것에서 만족을 얻으려 한다.

2. 인간관계의 기능과 유형

1) 인간관계의 기능

우리가 인간관계를 맺는 이유는 무엇 때문일까? 첫째 이유는 인간관계가 문제를 해결하는 데 도움을 주는 도구적 기능을 가지고 있기 때문이다. 즉, 우리는 살면서 다양한 문제에 부딪힐 수 있는데 이럴 때 친밀한 관계를 맺었던 사람들로부터 문제를 해결하기 위한 정보적 · 심리적 그리고 물질적 도움을 얻을 수 있다. 가령, 사귀는 애인과 갈등이 생겼을 때 인터넷을 찾기보다는 가까운 친구들에게 물어보는 것이 더 좋은 방법을 찾을 수 있으며, 그 과정에서 친구들은 어려움에 빠진 친구의 마음을 위로해 주기도 한다. 또한 우리가 능력 있는 사람을 친구로 사귀려고 하는 이유는 자신이 어려움에 빠졌을 때 물질적 도움을 얻을 가능성이 있기 때문이다. 둘째 이유는 인간관계가 누군가와 친밀한 감정을 공유하고자 하는 인간의 기본적 욕구를 충족시켜 주는 정서적 기능을 가지고 있기 때문이다. 즉, 인간은 애정욕구를 가지고 태어나며 다른 욕구가 충족되었다고 하더라도 애정욕구가 충족되지 않으면 외로움과 허전함을 느끼는 존재이다. 이렇게 인간관계는 사회에 적응하도록 돕는 도구적 기능과 심리적 만족감을 높이는 정서적 기능을 가지고 있기 때문에 인간은 누구나 인간관계를 추구한다. 그렇지만 인간관계의 만족도는 인간관계를 통해 얻게 되는 도움보다 정서적 친밀감에 더 크게 의존하는 경향을 보인다.

2) 인간관계의 유형

인간관계는 사회의 한 구성원으로서 자신의 정체성을 형성하고 삶을 유지하는 데 필수적이기 때문에 우리는 사회를 살아가면서 다양한 인간관계를 형성한다. 우리가 사회생활을 하면서 형성하는 인간관계의 유형은 공동체적 공유관계, 권위적 서열관계, 대등적 상응관계, 시장적 가치관계 등으로 구분된다(Fiske, 1992). 특히, 우리가 인간관계를 통해 얻고자 하는 목적이 다양하기 때문에 어떤 인간관계는 다양한 인간관계 유형의 특성을 포함할 수 있다.

공동체적 공유관계 우리는 개인의 정체감보다 집단의 공동체 의식에 바탕을 둔 공동체적 공유관계를 형성하면서 사회를 살아간다. 가령, 우리는 인지적으로나 사회적으로 개인적 정체감을 발달시키기 전에 한 가족의 구성원으로 태어나며 가족은 공동체 의식에 근거한 인간관계의 원형이라고 할 수 있다. 우리가 사회생활을 하면서 공동체의식에 근거하여 형성하는 인간관계에는 가족만이 아니라 친구나 연인도 있다. 가족이나 친구 그리고 연인과의 인간관계는 이해관계를 떠나 상대방에 대해 갖게 되는 돌봄과 연민이 핵심 감정인 경우가 대부분이다. 물론 가족과 달리 친구나 연인과의 관계가 이해관계에 의해 맺어지는 경우도 있지만 이것은 진정한 공동체적 공유관계로 보기 어렵다. 특히 친구와 연인에 대해 느끼는 돌봄과 연민의 감정은 어릴 때 부모와의 상호작용을 통해 형성한 정서적 유대감에 기초하고 있다. 만일 어릴 때 부모에게서 충분한 사랑과 관심을 받지 못했을 경우에는 친구나 연인에 대해서도 돌봄이나 연민의 감정을 갖기 어렵고 공동체적 공유관계도 형성하지 못한다.

권위적 서열관계 인간은 성장하면서 가족이나 친구 같은 사적 집단 그리고 학교나 회사 같은 공적 집단 등 다양한 집단에 속하게 되고 그 집단의 규범에 따라 행동하게 된다. 권위적 서열관계란 회사나 군대같이 위계적 구조를 가진 집단에서 신분이나 서열에 의해 역할이 구분되는 관계를 의미한다. 회사나 군대는 다른 집단과 달리 집단의 목표가 분명하며 그러한 목표를 달성하기 위한 조직과 서열이 존재한다. 가령, 회사에 처음 입사한 직원은 위계구조에서 가장 낮은 위치를 차지하게 되며 경력이 쌓이게 되면서 점차 위계구조의 더 높은 위치로 올라가게 된다. 권위적 서열관계에서는 위계상 낮은 위치에 있는 사람은 높은 위치에 있는 사람의 지시나 명령에 따라야 할 의무를 갖지만 요즘 많은 회사에서는 직원들의 창의성과 자발성을 높이기 위해 엄격한 위계구조 대신 과업중심으로 서열관계를 바꾸려는 시도를 하고 있다.

대등적 상응관계 태어나면서 저절로 주어지는 가족관계와 달리 대등적 상응관계는 자신의 의지에 의해 형성되는 관계이다. 보통 대등적 상응관계에서는 대등한 관계에서 서로 교류하는 상응교류가 이루어진다. 대표적인 경우가 친구나 동료 간의 관계로 여기에는 위계적 서열이 존재하지 않고 독립적이며 어떤 목적을 이루기 위한 것이 아니라는 특징이 있다. 대등적 상응관계에 문제가 생기지 않기 위해서는 상대방이 자신을 배려한 만큼 자신도 배려해야 한다는 상응성 규범이 지켜져야 하며, 그렇지 않으면 갈등이 발생할 수 있다.

시장적 가치관계 사회생활을 하다 보면 각자의 목적을 달성하기 위해 인간관계를 형성하게 되는 경우가 있다. 회사와 같이 공식적인 조직도 있지만 학교에서 주어지는 과제를 하기 위해 일시적으로 모이는 사적 모임도 시장적 가치관계라고 할 수 있다. 시장적 가치관계로 형성된 인간관계는 정서적 지지나 관심사의 공유 같은 개인적 욕구보다 원하는 목적을 달성하는 데 가치를 두기 때문에 원하는 목적이 달성되었을 때는 관계가 종료되는 경우가 대부분이다.

● 한국인의 서열관계

사회생활에서 권위적 서열관계는 다른 인간관계보다 더 중요하게 여겨진다. 우선, 어떤 조직에서든 서열관계에서 윗사람은 아랫사람에게 영향력과 힘을 행사할 수 있기 때문에 누구나 상위서열을 차지하려고 노력한다. 가령, 회사에서 신입사원은 자기가 결정할 수 있는 범위가 매우 적지만 과장이나 부장 또는 이사가 될수록 부서의 목표를 결정하거나 직원 인사 등에 많은 영향력을 행사할 수 있다. 또한 조직에서 상위서열에 있는 사람은 통제력이나 자율성을 하위서열에 있는 사람보다 더 많이 느끼기 때문에 우울이나 불안이 낮고 건강한 경향을 보인다.

그러나 서열이 높은 사람들 중에는 타인의 관심이나 욕구를 제대로 파악하지 못하고 자신의 지배력을 정당화하는 데만 집중하는 경향을 보이는 사람들이 많기 때문에 아랫사람들로부터 존경을 받기 쉽지 않다. 가령, 형제들 사이에서도 형들은 동생들보다 상대방의 마음을 잘 읽어내지 못하여 답답하고 자기 생각만 옳다고 생각하는 독불장군으로 여겨지는 경우가 많으며, 권위적 서열관계가 엄격한 사회에서는 여자에 대한 차별이나 성폭력이 자주 발생하기도 한다.

특히, 한국사회에서 존비어가 다른 나라에 비해 잘 발달되어 있는 것을 볼 때 우리 사회에서는 권위적 서열관계가 다른 인간관계보다 중요하게 여겨지며, 서열관계를 무시하고 상대방이 자신을 아랫사람으로 대하거나 윗사람으로 인정하지 않으면 큰 스트레스를 받는다. 가령, 선배나 후배가 인사를 받지 않았을 때 느끼는 스트레스를 측정해 보면 한국인은 후배일 경우가 선배일 경우보다 더 큰 스트레스를 느끼는 데 비해 영국인의 경우에는 이러한 차이가 크지 않다.

3. 대인관계 욕구의 유형과 대립적 욕구

1) 대인관계 욕구의 유형

인간은 누구나 집단에서 고립되는 것을 고통스러워하며 집단에 소속되어 타인과 교류하기를 원하는데 이것은 인간이 대인관계에 대한 욕구를 가지고 있기 때문이다. 사람들은 인간관계를 통해서 충족시키고자 하는 교제(inclusion) 욕구, 지배(control) 욕구, 애정(affect) 욕구 같은 대인관계 욕구를 가지고 있으며, 그러한 욕구의 수준에 따라 다양한 행동특성을 보이게 된다(Schultz, 1958).

교제욕구 교제욕구가 지나친 사람은 혼자 있으면 불안하고 허전해서 다른 사람과의 친밀한 관계를 강박적으로 추구한다. 이들은 또한 질투가 강해서 자신이 좋아하는 사람이 다른 사람과 친하게 지내는 것을 보면 분노를 느껴 상대방을 구속하려 하고 인간관계를 제한하게 된다. 교제욕구가 적절한 사람은 다른 사람들과 같이 있든지 혼자 있든지 상관없이 늘 편안함을 느끼고 자기가 원한다면 사회활동에 적극적으로 참여하지만 원하지 않는 사회활동은 쉽게 거부한다. 이들은 자신감을 가지고 있으며 남들에 의해 자신의 가치를 인정받고자 하지 않는다. 교제욕구가 지나치게 낮은 사람은 타인과의 인간관계를 회피하여 클럽활동을 비롯한 사회활동을 하려고 하지 않으며 다른 사람을 초대하려고 하지도 않는다.

지배욕구 지배욕구가 지나친 사람은 자신의 주변에 누군가를 추종세력으로 거느리고 주도적인 역할을 하지 않으면 만족하지 못한다. 자기주장이 강하고 경쟁적인 경향이 있다. 특히 여러 사람이 동등한 위치에서 협력적인 일을 해야 하는 상황에서 많은 갈등을 유발하게 된다. 자신이 중심이 된 집단에서 경쟁자나 반발하는 사람이 나타나면 이를 용납하지 못하고 격렬한 감정대립으로 치닫게 되는 경향이 있다. 적절한 지배욕구를 가진 사람은 자존감이 높은 경향이 있으며 자기가 처한 상황에서 지배력이 필요하다고 생각될 경우에만 지배력을 행사하고 지나치게 남들을 지배하거나 그들에게 의존하려고 하지 않는다. 지배욕구가 지나치게 낮은 사람은 스스로 결정과 판단을 내리지 못하고 상대방에게 의존하며 의지하는 사람에게 조언과 지시를 구한다. 또한 의지하는 상대가 자신을 버리고 떠나지 않을까 늘 두려워하고 의심하며 의존적인 관계를 확인하고 유지하려 매달린다.

애정욕구 애정욕구가 지나친 사람은 그냥 알고 지내는 것에 만족하지 못하며 친밀한 관계를 유지하려고 한다. 상대방과의 관계가 원만할 경우에는 다정하고 친절하게 대하지만 상대방에 집착하기 쉬워 상대방이 다른 사람들과 친밀한 관계를 유지하는 것을 보면 심하게 질투하게 된다. 적절한 애정욕구를 가진 사람은 사람들에게 친밀감과 편안함을 주며 자기가 어떤 사람에게는 사랑을 받지만 어떤 사람에게는 사랑을 받지 못하리라는 것을 알고 있다. 자신을 사랑받을 자격이 있는 사람이라고 생각하기 때문에 애정을 주고받는 데 그다지 연연하지 않는다. 애정욕구가 지나치게 낮은 사람은 타인과의 인간관계를 가능한 한 피하려고 하며 다른 사람과 교제를 하더라도 항상 거리감을 두고 사귀기 때문에 특별히 친밀한 친구가 없다.

이렇게 본다면 타인과 원만한 관계를 유지하고 스스로 행복하기 위해서는 적절한 교제욕구, 지배욕구, 그리고 애정욕구를 가져야 한다.

2) 대인관계에서 대립적 욕구

사람은 누구나 타인과 친밀한 인간관계를 맺으려는 욕구를 가지고 있지만 그러한 인간관계가 자신이 유지하려고 하는 경계를 넘어서는 것을 두려워한다. 이렇게 사람은 대립적인 대인관계 욕구를 가지고 있으며 그것을 얼마나 잘 해결하는지에 따라 인간관계가 원만할 수도 있고 갈등을 겪을 수도 있다. 그렇다면 우리가 대인관계에서 경험하는 대립적 욕구에는 어떤 것들이 있는지 알아보자.

연결성 욕구 대 자율성 욕구 우리는 누군가와 친밀한 관계를 맺으려는 욕구를 가지고 있지만 동시에 인간관계가 만족스럽다고 하더라도 자신의 모든 것을 희생하고자 하지 않으며 어느 정도의 경계를 유지하려고 한다. 가령, 연애를 하게 되면 연인과 모든 것을 공유하고자 하는 욕구도 있지만 때로는 모든 것을 함께 하고자 하는 연인의 요구에 부담을 느끼기도 한다. 실제로 인간관계에서 발생하는 갈등 중 많은 부분이 연결성 욕구와 자율성 욕구의 대립으로 발생한다. 즉, 연결성 욕구가 충족되지 못하면 "함께 하는 시간이 너무 적어"라고 상대방에게 불평하고, 자율성 욕구가 충족되지 못하면 "구속당하는 느낌이 들어"라고 불평한다. 아동이나 성인 모두 타인과 친밀한 관계를 추구하지만 동시에 어느 정도는 거리를 두고자 하는 모순적인 욕구를 가지고 있으며 이것을 계속해서 반복한다. 가령, 아동은 성장하는 동안 "꼭 안아 주세요"와 "혼자 둬 주세요"를 반복하면서 연결성 욕구와 자율성 욕구를 추구한다. 이렇게 본다면 인간은 너무 멀어도 너무 가까워도 부담을 갖는 존재이며 연결성과 자율성 간의 균형을 유지하고자 한다.

자기노출 욕구 대 사생활 욕구 사람은 어느 정도 친해졌다고 생각되면 기꺼이 자신만의 개인적인 정보를 상대방에게 노출하여 더 친밀해지고자 하지만 때로는 자신만의 비밀을 지켜 자신의 사생활이 지나치게 노출되지 않도록 보호하고자 한다. 가령, 친구에게 가족 간의 사소한 갈등 같은 개인적인 고민을 노출하여 친근해지고자 하지만 그렇다고 가족에 대한 부정적 감정 같은 민감한 문제는 드러내지 않아 사생활을 보호하고자 한다. 이렇게 인간관계에서는 서로에게 정직해야 한다는 의무감과 솔직하게 이야기했을 때 상대방이 보일 수 있는 감정에 대한 염려나 상대방에게 약점을 보이고 싶지 않은 욕구가 늘 대립하고 있다. 만일 대화를 하는 도중에 사생활이 침해될 위험이 있으면 굳은 얼굴표정을 하거나 다른 곳을 쳐다보는 등 비언어적 단서를 전달하기도 하고 다른 주제로 화제를 돌리려고 노력한다.

안정성 욕구 대 참신성 욕구 안정성은 편안함과 예측 가능성을 높이기 때문에 친밀하고 오래 유지되는 인간관계에서 중요한 역할을 한다. 그리고 참신성은 새로운 에너지를 주기 때문에 인간관계에 즐거움을 제공한다. 그러나 안정성이 높은 인간관계는 진부함을 가져올 수 있으며, 참신성이 높은 인간관계는 갈등을 일으킬 수 있다. 가령, 신혼부부들은 서로에게서 늘 새로운 모습을 보기 때문에 긍정적 에너지가 넘치지만 그만큼 갈등도 자주 일어나 안정성이 떨어지는 데 비해, 결혼생활을 오래 한 부부는 서로의 생각이나 감정에 익숙하여 안정성은 높지만 부부관계에서 느끼는 에너지는 낮을 수 있다. 우리가 사회에서 형성하는 인간관계는 어느 정도 안정성과 참신성이 함께 존재하며, 인간관계가 깊어지고 오래될수록 안정성이 높아지지만 참신성은 떨어질 수밖에 없다. 그럼에도 많은 사람들은 평안하고 예측 가능한 관계를 선호한다.

사회생활을 하면서 다양한 인간관계를 하다 보면 대립적 욕구로 인한 문제를 경험하는 경우가 자주 있으며 사람들은 이러한 대립적 욕구를 다루기 위해 다음과 같은 방법을 사용한다. 첫째, 대립적 욕구 간의 갈등을 피하기 위해 그러한 욕구가 있다는 것을 부정하여 안정된 관계를 유지할 수 있다. 가령, 신혼부부는 모든 것을 함께 하는 생활로 인해 때로는 혼자만의 시간을 갖고 싶어 하지만 그러한 욕구를 부정함으로써 안정된 결혼생활을 유지할 수 있다. 둘째, 특정한 인간관계에서 대립적 욕구를 모두 만족하기 어렵다고 생각되면 각 욕구를 분리하여 각기 다른 인간관계에서 욕구를 만족시키려고 할 수 있다. 가령, 어떤 친구와 만나면 늘 밥을 먹거나 술을 마시는 일밖에 하지 않아 참신성이 떨어진다고 느끼면 운동을 하거나 음악을 즐기는 새로운 친구를 만들려고 할 수 있다. 셋째, 특정한 관계에서 대립적 욕구를 모두 만족시킬 수 있는 방법을 찾는 통합하기가 있다. 가령, 오래된 부부관계에서 참신성이 떨어진다고 생각되면 매주 한 가지 정도 새로운 이벤트를 만들어 서로에게 긍정적 에너지를 불러일으킬 수 있다.

4. 한국사회와 인간관계의 위기

1) 사회의 급격한 변화로 인한 소속감의 약화

우리는 과거에는 한 세대에 걸쳐 일어났던 변화를 1~2년 사이에 경험하고 있으며 이러한 변화는 우리의 사고방식과 행동에 영향을 미치고 있다. 즉, 우리 사회의 전통적 가치관이었던 유교문화의 영향력이 감소하고 개인의 성취와 욕구가 중요해짐에 따라 많은 사람들은 바쁘고 경쟁적인 삶을 바람직한 것으로 받아들이고 있다. 이러한 인식의 변화는 과거보다 물질적으로 풍요로운 삶을 가져왔지만 그만큼 사회적 갈등이 증가하고 인간관계의 질이 저하되는 문제도 함께 야기하였다. 그렇다면 사회의 급격한 변화는 우리의 사고방식과 행동에 어떤 변화를 가져왔을까?

첫째, 급격한 변화를 겪는 사회에서는 모든 것이 일시적이며 영원하지 않다는 생각이 보편화되어 가정이나 소속집단에 대한 소속감이 약화된다. 특히, 한국사회는 가족을 바탕으로 하는 집단주의 문화의 영향을 받아왔기 때문에 가족에 대한 소속감 약화는 가족의 기능에 큰 변화를 가져오게 되었다. 즉, 과거에는 유교적 가치의 영향으로 인해 가족의 전통을 유지하고 아이를 낳아 후대를 잇는 것이 가족의 중요한 기능으로 인식되었다. 그러나 유교적 가치의 영향력이 감소하고 여자의 사회적 지위가 향상된 현재에는 가족 간의 정서적 만족이 가족의 더 중요한 기능으로 인식되고 있다. 이렇게 가족 간의 정서적 만족을 중시하게 되면 서로에 대한 기대가 커지게 되고 그것이 충족되지 못할 때 실망감이나 좌절감이 더 커질 수 있다. 가족의 기능에 대한 구성원의 인식이 달라지면서 가족 간의 대화가 더 중요해졌고, 부부간의 갈등이 쉽게 표면화되어 이혼율도 급증하게 되었다.

둘째, 집단에 대한 소속감이 약화되어 행동을 통제하는 규범이나 가치관이 모호해지면 우리가 어떻게 살고 어떻게 행동하는 것이 올바른 것인지 판단하기 어려워진다. 이렇게 되면 우리가 원하는 것을 손쉽게 얻을 수 있도록 해주는 돈과 권력에 더 집착하게 되어 물질주의가 보편화된다. 최근까지 큰 사회적 변화를 겪은 우리나라에서 물질주의가 가장 큰 가치관의 변화로 언급되었고(차재호, 1980), 실제로도 많은 청소년이 '돈'을 가장 중요한 가치로 생각하는 것(이훈구, 1980)을 보더라도 급격한 사회 변화가 물질주의 가치관을 가져온다는 것은 알 수 있다. 물질주의가 보편화되면서 인간관계에서 상대방의 입장이나 감정을 이해하고 공감해 주는 진정한 만남을 경험하기가 점점 어려워지고, 개인의 이익이나 일시적인 유흥을 위한 만남이 보편화되는 경향을 보이고 있다. 또한 SNS 등 과거에 비해 다양한 방식의 인간관계가 이루어짐에 따라 양적으로는 인간관계가 증가하였으나 깊이나 질은 낮아지고 있다(Milgram, 1967). 이러한 경향은 고독감과 소외감을 증가시키는 문제를 가져온다.

● 한국인은 얼마나 고독한가?

고독은 인간관계에 불만을 느끼고 인간관계에서 의미를 찾지 못하거나 타인과의 친밀한 교류가 단절될 때 경험하는 감정이다. 고독을 느끼는 사람은 일반인들에 대해 불면증, 약물 남용, 그리고 우울증을 경험하는 비율이 더 높다. 고독한 사람들은 일반적으로 더 고독해지는 경향을 보이는데 그것은 상대를 믿지 못할 뿐 아니라 상대방과 지나치게 가까워지는 것을 꺼리거나 반대로 집착하기 때문에 원만한 인간관계를 형성하기 어렵기 때문이다.

그동안 우리나라는 높은 경제적 발전을 이루었지만 OECD 국가들 중에서 자살률 1위를 할 정도로 정서적 문제가 심각하다. 이렇게 자살이 심각한 원인은 다양하지만 우울증이나 정서적 고립감과 관련되어 있으며 자살자의 80%가 우울증이나 고독감을 느꼈던 것으로 나타났다. 이렇게 고독감 같은 정서적 고립감이 증가한 원인은 집단주의 문화의 특성인 가족중심 문화가 개인주의 문화의 특성인 성취중심 문화로 변화되면서 친밀한 인간관계보다 개인의 자유와 욕망을 추구하는 삶을 더 가치 있게 보는 경향이 증가했기 때문으로 보인다. 그에 따라 가족과 저녁식사를 하는 빈도는 33% 감소하였고, 같은 취미나 관심사를 공유하는 동호회에 참여하는 빈도는 58% 감소하였으며 친구와의 만남은 45% 감소하였다고 한다.

셋째, 개인보다 집단을 중시하는 집단주의적 가치관이 개인의 욕구와 권리를 중시하는 개인주의적 가치관으로 변화되면서 경쟁에 의해 우월한 지위를 획득하려는 경향이 보편화되어 많은 사람들이 어릴 때부터 경쟁으로 인한 스트레스에 시달리게 되었다. 집단이 구성원 간의 경쟁을 유도하는 문화를 가지고 있으면 구성원 간의 인간관계는 감소하고 과도한 스트레스와 비경제적인 반목으로 인해 집단의 효율성은 떨어지게 된다. 우리나라의 청소년들은 어릴 때부터 경쟁적인 분위기에서 성장하며 끊임없이 타인과 비교되는 생활을 하게 되었다. 비록 초등학교부터 개인의 성적을 등급에 의해 평가하는 관행은 많이 사라졌지만 세계에서도 손꼽히는 우리나라 부모들의 교육열로 인해 음성적으로는 여전히 학생들에게 경쟁을 강요하고 있는 상황이다. 자녀를 경쟁상황으로 내몰고 있는 부모들은 자녀의 요구라면 무엇이라도 들어주려고 하기 때문에 청소년들을 상대로 하는 거대한 소비시장이 형성되었다. 이렇게 청소년들이 중요한 소비계층으로 등장함에 따라서 더 많은 광고가 청소년들을 대상으로 이루어지게 되었고 물질적인 풍요를 인생의 진정한 가치로 받아들이게 된 청소년들은 상대적 빈곤감을 더 많이 느끼게 되었다(Lipsitz, 1991). 이렇게 물질적 가치를 중시하고 상대적 빈곤감을 더 많이 느끼게 됨에 따라서 인간관계의 정서적 기능보다 도구적 기능이 강조되어 친밀한 인간관계 맺기가 어려워지기 쉽다.

● 나는 얼마나 경쟁적인 성격을 가지고 있나?

우리 사회는 자원이 제한되어 있으며 그것을 서로 차지하려고 하기 때문에 경쟁은 피할 수 없는 경우가 많다. 이러한 상황에서 어떤 사람은 경쟁상황을 즐기고 경쟁에서 승리하고자 하는 데 비해 어떤 사람은 경쟁상황을 피하려고 하거나 어쩔 수 없다면 타협을 추구한다. 프리드만과 로젠만(Friedman & Rosenman, 1959)은 심장병 환자를 진료하는 과정에서 경쟁심이 강한 A형 성격과 그렇지 않은 B형 성격을 구분하였다.

아래 설문지를 통해 자신이 경쟁적인 A형 성격인지 아니면 타협적인 B형 성격인지를 알아보자. 각 문항은 옳고 그른 것이 있는 것이 아니므로 자신의 평소 생각에 따라 너무 깊이 생각하지 말고 떠오르는 대로 답하는 것이 좋다.

	항목	예	아니오
1	예상치 않은 일이 생겼을 때 당황하지 않고 처리해 나갑니까?		
2	당신이 어떤 일을 훌륭히 해냈을 때 다른 사람이 알아주기를 몹시 원합니까?		
3	직장에서 인정받고 승진하기를 강력하게 원합니까?		
4	마음의 동요 없이 끈기 있게 기다릴 수 있습니까?		
5	한 번에 많은 것을 하려 하기보다는 한 가지씩 순서대로 처리합니까?		

6	느리고 차분하게 이야기하는 편입니까?		
7	어떤 일이나 다른 사람들로 인해서 자주 화가 납니까?		
8	당신은 스스로를 태평한 사람이라고 생각합니까?		
9	하는 도중 방해를 받으면 몹시 화가 납니까?		
10	당신은 줄서서 차례를 기다리는 것을 싫어합니까?		
11	항상 차분한 편입니까?		
12	당신은 어딘가를 가려할 때 서두르는 편입니까?		
13	사람들이 당신을 편안하고 느긋하다고 합니까?		
14	논점에 빨리 도달하지 못하는 사람을 보면 참지 못하고 말을 중단시켜 버립니까?		
15	당신은 야심이 있고 강한 성격의 소유자입니까?		
16	직장에서 인정받고 승진하기를 강력하게 원합니까?		
17	사회적으로 출세하기를 열망합니까?		
18	지나친 욕심 없이 당신의 현재 직업에 만족하십니까?		
19	다른 사람들과 경쟁하는 것을 꺼립니까?		
20	어떤 일을 완수하는 데 남들보다 훨씬 많은 노력을 기울인다고 생각합니까?		
21	경쟁을 즐기고 승리를 위해 노력합니까?		
22	독촉받는 것을 싫어합니까?		
23	어떤 일을 재빨리 끝마칩니까?		
24	당신 스스로 활동적인 사람이라고 생각합니까?		
25	무슨 일을 하든지 간에 전력을 다합니까?		
26	대부분의 사람들에 비해서 활기가 적은 편입니까?		
27	다른 사람들에 비해서 일을 마무리 짓기 위해 항상 더 많은 노력을 기울입니까?		
28	평소의 움직임이 둔한 편입니까?		
29	당신은 야심이 있고 강한 성격의 소유자입니까?		
30	당신은 급히 해야 할 일을 거절해 버립니까?		
31	마감 날이나 시간제약을 많이 의식합니까?		
32	스스로를 활동적인 사람이라고 생각합니까?		
33	당신은 당신의 감정을 자유롭게 표현합니까?		
34	압력이나 스트레스를 느끼면 이에 즉시 대처합니까?		

- 채점: (예)로 반응한 항목에 1점을, (아니오)로 반응한 항목에 0점을 부여하고 합산한다.
- 해석: 0~14점 : 타협적인 B형 성격
  15~23점 : 양쪽의 특성을 모두 가진다.
  24점 이상 : 경쟁적인 A형 성격

2) 도시화로 인한 소외감과 고독감의 증가

도시화는 세계적인 추세로 사람들은 취업이나 교육의 기회가 더 많이 주어지고, 주거나 문화적 환경이 우월한 도시로 이동하고 있다. 우리나라의 경우에도 해방 후에는 농어촌 인구가 전체 인구의 80% 이상을 차지하는 전형적인 농업국가였지만 급격한 경제발전이 이루어진 후에는 농업인구가 20%도 안 될 정도로 도시집중화가 심화되었다. 도시생활은 풍요로운 사회문화적 환경을 제공하기도 하지만 교통체증이나 열악한 주거 그리고 소음 같은 환경문제나 유대의식의 약화로 인한 소외감과 피상적 인간관계로 인한 고독감 같은 심리적 문제를 일으킬 수 있다. 특히, 도시화되면서 가족구조가 대가족에서 핵가족으로 변화되었고 가족이 함께 하는 시간도 점차 줄어들고 있다. 실제로 가족이 함께 식사를 하거나 대화를 하는 시간이 갈수록 줄어들고 있으며 그것마저도 텔레비전이나 휴대폰을 쳐다보는 네 뺏기고 있다. 이렇게 가족이 함께 보내는 시간이 줄어들면 가족 간의 유대의식이 감소하고 서로 정서적으로 지지해 주기 어렵기 때문에 도시생활로 인한 소외감이나 고독감이 심화될 수 있다.

3) 온라인 인간관계로 인한 오프라인 인간관계의 위축

오늘날 인터넷은 은행 업무를 보거나 물건을 구입하는 수단일 뿐 아니라 사람들과 새로운 정보를 찾고 인간관계를 형성하는 수단이 되었다. 즉, 끊임없이 탐색하는 검색엔진 덕에 전에는 찾으려면 오랜 시간과 노력이 필요했던 정보를 쉽게 얻게 되었고, 자신과 비슷한 생각이나 취향을 갖는 사람들과 모임을 만들어 관심을 공유할 수 있게 되었다. 그러나 인터넷을 통한 온라인 인간관계가 보편화되면서 예기치 못했던 문제가 나타나게 되었다. 우선, 과거에는 사회성이 부족한 사람이더라도 최소한의 인간관계를 유지하려고 노력하였으나 온라인 인간관계가 보편화되면서 면대면(face to face) 인간관계를 위한 노력이 감소하였다. 또한 청소년들이 온라인 게임을 하거나 인터넷을 검색하는 데 많은 시간을 보내면서 가족이나 친구와의 대화가 줄어들었고 대화를 하더라도 진지한 대화보다 가볍고 피상적인 대화를 선호하게 되었다(Pipher, 1996). 특히, 인터넷 문화에 익숙하지 않은 기성세대인 부모와 인터넷에 몰두하는 자녀 간의 대화단절이 더 심각해지고 있다. 가령, 인터넷 사용시간이 많은 사람일수록 가족과의 대화나 사회 참여의 정도는 줄고, 우울증이나 고독감은 늘어나는 경향을 보인다(Kraut et al., 1998). 또한 일주일에 5시간 이상 인터넷을 사용하는 응답자는 이전보다 가족이나 친구들과 시간을 더 적게 보냈고(13%), 각종 행사에 참석하는 빈도가 줄었으며(8%), 친구와의 대화하거나 가족과 전화를 하는 경우가 줄어들었다(26%)(Stanford Institute for the Quantitative Study of Society, 2000).

물론 인터넷은 인간관계에 긍정적 영향과 부정적 영향을 모두 미칠 수 있다. 가령, 인터넷을 자주 사용하는 사람들 중에는 인터넷을 자주 사용하지 않는 사람들보다 훨씬 활발한 사회활동을 하는 사람들도 있으며, 이메일이나 SNS가 사람들 간의 커뮤니케이션을 증가시키기도 한다(Pew Internet & American Life Project, 2000).

그러나 이러한 인터넷의 긍정적 영향은 외향적이고 사회적 관계망이 좋은 일부 사람들에게서만 나타나고 내향적이거나 사회적 관계망이 좋지 않은 대부분의 사람에게는 부정적 영향을 미친다. 가령, 사회불안이 높은 사람이 facebook을 사용하면 자기를 수용해 주기를 바라며 타인의 기분과 생각에 예민하고 타인과 비교하려는 경향을 보인다. 그리고 그것으로 인해 facebook에 더 몰입하는 경향을 보인다. SNS든 인터넷이든 외부집단과의 연결이 증가할수록 가족이나 친구와의 인간관계는 줄어들 수밖에 없다(박부진·이해영, 2000).

● 소셜 네트워크서비스, 온라인 인간관계의 새로운 시작일까?

소셜 네트워크서비스(Social Network Service: SNS)는 인터넷상에서 친구, 선후배, 동료 등 지인과의 인맥관계를 강화하고 새로운 인맥을 쌓아 폭넓은 인적 네트워크를 형성하도록 해주는 서비스로서 페이스북(www.facebook.com)이 대표적인 사이트이다.

이전의 커뮤니티 서비스는 특정한 주제에 관심을 가진 카페나 동호회가 중심이 된 폐쇄적인 서비스라고 한다면, 소셜 네트워크서비스는 개인이 중심이 되어 자신의 관심사를 불특정 다수와 공유한다는 점에서 차이가 있다.

소셜 네트워크서비스에 열광하는 원인은 첫째, 사이버 공간에서 누군가를 만나 혼자가 아니라는 것을 확인하여 소속감 욕구를 만족시키고, 둘째, 외모나 나이 또는 지위와 무관하게 자유롭고 수평적인 소통을 통해 오프라인 인간관계에서 생길 수 있는 소통의 어려움과 소외를 극복하여 소통 욕구를 만족시키며, 셋째, 자신의 정체성이 고정되어 있는 오프라인과 달리 페이스북과 같은 프로필 소셜 네트워크서비스에서는 다양한 정체성을 형성하고 그것을 성장시켜 나갈 수 있어 정체성 욕구를 만족시켜 주기 때문이다.

소셜 네트워크서비스는 '친구'와 같은 인적 네트워크의 크기가 핵심요소이며, 그것이 사회적 자본으로써 자존감 또는 지위를 대변하는 역할을 한다. 소셜 네트워크서비스는 폭넓은 관계를 유지하고 있다는 자긍심을 제공하고, 다양한 생각과 느낌을 가지고 있는 사람과의 정보교류를 통해 사고의 폭을 넓힐 수 있다는 장점이 있다. 하지만 사회적 자본인 인적 네트워크를 확장하려는 욕구만으로 많은 시간을 들여 경쟁적으로 친구를 만들거나 가짜 친구를 만들어내고, 그것을 자신의 인적 네트워크에 추가하는 트로피 프렌드(trophy friend) 또는 페이크 부킹(fake booking)을 시도할 가능성도 있다. 또한 개인의 사적 정보가 원하는 범위 이상으로 확산되어 개인의 프라이버시를 침해할 가능성이 있다는 문제도 제기되고 있다.

5. 인간관계에 대한 심리학적 이해

사회생활을 하면서 만나는 다양한 사람들과 친밀한 관계를 형성하고 유지하기 위해서는 인간관계의 특성을 이해할 필요가 있다. 경영학이나 사회학 같은 사회과학 분야에서도 인간관계의 특성을 설명하는 이론들이 제시되었지만 인간관계에 대한 포괄적이고 깊이 있는 이론은 심리학에서 발견할 수 있다. 이 장에서는 대표적인 심리학 이론을 중심으로 인간관계가 심리학에서 어떻게 설명되고 있는지를 살펴보도록 한다.

1) 사회교환이론(Social Exchange Theory)

사회교환이론(Kelley & Thibaut, 1978)에 따르면 인간은 인간관계에서 공평한 교환을 통해 서로의 욕구를 충족시키고자 한다. 즉, 인간관계를 유지하기 위해 사람은 금전이나 시간, 선물 등의 물질적 비용이나 상대방에 대한 관심이나 인정 같은 심리적 비용을 지출하는데, 이러한 비용을 지출하는 이유는 상대방에 대한 호감 때문만이 아니라 상대방도 자신이 지출한 비용만큼 보상을 해줄 것이라고 기대하기 때문이다. 가령, 친구가 어려울 때 물질적 또는 정신적 도움을 제공하는 것도 단순히 친구와의 우정 때문만이 아니라 나중에 자신에게 도움을 줄 것이라고 기대하기 때문이다.

그러나 인간관계의 만족도는 단순히 지출한 비용(cost)과 획득한 보상(reward) 간의 차이인 결과수준(outcome level)만으로 결정되지 않는다. 왜냐하면 사람마다 상대방과의 인간관계를 통해 얻고자 하는 기대수준이 성장 환경이나 사회적 기대에 따라 다를 수 있기 때문이다. 가령, 부유한 가정환경에서 성장한 사람은 직장에서 더 많은 급여를 받아야만 만족할 것이다. 이렇게 본다면 인간관계에서 비용과 보상 간의 관계는 절대적인 것이 아니라 상대적인 것이라고 할 수 있다. 또한 인간관계에서 얻게 되는 보상의 가치도 상대적이어서 자신이 생각하기에는 상대방에게 도움이 될 것이라고 해준 것이 상대방은 다르게 받아들일 수 있다. 가령, 여러분의 조카가 피아노를 열심히 쳤을 때 "야! 잘 치는데!"라고 말해주면 조카에게는 칭찬으로 들리겠지만 전문적인 피아니스트의 연주를 듣고 같은 말을 한다면 칭찬으로 받아들이지 않을 것이다.

2) 교류분석이론(Transactional Analysis Theory)

교류분석이론(Berne, 1964; Harris, 1969)은 인간관계를 자아 상태와 교류방식에 의해 설명한다. 인간의 자아 상태(ego state)에는 부모자아(parent ego), 성인자아(adult ego), 아동자아(child ego)가 있으며, 이러한 자아 상태는 다양한 상황에서 우리의 반응에 영향을 미칠 수 있다(Berne, 1964). 가령, 길을 지나가다가 구걸을 하는 사람을 만났을 때 부모자아는 '참 불쌍하네! 지갑에서 돈을 꺼내 주자.'라는 생각을 하도록 하지만 성인자아는 '내가 쓸 돈도 없는데! 틀림없이 저런 사람들은 노력도 해보지 않고 공짜 돈을 원하는 사람임에 틀림이 없어!'라는 생각을 하도록 한다. 두 가지 생각 중에서 어떤 생각에 따라 행동할 것인지는 성격이나 평소의 습관 등 다양한 요인의 영향을 받으며, 이렇게 대립되는 생각들이 떠오르는 것은 우리가 여러 자아 상태를 함께 가지고 있기 때문이다. 부모자아는 비판적(critic) 부모자아와 양육적(nurtural) 부모자아로 구분된다. 비판적 부모자아는 사회규범에 따라 아이의 행동을 금지하거나 비판하는 부모의 측면을 반영하는 자아 상태이고, 양육적 부모자아는 아이를 돌봐주고 수용해 주는 부모의 측면을 반영하는 자아 상태이다. 그리고 성인자아는 정보를 탐색하고 정보에 근거해서 합리적인 결정을 내리고 이해관계를 평가하는 자아 상태를 나타낸다. 우리가 구걸을 하는 사람을 만났을 때 두 가지 대립된 생각을 느낀 것은 마음에 양육적 부모자아와 성인자아가 동시에 작용했기 때문이다. 또한 아동자아는 천진하고 자유로운 특성을 반영하는 자유로운(free) 아동자아와 순종적이고 수동적인 특성을 반영하는 순응적(adopted) 아동자아로 구분된다.

어떤 상황에서 사람은 다섯 가지 자아 상태의 상대적 영향력에 따라 행동하므로 자아 상태들이 균형을 이룰수록 건강한 성격과 원만한 인간관계를 보이는 사람이라고 할 수 있다. 만일 자아의 균형이 깨어져 어느 하나가 지배적인 경우, 어느 자아가 지배적이냐에 따라 특징적인 사고나 행동이 나타난다. 가령, 자유로운 아동자아가 지배적인 사람은 충동적이고 감정적이며 자기중심적이므로 인간관계에서 다른 사람과 마찰을 빚기 쉽다. 또한 비판적 부모자아가 지배적인 사람은 고정관념에 근거한 선입견을 가질 가능성이 많고 타인에 대해 비판적이므로 인간관계에서 타인의 반발을 살 가능성이 크다.

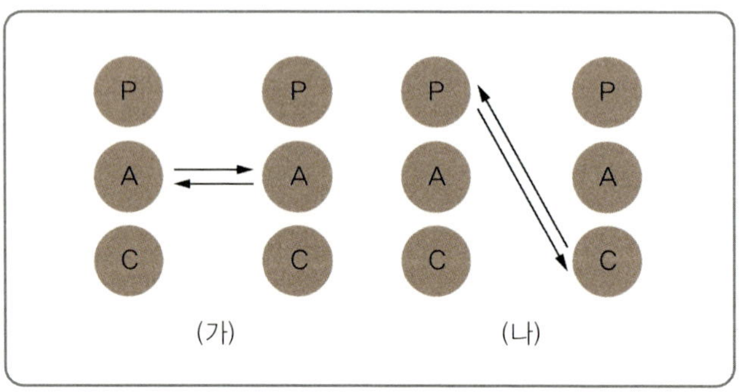

그림 1-2. 상보교류의 사례

인간관계에서 개인의 자아 상태는 서로 상호작용을 하며 이것을 교류(transaction)라고 부르는데, 교류의 유형에는 상보교류(complementary transaction), 교차교류(crossed transaction), 이면교류(ulterior transaction)가 있다. 〈그림 1-2〉에서 볼 수 있듯이 상보교류는 두 사람이 같은 자아 상태를 가지고 교류하거나 자아 상태 간의 교류가 평행적으로 이루어져 자연스럽고 갈등이 없는 대화가 가능한 상태를 말한다. 가령, (가)에서 한 친구가 "지금 몇 시지?"(성인자아 상태)라고 물었을 때 다른 친구가 "지금 1시야!"(성인자아 상태)라고 대답을 했거나, (나)에서 아들이 "배고파 죽겠어요! 밥 좀 주세요!"(아동자아 상태)라고 했을 때 엄마가 "밥을 줄게, 빨리 옷 갈아입고 식탁으로 와!"(부모자아 상태)라고 했을 경우에 이것을 상보교류라고 할 수 있다.

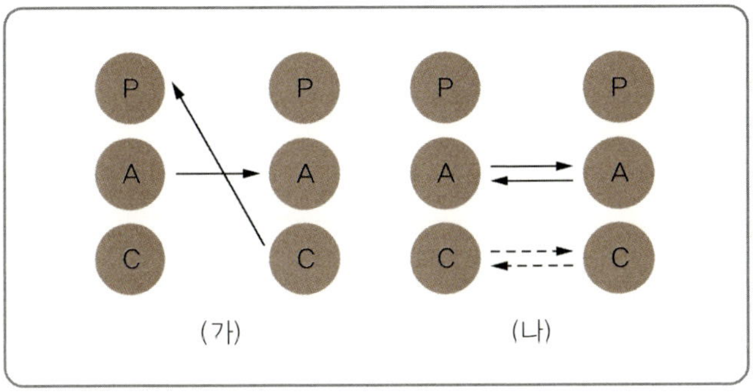

그림 1-3. 교차교류와 이면교류의 사례

그에 비해 교차교류는 〈그림 1-3〉의 (가)에서 볼 수 있듯이 두 사람의 교류 방향이 교차하는 경우를 말하며 이런 상황이 발생하면 상대방의 말을 오해하거나 부정적인 감정을 느끼게 된다. 가령, 남편이 "집이 지저분해서 청소 좀 해야 되겠는데?"(성인자아 상태)라고 했을 때 아내가 "자기는 주말에 놀면서 왜 나에게만 뭐라고 해?(아동자아 상태)"라고 하면 남편과 아내는 갈등을 빚게 된다. 여기에서 남편은 청소를 하자는 의미로 말을 한 것인데 비해 아내는 상대의 말을 비난으로 받아들였기 때문에 생긴 문제라고 할 수 있다. 한편 이면교류는 〈그림 1-3〉의 (나)에서 볼 수 있듯이 교류에서 '드러난 내용'과 '숨겨진 내용'이 함께 전달되는 경우를 말하며 말하는 사람이 진정으로 원하는 것은 '숨겨진 내용'에 포함되어 있는 경우가 대부분이다. 가령, 백화점 직원이 손님에게 "최고급이긴 하지만 너무 비싸서 권해드리기 어렵네요."(성인자아 상태)라고 말했을 때 손님이 "그걸로 주세요."(성인자아 상태)라고 말했다면 '드러난 내용'에서는 성인자아 간의 자연스러운 교류로 보이지만 '숨겨진 내용'에서는 "그렇게 비싼 걸 당신 같은 사람이 살 수 있겠어요?"(아동자아 상태)라는 백화점 직원의 말에 대해 손님이 "나도 그 정도는 얼마든지 살 수 있어."(아동자아 상태)라고 반응한 것이다. 대화에서 이면적 교류가 일어나면 의식하든 의식하지 못하든 둘 중 하나는 가해자가 되고 나머지는 피해자가 되는 악순환을 반복하게 되어 대화를 어렵게 만들 수 있다.

● 인생각본과 인간관계

인간은 어릴 때부터 가족이나 주변 사람들과의 상호작용에서 긍정적 또는 부정적 피드백인 스트로크(stroke)을 주고받는다. 수많은 긍정적 또는 부정적 스트로크를 경험하면서 아이는 자신과 타인에 대한 관점을 형성하며 이러한 관점은 그가 앞으로 어떤 삶을 살아나갈지를 결정하는 인생각본(life script)으로 작용하며 인생각본은 인간관계에 큰 영향을 미친다.

- **나는 옳지 않다-너는 옳다(I'm not OK-You're OK) 각본**: 이러한 각본은 유아기에 나타나며 부모의 사랑을 받고 자신을 보호하기 위한 수동적 태도를 반영한다. 즉, 자신의 욕구를 충족시키려면 부모의 보살핌이 필요하기 때문에 부모를 비롯한 타인에 대해서는 매우 긍정적이지만 자신은 아무것도 할 수 없다고 여겨 쉽게 포기하고 자신을 신뢰하지 않는다. 문제는 성인이 되어서도 이렇게 행동하는 사람들은 자신을 무가치하게 여기고 다른 사람들에게 의존하려는 욕구를 지니고 있어 타인의 칭찬과 인정에 매우 의존적인 경향이 있다.

- **나는 옳지 않다-너도 옳지 않다(I'm not OK-You're not OK) 각본**: 이 각본을 가진 사람은 자신이 직면한 상황이나 문제를 해결할 대안이나 능력이 자신에게 없다고 믿는다. 이들은 자신뿐 아니라 타인도 부정적으로 지각하며 반항적이고 체념적인 인생 태도를 갖는다. 따라서 삶의 의미를 부여하지 못하고 위축된 삶을 살아가게 된다.

- **나는 옳다-너는 옳지 않다(I'm OK-You're not OK) 각본**: 이 각본은 청소년기에 주로 보이는 반응으로 자아를 유지하려고 타인을 불신하고 자신만 옳다고 생각하며 자기중심적인 사고를 보인다. 성인이 되어서도 이런 행동을 보이는 사람들은 자신만 옳다고 생각하며 권위적이고 타인을 불신하여 대인관계가 단절되기 쉽다.

- **나는 옳다-너도 옳다(I'm OK-You're OK) 각본**: 이 각본을 가진 사람은 진실된 인간관계를 맺기 위해 시간을 투자하며 자신이 직면한 문제를 건설적으로 해결할 수 있는 자신감과 능력을 가지고 있어 건강하고 행복한 삶의 방식과 태도를 지닌다. 이들은 매우 활동적이고 적극적인 삶의 태도를 지닌 사람들로서 매우 바람직한 대인관계의 양식을 갖고 있으며, 원숙한 인격자로서 자아실현의 욕구를 충족시키는 사람들이라고 할 수 있다.

3) 역할이론(Role Theory)

우리는 사회를 살아가면서 자기에게 주어진 사회적 역할을 수행하게 된다. 평범한 대학생이라도 상황에 따라 '학생'으로서의 역할, '아들(혹은 딸)'로서의 역할, '친구'로서의 역할, '동창'으로서의 역할 등 많은 역할을 가지고 있으며, 그 역할에 주어지는 기대에 따라 행동하게 된다. 가령, 학교에 가서 '학생'으로서의 역할을 해야 할 경우에는 "열심히 공부한다.", "정해진 시간에 수업에 참석한다." 등의 기대에 따라 행동을 하며, 수업이 끝나고 '친구'로서의 역할을 해야 할 경우에는 "친구의 말을 잘 들어준다.", "친구가 도움을 청하면 도와준다." 등의 기대에 따라 행동하게 된다. 이렇게 상황에 따라 역할이 달라지는 것을 역할이행(role shift)이라고 하는데 역할이행이 이루어지면 역할기대가 변화되기 때문에 행동이 변화되기는 하지만 개인의 성격(personality)은 상황에 달라지더라도 비교적 안정적이기 때문에 어느 정도의 일관성이 존재한다. 역할이론에서는 개인이 자신에게 부여된 사회적 역할(social role)을 기대에 맞추어 잘 수행할 때 이상적인 인간관계가 가능하다고 가정한다. 어떤 사람은 특정한 역할의 지배력이 지나치게 커서 역할이행이 잘 이루어지지 않아 다른 역할을 수행할 때도 지배적인 역할이 영향을 미치는 경우가 있다. 가령, '교사'의 역할이 너무 지배적인 경우에는 집으로 돌아와 '남편(혹은 아내)'의 역할을 해야 하는 경우에도 '교사'의 역할에서나 기대되는 '관여하거나' 또는 '지시하는' 행동이 나타나서 부부 간의 갈등을 유발할 수 있다.

어떤 상황에서는 역할기대에 맞게 행동하는 것이 쉽지 않기 때문에 사회에서 역할을 잘 수행하는 것이 그렇게 쉬운 것만은 아니다. 우선, 같은 인간관계에 사람마다 서로 다른 역할을 부여할 수 있다. 가령, '영수'와 '선미'는 대학에 들어와 6개월간 사귀었는데 '선미'를 좋아하는 '영수'는 '선미'와 만날 때 '애인' 역할을 부여하는 데 비해 남자와 사귄 경험이 별로 없는 '선미'는 '친구'역할을 부여할 수 있다. 그렇게 되면 만날 때마다 두 사람은 상대방의 행동에 대해 부담을 느끼거나 실망할 수 있다. 또한 인간관계에 같은 역할을 부여했더라도 역할기대가 서로 다를 수 있다. 가령, '영수'와 '선미'가 부부가 되었다고 하더라도 '영수'는 '부부'라는 역할에 대해 "남편이 사회생활을 잘 하도록 아내가 내조하는 관계"로 기대하는 데 비해 '선미'는 "서로의 생활에 간섭하지 않고 어려울 때 도와주는 관계"로 기대한다면 두 부부의 앞날은 가시밭길이 될 가능성이 높다. 따라서 부부는 결혼 전에 '부부'가 되었을 때 어떤 역할기대를 가지고 있는지 충분하게 대화하여 서로의 공통분모를 찾은 후에 결혼을 결정하는 것이 미래의 불행을 미리 예방하는 길이 될 수 있다. 한편 사람은 사회생활을 하는 동안 다양한 역할을 수행하게 되는데 어떤 경우에는 이러한 역할들이 서로 충돌을 일으킬 수 있다. 가령, 국세청 공무원으로 근무하고 있는 '영수'를 찾아온 친구 '철수'가 자신에게 부과된 세금을 깎아달라고 부탁할 수 있다. 이런 경우에 '영수'는 '친구' 역할에 충실할 것인지 아니면 '공무원' 역할에 충실할 것인지 갈등을 겪을 수 있다.

6. 성숙한 인간관계는 어떻게 가능한가?

인간관계를 잘 하기 위해서는 우선 자신이 어떤 사람인지 알고 있어야 하고, 자신의 생각이나 감정을 상대방에게 적절하게 표현할 수 있어야 하며 상대방의 애정이나 신뢰를 있는 그대로 받아들일 수 있어야 한다. 또한 인간관계는 서로의 성장을 진정으로 돕는 관계이므로 상대방의 생각이나 성격 및 가치관의 차이를 인정하고 수용할 수 있어야 한다. 그래야 인간관계에서 발생할 수 있는 갈등상황에서 자신의 느낌이나 생각을 상대방에게 솔직하게 표현하고 상대방이 처한 상황과 관점을 객관적으로 이해할 수 있다. 이러한 인간관계의 특징을 고려할 때 성숙한 인간관계는 다음과 같은 요소가 필요하다.

첫째, 인간의 본성과 인간관계에 대한 깊은 이해를 가지고 있어야 성숙한 인간관계가 가능하다. 인간은 평소에 예측 가능한 방식으로 행동하려는 경향을 가지고 있지만 상황에 따라서는 평소와 다르게 행동하기도 하는 존재이다. 또한 인간관계를 통해 우리는 위로나 즐거움을 얻을 때도 있지만 고통과 아픔을 느낄 때도 있다. 따라서 우리는 인간이나 인간관계에 대해 지나치게 비현실적이고 경직된 기대를 갖기보다 현실적이고 유연한 태도를 가질 필요가 있다.

둘째, 상대방의 행동과 감정을 편견 없이 객관적으로 이해하려는 자세를 가져야 한다. 인간은 상대방의 의도나 감정을 자신이 가진 편견에 의해 왜곡하기 때문에 비현실적이고 경직된 신념을 가질수록 타인의 행동을 객관적으로 이해하기 쉽지 않다. 자신이 편견을 가질 수 있음을 인식할 때 타인의 의도나 감정을 정확하고 객관적으로 파악할 수 있다.

셋째, 타인의 마음에 공감하고 자신의 마음을 잘 전달하는 대인기술을 가지고 있을 때 원만한 인간관계가 가능하다. 즉, 상대방의 말을 진지하게 경청하여 상대방의 입장에 공감할 줄 알고, 자신의 감정과 생각을 적절하게 표현할 수 있어야 서로의 감정과 생각을 이해할 수 있다.

넷째, 갈등상황에서 상대의 입장을 존중하면서도 자신의 입장을 주장할 수 있는 타협적인 태도를 가져야 한다. 인간관계에 대해 현실적이고 유연한 신념을 가진 사람은 인간관계를 조화롭게 유지하기 때문에 불필요한 갈등이나 오해를 잘 만들어내지 않는다. 설사 갈등이나 오해가 생기더라도 대화를 통해 상대방의 입장을 존중하고 자신의 입장을 잘 전달하기 때문에 부정적인 감정 없이 갈등을 잘 해결한다.

인생의 네 동반자

인생을 살아가면서 우리는 다양한 사람들과 인간관계를 맺게 되며 이들과 취미생활이나 일을 함께 하면서 서로의 욕구를 만족시키고자 한다. 그러나 인간관계의 폭이 넓어져 많은 사람을 만나는 데도 불구하고 공허한 느낌을 받게 되는 경우가 있는데 그것은 우리가 인생을 살아가면서 반드시 가져야 할 동반자를 만들지 못했기 때문이다. 우리가 인생에서 기쁨을 얻고 행복하려면 네 가지 유형의 동반자가 있어야 한다(Schumidt & Sermat, 1983).

- **가족적 동반자**: 부모, 형제자매, 친척과 같이 자신과 혈연적 관계를 가진 사람들을 말한다. 가족적 동반자와의 인간관계를 통해 우리는 서로 이해하고 위로하면서 삶의 안식처를 발견할 수 있다.

- **낭만적 동반자**: 이성으로서 사랑을 나눌 수 있는 연인이나 배우자를 말한다. 낭만적 동반자와의 인간관계를 통해 사랑에 대한 욕구와 함께 성적 욕구를 충족시킬 수 있다.

- **사교적 동반자**: 진실한 우정을 나눌 수 있는 친구관계를 말한다. 직업적 이해관계보다는 개인적인 친근감에 바탕을 둔 정서적 교류가 이루어지며 나이가 들어감에 따라서 그 중요성이 점차 증가한다.

- **직업적 동반자**: 사업이나 일을 함께 하는 동료를 말한다. 친구와는 달리 이들과의 관계에서는 협력해서 달성해야 할 목표가 존재하며 이러한 목표가 달성되지 못할 경우에는 이들과의 인간관계가 어려워지기도 한다. 그러나 직업적 동반자가 반드시 이해관계만으로 이루어지는 것은 아니며 개인적인 만남을 통해 사교적 동반자가 되기도 한다.

chapter

02

인간관계의 과정

Psychology of Human Relationship

chapter

02 인간관계의 과정

우리는 사회에서 다양한 인간관계를 하면서 살아간다. 가령, 학교에서 새로 친구를 사귀거나 소셜 네트워크 서비스에서 많은 사람들과 대화를 나누고 사진을 공유한다. 이렇게 다양하게 이루어지는 인간관계에 보편적으로 적용되는 인간관계의 과정이 존재할까? 인간관계의 유형에 따라 인간관계가 형성되는 과정은 조금씩 다를 수 있겠지만 보편적으로 인간관계의 시작은 대화를 나누지 않더라도 얼굴은 알고 지내는 시기에서 시작된다. 그러다가 서로에 대해 관심이 생기면서 공통관심사를 찾기 위한 피상적 대화가 이루어지는데 아직은 깊은 감정을 공유하기보다 필요한 정보를 서로 알려주는 수준에서 대화가 이루어진다. 조금 시간이 지나면 두 사람 간의 교류가 사적인 영역으로 확대되면서 서로에 대해 더 많이 알기를 원하게 되고 개인적 감정이나 생각을 서로 노출하면서 친밀해지게 된다(Huston & Levinger, 1978). 이러한 과정은 대부분의 인간관계에서 단계적으로 일어나게 되며 어떤 일이 일어나는지 어떻게 해야 하는지 구체적으로 모르더라도 우리는 자연스럽게 대응하면서 인간관계를 형성하게 된다. 그렇지만 인간관계가 어떤 과정을 통해 진행되는지, 그리고 그러한 과정에서 어떤 문제가 나타날 수 있는지 알고 있다면 인간관계에서 불필요한 오해나 갈등을 줄이고 더 쉽게 친해질 수 있을 것이다. 이 장에서는 다양한 인간관계에 보편적으로 적용될 수 있는 인간관계의 과정에 대해 알아보도록 한다.

1. 인간관계의 시작

인간관계는 일정한 단계를 거쳐 이루어지며 처음에는 그냥 아는 사이에서 피상적인 만남이 일어나지만 만남이 증가하면 관계가 공적 영역에서 사적 영역으로 확대되면서 개인적 감정과 관심사를 공유하게 되고 점차 친밀한 관계로 발전한다. 누구를 처음 만나면 상대방의 성격이나 취향 같은 내적 특성을 파악하는 인상형성(impression formation)이 이루어지며 이것은 대인지각과정을 통해 일어난다. 대인지각과정은 상대방으로부터 얻은 적은 정보에 기초하여 상대방에 대한 인상을 형성해 나가는 추론과정이며 그렇기 때문에 어느 정도 오류는 불가피하다.

상대방에 대한 인상 형성은 생각보다 빠르게 일어나며 비교적 정확도가 높다. 가령, 사진을 보고 상대방의 성격을 평가하도록 하였을 때 오래 보도록 한 조건과 짧은 시간 동안 보도록 한 조건 간의 차이가 그다지 크지 않았으며, 사진을 0.5초만 보고서도 경영자의 능력이나 선거에서 당선 여부를 비교적 정확하게 판단하는 경향을 보였다. 이 절에서는 인상이 형성되는 과정과 인상을 왜곡시키는 요인 그리고 어떻게 하면 상대방을 정확하게 파악할 수 있는지에 대해 알아본다.

1) 인상 형성하기

우리는 사회에서 많은 사람과 만나게 되며 그때마다 상대방이 어떤 사람인지를 보여주는 정보에 주목하고 그러한 정보에 근거하여 상대방에 대한 인상을 형성한다. 이러한 인상 형성 과정이 어떻게 일어나는지를 이해하는 것은 효율적인 인간관계를 이루어 나가는 데 중요하다. 보통 인상 형성은 상대방의 존재를 인식하는 주목단계, 상대방을 자신의 과거 경험이나 상식에 근거하여 빠르게 평가하는 빠른 판단단계, 그동안 알게 된 상대방의 다양한 특성들을 통합하여 상대방에 대한 종합적 인상을 형성하는 느린 판단단계로 구분해 볼 수 있다.

(1) 주목단계(attention stage): 상대방에 대한 관심

사회에서 우리는 다양한 사람들을 만나게 되지만 모든 사람에게 관심을 갖지는 않는다. 어떤 사람은 그냥 스쳐 지나가지만 어떤 사람은 의미 있는 상대로 인식하고 주목하게 된다. 누구를 의미 있는 상대로 인식하고 주목하게 될 것인지에는 상대방의 신체적 매력, 독특성 등 다양한 요인들이 영향을 미칠 수 있다. 주목단계에서는 피상적인 수준의 접촉이 이루어지며 상대방을 인격적 존재로 대하기보다 사회적 역할을 수행하는 존재로 여기기 때문에 친밀감을 느끼기 어렵다. 그렇지만 주목단계에서는 누구나 좋은 첫인상을 주기 위해 자신을 실제보다 돋보이게 하려는 행동이 나타난다. 가령, 첫만남에서 사람들은 평소보다 더 좋은 옷을 입고 대화를 할 때도 더 격조 있는 목소리와 단어를 사용하는 경향을 보인다.

(2) 빠른 판단단계(snap judgment stage): 인상정보의 수집

이 단계에서 사람들은 상대방에 대해 알게 된 적은 정보만으로 자신의 과거 경험이나 상식에 근거하여 상대방이 어떤 사람인지 빠르게 판단한다. 실제로 우리는 만난 지 얼마 되지 않았음에도 불구하고 상대방이 어떤 사람인지 대충 안다고 느끼는 데, 그것은 부분적인 정보만으로 상대방의 특성을 추측하는 대인지각과정이 작용하기 때문이다. 이러한 대인지각과정은 상대방에 대한 빠른 판단이 요구될 경우에는 유용할 수 있지만 고정관념이나 편견으로 인해 왜곡된 판단을 유도할 위험도 있다. 그렇다면 우리는 빠른 판단단계에서 어떤 정보에 주목할까?

도식(schema) 누군가를 처음 만났을 때 우리는 외모나 옷차림 같은 부분적인 정보만으로 그 사람을 판단해야 하는데 여기에 도식(schema)이 작용한다. 도식에는 개인의 특성을 이와 유사한 특성을 가진 집단 전체에게 일반화하는 고정관념(stereotype)이 있으며 고정관념은 자신의 과거 경험이나 주변 사람들로부터 얻은 정보 또는 사회적 통념에 근거하여 형성된다. 대표적인 것이 성별 고정관념으로 〈그림 2-1〉에서 보듯이 사람들은 남자에 대해서는 독립심과 경쟁심이 강하지만 온화하지 않고 정서를 잘 표현하지 않는다는 고정관념을 갖고 있는 데 비해, 여자에 대해서는 독립심이나 경쟁심이 약하지만 온화하고 정서적이라는 고정관념을 가지고 있다.

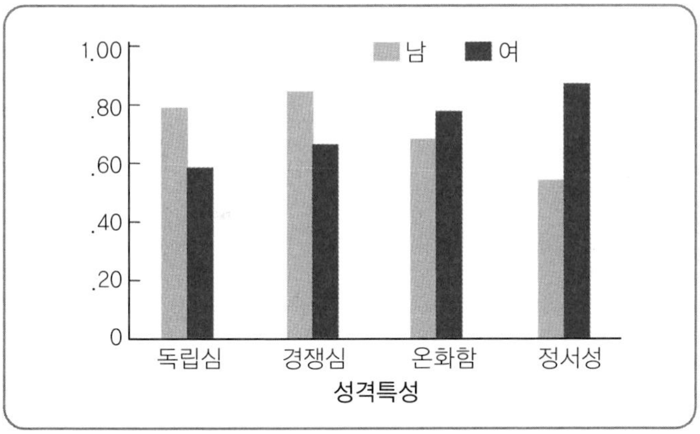

그림 2-1. 성별 고정관념

우리는 성별 고정관념뿐 아니라 신체적 매력에 대한 고정관념도 가지고 있다. 일반적으로 아름다운 외모를 가진 사람은 선한 성격을 가지고 있고, 좋은 환경에서 자랐을 것이라고 생각하며, 잘 생긴 사람이 더 지적이고 유능한 사람일 것이라고 믿는다. 실제로 남자 사원들을 대상으로 한 연구(Ross & Ferris, 1981)에서 외모가 뛰어난 사람이 더 좋은 근무평가를 받고 더 많은 연봉을 받는 결과를 보였다.

그러나 신체적 매력에 대한 고정관념이 늘 긍정적인 방향으로만 작용하는 것은 아니다. 가령, 사람들은 전문직 여성들의 성공을 외모 때문이라고 생각하는 경향이 있으며 이로 인해 여성의 실제 능력이 평가절하될 수 있다(Kaslow & Schwartz, 1983). 또한 우리나라의 경우 외모에 대한 고정관념이 남성에게는 긍정적으로 작용하지만 여성에게는 부정적으로 작용하는 경향을 보인다(김혜숙, 1999). 가령, '미인박명'이라는 옛말에서 알 수 있듯이 우리나라에서는 뛰어난 외모를 가지고 있는 여성을 그렇게 좋게 평가하지 않았다.

신체적 매력에 대한 고정관념은 단순히 외모에서만 나타나는 것이 아니며 체형에서도 관찰된다. 컴퓨터 그래픽으로 동일한 인물의 체형을 마른 체형, 보통 체형, 뚱뚱한 체형으로 변화시킨 후 사람들이 각 체형을 가진 사람에 대해 어떤 고정관념을 가지고 있는지를 조사하였다(Gardner & Tockerman, 1994). 그 결과를 보면 사람들은 뚱뚱한 체형을 가진 사람을 다른 유형의 사람들에 비해 덜 성실하고, 덜 똑똑하고, 능력이 떨어지는 사람으로 평가하는 경향을 보였다. 그러나 비만인과 일반인을 비교한 연구(Miller, 1995)를 보면 능력이나 사교성 그리고 사회적 불안 등에서 비만인과 일반인 간의 차이는 거의 발견되지 않았다. 또한 미국에서는 키가 큰 남자일수록 리더십이 있고 유능할 것이라는 고정관념이 있다(Patzer, 1985). 가령, 미국 남자 대학졸업생들의 초봉을 분석한 연구(Deck, 1968)에서 키가 189cm 이상인 남자는 학교에서 성적이 우수했던 남자보다 더 많은 초봉을 받는다는 것이 발견되었다. 그밖에도 옷차림이나 걸음걸이 그리고 시선 등에 대해서도 사람들은 고정관념을 갖는다. 가령, 사람들은 단정한 옷차림을 하고 있는 사람들이 양심적일 것이라고 생각하고(Albright, Kenny, & Malloy, 1988), 엉덩이와 팔을 활기차게 움직이고 율동적으로 걷는 사람이 행복하고 원기왕성할 것이라고 생각한다(Montepare & Zebrowitz-McArthur, 1988).

고정관념과 같은 도식은 복잡한 세상을 단순화시켜 이해하려는 인지적 노력 때문에 생기는 자연스러운 사회적 범주화(social categorization) 현상이지만 개인 간의 차이를 무시하여 대인지각의 정확성을 떨어뜨린다는 문제를 가지고 있다. 특히, 고정관념은 상대방에 대해 잘 모를 때 더 큰 영향을 미치며 상대방에 대해 잘 알게 되면 그 영향력이 사라지게 된다.

암묵적 성격이론(implicit personality theory) 보통 '유머가 풍부한' 사람을 보면 '사교적이고, 낙천적인 사람'일 것이라고 예상하는데, 이것은 어떤 사람이 가진 현저한 특성을 바탕으로 그의 전반적인 성향을 이해하려고 하기 때문이다. 그리고 '혼자 밥을 먹는 것'을 보고 사람들과 어울리기 싫어하는 사람이라고 여기는 것처럼 우리는 어떤 사람의 단편적 행동만으로 상대방이 어떤 사람인지를 추측하려는 경향을 가지고 있다. 이렇게 현저한 특성이나 단편적인 행동만으로 상대방의 전반적인 성향을 이해하려고 하는 것을 암묵적 성격이론이라고 하는데 암묵적 성격이론은 과거 경험이나 주변 사람들로부터 들은 인간의 특성들 간의 관계에 대한 믿음에 근거한다(Schneider, 1973).

단순한 평가기준(simple assessment criterion) 누군가를 처음 만나면 상대방을 차근차근 분석해서 어떤 사람인지 판단하기보다는 단순한 기준에 근거하여 상대방을 빨리 판단하려는 경향을 보인다. 이중관점모형(Abele & Wojciszke, 2007)에 따르면, 사람들은 누군가를 판단할 때 활동성, 똑똑함, 창의성 같은 주체성 차원과 자기희생, 공감, 겸양 같은 어울림성 차원으로 파악하려고 한다. 특히 상대방에 대한 첫인상은 주체성보다 어울림성에 의해 더 큰 영향을 받는다. 가령, 사람에 대한 한국 대학생의 선호도를 조사한 연구(한규석 등, 2004)를 보면 주체성보다 어울림성이 대학생의 선호도에 더 큰 영향을 미쳤다. 그러나 사람을 평가할 때 늘 어울림성이 중요한 것은 아니다. 일을 할 때는 주체성 정보가 더 중요하게 여겨지고, 우정을 추구할 때는 어울림성 정보가 더 중요하게 여겨진다.

(3) 느린 판단단계(slow judgment stage): 인상정보의 통합

어떤 사람과 자주 만나게 되면 상대방과 관련된 다양한 정보들을 알게 되는데 이러한 정보들은 인상에 개별적으로 영향을 미치기보다 통합적으로 영향을 미친다. 가령, '철수'라는 사람에 대해 '다정하고, 적극적이고, 얼굴이 크고, 약속에 늦지 않는 사람'이란 것을 알게 되었다고 할 때, 그것을 하나씩 기억하기보다 '호감이 가는 성실한 사람'이라는 통합된 인상을 형성하게 된다. 인상정보들이 모여 통합된 인상을 형성하는 방식에는 가산모형과 평균모형이 있다(Anderson, 1966). 가산모형에서는 통합된 인상을 상대방에 대한 인상의 호오값들의 단순한 총합이라고 가정하는 데 비해 평균모형에서는 상대방에 대한 인상의 호오값들의 평균이라고 가정한다. 가령, 인상의 호오값의 범위가 "아주 좋다"(+5)에서 "아주 싫다"(−5) 사이라고 하고, "다정하다"는 +5, "적극적이다"는 +3, "얼굴이 크다"는 −2, "옷을 잘 입는다"는 +2의 호오값을 가진다고 하자. 이럴 경우에 가산모형에 따른 '철수'의 통합된 인상은 "(+5)+(+3)+(−2)+(+2)=(+8)"인데 비해 평균모형에 따른 통합된 인상은 "(+8)/4=(+2)"이다.

그동안의 연구(Triandis & Fishbein, 1963)에서 인상의 통합은 가산모형보다 평균모형에 의해 더 잘 설명된다고 알려져 있지만 평균모형도 몇 가지 한계점을 가지고 있다. 즉, 평균모형은 여러 인상정보가 통합될 때 모두 동일한 중요성을 가지고 있다고 가정하지만 실제로는 정서적 정보 같은 중심특질이나 상대방에 대해 먼저 알게 된 인상정보가 인상 형성에서 더 큰 중요성을 갖는다. 가령, 학생들은 수업시간에 성격이 '차갑다'고 소개된 선생님보다 '따뜻하다'고 소개된 선생님과 더 많은 대화를 하는 경향을 보이는데, 이것은 정서적 정보가 인상형성의 통합에 더 큰 영향을 미친다는 것을 보여준다. 또한 가상적인 인물이 가진 성격특성을 알려줄 때 긍정적인 성격을 먼저 알려주고 부정적인 성격을 나중에 알려주었을 때가 반대의 경우보다 그 인물에 대해 더 긍정적인 인상을 형성하는 경향이 있다(Asch, 1946).

● 인간은 사물과 사람을 다르게 지각한다

사람에 대한 지각은 우선 상대방이 가진 특징에 대한 주관적 평가를 바탕으로 내적 특성을 추론하는 과정을 통해 이루어진다. 가령, 우리는 화려한 색의 옷을 자주 입는 사람을 보면 성격이 외향적이거나 과시하기 좋아하는 사람이라고 추측하게 된다. 그에 비해 사물에 대한 지각은 크기, 색깔, 모양과 같은 외적 특징에 근거하며, 이러한 특징은 상황이 변하되더라도 달라지지 않기 때문에 안정된 지각이 이루어진다. 특히, 인간은 서로 다른 욕구와 감정을 가지고 있으므로 똑같은 상황이라도 상대방을 다르게 지각할 수 있다. 가령, 어떤 사람을 툭 쳤을 때 그 사람이 친구라면 우정의 표시로 여기겠지만 낯선 사람이라면 공격적 행동으로 받아들이게 될 것이다. 따라서 상대방이 어떤 사람인지 정확하게 지각하기 위해서는 상대방이 가진 특징뿐 아니라 그 상황에서 나타날 수 있는 자신의 욕구나 감정을 고려해야 한다. 그리고 사람에 대한 지각에는 자신의 성격이나 편견도 영향을 미칠 수 있다. 가령, 성실한 성격을 가진 사람은 외향적이고 잘 노는 사람을 성실하지 못한 사람으로 지각하여 부정적인 인상을 형성할 수 있다. 또한 사물을 지각하는 것은 일방적으로 관찰하는 과정을 통해 이루어지지만 사람을 지각하는 것은 서로가 관찰자의 역할을 주고받는 과정을 통해 이루어지게 된다. 가령, 면접같이 상대방에게 잘 보여야 하는 상황에서는 자기제시를 통해 실제 모습보다 더 좋은 모습을 보이려고 하지만 친구들과 있는 편안한 자리에서는 원래의 모습을 그대로 드러낸다. 그렇기 때문에 우리가 보고 있는 상대방의 모습이 원래의 모습인지 상대방이 보여주기를 원하는 모습인지 판단하기 쉽지 않다.

2) 인상을 왜곡시키는 요인

우리는 상대방을 가능한 한 정확하게 파악하려고 노력하지만 그러한 시도는 자주 실패한다. 왜냐하면 우리는 인상에 영향을 미치는 고정관념을 가지고 있을 뿐 아니라 정확한 인상을 형성하기 어렵게 하는 인지적 왜곡(cognitive bias)도 가지고 있기 때문이다.

일관성(consistency) 한 번 사람에 대한 첫인상을 형성하게 되면 잘 바뀌지 않으며 첫인상과 모순되는 경험을 하더라도 그것을 무시하거나 중요성을 낮추려고 한다. 이것을 후광효과(halo effect)라고 부르는데 그것은 우리가 생각과 감정의 일관성을 유지하려고 하기 때문에 나타난다. 가령, 어떤 사람에 대해 좋은 첫인상을 형성하고 나면 첫인상과 어긋나는 경험(가령, 전화를 했는데 받지 않는 경우)을 하더라도 그것 때문에 첫인상을 바꾸려고 하지 않는다(바빠서 전화를 받지 못했다고 생각한다). 또한 상대방에 대해 좋은 첫인상을 형성하고 나면 그 사람의 다른 특성도 실제보다 더 긍정적으로 평가하는 경향을 보인다. 가령, 신체적 매력 때문에 상대방에 대해 긍정적인 인상을 형성하고 나면 신체적인 매력과 무관한 지적 능력이나 성격도 긍정적으로 평가하려는 경향을 보인다(Dion, 1972).

초두효과(primacy effect) 우리가 상대방에 대한 긍정적인 인상정보를 먼저 접했는지 아니면 부정적인 인상정보를 먼저 접했는지가 나중에 경험하게 될 인상정보에 대한 평가에 영향을 미친다. 가령, 가상인물의 성격을 나타내는 형용사들을 들려줄 때 긍정적 형용사를 먼저 들려주면 다음에 제시되는 인상정보를 긍정적으로 평가하는 데 비해, 부정적 형용사를 먼저 들려주면 다음에 제시되는 인상정보를 부정적으로 평가하였다(Asch, 1946). 이렇게 처음 경험했던 인상정보가 전반적 인상에 더 큰 영향을 미치는 이유는 무엇 때문일까? 한 가지 이유는 처음에 제시된 인상정보가 맥락을 형성하고 이러한 맥락 속에서 나중에 경험하게 되는 정보를 해석하기 때문이다. 가령, "성실하다"라는 정보를 먼저 들은 후에 "영리하다"라는 정보를 들었다면 그것을 긍정적으로 받아들이지만 "불성실하다"라는 정보를 먼저 들은 후에 "영리하다"는 정보를 들었을 때는 그것을 부정적으로 받아들이는 경향을 보인다. 또 다른 이유는 상대방에 대해 어떤 인상정보를 알게 되면 그 다음에 주어지는 인상정보에 주의가 감소하는 경향을 보이기 때문이다. 만일 상대방에 대해 알려준 모든 인상정보를 기억하라고 주의를 주면 초두효과가 나타나지 않는다고 한다(Anderson & Hubert, 1963).

부정성 효과(negativity effect) 사람들은 인상을 형성할 때 상대방의 긍정적인 측면보다 부정적인 측면에 더 관심을 가지는 경향이 있는데 이것을 부정성 효과라 한다(Fiske, 1980). 가령, 어렸을 때 어떤 친구가 공부도 잘하고 생긴 것도 잘 생겼는데 자기를 자주 때렸다고 한다면 그 사람의 좋은 특성보다 때렸다는 나쁜 특성이 더 오랫동안 기억에 남게 된다. 그 이유는 부정적 정보가 긍정적 정보에 비해 더 눈에 잘 띄고 현저하며, 상대방의 부정적 측면으로 인해 불편을 겪을 가능성이 있기 때문에 더 관심을 기울이기 때문이다.

가정된 유사성(assumed similarity) 사람은 실제보다 상대방을 자신과 비슷하다고 생각하는 경향이 있으며 이것을 가정된 유사성이라고 한다. 이렇게 상대방을 자신과 비슷하다고 보는 이유는 누군가를 평가할 때 자신이 중요하다고 생각하는 기준을 적용하려는 경향이 있기 때문이다. 가령, 잘 노는 사람은 다른 사람을 잘 노는 사람과 못 노는 사람으로 구분하여 받아들이는 경향을 보이는 데 비해, 성실한 사람은 다른 사람을 성실한 사람과 성실하지 않은 사람으로 구분하여 받아들이는 경향을 보인다.

3) 정확한 인상 형성의 방법

고정관념이나 인지적 왜곡의 영향에서 벗어나 상대방이 어떤 사람인지를 정확하게 파악하기 위해서는 대인지각의 과정을 이해하고, 부정확하게 인상을 형성하도록 만드는 요인들을 자각하며, 이를 개선하려는 노력이 필요하다.

정확하게 관찰하기 우리는 누군가를 만났을 때 상대방과 관련된 정보들을 알려고 노력하기도 하지만 어떤 정보는 무시하는 경향을 보인다. 상대방을 정확하게 판단하기 위해서는 상대방의 말이나 행동 그리고 그가 처해 있는 상황에 대해 주의를 기울여 관찰해야 한다. 특히, 우리는 자신이 기대한 것만 보려는 경향이 있기 때문에 고정관념이나 편견으로 인해 상대방을 잘못 보지는 않았는지를 되물어야 한다. 그리고 상대방의 말이나 행동만이 아니라 몸짓, 음성, 시선 등 비언어적 단서에 주의를 기울인다면 상대방을 보다 정확하게 파악할 수 있다.

고정관념에서 벗어나기 상대방에 대한 인상은 우리가 의식하지 못한 사이에 자동적으로 형성되며 그 과정에 인상을 왜곡하는 요인들도 영향을 미치게 된다. 특히 빠른 판단단계에서 수집되는 정보는 인상 형성에 매우 중요하다. 문제는 이러한 정보에 고정관념이나 선입견이 영향을 미친다. 가령, 의도적이지 않더라도 여자를 만나면 다정하고 수동적일 것이라는 고정관념이 떠오르고 이러한 고정관념이 상대방에 대한 인상에 영향을 미친다. 따라서 누군가를 처음 만났을 때는 고정관념이나 선입견으로 인해 상대방을 성급하게 판단하고 있는 것은 아닌지 생각해 봐야 한다.

직접 확인하기 상대방이 어떤 사람인지를 확인하는 가장 좋은 방법은 상대방에게 직접 물어보는 것이지만 직접 묻는 것은 쉽지 않다. 우선 상대방에 대한 부정적 평가를 상대방 자신에게 확인한다는 것 자체가 어려운 일이고, 상대방이 그런 질문에 정직하게 대답해 줄지도 의심스럽기 때문이다. 그러나 분명하지 않을 때 추측하기보다 질문하는 것은 상대를 이해하려고 노력하고 있다는 것을 보여주는 장점이 있다. 가령, 친구의 표정이 좋지 않고 말을 하지 않을 때는 자기에게 불만을 가지고 있을 거라고 추측하기보다 "너 말도 안하고 우울한 것 같은데, 혹시 안 좋은 일이라도 있었니?"라고 물어보는 것이 더 좋을 수 있다. 상대방에게 직접 확인하기 어려운 경우에는 자신의 생각을 지지하거나 반박하는 추가적인 정보를 찾아보는 것도 필요하다. 가령, 상대방이 나에게 화가 난 것 같다고 느꼈을 때는 그 사람의 음성이나 시선 같은 비언어적 단서나 상대방의 말을 주의 깊게 살펴볼 필요가 있다.

자기중심성에서 벗어나기 인상 형성에서 가장 많이 발생하는 오류는 상대방을 지신의 관점에서 판단하는 것이다. 즉, 사람을 평가할 때 중요하게 생각하는 측면이 사람마다 다른데 그러한 차이를 인정하지 않으면 잘못된 판단을 하게 될 가능성이 높다. 가령, 외향적인 사람은 나름대로 긍정적인 면을 많이 가지고 있지만 성실함을 중시하는 사람에게 좋은 평가를 받기 어렵다. 상대가 어떤 사람인지 정확하게 이해하려면 자기중심성에서 벗어나서 인간은 모두 다르며 나름대로의 장점과 단점을 가지고 있다고 생각해야 한다.

2. 친밀한 인간관계

첫 만남의 과정을 거치면서 상대가 어떤 사람인지 어느 정도 알게 되고 만남이 반복되면서 서로 친밀해지기 시작한다. 친해지는 과정에서 오해로 인한 갈등도 생길 수 있지만 서로 매력적인 측면을 발견하게 되고 적절한 상황적 조건이 조성되면서 친밀한 인간관계가 이루어지게 된다. 그렇다면 어떤 사람에게 매력을 느끼는지 그리고 친밀한 인간관계를 위해서 필요한 조건은 무엇인지 알아보자.

1) 신체적 매력

신체적 매력은 인간관계에 가장 강력한 영향을 미치는 요인이다. 가령, 신입생 환영회에 참가 신청한 학생들을 무작위로 짝을 짓도록 하여 2시간 동안 댄스파티를 개최한 다음 파트너에 대한 호감을 평정하게 한 후 다시 만나고 싶은지를 물어보았을 때 성격, 지능 또는 태도보다 신체적 매력이 더 큰 영향을 미쳤다(Walster 등, 1966). 물론 개인차는 존재하지만 인간관계에서 신체적 매력은 남자보다 여자에게 더 중요하게 여겨진다. 가령, 남자는 재산을 과시하거나 값비싼 선물을 하여 물질적 자원을 강조하는 데 비해 여자들은 몸매나 헤어스타일 같은 신체적 매력을 강조하는 경향이 있다(Buss, 1988). 그렇다면 신체적 매력이 인간관계에 큰 영향을 미치는 이유는 무엇 때문일까? 첫째, 우리는 신체적 매력을 가진 사람이 성격도 좋고 능력도 뛰어나고 장래도 밝을 것이라는 고정관념을 가지고 있다. 둘째, 신체적 매력을 가진 사람과 교제하면 자기가치감이 상승된다고 느낀다. 실제로 미모의 여자를 동반한 남자는 그렇지 않은 남자에 비해 훨씬 유능한 사람으로 평가되는 경향을 보인다(Sigall & Landy, 1975).

그러나 신체적 매력이 긍정적인 영향만 미치는 것은 아니다. 사람들은 신체적 매력이 있는 사람이 그러한 매력을 이용하고 있지 않다고 느낄 경우에만 신체적 매력이 있는 사람들을 더 좋게 평가한다. 가령, 형사사건에서 피고인의 범죄가 미모와 관련이 없을 경우에는 형량을 낮게 선고하지만 미모와 관련이 있을 경우에는 형량을 오히려 더 높게 선고하는 경향이 있다(Sigall & Ostrove, 1975). 물론 신체적 매력은 인간관계를 진전시키는 중요한 요인이기는 하지만 신체적 매력 때문에 고민할 필요는 없다. 시간이 지나면 인간관계에서 신체적 매력 같은 외적 요인의 영향은 금방 감소하고 서로에 대한 긍정적 환상을 만들어 상대를 매력적으로 여기게 된다.

2) 성격

사람에 대한 매력을 평가할 때 성격은 가장 중요하게 여겨지는 요인이다. 가상인물에 대한 평가에서 말이 많고, 기만적이고, 불쾌한 사람보다 성실하고, 정직하고, 의지할 만한 사람으로 묘사되었을 때 더 호감이 가는 인물로 평가되었다(Anderson, 1968). 우리나라의 경우에도 책임감이 강하고 인간적인 남자와 정숙하고 슬기로우면서 깨끗한 이미지를 가진 여자가 가장 호감이 가는 사람으로 평가되었다(한덕웅, 1992). 물론 사람들이 좋아하는 성격에는 개인차가 있고 문화나 시대에 따라 변화된다(Wheeler & Kim, 1997). 가령, 우리나라 사람들은 눈앞의 이익에 지나치게 집착하지 않고 상대방의 결점을 이해해 주는 성격을 좋아하는 데 비해 미국인들은 직선적이고, 솔직하며, 자립심이 강한 성격을 좋아하는 경향을 보인다. 또한 과거에는 남녀 모두 내성적인 성격이 수다스런 성격에 비해 더 바람직하게 여겨졌지만 현재에는 유머러스하고 말을 잘하는 사람이 더 매력 있는 사람으로 여겨지는 경향이 있다(한덕웅, 1992).

3) 능력

사람들이 능력 있는 사람을 좋아하는 이유는 강한 것을 추구하는 성향 때문이기도 하지만 현실적으로 도움을 받을 가능성이 있기 때문이다. 그러나 능력이 뛰어난 사람이 언제나 좋은 평가를 받는 것은 아니며 너무 완벽하고 능력이 있는 사람은 예상과 달리 사람들로부터 호감을 얻기 어렵다. 왜냐하면 사람은 완벽한 사람보다 약간이라도 결점이 있는 사람을 인간적이라고 여기기 때문이며 이것을 실수효과(pratfall effect)라고 한다. 가령, 퀴즈프로에 나갈 사람에 대한 인터뷰 장면에서 ① 거의 완벽하고 실수도 없음, ② 거의 완벽하지만 실수를 저지름, ③ 어설프지만 실수를 하지 않음, ④ 어설프고 실수도 하는 사람의 사례를 제시하였을 때 실수를 저질렀지만 완벽한 사람을 가장 매력적으로 평가하였으며, 어설프고 실수를 저지르는 사람을 가장 매력 없다고 평가하였다 (Aronson, Willerman, & Flody, 1964).

● 누구나 능력 있는 사람과 사귀기를 원할까?

우리는 누구나 능력 있는 사람과 사귀고 싶어 할 것이라고 생각하지만 반드시 그렇지는 않다. 우리가 능력 있는 사람과 사귀는 이유는 미래에 발생할 수 있는 문제를 해결하는 데 도움을 받을 수 있기 때문만이 아니라 능력 있는 사람과 사귀면 자기가치감이 상승되기 때문이기도 하다. 그러나 능력 있는 사람과 사귀면 자신의 능력에 대해 열등감을 느낄 수 있으며 그것으로 인해 오히려 자기-가치감이 저하될 수 있다. 즉, 집안도 좋고 공부도 잘하고 생긴 것도 잘 생긴 친구는 언제나 주변 사람들에게 열등감을 불러오는 존재가 될 수 있다. 그렇다면 사람들은 능력 있는 사람과 사귀고 싶은 욕구와 열등감을 어떻게 조화시킬까?

자기-평가 유지모형(Self-Assessment Maintenance Model; Campbell & Tesser, 1983)에 따르면 사람들은 자신이 중요하다고 생각하는 면에서는 자신보다 못하지만 자신이 중요하다고 생각하지 않는 면에서는 자기보다 잘하는 사람을 이상적인 교제대상으로 여기는 경향이 있다. 가령, 초등학생을 대상으로 한 연구에서 스포츠, 예술, 음악, 수학 중에서 자신이 중요하다고 생각하는 분야를 고르게 하고 좋아하는 친구와 싫어하는 친구를 선택하도록 했을 때 중요하지 않은 분야에서 우수한 상대를 더 좋아하는 경향을 보였다.

(1) 대인관계 능력

대인관계 능력이 뛰어난 사람은 같은 말을 하더라도 상대방의 기분을 잘 파악하여 기분을 좋게 말하고 우리는 이런 사람에게 더 매력을 느낀다. 상대방의 감정을 잘 알아내고 상대방의 감정에 맞추어 자신의 행동을 조절하는 것을 자기검색(self-monitoring) 능력이라고 한다. 자기검색 능력이 높은 사람들은 상대방의 기분에 맞게 행동하기 때문에 인간관계가 원만한데 비해 자기검색 능력이 낮은 사람들은 자신의 행동이 타인에게 어떤 느낌을 주는지 잘 모르기 때문에 갈등을 자주 겪게 된다. 이와 관련된 연구(Rosenthal et al., 1979)에서 분노, 사랑, 질투, 감사, 유혹과 같은 감정을 얼굴로 표현하고 있는 젊은 여자의 사진에서 눈이나 입, 혹은 고만 보여주어 쉽게 감정 상태를 알아내기 어렵게 하고 상대방의 감정을 얼마나 정확하게 알아내는지를 측정하였다. 그 결과를 보면 얼굴 표정을 정확하게 알아내는 사람들은 그렇지 못한 사람에 비해 동료들에게 인기가 많았으며, 이성관계도 좋고, 새로운 사람과도 쉽게 사귀는 것으로 밝혀졌다.

또한 텔레비전에서 어려운 환경에서 힘들게 사는 사람들을 보면 금방 눈물을 흘리고 마음 아파하는 사람이 있는가 하면 그런 사람들을 보더라도 별 감정을 못 느끼는 사람이 있는데 그 이유는 무엇 때문일까? 그것은 공감능력이 사람마다 다르기 때문으로 인간은 태어나면서 다른 사람의 감정이나 생각을 인식할 수 있는 공감능력을 대부분 가지고 태어나지만 그 능력은 사람마다 다르게 발달하게 된다. 공감능력이 높은 사람은 상대방이 기분 나빠하거나 슬퍼하면 금방 그것을 알아내며 이야기를 할 때 자기가 이야기하기보다 상대방의 이야기를 들어주는 편이다. 그렇기 때문에 대인관계에서 공감능력이 높은 사람은 더 쉽게 사람을 사귀고 더 깊은 관계를 유지할 수 있다.

4) 친밀한 인간관계를 위한 조건

상대방에게서 매력을 느낀다고 해서 금방 친밀한 인간관계가 형성되는 것은 아니다. 즉, 서로 가까워질 수 있는 조건이 주어지지 않거나 서로의 감정이나 마음을 이해하고 받아들이지 못한다면 친밀한 인간관계는 불가능하다. 이 절에서는 친밀한 인간관계를 이룰 수 있는 조건들에 대해 자세히 다루도록 한다.

(1) 상황적 조건

가) 근접성

사람들은 자기와 가까운 곳에서 살거나 일하는 사람에게 쉽게 친근감이나 매력을 느끼는 경향이 있다. 가령, 기혼자 기숙사에서 생활하는 대학원생들 간의 친교관계를 조사한 연구(Festinger, Schachter, & Back, 1950)에 따르면 방의 위치가 가까울수록 서로 친한 경향이 있었다. 가까운 곳에서 사는 사람들이 쉽게 친해지는 이유는 무엇 때문일까? 첫째, 가까이 살면 접촉할 기회가 많아지기 때문에 친해질 수 있다. 즉, 자주 접촉하게 되면 친숙해지고 호감이 증가한다. 둘째, 가까이 살면 많은 노력 없이 쉽게 만날 수 있기 때문에 만남에 대한 부담이 적은 데 비해 서로 거리가 멀면 그만큼 부담이 증가한다. 셋째, 가까이 사는 사람들은 서로 유사한 환경이나 배경을 가진 경우가 많아서 친해지기 쉽다. 비슷한 지역에 사는 사람들은 흔히 사회경제적 수준, 교육 수준, 취미, 가치관 등이 유사한 경우가 많아 쉽게 공감대를 형성할 수 있다.

나) 친숙성

우리는 자주 만나는 사람에게 호감을 느끼는 경향이 있는데 이것은 적응적인 가치를 가진다. 즉, 우리가 자주 접하는 사람은 보통 양육자나 보호자일 가능성이 높기 때문에 이런 사람들에 대해 호감과 애착을 보이는 것은 보살핌과 보호의 기회를 증가시킨다. 즉 낯선 사람보다 친숙한 사람에게 호감을 느끼는 것은 개체의 생존 가능성을 높여 준다. 또한 친숙한 사람일수록 상대방의 행동을 이해하고 예측하기 쉽다. 상대방의 행동을 쉽게 예측할 수 있으면 오해를 할 가능성이 줄어들어 편안하게 지낼 수 있다. 하지만 반복된 접촉이 항상 호감을 증가시키는 것은 아니다. 〈그림 2-2〉에서 보듯이 처음 보았을 때 싫지 않은 자극에 대해서는 접촉의 반복이 호감을 증진시키는 효과를 보이지만 불쾌감을 느꼈던 자극에 대해서는 접촉의 반복이 오히려 호감을 감소시킨다(Zajonc, 1968). 그렇기 때문에 첫인상이 나빴던 사람은 자주 만날수록 혐오감이 더욱 증가될 수 있다.

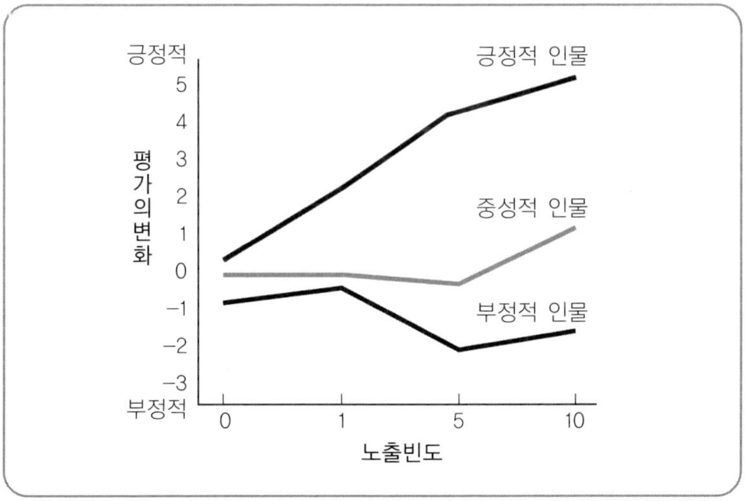

그림 2-2. 노출빈도와 첫인상에 따른 평가의 변화

다) 유사성

사람들은 관심사나 생각 또는 환경이 유사한 사람에 대해 더 호감을 보이는 경향을 보인다. 가령, 은행원들도 자신과 비슷한 태도를 가진 사람에게 더 많은 돈을 대여해 주는 경향을 보이며, 배심원들도 자신과 비슷한 태도를 가지고 있는 피고에 대해 더 관대한 판결을 내리는 경향을 보인다고 한다(Byrne, & Nelson, 1964). 친구관계에서도 비슷한 점이 많은 친구들의 우정이 더 오래 지속되며 성인의 경우에도 의사소통 능력보다 유사성이 행복에 더 중요한 역할을 한다. 가령, 기혼 부부나 교제 중인 연인을 조사해 보면 인종, 종교, 사회계층, 교육 수준, 지능, 신체적 매력 및 태도 등에서 유사할수록 서로에 대한 만족도가 높으며(Brehm, 1992), 성역할, 성에 대한 태도, 종교관 등에서 차이를 보이는 연인들은 결국 헤어지는 경향을 보인다(Hill, Peplau, & Rubin, 1976).

그렇다면 유사한 상대를 친밀하게 느끼는 이유는 무엇 때문일까? 우선 비슷한 사람들은 서로의 생각이나 감정이 옳다는 것을 지지해 주기 때문에 쉽게 공감하게 된다. 물론 사람이 항상 같은 생각이나 감정을 가질 수는 없지만 서로 중요하게 생각하는 핵심적인 부분이 비슷하면 다른 차이는 그렇게 중요하지 않다.

이렇게 사람들이 자신과 비슷한 생각이나 감정을 가진 사람을 선호하는 이유는 자신이 옳은 생각이나 감정을 가지고 있다고 믿기 때문이다. 또한 생각이나 감정이 비슷하면 상대방의 행동을 예측하기 쉬워 오해로 인한 갈등을 줄일 수 있으며, 관심사나 취향이 비슷하면 즐겁고 행복한 체험을 공유할 수 있고 그러한 체험을 통해 인간관계가 더 친밀해질 수 있다. 때로는 서로 성격이나 취향이 유사하지 않은 사람에게 더 매력을 느끼는 상보성 원리가 작용하기도 한다. 가령, 리더십이 강한 사람은 자신의 의견에 잘 따르는 리더십이 약한 사람을 좋아할 수 있다. 그러나 상보성은 보편적인 현상이 아니며 서로 유사한 사람들이 상보적인 사람들보다 더 오래 친밀한 인간관계 유지한다(Rubin, 1986).

(2) 상호작용 조건

가) 자기개방

그냥 얼굴만 아는 사이에서 친밀한 관계가 되기 위해서는 서로 속마음을 드러내어야 하는데 그것을 자기개방(self disclosure)이라고 한다. 자기개방은 사적인 부분을 상대방에게 공개하는 것이기 때문에 심리적으로 부담이 되는 일이다. 즉, 자신이 공개한 사실 때문에 상대방이 자신을 싫어하거나 이상한 사람으로 바라보지 않을까 걱정할 수 있다. 그러나 자기개방은 그 전에는 몰랐던 상대방의 사적인 측면을 알게 됨으로써 상호이해를 증진하고 공감을 통해 더 친해질 수 있는 기회를 제공한다. 자기개방이 친밀한 관계를 형성하는 데 도움이 되는 이유는 다음과 같다. 첫째, 자기개방과 이에 대한 공감은 상대방에 대한 신뢰와 관심의 표현이기 때문에 서로에 대한 호감을 증가시킨다. 즉, 자기개방을 한다는 것은 상대방을 신뢰한다는 표시이기 때문에 서로에 대한 믿음이 강화되며, 자기개방에 대한 공감을 통해 관심을 받고 있음을 느낄 수 있다. 둘째, 자기개방은 상호적이기 때문에 한 사람이 먼저 속마음을 드러내면 상대방도 속마음을 보여주게 되어 친밀한 인간관계를 촉진한다. 그러나 상대방과 빨리 친해지려는 욕심 때문에 조급하게 자기개방을 하게 되면 상대방이 부담을 느끼게 되어 인간관계가 단절될 수 있다. 또한 사람들은 친해질수록 자기개방에 소극적인 경향이 있다. 즉, 친해질수록 자기개방의 수준이 낮아지는 원인은 관계 초기에서는 상호성이 관계 진전에 중요하지만 일단 친해지면 상호성의 중요성이 낮아지기 때문이다(Derlega, Wilson, & Chaikin, 1976).

● 자기개방의 성차

남자나 여자 모두 친밀한 인간관계를 추구하지만 자기개방에 대한 욕구나 내용에는 남녀 차이가 존재한다. 일반적으로 동성과의 관계에서 남자보다 여자가 자기개방을 더 많이 시도하는 경향을 보인다. 즉, 여학생은 친구와 사적인 일에 대해 이야기하면서 시간을 보내는 데 비해 남학생은 친구와 운동이나 활동을 함께 하는 것을 선호한다(Caldwell & Peplau, 1982).

또한 자기개방의 내용에서도 남녀는 여러 가지 차이를 보인다. 여자는 연민이나 외모 같은 여성적 행위에 대해 이야기하는 것을 즐기는 데 비해 남자는 싸운 일이나 모험적 행동 같은 남성적 행위에 대해 이야기하는 것을 즐긴다(Derlega 등, 1981). 또한 여자는 자신의 약점은 보여주고 강점은 숨기려는 경향을 보이는 데 비해 남자는 자신의 감정은 보여주고 약점은 숨기려는 경향을 보인다(Hacker, 1981). 이렇게 남자와 여자는 자기개방을 통해 친밀한 인간관계를 추구하지만 동기나 내용에서는 상당히 다른 모습을 나타낸다.

조하리의 창(Johari's Window; Luft & Ingham, 1969) 개념은 친밀한 인간관계에 미치는 자기개방과 피드백의 영향을 잘 보여준다. 〈그림 2-3〉에서 볼 수 있듯이 우리의 마음은 열려진(open), 보지 못하는(blind), 숨겨진(hidden), 알려지지 않은(unknown) 영역으로 구분될 수 있다. 우선, '열려진 영역'은 나도 알고 있고 동시에 상대방도 알고 있는 나의 측면을 말한다. 가령, 이름이나 성별 그리고 직업같이 겉으로 드러나 있는 외적 특징 같은 것이 열린 영역에 속해 있다고 할 수 있다. '보지 못하는 영역'은 나 자신은 미처 깨닫지 못하고 있지만 상대방은 알고 있는 나의 측면을 말한다. 즉, 내가 가지고 있는 이상한 버릇이나 습관 또는 말을 하면서 보이는 습관적으로 하는 행동 같은 것이 있을 수 있다. 가령, 무슨 이야기를 하든 습관적으로 상대방의 이야기를 부정하거나 반박하여 상대방을 기분 나쁘게 하지만 자신은 그러한 습관을 의식하지 못할 수 있다. '숨겨진 영역'은 나 자신만 알고 있고 상대방은 알지 못하는 나의 측면을 말한다. 즉, 두려움이나 무관심 등 여러 가지 이유에서 사람들은 자신에 대한 정보를 타인에게 알리지 않고 숨기려 한다. 이러한 정보에는 "오늘 누구와 점심을 먹었는지"와 같은 사소한 정보도 있지만 "결혼하기 전에 오래 사귀었던 다른 남자와의 깊은 관계"와 같이 심각한 정보도 있을 수 있다. 사람들은 자신이 신뢰하지 못하는 사람에게 이런 정보들이 알려지는 것을 극도로 기피하는데 그것은 약점을 잡히거나 나를 싫어할지도 모른다는 두려움 때문이다. 그러나 상대방을 얼마나 신뢰하고 의지하느냐에 따라서 그러한 위험을 감수하고 자신만이 알고 있었던 정보를 개방하기도 한다. 마지막으로 '알려지지 않은 영역'은 주변 사람뿐 아니라 나 자신도 전혀 알지 못하는 나의 측면이다. 이러한 측면은 심리치료나 충격적인 경험 또는 우발적 사건 등을 통해 갑자기 알게 되거나 자기개방과 피드백 과정에서 새로운 통찰을 통해 경험하기도 한다.

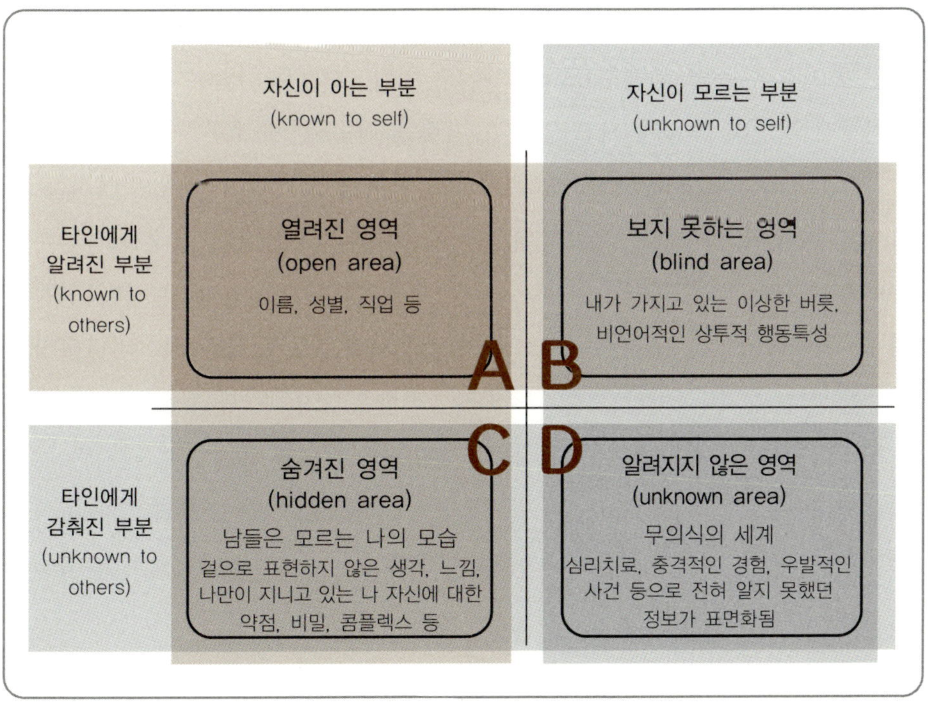

그림 2-3. 조하리의 창(Johari's Window)

나) 호의

너무나 당연한 일이지만 사람은 자기가 좋아하는 사람에게 호의를 보이려고 애쓰며, 호의를 보이는 사람을 좋아하는 경향이 있다(Berscheid & Walster, 1978). 왜냐하면 사람은 누구나 인간관계에서 받는 보상은 최대화하려고 하고 손실은 최소화하려고 하기 때문이다. 그러나 어떤 경우에는 상대방과 친하게 지내기 위해 호의를 보여도 상대방이 그러한 호의를 별로 달갑지 않게 받아들이는 경우도 있고, 남들이 생각하면 기분이 나쁠 것 같은 상황인데도 상대방을 좋게 바라보는 경우도 있다. 그런 일이 생기는 이유는 뭘까? 첫째, 우리는 보통 상대방에게 좋은 감정을 가지고 있다는 것을 상대방에 대한 칭찬(더 심하게는 아첨)을 통해 전달하고자 한다. 이런 칭찬은 자기존중감이 낮은 경우에는 효과적이지만 자기존중감이 높은 경우에는 별 효과를 보이지 않는 경우가 있다. 예를 들면, 격려나 칭찬은 바이올린을 처음 배우는 사람에게는 큰 힘이 되지만 전문적인 바이올리니스트에게는 모욕이 될 수 있다. 둘째로 사람은 보상의 절대적 크기보다 보상의 증감에 더 민감하며 이것을 이득-손실 효과(gain-loss effect)라고 한다(Aronson & Linder, 1965). 즉, 사람은 변하지 않고 일정하게 주어지는 보상에 대해 쉽게 적응하므로 보상의 가치를 평가할 때 보상의 절대적 가치보다 보상의 증감에 더 민감하다. 가령, 사람들은 기대하지 않았던 사람이 칭찬할 때 더 기뻐하기 때문에 자신을 늘 칭찬했던 사람보다는 처음에는 비판하다가 나중에 칭찬해 주는 사람을 더 좋아하는 경향을 보인다. 왜냐하면 늘 칭찬을 듣게 되면 칭찬에 둔감해지기도 하고 그 칭찬의 진의를 의심하게 되지만 처음에는 비판하다가 나중에 칭찬을 받게 되면 비판으로 인한 스트레스가 줄어들 뿐 아니라 칭찬이 객관적이라는 인상을 갖기 때문에 더 호의적으로 받아들이게 되기 때문이다.

다) 신뢰감

우리가 어떤 사람과 친밀한 관계를 유지하기 위해서는 서로에 대해 신뢰감을 가지고 있어야 한다. 서로 믿을 수 있어야 자신만 알고 있던 정보를 상대방과 공유하려는 욕구와 용기가 생기기 때문이다. 사람에 대한 신뢰는 오랜 기간 동안의 교류를 통해 점진적으로 형성되는 것이지만 우리가 사회생활을 하면서 경험한 지혜를 통해 상대방이 얼마나 믿을 수 있는 사람인지를 판단하기도 한다. 그렇다면 우리는 어떤 사람을 믿을 수 있는 사람이라고 여길까? 일반적으로 사람들은 다음과 같은 특성을 가진 사람을 믿을 수 있다고 판단하는 경향이 있다(Rempel, Holmes, & Zanna, 1985).

우선 특정한 상황에서 상대방이 보일 행동이나 감정을 우리가 잘 예측할 수 있을 때 믿을 수 있다고 판단한다. 만일 여러분이 어떤 사람을 "오래간만에 친구를 만나면 저 사람은 틀림없이 상대방에게 술 한 잔 하자고 말할 것이 틀림없어."라고 예측할 수 있다면 그 사람은 믿을 수 있는 사람이라고 볼 수 있다. 또한 상대방이 자기 이익만을 추구하지 않는다고 여길 때 그 사람을 믿을 수 있다고 여긴다. 예를 들어, 어려운 상황에 처해 있을 때 여러분에게 도움의 손길을 주는 사람을 믿을 수 있다고 판단할 것이다. 끝으로 서로 속마음을 잘 털어놓아 서로에 대해 잘 알고 있다면 상대방을 믿을 수 있는 사람으로 여길 것이다. 이렇게 사람들은 예측 가능하고, 자신의 이익만을 추구하지 않으며 서로 속마음을 잘 털어놓는 사람을 믿을 수 있다고 여기는 경향이 있다. 사회생활에서 가장 중요한 것이 사람들에게 신뢰감을 얻는 것이라고 할 때, 앞서 언급한 특징을 자신이 얼마나 가지고 있는지를 반문해 보는 것도 필요할 것이다.

5) 친밀한 인간관계가 어려운 이유

첫인상이 좋다고 하더라도 만남을 계속하는 과정에서 매력을 느끼지 못하여 인간관계가 끝나는 경우가 많이 있다. 물론 만남 자체가 어떤 목적이 있는 경우라면 상관이 없지만 친교를 목적으로 이루어진 만남이라면 그러한 문제가 발생하는 이유가 무엇인지 알아야 좀 더 친밀한 인간관계를 이루어 나갈 수 있을 것이다. 이 절에서는 인간관계에 문제를 일으키는 요인에 대해 알아보자.

(1) 개인적 특성의 문제

친밀한 인간관계를 어렵게 하는 것은 무엇보다도 성격이나 대화방식 같은 개인적 특성이다. 늘 진지하여 유머감각이 부족한 사람도 있고, 다른 사람과 공유할 수 있는 관심사나 취미가 거의 없는 사람도 있다. 이런 사람들은 다른 사람과 대화를 하거나 공유할 경험이 없기 때문에 타인과의 인간관계를 지속해 나가기가 어렵다. 또한 다른 사람과 대화를 할 때 경쟁적이어서 타인의 의견을 무시하고 자신의 의견을 고집하는 사람이 있는데 이것은 상황에 따른 대화의 융통성이 부족하기 때문이다. 이렇게 되면 대화에서 자기 생각을 관철시킬 수는 있겠지만 친밀한 인간관계로 발전시키기 어렵다. 따라서 자신의 성격이나 행동 중 타인에게 거슬리는 것이 무엇인지 친구나 가족들에게 물어 자신을 변화시키고, 새로운 취미를 개발하여 경험을 공유하고, 타인의 말이나 행동을 비판하기보다 칭찬하고 동의하는 습관을 들여 긍정적인 사람으로 인정받는 것이 중요하다.

(2) 지나친 수줍음

수줍음은 자연스러운 대화를 어렵게 하여 자기 욕구를 제대로 표현하지 못하거나 타인과 친밀한 인간관계를 형성하는 데 어려움을 가져온다. 실제로 미국인 중에서도 80%가 가끔 수줍어하고, 40%는 자주 수줍어하여 사회생활에 어려움을 느낀다고 한다(Zimbardo, Pilkonis, & Norwood, 1975). 수줍음은 대개 부정적 자기개념 때문에 나타나지만 자기주장을 했을 때 타인의 웃음꺼리가 되었던 과거의 경험이나 겸손을 바람직하게 여기는 집단주의 문화로 인해 나타나기도 한다. 지나친 수줍음은 새로운 친구를 사귀기 어렵게 하고 자기의 욕구를 제대로 표현하지 못하게 하지만 약간의 수줍음은 자신의 행동이나 감정을 되돌아보거나 문제를 진지하게 생각해 보도록 유도하는 좋은 면도 있다.

그렇다면 지나친 수줍음으로부터 벗어나기 위해서는 어떻게 하는 것이 좋을까? 한 가지 방법은 자신이 존경하고 좋아하는 사람을 역할모델로 삼고 그 사람의 자신감 있는 행동을 따라해 보면 도움이 된다. 그리고 특정한 상황에서 요구되는 행동들을 머리에 떠올려 보고 미리 연습해 놓으면 그러한 상황에 처했을 때 수줍음 없이 대응할 수 있다.

(3) 자기개방의 부족

자기개방에 미숙하면 서로 마음을 터놓지 못하기 때문에 친밀한 관계를 맺을 기회를 잃게 된다. 특히, 남자들의 경우에는 자신의 문제를 잘 드러내지 않으려는 경향이 있기 때문에 타인의 충고와 도움을 얻을 기회를 상실하게 된다. 또한 가까운 사람들과 대화를 통해 자연스럽게 자기개방을 하는 여자와 달리 남자는 운동이나 게임 같은 활동을 함께 하는 것을 선호하기 때문에 깊은 내면을 공유할 기회가 적으며 그만큼 서로에 대한 이해가 부족할 수 있다. 게다가 자기개방을 하더라도 남자는 강점은 노출하고 약점은 숨기는 경향이 있기 때문에 자기개방의 효과가 그리 크지 않다.

3. 평가단계

완벽하게 만족스러운 인간관계는 이 세상에 존재하지 않으며 어느 정도 상대방과 교류가 이루어진 후에는 둘 간의 관계를 평가하게 되며 상대방과의 관계가 자신의 기대수준에 도달하지 못한다고 느끼면 상대방과의 관계를 중단하거나 접촉횟수를 줄이게 된다. 인간관계에 대한 평가에서 관계의 유지와 단절을 결정하는 중요한 요소는 관계에서 얻는 만족도와 헌신 수준이다(Sears, 1991). 사람은 상대방과의 관계에서 얻는 이득이 크고 손실이 적을 때 만족감을 느끼지만 이렇게 두 사람이 서로 이익을 추구하게 되면 갈등이 발생하기 마련이다. 그러나 이러한 갈등이 표면화되지 않고 인간관계가 유지되는 것은 상응의 규범과 공평성의 규범을 서로 지키기 때문이다.

1) 상응의 규범

인간관계를 유지하기 위해서는 시간이나 돈 같은 손실이 발생하지만 심리적 위안이나 즐거움 체험 같은 이득도 얻을 수 있다. 이렇게 인간관계에서 얻은 이득에서 손실을 공제하여 얻은 이익을 결과수준(outcome level)이라고 하는데 결과수준이 높을수록 인간관계의 만족도는 높을 수 있다. 가령, 아무리 바빠도 전화를 하면 늘 만나주는 친구가 있다면 그 친구로부터 얻게 되는 결과수준은 높을 것이고 인간관계의 만족도도 높을 것이다. 그러나 인간관계에 대한 만족도는 결과수준만으로 결정되는 것이 아니며 사회적 통념이나 자신의 과거 경험에 의존하는 이익의 수준인 비교수준(comparison level)과 비교하여 결정된다. 즉, 현재의 인간관계에서 얻고 있는 결과수준이 아무리 높아도 자신의 비교수준에 비해 낮으면 실망을 느끼게 된다. 가령, 자기가 꿈꾸던 이상적인 이성을 만나서 가까워지기 위해 최선의 노력을 다했다고 하더라도 그 사람의 비교수준이 높다면 자신의 꿈이 이루어지기는 어려울 수 있다. 또한 사회생활을 하다 보면 어떤 인간관계가 그렇게 만족스럽지 않을 수 있다. 이럴 때 인간관계를 중단할지 아니면 유지할지 결정하는 것은 그 인간관계를 단절하고 새로운 인간관계를 형성했을 때 얻게 되는 보상수준인 대안적 비교수준(alternative comparison level)이다. 비록 상대방과의 인간관계가 비교수준에 비해 만족스럽지는 않더라도 인간관계를 단절하는 것보다는 낫다고 생각되면 인간관계를 계속 유지하게 된다.

2) 공평성의 규범

인간관계에서 사람들은 자기가 상대방을 위해 투자하는 노력과 상대방으로부터 얻게 되는 보상이 공평하게 유지되기를 원하며 만일 공평성이 깨지면 그것을 회복하려고 시도한다. 가령, 부부의 수입, 교육수준, 자녀 유무, 성격 차이 등이 동일하다고 가정할 때 결혼 만족도를 결정하는 가장 큰 요인은 공평성 지각이라고 한다(조정문, 1995). 그렇다면 공평성이 깨졌을 때 사람들은 어떻게 대응을 할까? 공평성을 회복하기 위해 사람들은 상대방에게 투자하는 노력을 줄이거나 상대방으로부터 얻는 보상을 더 받아내 공평성을 회복하려고 하며 이것을 일차적 통제라고 한다. 만일 상대방이 불공평한 상황을 인정하지 않으면 갈등이 발생하게 되며 공평성을 회복하려는 행동은 상황을 더 악화시킬 수 있다. 공평성을 회복하는 또 다른 방법은 자신과 상대방의 투자와 자신이 얻는 보상에 대한 생각을 바꾸는 것으로 이차적 통제라고 한다. 즉, 자신이 상대방으로부터 얻고 있는 보상을 실제보다 더 좋게 평가하여 공평성이 깨진 상황을 받아들일 수 있다. 그러나 공평성의 규범은 매우 개인주의적인 성향으로서 우리나라 같은 집단주의 문화권에서는 금기시되는 경향이 있다. 가령, 중국인은 낯선 사람을 상대할 때는 미국인처럼 공평성 규범에 따라 형평분배를 선호하지만 친구를 대상으로 할 때는 균등분배를 선호하는 경향을 보인다(Leung & Bond, 1984). 우리나라에서도 친한 동료의 경우에는 그렇지 않은 경우에 비해 불공평한 분배상황을 이해하는 경향을 보인다(장성수, 1984).

3) 헌신

헌신(commitment)이란 인간관계를 유지하기 위해 투입한 노력이나 인간관계를 유지하려는 동기 등 인간관계 당사자들을 서로 묶어주는 힘의 총합을 의미한다. 인간관계를 유지하기 위해서 당사자들이 많은 시간과 노력을 들였음에도 불구하고 그 인간관계에 만족하지 못하면 큰 인지부조화를 경험하게 된다. 이때 인지부조화를 줄이기 위해 둘 사이의 관계를 실제보다 더 긍정적으로 보려는 경향을 보인다(Rubin, 1973). 가령, 집안에서 반대를 하거나 종교적으로 갈등이 있을 때 두 남녀가 더욱 사랑하고 의지하게 되는 것을 "로미오와 줄리엣 효과"라고 하는데 이것도 인지부조화를 줄이기 현상으로 볼 수 있다. 그러나 "로미오와 줄리엣 효과" 때문에 주변의 반대에도 불구하고 사랑하는 사람과 행복하게 사는 부부도 있지만 오히려 불행해지는 경우도 많다. 즉, 주변의 반대를 물리치고 결혼에 성공하여 두 사람의 관계를 강하게 유지했던 외부의 힘이 사라지게 되면 얼마나 서로를 진실하게 사랑하였는지가 더 중요해지게 된다. 연인들이 자신들의 사랑을 외부의 힘 때문에 실제보다 과대평가했다면 사랑이 유지되기 어려울 수 있다. 인간관계에 대한 만족과 헌신 간의 관계는 반드시 대칭적이지는 않다. 인간관계에 대한 만족은 관계에 대한 헌신을 증가시키지만 헌신 자체가 만족도를 높이지는 않기 때문이다.

chapter

03

의사소통과 인간관계

Psychology of Human Relationship

Psychology of Human Relationship

chapter 03

의사소통과 인간관계

사회적 존재인 인간에게 타인과의 인간관계는 가장 기본적인 욕구라고 할 수 있다. 의사소통은 이러한 인간관계를 가능하게 해주는 수단이라고 할 수 있으며 우리는 의사소통 과정에서 자신의 생각이나 감정을 언어 또는 비언어적인 방식으로 상대방에게 전달함으로써 상대방에게 영향력을 행사하려고 한다. 의사소통을 효과적으로 할수록 인간관계에서 발생할 수 있는 갈등은 감소하고 공감을 통한 이해는 증가하게 된다. 이 장에서는 의사소통의 기능과 언어적 또는 비언어적 의사소통에 대해 알아보고 어떻게 하면 효과적인 의사소통이 가능한지 알아본다.

1. 의사소통의 의미와 기능

1) 의사소통의 의미

타인과의 의사소통에 대한 욕구는 인간의 가장 기본적인 욕구 중 하나이기 때문에 의사소통의 차단으로 인한 고립감은 우리가 겪을 수 있는 가장 고통스러운 경험이다. 사회적 고립은 과제수행을 위한 인지기능을 저하시키고 부정적이고 우울한 감정이 증가하며 사회적 위협에 대한 민감도를 높여 자기방어적으로 행동하게 만든다(Cacioppo & Hawkey, 2009). 특히, 사회적 고립에 취약한 노인의 경우에 의사소통의 단절로 인한 고립감은 인지저하와 치매의 전조가 될 수 있다(Wilson, 2007). 이렇게 볼 때 의사소통은 단순히 정보를 전달하는 수단일 뿐 아니라 인간이 사회의 구성원으로서 정체감을 확인하는 수단이며 자신의 삶을 정상적으로 영위하는 필수적인 수단이라고 할 수 있다.

2) 의사소통의 기능

인간관계는 의사소통 과정을 통해 이루어지므로 원만한 인간관계를 위해서는 효과적인 의사소통이 필수적이다. 의사소통의 과정을 잘 이해한다면 자신의 생각이나 감정을 정확하게 전달하고 상대방을 바르게 이해할 수 있기 때문에 바람직한 인간관계를 이루어나갈 수 있다. 일반적으로 의사소통은 인간관계에서 세 가지 기능을 한다. 첫째는 의사소통을 통해 정보나 지식을 전달하는 정보적 기능으로 의사소통의 가장 일반적인 기능이라고 할 수 있다. 가령, 기상통보관은 “내일은 전국적으로 비가 오겠습니다.”라는 말을 통해 국민들에게 내일 비가 온다는 것을 전달한다. 둘째는 어떤 대상이나 사람에 대한 자신의 감정을 표현하는 정서적 기능으로 인간관계에서 중요한 역할을 한다. 가령, 낯선 이에게 "오늘 날씨 참 좋네요."라는 감정을 표현하는 것은 상대방에 대한 관심을 표현하는 가장 일반적인 방법이다. 셋째는 어떤 목표를 달성하기 위해 개인이나 집단 구성원에게 특정한 반응이나 행동을 요구하는 통제적 기능이다. 가령, 날씨가 더울 때 우리는 친구에게 "창문 좀 열어주세요."라고 말하여 친구로 하여금 창문을 여는 행동을 유도한다.

2. 의사소통의 과정

의사소통이란 서로의 생각이나 감정을 교환하여 의미를 공유하고 그것을 통해 서로의 행동에 영향을 미치는 과정이라고 할 수 있다. 특히, 상호작용 방식에 따라 다양한 의사소통 모델이 존재하며 모델에 따라 중요한 요인들이 달라진다. 여기에서는 의사소통의 구성요소와 의사소통 모델에 대해 자세하게 알아보자.

1) 의사소통의 구성요소

〈그림 3-1〉에서 보듯이 의사소통은 메시지를 전달하는 송신자, 전달하고자 하는 내용인 메시지, 메시지를 전달받는 수신자로 이루어진다. 여기에서 송신자는 자기가 전달하고 싶은 생각이나 감정을 적절한 방식으로 부호화하여 메시지를 만들어 수신자에게 전달하며 수신자는 송신자가 보낸 메시지를 해독하

여 그 내용을 이해한 후 피드백을 다시 전달한다. 이렇게 부호화와 해독이라는 용어를 쓰는 이유는 인간이 만들어내는 메시지는 언어적 내용만으로는 그 의미를 이해하기 어려운 일종의 암호이며 이 암호들은 저마다의 속뜻(송신자의 의도)을 담고 있기 때문이다. 송신자는 메시지를 전달할 때 자신의 의도를 부호화하여 전달하며 수신자는 해독을 통해 이러한 송신자의 의도를 이해하게 된다. 수신자는 송신자가 보낸 메시지를 해독하여 받아들이고 그 메시지와 관련하여 어떤 행동(피드백)을 하게 되는데 그 행동이 송신자가 의도했던 것이라면 메시지가 효과적이었다고 할 수 있고, 예상하지 못한 행동이었다면 메시지 자체가 잘못된 것일 수 있다. 또한 모든 의사소통 과정에는 문화적 차이나 물리적 소음같이 의사소통을 방해하는 요소들이 있으며 그것을 소음이라고 부른다. 즉, 존칭어를 사용하지 않더라도 미국에서는 정상적인 의사소통이 일어나는 데 비해 한국에서는 문제가 발생할 수 있으며, 주변의 물리적 소음이 심한 경우에는 정상적인 의사소통 자체가 어려울 수도 있다.

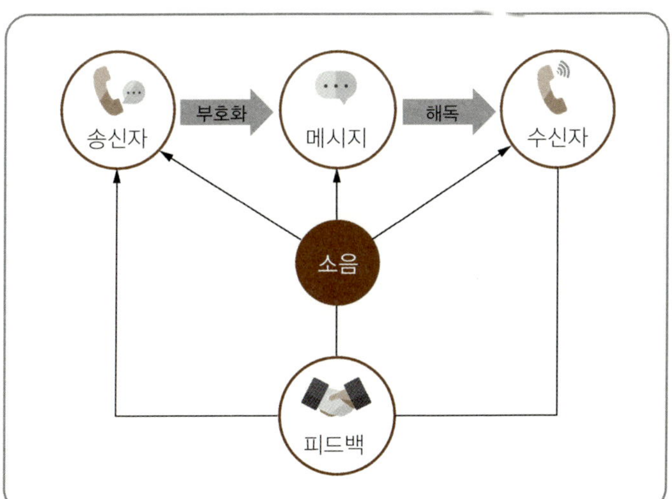

그림 3-1. 의사소통의 구성요소

2) 의사소통 모델

의사소통은 송신자와 수신자 그리고 메시지로 이루어지지만 송신자와 수신자의 상호작용방식에 따라 크게 일방적 의사소통 모델과 상호작용적 의사소통 모델로 구분될 수 있다.

일방적 의사소통 모델 일방적 의사소통은 〈그림 3-2〉와 같이 메시지가 송신자에서 수신자로 일방적으로 전달되는 의사소통방식이다. 즉, 일방적 의사소통은 회사에서 업무지시를 내리거나 군대에서 작전명령을 내리는 경우처럼 주로 송신자와 수신자 간의 사회적 관계가 불평등할 때 이루어지는 의사소통이다. 특히, 일방적 의사소통에서는 메시지의 정확성을 피드백으로 확인하기 어렵기 때문에 송신자가 전달하고자 하는 내용을 수신자에게 얼마나 정확하게 전달하는지가 가장 중요하다.

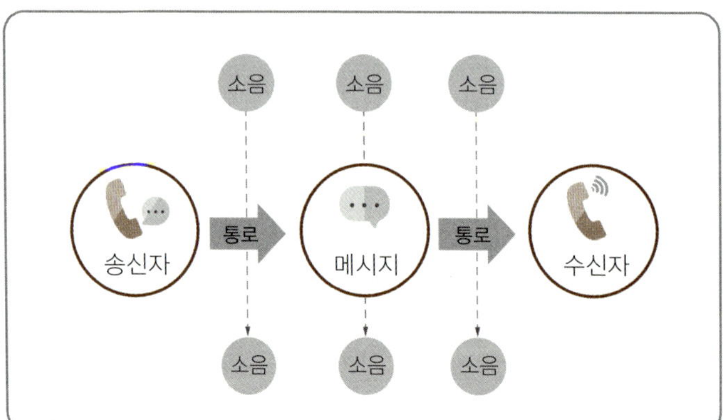

그림 3-2. 일방적 의사소통 모델

상호작용적 의사소통 모델 상호작용적 의사소통은 송신자와 수신자가 동등한 관계에서 서로 메시지를 교환하는 의사소통방식이다. 주로 연인, 친구,

동료 사이에서 이루어지는 대화가 상호작용적 의사소통의 사례라고 할 수 있다. 상호작용적 의사소통에서는 송신자와 수신자를 별도로 구분하지 않고 의사소통자라고 부르며, 의사소통에 참여하는 의사소통자 모두 메시지를 보내고 받으며 그 과정에서 부호화와 해독 과정이 반복적으로 이루어지게 된다. 즉, 메시지를 보내는 의사소통자는 자신의 생각이나 감정을 언어적 또는 비언어적 메시지로 부호화하여 전달하며 메시지를 받은 의사소통자는 전달된 메시지를 자신의 사전경험이나 지식에 근거하여 해독함으로써 이해하게 된다. 의사소통자는 서로 다른 경험과 지식을 가지고 있기 때문에 같은 메시지라도 다르게 이해할 수 있다.

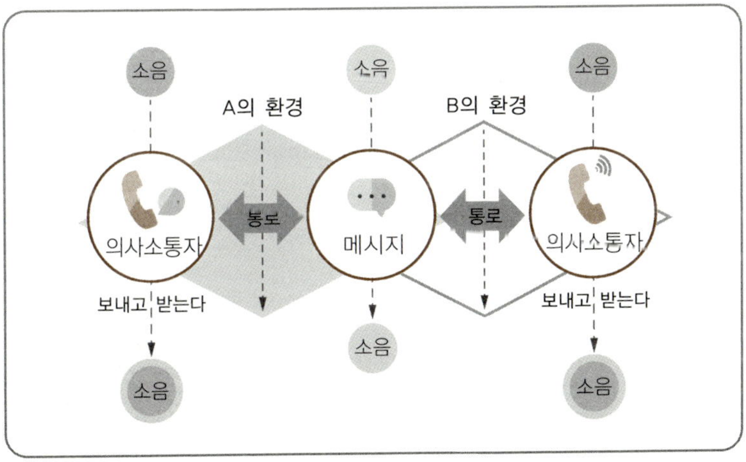

그림 3-3. 상호작용적 의사소통 모델

의사소통이 이루어지는 과정을 이해할 때 우선 고려해야 할 점은 의사소통이 이루어지는 통로이며 메시지가 어떤 의사소통 통로를 통해 전달되는지는 일방적(선형) 모델이나 상호작용적 모델에서 모두에서 중요하다. 즉, 메시지가 글, 전화, 메일, 카카오톡 중 어느 것으로 전달되는지에 따라 우리는 메시지의 의미를 다르게 해석하게 된다. 가령, 인간관계를 끝내려고 할 때 전체의 43%가 휴대전화 문자로 메시지를 보낸다는 결과가 있는데 이렇게 감정적으로 중요한 메시지를 문자라는 수단을 통해 보내게 되면 상대방은 무시를 당했다는 생각이 들어 분노를 느낄 수 있다. 또한 소음은 의사소통을 방해하는 생리적 · 심리적 · 환경적 요인들을 말한다. 일방적 의사소통에는 물리적 소음 같은 환경적 요인의 영향을 더 많이 받는데 비해, 상호작용적 의사소통에는 피로 같은 생리적 요인이나 분노 같은 심리적 요인의 영향을 더 많이 받는다. 가령, 애인에게 이별통보를 받으면 분노와 좌절감 때문에 상대방과의 정상적 대화가 불가능한 경우가 많다.

3. 의사소통에 영향을 미치는 요인

평소 의사소통을 할 때 사람들은 어떤 말을 할지 어떻게 말할지 등에 대해 깊이 생각하지 않고 습관적으로 대화한다(Hample, 1987). 즉, 사람들은 과거의 비슷한 상황을 겪었을 때 만들어 놓았던 각본대로 의사소통을 한다. 이러한 각본 덕분에 적은 의식적인 노력만으로도 대화가 가능하지만 자신의 대화방식이 상대방을 기분 나쁘게 할 수 있다는 점을 의식하지 못한다는 문제가 있다. 의사소통이 인간관계가 미래에도 지속될 것이라는 확신을 주는 수단이라면 인간관계에 영향을 미치는 의사소통의 요인들을 잘 이해한다면 친밀한 인간관계가 가능할 수 있다.

(1) 정보의 공유

의사소통이 정상적으로 이루어지기 위해서는 당사자들이 정보를 공유해야 한다. 가령, 영어를 잘하더라도 미국인들이 당연하게 생각하는 문화나 개념을 잘못 이해하면 오해가 생길 수 있다. 의사소통에서 공유해야 하는 정보는 다양하지만 상황각본(situation script)이나 사회현상(social phenomenon)에 대한 정보가 있을 수 있다. 즉, 레스토랑에 갔을 때 우리는 웨이터가 주문할 메뉴를 물어볼 것이라고 기대하고, 음식을 다 먹었다면 음식값을 지불해야 한다고 예상하는데 이것을 상황각본이라고 한다. 또한 요즘 인기 있는 드라마를 봤던 사람들끼리 또는 사회적으로 이슈가 되고 있는 문제에 대해 잘 알고 있는 사람들끼리 대화가 잘 통하는 것은 사회현상에 대한 정보를 공유하고 있기 때문이다.

(2) 대화의 상호성

대화가 자연스럽게 이루어지려면 협응(coordination)과 접응(correspondence)이 잘 일어나야 한다. 즉, 사람들은 대화를 할 때 상대방이 자기 말을 제대로 이해하고 있는지 확인하려고 비언어적 단서를 선달하는데 이것을 협응이라고 부른다. 가령, 대화하는 도중 자기 말이 끝나고 나면 사람들은 상대를 잠깐 쳐다보는데 이것은 상대가 자기 말을 제대로 이해하고 있는지 알고 싶다는 신호이다. 협응이 순조롭게 일어나면 대화가 자연스럽게 이루어지지만 협응이 잘 이루어지지 않으면 대화가 자주 중단되는 경향을 보인다.

또한 사람들은 자연스러운 대화를 위해 상대방이 말하는 속도나 말투에 무의식적으로 맞추어 말하는 경향을 보이며 이것을 접응이라 한다. 일반적으로 접응은 동의를 구하려고 하거나 기분을 맞춰주려고 하거나 사회적 지위가 낮을 때 자주 나타난다. 그러나 지나친 접응은 아부로 받아들여져 좋지 않은 인상을 줄 수 있으며, 말의 속도나 내용의 접응은 상대방에게 좋게 인상을 줄 수 있지만 억양까지 비슷하게 하려고 하면 부담을 느낀다.

(3) 예의

누군가와 처음 만났을 때 언어나 비언어적으로 표현되는 수용적 태도나 공손함은 상대방에게 대화할 만한 사람이라는 인식을 주는 데 중요하다. 즉, 대화를 할 때 공손하거나 상대방의 자존심을 세워주는 말을 사용하면 예의 있는 사람으로 받아들여지도록 하는 데 도움이 된다. 또한 공손함은 언어로 표현될 수도 있지만 따스한 웃음 같은 비언어적 표현으로 표현될 때 더 좋은 인상을 남기며, 친구를 사귀는 데 서툰 사람일수록 따뜻함을 표현하는 데 서툴다(Hollin & Trower, 1986). 그리고 무엇인가를 부탁할 때 상대방의 자존심을 세워주면 예의 있는 사람으로 인정받을 수 있다. 부탁하는 방식은 상대방의 자존심을 침해하는 수준에 따라 네 가지로 구분될 수 있는데(Brown & Levinson, 1987), 명령조 부탁("문 좀 닫아!"), 직접적 부탁("문 좀 닫아 주겠어?")이나 정중한 부탁("문 좀 닫아 주시겠어요?") 또는 간접적 부탁("이 방 무척 추운데요?") 순으로 자존심을 덜 침해한다. 물론 부탁하는 방식은 상대와의 친밀감이나 지위 등에 의해 결정되기도 하지만 상대방의 자존심을 덜 침해할수록 상대가 부탁을 들어줄 가능성이 더 높아진다. 특히, 우리나라 사람들은 겸손한 어투를 외국인보다 더 중요하게 여기며 명령조의 부탁을 더 불쾌하게 여기는 경향이 있다.

(4) 인간관계 양식의 일치

사람은 성장하는 과정에서 인간관계 양식이 발달하며 이러한 양식은 대인관계를 위한 기본적인 태도가 된다. 인간관계 양식에는 개인지향적 인간관계 양식과 지위지향적 인간관계 양식이 있다(Bernstein, 1992). 개인지향적 인간관계 양식을 가진 사람은 인간관계를 상대방의 동기나 욕구에 대한 지각을 바탕으로 이루어지는 개인 대 개인의 만남으로 본다. 가령, 개인지향적 인간관계 양식을 가진 부모는 자녀가 자신과 다르게 생각하면 그것을 무시하거나 억누르려고 하기보다 자녀의 생각이 자신과 어떻게 다른지 알아보려고 대화를 할 것이다. 그에 비해 지위지향적 인간관계 양식을 가진 사람은 인간관계를 나이나 성 또는 신분 같은 사회적 지위에 대한 지각을 바탕으로 이루어지는 역할 대 역할의 만남으로 본다. 가령, 지위지향적 인간관계 양식을 가지고 있는 부모는 자녀가 자신과 다른 생각을 가지고 있다면 가장으로서의 역할을 강조하면서 자녀의 생각을 무시하고 자신의 뜻에 따르도록 강요할 것이다. 개인지향적 가정에서 자란 아동은 지위지향적 가정에서 자란 아동에 비해 타인과 더 효과적으로 의사소통을 하는 경향을 보이며, 기업에서 개인지향적인 관리자는 지위지향적인 관리자보다 갈등을 더 쉽게 해결한다.

(5) 의사소통 스타일

사람마다 자신의 지위나 감정을 표현하는 독특한 방식인 의사소통 스타일이 있으며 의사소통 스타일에 따라 각기 다른 방식으로 의사소통을 한다. 우선 적대-공격적 스타일을 가진 사람은 자신의 우수성을 부각시키기 위해 타인을 평가절하하려는 경향을 보인다. 그래서 타인의 우호적 행동을 부정적으로 받아들이며, 자신의 목표를 달성하기 위해 타인을 이용하려 하고, 갈등이 생겼을 때 경쟁을 통해 해결하려고 한다. 적대-복종적 스타일을 가진 사람은 늘 다른 사람들이 자신을 괴롭히고 있다고 느껴 주변 사람들을 적대시한다. 그러나 상대방에게 직접적으로 분노를 표현하는 대신 무엇인가를 천천히 하거나 틀리게 하는 수동공격적 행동으로 상대방에게 저항한다. 우호-지배적 스타일을 가진 사람은 다른 사람에게 동정이나 위안을 주거나 리더십을 발휘하는 것을 좋아한다. 또한 갈등을 경쟁보다 타협과 협동을 통해 관리하는 경향을 보인다. 우호-복종적 스타일을 가진 사람은 다른 사람에게 의존하고 자기희생적이며 갈등이 생겼을 때 문제를 회피하거나 타인에게 양보하여 갈등을 해결하려고 한다. 의사소통 스타일이 서로 맞으면 대화가 편안하고 친밀감을 느끼지만 그렇지 않으면 대화가 자주 중단되고 불만을 느끼게 된다.

4. 의사소통방식의 형성에 미치는 가족의 영향

1) 관계우선적 가족과 사고우선적 가족

어릴 때는 의사소통이 주로 가족을 중심으로 이루어지기 때문에 가족의 의사소통방식은 아이의 의사소통방식의 발달에 큰 영향을 미친다. 가족 내의 의사소통방식은 부모가 가족 간의 조화와 사회적 관계를 중시하는 관계우선적 가족(socio-oriented family)과 자녀가 어떤 문제에 대해 자신만의 관점을 가지고 자기 생각을 자유롭게 표현하도록 허용하는 사고우선적 가족(concept-oriented family)으로 구분될 수 있다(McLeod & Chaffee, 1972). 또한 관계우선 차원과 사고우선 차원에 따라 가족은 방임형 가족, 보호형 가족, 다원형 가족, 합의형 가족 등 네 가지로 다시 구분될 수 있다.

방임형 가족(laissez-faire families)은 관계우선적 측면이나 사고우선적 측면이 모두 결여되어 부모와 가족의 대화가 거의 없으며 의견일치가 어렵기 때문에 가족보다 또래의 영향이 강하다. 보호형 가족(protective families)은 관계우선적 측면을 강조하며 순종과 화합을 중요시하기 때문에 그런 가정에서 자란 아이들은 자기 의견을 표현하는 데 어려움을 보인다. 다원형 가족(pluralistic families)은 사고우선적 측면을 강조하여 가족 구성원들이 상대방의 관심사를 존중하고 열린 의사소통을 강조하기 때문에 다양한 문제에 대한 토론과 대화가 이루어진다. 합의형 가족(consensual families)은 아이들에게 당면한 문제에 대해 흥미를 갖도록 하고 자신만의 의견을 표현하도록 허용하지만 가족 내 권력구조를 유지하는 범위 내에서만 허용된다. 아이들이 자라난 가족의 의사소통 환경이 다르면 가정이나 사회에서 접하는 의사소통 상황에 접근하는 방식이 달라질 수 있다. 가령,

다원형 가족에서 성장한 아이는 자신의 상황에 대해 다양한 의견을 제안하고 토론하는 것을 선호하는 데 비해 합의형 가족에서 성장한 아이는 권위를 가진 사람과 의견이 대립되면 자신의 의견을 표현하기 어려워할 수 있다.

● 닫힌 가족과 열린 가족

가족에는 가족 구성원의 행동을 통제하는 가족규칙이 존재한다. 특히, 가족 내의 지위에 근거한 규칙은 아이가 거부하기 어려운 것으로 아이의 행동을 통제할 뿐 아니라 나중에 의사소통방식에도 영향을 미치게 된다(Wood, 1997). 이런 가족에는 "부모에게 절대로 화내며 말해서는 안 된다.", "여자아이들은 동생들을 돌봐야 한다.", "아버지 말에 토를 달아서는 절대 안 된다." 같은 규칙이 있을 수 있다.

물론 어느 가족이나 가족 간의 관계를 유지하기 위해 어느 정도의 규칙은 필요하지만 규칙이 너무 엄격하여 닫힌 의사소통만 가능한 가족 내에서 아이는 합리적으로 사고할 수 있는 능력이나 의사소통 능력을 키우기 어렵다. 그런 환경에서 아이들에게 '해도 되는 행동'과 '해서는 안 되는 행동' 두 가지만 있다고 느끼게 되며 그 이외의 행동에 대해서는 상상이나 토론의 여지가 주어지지 않는다.

그에 비해 열린 의사소통을 하는 가족에서는 가족규칙이 유연하다. 부모의 말에 따르는 것을 중요하게 생각하지만 아이는 "아빠, 더 좋은 방법이 있을 것 같아요."라고 말할 수 있고 부모도 그것을 받아들인다. 열린 의사소통 가족에서 부모는 문제를 해결하는 방법이 언제나 하나만 있는 것이 아니라고 가르치기 때문에 아이들은 합리적으로 사고하는 것을 배우게 된다.

닫힌 의사소통 가족의 다른 문제는 자녀의 감정표현을 제한한다는 것이다. 보통 아이들은 성인보다 감정을 자유롭게 표현하는 경향이 있는데 닫힌 의사소통 가족에서는 아이들이 자신의 생각을 말할 때 감정을 표현하는 것을 억제한다. 물론 어떤 가족이든 완전히 열린 의사소통이나 완전히 닫힌 의사소통을 보이는 것은 아니며 때로는 두 의사소통이 함께 나타나기도 하지만 어떤 의사소통방식이 지배적인지가 중요하다. 이러한 가족의 의사소통 환경은 자녀가 성장한 후에 직면하게 되는 사회적 환경에서 어떤 방식으로 의사소통할 것인지에 영향을 미칠 수 있다.

2) 가족 내 의사소통 스키마

가족 내 의사소통 스키마란 가족 구성원들 간에 주고받는 말이나 행동을 이해하고 해석하는 기준이 되는 인지도식(cognitive schema)을 말한다. 가족 구성원이 어떤 의사소통 스키마를 가지고 있는지에 따라 대화특성이 달라질 수 있다(Fitzpatrick & Richie, 1994). 가령, '부모-자녀 관계는 수직적이다'라는 스키마를 가지고 있으면 자녀들은 의사소통에서 순응적인 경향을 보인다. 즉, 가족 내 의사소통 스키마는 가족 내 의사소통의 성격을 결정짓게 된다. 가족의 의사소통 스키마는 가족 표현성, 가부장주의, 갈등회피 등 세 차원으로 이루어져 있다. 여기에서 가족 표현성이란 가족 구성원 간에 자유롭게 개인의 의견이나 감정을 표현하고 그것을 장려하는 정도를 나타내고, 가부장주의는 부부관계에서는 전통적 성역할을 지지하는 정도를 반영하고 부모-자녀 관계에서는 자녀가 부모의 통제에 따라야 한다는 것을 믿는 정도를 반영한다. 마지막으로 갈등회피는 가족 구성원 간의 논쟁이나 다툼을 피하고자 하는 성향인데 대화하기 껄끄러운 주제를 회피하거나 상대에게 자신의 의견에 동의할 것을 강요하는 것 같이 기본적으로 순응지향적인 의사소통의 정도를 반영한다. 세 차원이 모두 가족 구성원들 간의 관계가 얼마나 평등한지와 관련되어 있는 것을 볼 때 가족 간의 의사소통을 결정짓는 근본적인 요인은 가족관계 내의 권력 또는 권위주의라고 할 수 있다. 또한 어릴 때 부모와의 상호작용을 통해 형성된 의사소통 스키마는 성장한 후에 친구관계나 부부관계에도 반영된다.

5. 언어적 의사소통과 비언어적 의사소통

1) 언어적 의사소통

인간관계에서 이루어지는 대부분의 의사소통은 언어적으로 이루어지는데 그것은 언어가 개인의 생각과 감정을 전달하는 데 가장 강력하고 효과적인 방법이기 때문이다. 따라서 대인관계는 언어적 의사소통의 내용과 질에 의해 큰 영향을 받을 수 있다.

(1) 언어적 의사소통에 영향을 미치는 요인

언어의 숨겨진 의미 의사소통에서 사람들은 드러난 의미와 숨겨진 의미를 함께 전달하므로 대화에서 겉으로 드러난 의미에 집중을 하게 되면 숨겨진 의미를 파악하지 못하는 경우가 생길 수 있다. 즉, 대화에서 드러난 의미는 지식이나 정보를 전달하는 역할을 하는데 비해 숨겨진 의미는 그러한 지식이나 정보와 관련된 정서를 전달하는 경향이 있다. 따라서 상대방의 말에서 드러난 의미와 숨겨진 의미를 파악하는 것은 대화에서 중요하다. 극단적인 사례로 유괴범이나 테러범의 실질적 위험을 평가하려면 드러난 의미보다 숨겨진 의미를 분석하는 것이 중요하다. “당신은 죽게 될 거야.”와 “당신을 죽일 거야.”는 서로 다른 숨겨진 의미를 함축하고 있다고 한다(Rice, 1981).

의사소통의 수단 과거에는 면대면(face-to-face)으로 이루어지는 오프라인 의사소통이 대부분이었으나 지금은 인터넷이나 휴대전화를 통한 온라인 의사소통이 주로 이루어진다. 이러한 의사소통은 대개 언어를 매개로 한다. 오프라인 의사소통에서는 언어적 수단을 통해 정보가 전달될 뿐 아니라 비언어적 수단을 통해 정서적 신호가 함께 전달되기 때문에 상대방의 감정이나 숨겨진 의미를 파악할 수 있다. 그러나 온라인 의사소통은 비언어적 수단을 활용하기 어렵기 때문에 의사소통이 감정보다 내용에 근거하여 이루어질 가능성이 높다.

문화의 공유 언어적 의사소통에서 어떤 말의 의미는 사람에 따라 다르게 받아들여질 수 있는데 그것은 사람마다 문화적 배경이 되는 지식과 경험이 서로 다르기 때문이다. 가령, 청소년들이 자주 사용하는 비속어나 은어 같은 것은 동년배 사이에서는 문화적 동질감을 가져올 수 있지만 더 나이든 성인과의 의사소통에서 사용되면 부정적 의미를 가진 것으로 이해되기 쉽다. 그러므로 의사소통이 효과적으로 이루어지기 위해서는 양쪽이 사용하는 용어의 문화적 의미에 대한 상호이해가 필요하다.

● 내용(content)과 관계(relation)의 차이

의사소통은 내용수준(content level)과 관계수준(relation level)에서 이루어진다. 내용수준은 메시지가 '무엇(what)을 말하는가'에 대한 것으로 메시지의 내용에 관한 것인데 비해 관계수준은 메시지의 내용이 '어떻게(how) 받아들여지는가'에 대한 것이다. 관계수준은 관계나 정서에 기반하고 있으며 비언어적으로 표현되기 때문에 상황 속에서 단서를 찾아야 한다. 가령, 누군가가 "날씨가 무척 덥군요"라고 말을 걸어왔을 때, 내용수준으로 보면 날씨를 물어본 것이지만 관계수준에서는 '너와 친해지고 싶다'는 의도를 전달한 것이다. 만일 내가 "여름이니까 덥겠죠?"라고 대답을 했다면, 메시지의 내용수준에만 초점을 둔 반응으로, 관계수준에서 보면 '나는 당신에게 관심 없어'의 의미를 가지게 되어 인간관계는 더 진전되지 못할 것이다.

내용수준과 관계수준은 갈등이 발생하고 해결되는 과정에도 영향을 미칠 수 있다. 가령,

고향친구가 출장으로 가까운 곳에 왔다고 오랜만에 전화했을 때 남편은 즉석에서 호텔에서 자지 말고 자기 집에 와서 자고 가라고 했다고 하자. 남편은 아내도 당연히 받아들일 것이라고 기대하고 저녁에 집에 와서 아내에게 친구 이야기를 했는데 아내는 반대하지는 않았지만 불만스럽게 이야기하다가 결국 말다툼을 심하게 했다. 그렇다면 이 상황에서 왜 갈등이 생겼을까? 오랜만에 온 친구를 초대하는 것에 대해서는 이견이 없으므로 내용 수준에서는 문제가 없었지만 말다툼을 하게 된 것은 관계수준에서 문제가 발생했기 때문이다. 즉, 자신과 아무런 상의 없이 결정을 내렸다는 것 때문에 아내는 남편이 자기를 무시했다고 느끼게 되었고 아내는 사소한 일을 트집 잡아 말다툼을 하게 된 것이다.

대화는 내용수준과 관계수준이 함께 고려되어야 원만하게 이루어지며, 관계수준 때문에 일어난 일을 내용수준에서 해결하려고 하면 갈등이 해결되기 어렵다. 따라서 대인관계에서 의사소통의 과정은 내용수준보다 관계수준에서 메시지를 파악하는 것이 중요하다.

2) 언어적 의사소통의 장애물과 극복방법

(1) 언어적 의사소통의 장애물

메시지의 과부하　정보의 홍수에 빠지면 중요한 메시지라도 집중하기 어렵다. 우리가 사회생활을 하다 보면 친구, 가족, 직장에서 많은 면대면 메시지나 문자 메시지, 전화통화, 카카오톡 등 수많은 메시지가 주어지고 그것들은 주의를 요구한다. 이러한 메시지의 과부하는 언어적 의사소통에서 중요한 의미를 파악하는 데 어려움을 가져올 수 있다.

몰두하기　우리가 대화에서 상대방의 말에 잘 집중하지 못하는 것은 상대방의 메시지보다 자기가 중요하게 여기는 일에 몰두하려는 경향이 있기 때문이다. 가령, 애인과 심하게 싸웠거나 조금 후에 중요한 시험을 봐야 한다면 당연히 상대방이 하는 말의 의미를 깊게 생각하지 못할 것이다.

빠르게 생각하기 상대방의 말을 신중하게 듣지 못하는 것은 인간의 생리적 특성 때문이기도 하다. 우리는 분당 800단어를 이해할 수 있는 능력을 가지고 있지만 사람은 일반적으로 분당 150단어 정도만 말할 수 있다. 그래서 대화에서 상대방이 말하는 동안 정신적인 여유시간을 갖게 되며 이 시간 동안 상대방의 말에 의도적으로 집중하지 않으면 개인적 생각, 공상, 반론을 생각하기 같은 대화에 도움이 안 되는 생각에 빠질 수 있다. 따라서 대화에서 잘 듣기 위해서는 시간적 여유가 있을 때 다른 생각으로 주의를 분산시키기보다 상대방의 생각을 이해하려고 노력하는 것이다.

친숙함의 함정 사람들은 자신이 아는 내용보다 새로운 내용에 주의를 더 기울이는 경향을 보인다. 따라서 대화에서 상대방이 자신이 평소에 잘 아는 주제에 대해 이야기를 하면 상대방의 이야기에 주의를 기울이기보다 자신이 하려는 말에 관심을 기울이는 경향을 보인다.

듣기보다 말하려는 동기 대화에서 우리는 상대방의 이야기에 집중하기보다 자신이 하고 싶은 이야기를 하려는 경향이 강하다. 특히, 이러한 경향은 대화의 주도권을 중요하게 여기는 남자에게서 더 많이 일어나는 경향이 있다. 상대방이 자신이 잘 모르는 분야에 대해 이야기할 때는 대화의 주도권을 상대방에게 넘기지만 자신이 조금이라도 아는 분야에 대해서는 대화의 주도권을 가져오기 위해 노력하며, 상대방의 말에 집중하기보다 상대방의 말 도중에 끼어드는 경우가 많다.

(2) 효율적인 언어적 의사소통의 방법

말하기보다 듣기 "우리에게는 말은 적게 하고 더 많이 들으라고 하나의 입과 두 개의 귀가 있다."고 말한 철학자 제노(Zeno)의 말처럼 대화의 진짜 목적이 상대방의 말과 의도를 이해하는 것이라면 대화의 주도권을 가지려고 노력하기보다 상대방의 말을 들으려고 노력해야 한다. 그렇다고 대화에서 상대방의 말만 듣고 침묵하는 것은 바람직하지 않으며 자신이 이해하고 있는 바를 상대방에게 전달하고 새로운 정보를 구하는 피드백을 주는 것이 상대방의 말을 이해하는 더 좋은 방법이다. 그럼에도 불구하고 대부분의 사람들이 대화에서 듣기보다 말을 하려고 더 노력한다.

대화의 방해물을 제거하기 소음이나 TV시청 같은 외적 장애물이나 고민거리, 배고픔 같은 내적 장애물은 효율적 의사소통을 방해할 수 있다. 만일 대화에 집중하고 싶다면 대화를 방해하는 외적 또는 내적 장애물을 제거하기 위해 노력해야 한다. 진지한 대화를 하고자 할 경우에는 휴대폰이나 다른 친구의 방해를 받지 않는 조용한 곳을 찾아야 하고 고민거리나 배고픔 같은 내적 장애물을 적절하게 통제하여 마음을 편안하게 할 필요가 있다.

성급하게 판단하지 않기 대화에서 오해를 줄이려면 상대방의 말을 판단하기 전에 상대방의 생각을 이해하는 것이 필수적이다. 그런데 많은 사람들이 상대방의 말을 끝까지 듣기도 전에 상대방을 성급하게 판단하고 평가하는 경향을 보인다. 특히, 상대방이 자신의 말을 반박하거나 비판하면 상대방의 생각을 성급하게 판단하려는 유혹에 쉽게 빠지게 되며, 그러한 비판이 가치 있는 진실을 내포하거나 심지어 자신을 도우려는 의도였을 때조차 우리는 상대방의 의도를 악의적으로 받아들이는 경향을 보인다. 이렇게 서로 의견 충돌이 일어나지 않았을 때도 우리는 상대방에 대한 첫인상에 근거하여 상대방의 말을 성급하게 판단하는 경향을 보인다. 따라서 우리가 의사소통을 효율적으로 하기 위해서는 자신이 상대방을 성급하게 판단할 수 있다는 점을 인식해야 하며 먼저 듣고 충분히 이해한 다음에 평가해야 한다.

핵심 아이디어 탐색하기 우리는 누군가와 오랫동안 이야기했음에도 불구하고 무슨 말을 들었는지 기억하지 못하는 경우가 많다. 특히 말이 많거나 두서가 없는 사람과 대화를 하면 지루하고 짜증이 나면서 상대방의 말에 주의를 기울이려는 노력을 하지 않기 쉽다. 그러나 대화 스타일과 무관하게 모든 사람은 자신이 전달하고자 하는 핵심 아이디어가 있으며 말보다 빨리 생각할 수 있는 능력을 사용하여 상대방의 말로부터 핵심 아이디어를 찾을 수 있다. 핵심 아이디어를 찾고 그것에 대해 상대방에게 피드백을 해주면 상대는 자신의 생각을 정리할 수 있게 되어 대화가 더 순조롭게 이루어질 수 있다. 따라서 핵심 아이디어를 탐색하는 것은 상대방의 말을 잘 이해하는 것에도 중요하지만 인간관계를 향상시키는 데도 중요하다.

● 대화 내용을 통해서 확인할 수 있는 인간관계의 깊이

의사소통의 단계는 대화 내용의 질적 변화에 따라 네 단계로 구분될 수 있으며(Adler, 1976), 의사소통의 단계가 올라갈수록 인간관계는 깊어진다. 각 의사소통단계에서 화자는 상대방이 자신의 대화 내용을 받아들인다고 생각되면 다음 단계로 차례로 넘어가게 되지만 두 사람이 서로 다른 단계에서 의사소통하기를 원한다면 오해가 생기거나 인간관계에 문제가 발생할 수 있다.

- **일상적 대화단계**: 이 단계에서는 "안녕하세요?"라든지 "반갑습니다"와 같은 일상적이고 피상적인 대화를 나누게 된다. 이 단계는 서로 대화를 계속할 것인지를 가늠하는 시기로 대화의 내용보다는 얼굴 표정이나 대화할 때의 자세가 더 많은 정보를 제공한다. 일상적인 대화는 자신이 상대방을 알고 있다는 점을 알려 상대방과의 친밀감을 높인다.
- **사실전달단계**: 이 단계에서는 대화를 유지하려는 욕구가 나타나며 서로 관심사를 전달하여 공통관심사를 찾게 된다. 가령, TV나 인터넷에서 누구나 쉽게 접할 수 있는 화제를 중심으로 자신이 알고 있는 정보를 상대방에게 이야기한다. 이 단계에서는 공통관심사를

중심으로 대화가 유지되며 정서적인 친밀감은 그다지 높지 않다. 그러나 상대방의 생각이나 감정에 대해 많은 정보를 얻게 되어 친밀한 관계로 진전되는 데 중요한 역할을 하게 된다.

- **의견교환단계**: 이 단계에서는 사회적 이슈나 서로 공유할 수 있는 문제에 대한 자신의 생각을 상대방에게 전달하고 상대방의 의견을 듣게 된다. 의견을 교환하는 과정에서 불일치가 생길 수 있고 그로 인해 갈등도 일어나게 되면서 인간관계에 위기가 찾아오기도 한다. 그러나 상대방의 의견을 존중하고 차이점을 이해하려고 노력하는 과정에서 서로를 좀 더 깊이 이해하게 되고 인간관계가 친밀해진다.
- **감정교류단계**: 이 단계에서는 다양한 화제에 대해 감정을 자유롭게 표현하며 상대방의 반응에 대한 불안이 크지 않아 편안하게 느낀다. 특히, 마음의 공유가 이루어지면서 자신만의 개인적 비밀을 상대방에게 노출하고 공감하면서 친밀감이 더 깊어진다.

6. 비언어적 의사소통

인간은 대화에서 말로만 자신의 생각이나 감정을 전달하지 않으며 때로는 눈빛이나 몸짓과 같은 비언어적 단서들이 자신의 생각이나 감정을 더 정확하게 표현하기도 한다. 비언어적 의사소통(non-verbal communication)은 시선 접촉이나 신체 방향, 자세, 대인거리 등의 비언어적인 단서를 통해 자신의 의사와 감정을 표현하는 것을 의미한다. 가령, 애인이 "너를 사랑해."라고 말할 때 우리는 말만이 아니라 말을 할 때 보이는 눈동자, 얼굴 표정, 목소리 등을 통해서도 사랑을 느낀다. 또한 우리는 말의 내용이 아니라 거짓말을 할 때 사람들이 보이는 눈빛이나 얼굴 표정 등을 보고 거짓말인지 알아차린다. 이와 같이 비언어적 의사소통은 언어적 의사소통을 보다 효율적으로 하도록 돕는 역할을 할 뿐 아니라 언어적 의사소통만으로는 표현하기 어려운 복잡하고 미묘한 감정이나 태도 등을 전달하는 데 사용된다. 특히 유교문화권에 속하는 한국사회는 서구사회에 비해 말보다 눈치가 의사소통에서 더 중요한 비언어적 문화를 지니고 있다(권석만, 1996; 최상진 · 최인재, 2002). 따라서 비언어적 단서에 의해서 표현되는 타인의 의도와 감정을 파악하는 것이 중요할 뿐 아니라 비언어적 수단을 통해 자신의 의사를 표현하는 능력을 가지고 있는 것도 때로는 필요하다.

1) 비언어적 의사소통의 특징

(1) 문화와 맥락에 따라 다르게 받아들여질 수 있다

비언어적 메시지는 문화에 따라 표현되는 방식이 다를 수 있다. 가령, 반가움을 표시하기 위해 어떤 문화에서는 껴안기도 하고 어떤 문화에서는 침을 뱉기도 한다. 또한 같은 문화라도 비언어적 메시지가 다르게 받아들여질 수 있다. 가령, '눈을 찡긋하는 행동'이 어떤 사람에게는 호감의 표시로 여겨지지만 어떤 사람에게는 경고의 표시로 여겨지기도 한다. 따라서 비언어적 메시지는 언어적 메시지와 함께 주어지거나 문화적 맥락을 공유할 때 정확한 의미를 전달할 수 있다.

(2) 정서를 전달한다

어떤 사람에게 만지거나 바라보는 행동은 말로 전하기 어려운 감정을 전달하는 역할을 한다. 또한 가까이 오라고 손짓을 하는 것처럼 비언어적 메시지만으로 분명한 의미를 전달하는 경우도 있지만 대부분의 비언어적 메시지는 언어적 메시지와 함께 감정을 전달하는 역할을 한다. 비언어적 메시지는 감정을 정확하게 표현하지 못하므로 추론과정을 통해 그 의미를 추론하게 되며, 비언어적 신호가 언어적 신호와 모순될 경우 대부분은 비언어적 신호가 진실에 더 가깝다. 가령, 화가 날만한 상황에서 화가 나지 않았다고 말하더라도 시선 회피나 굳은 얼굴 같은 비언어적 메시지가 그 사람의 감정을 보다 정확하게 알려준다. 거짓말을 하라는 지시를 받았을 때도 속임수는 비언어적 신호를 통해 가장 잘 탐지되는 경향이 있다(DePaulo, LeMay, & Epstein, 1991).

● 감정조절과 비언어적 의사소통

아이들은 의사소통 상황에서 자신의 행동에 대해 주어지는 정서적 피드백이나 타인의 정서적 표현을 이해하고 해석해야 하는데 이러한 해석능력은 인지능력의 발달과 함께 발달한다(Buck, 1984). 즉, 구체적 조작기 아이는 인지적으로 자기중심성에서 벗어나기 때문에 전조작기 아이보다 다른 사람이 자기와 다른 감정을 가지고 있다는 것을 더 잘 이해할 수 있다. 이 시기에 부모는 자녀가 감정을 느끼고 해석하는 방법을 가르쳐야 하며 자녀들에게 감정을 이해하기보다 자제하라고 요구하면 감정표현이 발달이 저해된다. 한편, 사회생활을 하다 보면 솔직한 감정표현이 어려운 경우가 있다. 가령, 여자 친구가 새 옷이 어떠냐고 물어보았을 때 "야! 옷이 왜 그러니?"라고 솔직하게 말한다면 여자 친구와의 관계가 어려워질 것이므로 자기감정을 드러내지 않는 것이 더 좋을 것이다. 따라서 우리는 감정을 경험하고 해석하는 것뿐 아니라 감정표현을 조절하고 연출하는 방법을 배우게 되며 주요한 연출방법에 세 가지가 있다(Ekman & Friesen, 1978). 첫째는 '가상'으로 아무런 느낌이 없으면서도 느낀 척하는 것이고, 둘째는 '억제'로 무언가 느꼈으면서도 아무런 느낌이 없는 인상을 주는 것이며, 셋째는 '가면'으로 경험하지 않은 다른 느낌을 표현하여 위장하는 것이다. 우리가 조절하거나 연출하기 쉬운 감정표현 방식은 얼굴 표정으로 우리는 남들을 속이는 동안 몸에서는 감정변화가 드러나더라도 얼굴 표정에 변화가 없을 수 있다(Ekman & Friesen, 1978). 그에 비해, 누군가를 속일 때 목소리가 높아지는 경향이 있는데 목소리의 고저는 조절하기 매우 힘든 감정표현 방식이다.

아이들을 대상으로 한 연구(Shennum & Bugental, 1978)에서 나이가 들수록 부정적인 감정이 발생했을 때 얼굴 표정을 연출하는 능력은 모두 향상되지만 부정적인 느낌 자체를 억제하는 능력은 소녀보다 소년이 더 향상된다는 것이 발견되었다. 이것은 여자보다 남자들에게 감정표현을 억제하도록 요구하는 사회적 규범에 따른 것이다. 일반적으로 나이가

든 아이들이 나이가 들지 않은 아이들보다 감정표현을 잘 조절할 뿐만 아니라 상대가 속이고 있다는 것을 더 잘 알아차린다. 이것은 사회생활에서 반드시 바람직한 현상이라고 보기는 어렵다. 가령, 고등학생들을 대상으로 한 연구(Rosenthal & DePaulo, 1979)에서 속이는 것을 잘 알아차리는 학생들은 남학생이건 여학생이건 그렇지 못한 학생들보다 교사들에게 별로 인기가 없고 사회적인 감각도 떨어진다는 평가를 받는다는 것을 발견했다. 또한 속임수를 잘 찾아내는 학생들은 대인관계에 대해 별로 만족하지 못하였다. 이렇게 본다면 상대방이 속이는 것을 잘 찾아내는 것은 만족스런 인간관계에 별 도움이 되지 못하며, 상대방이 알아주기를 원하는 것 이상으로 아는 것은 인간관계에 부담을 주는 것이다.

(3) 다양한 경로를 통해 전달된다

자기 생각이나 감정을 언어적 수단을 통해 전달하고자 할 때는 정확하게 말로 표현하면 되지만 비언어적 수단을 사용할 경우에는 그것을 다양한 방식으로 전달하게 된다. 예를 들면, 제스처, 얼굴 표정, 시선, 음성 등의 다양한 비언어적 수단이 사용된다.

(4) 언어적 의사소통을 보완한다

비언어적 의사소통은 다양한 방식으로 언어적 의사소통을 보완하는 역할을 한다. 가령, 비언어적 의사소통은 말을 할 때 몸짓으로 언어적 메시지를 반복하여 메시지를 강조하기도 하고, 언어가 전달하지 못하는 감정을 우는 표정이나 어두운 표정으로 전달하기도 한다. 또한 친구가 어디 아픈지 물어보면 괜찮다는 표시로 손짓을 하는 것처럼 말을 대신해서 메시지를 전달하기도 하고, 무엇인가를 단호하게 부정하거나 거절하고자 할 때 어조를 강하게 하여 언어적 메시지의 의미를 강조하기도 한다. 또 상대방의 말에 동의할 때 고개를 끄덕이거나 상대방의 말에 동의하지 않을 때 딴 곳을 쳐다보는 것처럼 대화를 조절하기도 한다. 이렇게 비언어적 의사소통은 언어적 의사소통을 통해 전달되는 메지지를 대신하거나 강화 또는 조절함으로써 효과적으로 의사소통하도록 돕는다.

2) 비언어적 의사소통의 유형

(1) 신체언어

신체언어란 몸의 일부 혹은 전체의 움직임을 통해 자신의 감정을 표현하는 것을 말한다. 신체언어는 무의식적이기 때문에 언어적 메시지 이면에 숨겨진 감정이나 의도를 그대로 노출하며, 오랜 세월 동안 의사소통에서 반복적으로 사용해왔기 때문에 대부분이 습관화되어 있다. 신체언어에는 인간이 공통적으로 가지고 있는 부분도 있고, 개인마다 독특한 부분도 있다.

몸짓 장소를 가리킬 때 손짓하는 것처럼 말과 함께 나타나는 놈싯은 보통 각성되었을 경우에 더 자주 나타난다. 또한 찬성하거나 동의할 때 고개를 끄덕이는 것처럼 말 대신에 사용되는 몸짓은 문화를 공유하는 사람들 사이에서만 통용되는 경우가 있는데 각 문화에서 받아들여지고 있는 몸짓의 의미를 미리 알고 적절하게 행동을 하는 것이 필요하다. 가령, 우리나라에서는 팔짱을 끼고 있거나 다리를 꼬고 앉아 있으면 '건방지다', '예의 없다'라는 인상을 줄 수 있다. 그밖에도 상대방에 대해 부정적인 감정을 표현하는 팔짱 끼기나 긍정적인 감정을 표현하는 껴안기 같은 몸짓이 있다. 사람들은 말을 할 때 습관적으로 몸짓을 하는 경우가 있는데 몸짓은 대화에 긍정적인 영향을 미치기도 하지만 부정적인 영향을 미칠 때도 있다. 가령, 무엇인가를 설명할 때 손동작을 많이 사용하면 상대방은 말보다 상대방의 손짓에 주의를 빼앗겨 이해도가 떨어지게 된다. 따라서 강조하고 싶은 부분에서만 손동작을 함으로써 상대방이 중요한 부분에 더 집중하도록 할 필요가 있다.

자세 자세는 말하는 사람이나 듣는 사람의 태도를 반영한다. 가령, 발표자가 허리를 반듯이 펴고 곧게 서서 발표를 한다면 발표자에 대한 신뢰도와 듣는 사람의 집중력을 함께 높일 수 있다. 그에 비해 발표자가 허리를 구부정하게 하고 비스듬하게 서서 발표를 하면 신뢰도가 떨어져 내용에 주의를 기울이지 않을 수 있다. 또한 상대가 자기 쪽으로 몸을 기울인다면 자신의 말에 흥미를 가지고 있거나 긍정적인 태도를 가지고 있다는 것으로 받아들이지만 팔짱을 끼거나 몸을 뒤로 하면 부정적인 태도나 방어적 태도를 가지고 있는 것으로 받아들인다. 대화에서 긴장과 이완은 자세를 통해 감정을 이해하는 데 중요한 역할을 하며 얼마나 긴장했는지를 통해 상대방이 느끼는 감정과 사회적 지위를 파악할 수 있다. 즉, 보편적으로 고위직일수록 더 이완된 자세를 보이고 하위직일수록 더 경직된 자세를 보이는 경향이 있다.

표정 얼굴은 신체 중 가장 감정표현이 다양하고 풍부하며 변화하는 속도도 빠른 부위이다. 일반적으로 얼굴 표정은 5초 이상 유지되지 않는데 얼굴 표정이 변화되지 않고 유지되고 있다면 진실하지 못한 것으로 인식되는 경향이 있다. 얼굴 표정에는 분노, 혐오, 두려움, 행복, 슬픔, 놀람 등 여섯 가지 주요 정서가 발견되며, 이러한 얼굴 표정은 여러 문화에 보편적으로 나타나는 경향이 있다(Ekman & Frieesen, 1978). 물론 문화에 따라 다른 의미를 갖는 얼굴 표정도 있으며, 감정표현의 적절성이나 시기를 결정하는 사회적 규범도 다를 수 있다. 얼굴 표정이 비교적 감정 상태를 잘 나타내지만 연습을 하거나 경험이 쌓이면 감정의 상태와 상관없이 표정을 어느 정도는 연출해 낼 수 있어 얼굴 표정만으로 상대의 감정을 파악하기는 쉽지 않다.

시선 눈은 대화를 하는 도중에 수시로 바뀌는 감정이나 느낌을 가장 빠르고 정확하게 반영해 준다. 특히, 눈을 보면서 대화를 하는 것은 상대방의 말에 관심을 가지고 있는 것으로 받아들이기 때문에 적극적인 대화에서 꼭 필요한 요소이다. 시선의 다양한 특성은 대화에서 서로 다른 의미로 받아들여진다. 첫째, 시선의 방향이 위로 향하면 상대방의 말에 관심이 없다는 뜻으로 인식되고 아래로 향하면 상대방의 말을 신뢰하지 않거나 부정적으로 생각하는 것으로 인식되는 경향이 있다. 또한 사람들은 상대방의 눈을 쳐다보면서 거짓말을 하기 어려워하기 때문에 상대방의 말이 진실한 것인지 알고자 할 때 상대방의 눈에 시선을 두는 경향이 있다. 둘째, 사람들은 시선의 지속시간이 긴 사람을 더 신뢰하며 더 좋은 인상을 받는데 비해 시선을 회피하는 사람에게는 접촉을 피하려고 한다는 인상을 가진다. 가령, 사랑에 빠진 커플은 서로를 응시하는 시간이 더 많으며(Patterson, 1986), 시선을 오래 유지하면서 음식 주문을 받는 직원이 더 많은 팁을 받는 경향이 있다. 그러나 부정적인 상황에서 시선의 유지는 상대방에게 분노나 공격 의도로 받아들여질 수 있다. 셋째, 문화에 따라 시선의 의미가 달라질 수 있다. 가령, 미국에서는 대화를 할 때 시선을 유지하는 것을 당연하게 받아들이는 데 비해 아시아 문화권에서는 말을 할 때 상대방을 계속 쳐다보는 것을 거부나 도전으로 받아들이는 경우가 있기 때문에 시선을 피하는 경향이 있다. 이러한 문화 차이 때문에 미국인들은 아시아권 사람들과의 대화에서 불쾌감을 느끼는 경우가 있다고 한다.

음성과 말투 적당한 높이에 볼륨 있는 목소리는 누구한테나 좋은 인상을 남긴다. 조금 과장되었을 수도 있지만 메라비언(Mehrabian, 1967)은 화자의 설득력이 대화의 내용 자체보다 음성이나 얼굴 같은 요인의 영향을 더 받는다고 주장하였다.

화자의 설득력＝(대화의 내용)×0.07＋(음성)×0.38＋(얼굴)×0.55

음성뿐만 아니라 우리는 상대방의 말투로부터 상대방이 얼마나 지적인지 성격이 어떤지를 찾아내려는 경향을 보인다. 가령, 말끝을 탁 잘라 말하는 사람에게는 '냉정하다, 무뚝뚝하다'라는 느낌을 갖는데 비해 말끝을 흐리거나 내리는 사람에게는 좋게 보면 '친절하다'고 느끼지만 나쁘게 보면 '가벼운' 사람으로 평가하는 경향을 보인다. 또한 말을 하다가 "음…", "그러니까" 같은 말로 정지하는 습관은 대화의 신뢰성을 감소시켜 면접 같은 장면에서 부정적인 영향을 미칠 수 있다. 그러나 말투는 연습을 통해 변화될 수 있으며 말을 약간 천천히 하면서 중요한 단어에는 약간 힘을 주고, '~요', '~다'와 같은 단어를 발음할 때 다른 단어보다 길게 발음하면 신뢰성 있고 부드러운 말투로 들린다.

● 대인 간 거리와 의사소통

우리는 친하게 지내는 친구들 하고는 가까이 앉아서 이야기하는 데 비해 그렇게 친하지 않은 사람과는 어느 정도의 거리를 두고 이야기를 하는 경향을 보인다. 이것을 볼 때 대화를 하는 두 사람 간의 거리는 두 사람 간의 정서적 친밀성과 연관이 있을 것이라고 예상할 수 있다. 홀(Hall, 1966)은 개인공간(personal space)이라는 개념을 제안하였는데, 개인공간이란 사회적 관계를 맺을 때 두 사람 간의 정서적 친밀도를 반영하는 거리를 의미한다.

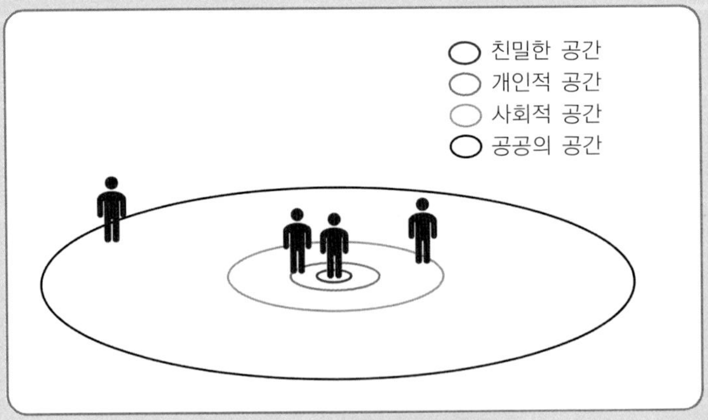

그림 3-4. 개인공간의 유형

〈그림 3-4〉에서 볼 수 있듯이 개인공간에는 두 사람 간의 정서적 친밀도에 따라 공공의 공간(3m 이상), 사회적 공간(1.5~3m), 개인적 공간(50cm~1.5m), 친밀한 공간(50cm 이내)로 구분될 수 있다. 공공의 공간에서는 주로 회의나 교육과 같은 공식적인 만남이, 사회적 공간에서는 손님과의 상거래가, 개인적 공간에서는 친구들과의 관계가, 친밀한 공간에서는 애인이나 가족과의 관계가 주로 이루어지는 공간이라고 할 수 있다. 〈그림 3-5〉에서 볼 수 있듯이 일반적으로 남자는 여자에 비해 더 넓은 개인공간을 가지기 때문에 대화를 하거나 대인관계를 할 때 상대방과 더 거리를 두는 경향이 있다.

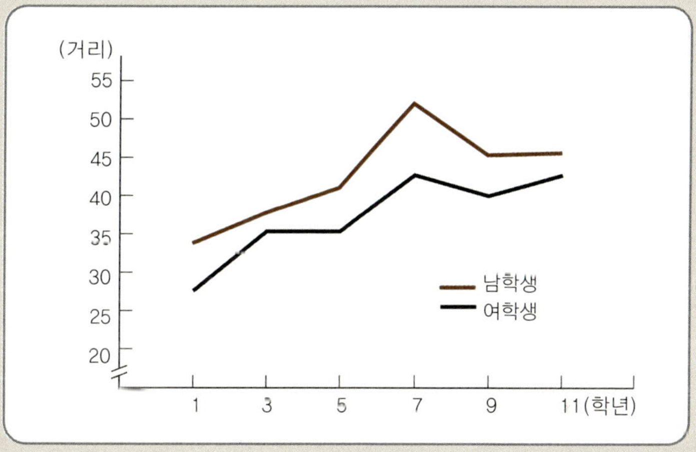

그림 3-5. 학년별 남학생 짝과 여학생 짝의 평균 상호작용 거리

또한 문화에 따라 개인공간의 크기가 다르다(Watson, 1970). 일반적으로 북유럽인과 미국인이 가장 넓은 개인공간을 유지하려는 경향을 보이며, 다음에는 동아시아인과 남미인, 이탈리아나 그리스 같은 남부 유럽인 순이고, 아랍인과 인도인이나 파키스탄인은 상대적으로 좁은 개인공간을 유지하는 경향을 보인다. 개인공간에서 나타나는 문화 차이는 종교나 사회규범의 영향을 받은 결과로 특정한 문화가 개인의 행동에 얼마나 큰 영향을 미치고 있는지를 잘 보여준다.

7. 소셜 미디어에서의 의사소통

소셜 미디어는 멀리 떨어져 있는 사람들의 의사소통을 가능하게 하는 통로를 말하며 페이스북 같은 SNS 서비스뿐 아니라 그동안 사용해왔던 문자 메시지나 이메일 등 모든 온라인 의사소통 수단을 모두 소셜 미디어라고 할 수 있다. 최근 들어 면대면 인간관계보다 비대면 인간관계의 비중이 크게 증가하면서 다양한 소셜 서비스가 제공되고 있으며 그에 따라 인간관계의 방식에서 변화가 발생하고 있다. 그렇다면 소셜 미디어는 어떤 긍정적인 측면과 한계를 가지고 있는지 알아보자.

1) 소셜 미디어의 긍정적인 측면

소셜 미디어가 의사소통 측면에서 갖고 있는 긍정적인 측면은 다음과 같다. 첫째, 소셜 미디어는 사회적 유대를 형성하고 향상시키는 기회를 제공한다. 우리는 인터넷을 통한 비대면 인간관계가 면대면 인간관계를 감소시키고 대인관계의 질을 떨어뜨린다는 경고를 많이 들어왔다. 그러나 소셜 미디어 사용자는 비사용자에 비해 자발적 집단에 더 많이 가입되어 있다는 조사결과를 볼 때 반드시 그렇게 볼 수는 없다. 둘째, 소셜 미디어는 기존의 사회연결망을 강화하고 과거에 끊어진 관계를 회복하는 데 효과적이다. 소셜 미디어를 통한 의사소통은 서로 바쁘거나 멀리 떨어져 있어서 면대면 접촉이 어려운 사람들 간의 관계 유지를 더 쉽게 하여 기존의 사회연결망은 강화한다. 또한 소셜 미디어는 다양한 방식으로 인간관계를 연결해 주기 때문에 과거에 끊어진 관계를 회복하는 데 도움을 주기도 한다. 실제로 소셜 미디어 사용자에 대한 조사(Tannen,

1994)에서 많은 사용자는 소셜 미디어를 사용하는 이유로 현재의 친구나 가족과 실시간으로 접촉할 수 있다는 점과 이전에 관계가 끊어졌던 친구들과 다시 접촉할 수 있기 때문이라고 응답하였다. 셋째, 소셜 미디어 사용자는 비사용자에 비해 친구들로부터 더 많은 신뢰와 지지를 받고 친한 친구도 더 많은 경향을 보인다. 그 이유는 소셜 미디어는 사용자가 올리는 메시지를 바탕으로 교류가 이루어지기 때문에 성별, 사회계층, 인종, 연령으로 인한 선입견이나 차이를 최소화함으로써 사람들을 더 친밀하게 만들 수 있다.

2) 소셜 미디어의 한계

소셜 미디어는 온라인 의사소통을 활용함으로써 사회적 유대를 쉽게 형성하고 기존의 사회적 연결망을 강화하여 인간관계를 향상시키는 긍정적인 측면을 가지고 있지만 다음과 같은 한계를 가지고 있다. 첫째, 면대면 의사소통에서는 말의 의미를 명확하게 하고 감정을 파악하게 도와주는 비언어적 단서를 제공하지만 온라인 의사소통에 기반한 소셜 미디어는 그러한 비언어적 단서를 제공하지 않는 불충분한 의사소통 통로이다. 가령, 우리가 친구의 소식을 오랫동안 듣지 못하다가 친구를 만나서 "무슨 일 있니?"라고 물었을 때 친구가 "아니 괜찮아."라고 대답하였다고 가정하자. 이러한 친구의 대답을 문자 메시지나 전화로 접했을 때와 직접 만나서 접했을 때를 비교해 보면 표정이나 어조 같은 비언어적 단서를 파악할 수 있는 면대면 대화에서 더 많은 것을 알아차릴 수 있다.

소셜 미디어를 통한 메시지 대부분은 면대면 메시지보다 빈약하여 확신을 가지고 해석하기 어렵고 쉽게 오해를 불러일으킬 수 있다. 또한 소셜 미디어를 통한 메시지의 빈약함으로 인해 어떤 사람의 이미지를 비현실적으로 이상화할 수 있으며 그렇게 되면 소셜 미디어에서 만난 사람들은 면대면 인간관계로 전환되기 어렵게 된다. 즉, 비언어적 단서의 부재로 인해 소셜 미디어 사용자는 자신의 정체성을 관리할 수 있게 되어 현실의 자신과 다른 자신의 매력을 돋보이려고 할 수 있으며 현실에서의 만남은 실망을 가져올 수 있다.

둘째, 결과를 생각하지 않고 메시지를 주고받기 때문에 면대면 의사소통보다 비판적이고 개인적인 정보를 털어놓는 탈억제(disinhibition)가 일어나기 쉽다. 이러한 탈억제는 두 가지 방식으로 표현되는데 하나는 면대면 인간관계에서는 비밀로 하고 싶은 개인적 정보를 쉽게 털어놓게 된다. 즉, 가족이나 친구 또는 직장동료에게 드러나기를 원하지 않는 개인적 정보를 소셜 미디어에서는 생각보다 쉽게 노출하는 경향을 보인다. 또한 소셜 미디어를 통한 의사소통에서는 타인의 의견이나 생각에 더 비판적이고 직선적으로 반응하는 경향을 보인다.

셋째, 소셜 미디어에 사람들은 비판적인 내용이나 개인적인 내용을 아무 생각 없이 올리는 경향을 보이지만 이러한 내용들은 쉽게 삭제되지 않으며 그 후유증을 감당해야 한다. 특히, 대인관계에서 문제를 일으킬 만한 내용들은 온라인에서 쉽게 삭제되지 않으며 다양한 방식으로 검색되어 퍼져나가게 된다. 이러한 문제를 겪지 않으려면 소셜 미디어에서의 의사소통도 면대면 의사소통과 비슷한 방식으로 메시지를 다뤄야 한다.

8. 한국인의 의사소통

의사소통은 문화를 공유하는 사람들 사이에서 가장 잘 이루어지기 때문에 문화는 의사소통에 큰 영향을 미친다. 우리나라는 유교문화에 근거한 가족주의의 영향으로 인해 정과 한이라는 독특한 문화적 특성을 가지고 있다. 이러한 문화적 특성으로 인해 우리나라 사람들이 어떤 의사소통 특성을 보이는지 알아보자.

1) 정과 한의 특성

정과 한은 한국인의 인간관계를 독특하게 만드는 고유의 정서이며 인간관계를 이해하는 기본적인 토대가 된다. 부부관계를 비롯하여 가족관계나 친구관계까지 친밀한 인간관계는 모두 정이라 부르는 독특한 정서에 의해 맺어지고 유지된다. 현실에서 우리는 정을 다양한 의미를 사용하기 때문에 분명하게 정의하기는 어렵지만 '정'이란 특정한 사람 또는 집단과의 공동 경험을 통하여 무의식적으로 형성된 정신적 유대감이라고 할 수 있다. 즉, 정이 생기려면 지속적인 접촉과 더불어 가족처럼 함께 지내는 경험이 필요하며 이것은 첫눈에 반해서 단시간 내에 생긴 열정적인 감정과 비교된다.

정의 특성을 살펴보면 첫째, 정은 따스한 감정이며 특정한 사람의 성격을 표현하기 위해 사용되기도 하지만 사람들 사이의 관계를 나타내기 위해서도 사용된다. '정 많은 사람' 또는 '다정한 사람'이라는 말은 그 사람의 성격이 따뜻하고 자상함을 말하고, '정을 나눈다' 또는 '사이가 다정하다'는 말은 주어진 인간관계가 이해를 바탕으로 한 따뜻한 관계라는 것을 의미한다. 둘째, 정은 계산적이지 않은 감정이다. 정은 상대방이 좋든 싫든 오랜 접촉과 공동경험을 통하여 형성되며 상대방의 보답을 요구하지 않는다. 셋째, 정은 상호적인 감정이므로 어느 한 사람만 정을 느끼지 않는다. 즉, 정은 상호접촉이나 공동경험을 통하여 형성되기 때문으로 당사자 모두에게 동시에 생겨나는 것이 일반적이다.

한편, 한은 욕구나 기대의 좌절로 인한 마음의 상처와 의식적 또는 무의식적으로 얽혀 있는 감정 상태를 나타낸다. 한의 생성과정을 살펴보면 불쾌한 일이 일어났거나 원하던 일이 좌절되었을 때 처음에는 타인에게 원인을 찾는 원(怨)이 발생하지만 정 때문에 타인에게 향했던 원이 자신에게 향하면서 한(恨)이 발생하게 된다. 그러나 책임을 자신에게만 돌리는 것에 대한 거부감과 자책이 반복되면서 한이 내면화되는데, 이것이 심해지면 울화병이 발생하기도 한다. 이렇게 보면 한은 정에 기반하고 있으며 타인에게 대한 원과 내면화된 한이 결합된 감정이라고 할 수 있다. 한은 대상이 되는 상대방이 자신의 어려움이나 괴로움을 이해해 주고 알아주면 쉽게 해소될 수 있는 감정이기도 하다.

2) 한국적 의사소통의 특성

한국인의 의사소통의 저변에는 정과 한이 있지만 행동을 통제하는 사회적 규범에는 유교적 관습과 연고주의가 큰 영향을 미치고 있다. 이 절에서는 한국인의 특성에 근거한 의사소통의 특성에 대해 알아본다.

(1) 체면

한국인은 "체면이 말이 아니다", "체면 좀 차려라" 등과 같이 체면이라는 말을 자주 사용한다. 체면이란 말이 이렇게 자주 사용되고 있다는 사실은 그만큼 우리가 체면을 중요하게 생각하고 있다는 것을 의미한다. 체면은 자존감과 관련되어 있으며 자존감을 유지하려는 경향은 자아의 주요 기능 중의 하나이기 때문에 우리뿐 아니라 다른 나라에서도 체면이 중시된다. 그러나 서구인에게 체면은 바람직한 성격을 가진 사람이라는 의미로 사용되는 데 비해 한국인에게 체면은 의식주의 선택, 친구나 준거집단의 선택, 진로나 취업 등 생활 전반 영향을 미친다(임태섭, 1993). 따라서 한국인은 경제적인 손실이나 생활상의 불편을 감수하더라도 체면이 손상당하는 것을 피하려고 노력한다.

(2) 겸손규범

어릴 때부터 우리는 어른을 공경하고, 자신을 낮추며, 항상 예의 바르게 행동해야 한다는 말을 듣고 자라는데 이것이 바로 겸손규범이다. 요즘 젊은 사람들이 예의가 없다고 비난을 하지만 그러한 비난도 겸손규범이 아직 사회생활에서 중요한 가치로 인정을 받고 있다는 것을 보여주는 증거이다. 겸손이라는 사회적 가치는 우리의 여러 가지 사회행동에 영향을 미치는데, 우리는 웃어른과 이야기할 때 조심스럽게 말하고, 상대방에 따라 존대어를 사용할지 고민한다. 윗사람에게 겸손하게 대하는 것은 우리 사회에서 보편적인 사회적 규범으로 받아들여지지만 때로는 대화에서 자신의 목적을 위해 사용되기도 한다. 가령, 아부하기 위해 직장 상사에게 듣기 거북할 정도로 겸손하게 대하기도 하고 부탁을 하다가 거절당하면 불쾌한 감정을 전하기 위해 불손하게 대하기도 한다.

(3) 눈치전략

눈치란 주어진 정보가 충분하지 않은데도 불구하고 빠르게 상황을 파악하는 것을 말하며 '눈치가 빠른 사람'은 이것을 쉽게 해나가는 사람을 말하고 '눈치 없는 사람'은 상황을 잘 파악하지 못하는 사람을 말한다. 우리나라에서 눈치는 대인관계를 원활하게 하기 위해 갖추어야 할 자질이라고 할 수 있다. 눈치 있는 사람은 상대방이 난처해하는 심정을 헤아리고 알아서 행동하기 때문에 다른 사람들로부터 호감을 얻게 되고 그에 따라 인간관계도 원만해진다. 그동안 승진을 하려면 상사의 눈치를 봐야 하고 좋은 대학에 들어가려면 눈치작전을 해야 하는 사회였지만 이제는 개인의 의견과 욕구가 강조되면서 눈치를 보는 것이 낡은 관행으로 여겨지고 있다. 물론 항상 눈치를 보면서 사는 것은 결코 바람직한 것은 아니지만 눈치를 드러내놓고 요구하기 전에 서로의 감정이나 생각을 배려하는 의사소통의 한 방법으로 이해할 수도 있다.

(4) 한국인의 갈등대응전략

우리는 인간관계에서 조화를 중시하는 유교적 전통을 가지고 있기 때문에 가능하면 갈등을 피하고 갈등이 있더라도 드러내기보다 참는 것이 좋다고 생각한다. 갈등이 생겼을 때 우리는 서로에게 문제가 있다기보다 상대방에게 있다고 생각하는 경향이 있다. 그렇기 때문에 갈등을 해결할 때도 서로가 가진 문제점들을 살펴보기보다 상대방의 문제점을 찾으려는 경향이 있으며, 이러한 경향은 방어적인 행동을 가져와 갈등을 심화시킬 수 있다. 또한 우리는 갈등이 상황에 대한 생각 차이 때문이라기보다 상대방의 인간성 때문이라고 생각하는 경향이 있다. 즉, 서로 생각하는 방식이 달라서 갈등이 일어났다고 생각하지 않고 상대방의 성격이 이상해서 갈등이 생긴 것이라고 생각하는 경향이 있다.

갈등을 조직문화와 관련지어 생각해 보면 우리 문화의 독특한 측면이 더 분명하게 발견된다. 우선 한국의 조직은 인화를 중시하는 문화를 가지고 있기 때문에 조직 내에서 갈등이 자주 일어나지 않는다. 즉, 구성원 간의 인화를 조직의 효율성을 평가하는 지표로 생각하고 회식 등의 비공식적 의사소통 경로를 통해 갈등의 발생을 억제하기 때문에 갈등이 밖으로 드러나는 경우가 거의 없다. 그리고 갈등이 발생했을 때 승자와 패자가 갈리는 경쟁적 전략(competitive strategy)보다 상대방과 부딪히지 않고 해결하려는 회피적 전략(avoidance strategy)이 더 많이 사용되는데 그것은 일보다 인간관계를 중시하는 조직문화 때문이다. 또한 갈등 대상이 조직 내에서 갖는 위치에 따라 대응전략이 달라진다. 갈등대상이 윗사람이거나 동료인 경우에는 가급적 정면충돌을 피하려 하기 때문에 회피적 전략이 사용된다. 그에 비해 아랫사람인 경우에는 갈등으로 체면이 손상되는 것을 막고 영향력을 유지하려는 욕구 때문에 서로가 만족하는 해결책을 찾으려는 통합적 전략(integrative strategy)이 더 자주 사용된다.

chapter

04

인간관계의 문제

Psychology of Human Relationship

Psychology of Human Relationship

chapter 04

인간관계의 문제

인간관계를 통해 우리는 사회생활에 필요한 정보를 얻거나 힘들 때 정신적 위안을 받기 때문에 대인관계를 원만하게 유지하려고 노력하지만 다양한 이유로 인간관계에서 어려움을 느끼는 경우가 있다. 가령, 동성 친구와는 별다른 어려움이 없이 잘 지내는 사람이 낯선 이성과 만나게 되면 수줍음 때문에 편안하게 대화를 나누지 못하기도 하고, 혼자서는 일을 잘하는 사람이 여러 사람과 함께 프로젝트를 진행해야 할 경우에 의사소통 문제로 능력을 제대로 발휘하지 못하기도 한다.

이렇게 사회생활을 하는 동안 인간관계로 인해 어려움을 겪게 되면 자신감을 잃고 타인과의 관계를 두려워하게 된다. 이 장에서는 우리가 인간관계에 어려움을 겪게 되는 원인이 무엇인지 살펴보고자 한다.

1. 정서와 인간관계

1) 인간관계에 미치는 정서의 영향

정서는 세 가지 측면에서 인간관계에 중요한 역할을 미친다. 첫째, 정서는 행동을 동기화하기 때문에 우리가 어떤 정서를 느끼는지 그리고 그 정서를 얼마나 강하게 느끼는지에 따라 인간관계에 긍정적 변화나 부정적 변화가 일어날 수 있다. 가령, 인간관계에서 분노는 피해야 하는 감정으로 알고 있지만 적당한 분노는 자기주장을 유도하여 자신의 욕구를 상대방에게 전달하도록 하기 때문에 결과적으로는 인간관계에 긍정적 영향을 미칠 수 있다. 만일 상대방에게 불만이 있지만 분노를 회피하여 자신의 욕구를 억제한다면 인간관계는 발전되기 어렵고 크고 작은 갈등이 유발될 수 있다. 둘째, 정서는 그것과 관련된 과거의 기억을 활성화함으로써 즐거움이나 불쾌감을 강화한다. 즉, 우리는 어떤 감정을 일으키는 사건에 직면했을 때 자동적으로 그 감정을 느꼈던 과거의 사건을 회상하게 되며 그로 인해 현재 느끼는 감정의 강도가 강화되는 경향을 보인다. 가령, 부부싸움을 하는 부부는 즐거웠던 기억보다 갈등을 겪었던 사건을 더 쉽게 떠올리며 그동안의 부부관계가 최악인 것처럼 느끼게 되고 더 심각한 상황으로 빠지기 쉽다. 반대로 부부끼리 여행을 가서 멋진 시간을 보내게 되면 갈등을 겪었던 기억은 사라지고 행복했던 기억이 떠올라 더 즐거운 감정을 느끼게 된다. 셋째, 정서는 세상을 바라보는 방식에 영향을 미친다. 또한 자신이 어떤 정서상태에 있는지에 따라 그 정서와 일치하는 정보에 선택적으로 주의를 기울이고 받아들이는 경향을 보인다. 즉, 지금 즐겁다면 상대방의 좋은 측면이 더 눈에 띄게 마련이고 지금 화가 나 있다면 상대방의 나쁜 측면이 더 눈에 띄게 마련이다. 가령, 우리는 밥을 먹기 전보다 먹은 후에 상대방을 더 좋게 평가하는데 그것은 밥을 먹어 기분이 좋아지기 때문이다.

2) 정서에 영향을 미치는 요인

(1) 성격

성격은 자아의 안정된 구성 요소로 환경과의 상호작용에서 중요한 역할을 하며 특히 정서를 경험하는데 큰 영향을 미친다. 가령, 긍정적이고 낙천적이며 사회적 관계를 즐기는 외향적인 사람은 평소에 긍정적 정서를 더 많이 느끼고 표현한다. 그에 비해 걱정을 많이 하고 불안해하는 신경증적 성격을 가진 사람은 부정적 정서를 더 많이 느끼고 표현한다. 또한 성격에 따라 정서를 표현하는 방식도 다를 수 있다. 가령, 적극적인 성격을 가진 사람은 정서를 직접적으로 표현하는데 비해 소극적인 성격을 가진 사람은 간접적으로 정서를 표현하는 경향을 보인다. 이렇게 성격이 정서를 표현하는 방식에 영향을 미칠 수 있지만 의사소통 경로가 다양해지면서 성격의 영향을 극복할 수 있는 방법을 찾을 수 있다. 가령, 소극적인 성격을 가진 사람은 상대방에게 직접 말을 건네는데 어려움을 보일 수 있지만 카카오톡이나 문자로 자신의 생각을 전달할 수 있다.

(2) 문화의 차이

슬픔, 기쁨, 분노 같이 사람들이 느끼는 중요한 정서는 문화에 무관하게 경험된다. 그러나 같은 사건이라도 문화에 따라 중요하게 생각하는 정서가 다를 수 있다. 가령, 유럽계 미국인은 흥분 같은 고각성 감정을 긍정적으로 생각하는데 비해 아시아계 미국인은 평온 같은 저각성 감정을 더 긍정적으로 생각한다. 실제로도 미국인은 다른 나라 사람들에 비해 더 긍정적이고 외향적인 경향을 더 바람직한 것으로 인식한다. 또한 개인주의 문화와 집단주의 문화의 차이는 정서표현에도 영향을 미친다. 즉, 아시아 같은 집단주의 문화에서는 내집단 구성원들 간의 조화를 중시하므로 사람들 간의 관계를 해칠 수 있는 부정적 정서표현을 외부집단보다 내부집단에서 금기시하는 데 비해 미국 같은 개인주의문화에서는 오히려 친하게 생각하는 내부집단 사람들에게 더 쉽게 부정적 정서를 표현한다. 그래서 미국인은 아시아인들이 솔직하지 않다고 생각하고 아시아인은 미국인이 감정을 너무 직접적으로 표현한다고 생각하는 경향을 보인다. 또한, 정서를 표현하는 단어도 문화마다 다른 의미로 받아들여질 수 있다. 가령, 미국인들은 다양한 상황에서 "사랑해."라는 말을 사용하는 데 비해 중동사람들은 부부 사이에서만 사용하고 다른 여자에게 사용하는 것은 청혼하는 것으로 오해를 살 수 있다고 한다.

(3) 성차이

같은 문화에서도 성에 따라 정서를 경험하고 표현하는 방식이 다르다. 일반적으로 여자는 남자보다 정서에 더 민감한데 그것은 정서적 이미지에 대한 회상검사를 했을 때 여자가 남자보다 10~15% 더 정확하게 기억한다는 것에서도 발견된다. 또한 우리 문화에서 여자는 정서를 남자보다 더 잘 표현한다는 고정관념이 있으며, 여자와 남자는 같은 정서를 경험하더라도 정서를 표현하는 방식에서 차이를 보인다. 가령, 의사소통방식에 대한 연구에서 아버지는 어머니에 비해 자신의 정서를 잘 숨기며 그래서 자녀들은 아버지의 정서를 이해하는 데 더 어려움을 보인다. 이러한 차이는 온라인 의사소통에서도 발견되는데 여자는 남자보다 페이스북에서 정서적 표현을 더 많이 하고 정서를 표현하기 위한 이모티콘을 더 많이 사용한다고 한다.

(4) 사회적 관습

우리 사회에는 긍정적 정서의 표현은 허용하지만 부정적 정서표현은 금기시하는 관습이 존재한다. 집단에서 사람들이 공유하는 정서는 보통 긍정적인 것인데 비해 다른 사람을 당황하게 하거나 체면을 위협하는 말을 하는 것을 주저하는 경향을 보인다. 특히 새로 누군가를 만나게 되었을 때는 부정적 정서표현보다 긍정적 정서표현의 비율이 높아야 관계가 발전하기 때문에 기분이 나쁜 일이 있어도 쉽게 부정적으로 말하지 못한다. 그뿐 아니라 오랫동안 알고 지낸 사람들 사이에서도 부정적 정서를 직접 표현하는 것은 금기시된다. 가령, 부부관계에서 "사랑해." 같은 긍정적 정서표현이나 "소리를 질러 미안해." 같은 체면을 살려주는 정서표현은 자주하지만 "지금은 혼자 있고 싶어." 같은 부정적 정서표현은 쉽게 하지 못한다. 또한 우리가 사회에서 하는 역할도 정서표현의 방식을 결정한다. 우리는 사회생활에서 직장상사나 동료에게 좋은 평가를 받거나 고객에게 좋은 평가를 받기 위해 정서를 관리하거나 억누르는 정서노동(emotion labor)을 하는 경우가 많이 있다. 가령, 많은 회사의 콜센터에 근무하는 상담원들은 상품에 대한 클레임만이 아니라 고객의 불평불만에 대응하기 위해 정서노동을 하고 있다.

(5) 부모의 대화방식

우리가 느끼는 정서나 자신의 정서를 표현하는 방식에 부모의 대화방식은 큰 영향을 미친다. 우리 사회에는 자녀의 감정을 인식하고 솔직하게 표현하도록 돕는 정서 코칭 스타일 부모와 자녀의 감정에 무관심하고 감정을 무시하도록 요구하는 정서 무시 스타일 부모가 있다. 정서 코칭 스타일 부모의 자녀는 자신의 감정을 분명하게 인식하고 효과적으로 표현함으로써 자신의 요구를 충족시킬 수 있는 데 비해 정서 무시 스타일 부모의 자녀는 자신의 감정을 통제하거나 억압함으로써 자신이 어떤 감정을 느끼고 있는지 인식하지 못하여 자신의 요구를 충족시키지 못하는 경향을 보인다.

3) 수줍음과 의사소통

우리는 인간관계에서 다양한 감정을 느끼게 되는데 이러한 감정을 솔직하게 표현하지 못하면 인간관계에 어려움을 일으킬 수 있다. 자연스러운 감정표현을 방해하는 수줍음은 인간관계를 어렵게 하는 전형적인 문제로 수줍은 사람은 필요할 때 자기주장을 하지 못하기 때문에 자기가 원하는 방식으로 대인관계를 이루어 나가지 못한다. 일반적으로 수줍음은 평소에는 그렇지 않다가 특정한 상황에서만 수줍음을 보이는 '상황적 수줍음'(situational shyness)과 상황과 무관하게 수줍음을 보이는 '기질적 수줍음'(dispositional shyness) 또는 '만성적 수줍음'(chronic shyness)으로 구분된다. 상황적 수줍음은 보통 사람들도 자주 보이기 때문에 문제로 간주되지 않지만 기질적 수줍음은 타인과의 접촉에서 불안을 유발하여 회피를 가져올 수 있기 때문에 문제가 된다. 이렇게 사회적 상황에서 불안을 느껴 상호작용을 회피하는 경우를 MMPI-5 같은 심리진단 검사에서는 사회공포증으로 진단하기도 한다.

● 사회공포증 척도(Watson & Friend, 1969)

사회공포증은 넓게 볼 때 수줍음의 범위에 들어가지만 수줍음을 가진 사람에 비해 사회공포증을 가진 사람은 생활에 훨씬 지장을 많이 받고 회피행동을 많이 보인다. 아래의 설문지를 통해 자신이 사회공포증을 어느 정도 가지고 있는지 살펴보자.

---

1. 익숙하지 않은 사회적 상황에서도 편안함을 느낀다.	1-2-3-4-5*
2. 사람들과 적극적으로 어울려야 하는 자리는 피하려고 한다.	1-2-3-4-5
3. 낯선 사람들과 함께 있을 때 쉽게 마음이 편안해진다.	1-2-3-4-5*
4. 특별히 사람들을 피하고 싶은 생각이 없다.	1-2-3-4-5*

5. 사람들과 어울리는 모임에서 종종 당황함을 느낀다. 1-2-3-4-5
6. 사람들과 어울리는 모임에서 대개 차분하고 편안하다. 1-2-3-4-5*
7. 이성에게 말을 걸 때 대체로 마음이 편하다. 1-2-3-4-5*
8. 잘 알지 못하는 사람에게 말 거는 것을 피하려 한다. 1-2-3-4-5
9. 새로운 사람과 만날 기회가 생기면 자주 응한다. 1-2-3-4-5*
10. 우연하게 남녀가 같이 모이는 자리에서 자주 긴장된다. 1-2-3-4-5
11. 사람을 잘 알게 되기 전까지는 같이 있는 것이 긴장된다. 1-2-3-4-5
12. 많은 사람들과 어울릴 때 보통 편안함을 느낀다. 1-2-3-4-5*
13. 사람들로부터 떨어져 있고 싶을 때가 자주 있다. 1-2-3-4-5
14. 모르는 사람들 속에 있으면 보통 마음이 편치 않다. 1-2-3-4-5
15. 사람을 처음 만날 때 대체로 편안함을 느낀다. 1-2-3-4-5*
16. 사람들에게 소개될 때 긴장되고 마음을 졸인다. 1-2-3-4-5
17. 방에 낯선 사람이 차 있어도 거리낌 없이 들어갈 수 있다. 1-2-3-4-5*
18. 사람들이 모여 있는 데 다가가서 어울리는 것을 피하고 싶다. 1-2-3-4-5
19. 윗사람이 나와 이야기하기를 원하면 거리낌 없이 응한다. 1-2-3-4-5*
20. 많은 사람들과 어울릴 때 신경이 예민해진다. 1-2-3-4-5
21. 사람을 피하려는 경향이 있다. 1-2-3-4-5
22. 파티나 친목회에서 기꺼이 사람들에게 말을 건넨다. 1-2-3-4-5*
23. 사람들이 많이 모인 집단에서는 마음이 편치 않다. 1-2-3-4-5
24. 사람들과 어울려야 하는 약속을 피하려고 자주 핑계를 생각한다. 1-2-3-4-5
25. 때때로 사람들을 소개시켜 주는 책임을 맡는다. 1-2-3-4-5*
26. 공식적으로 사람들과 어울려야 하는 모임은 피하려고 한다. 1-2-3-4-5
27. 사람들과 어울려야 하는 약속이면 대체로 다 지킨다. 1-2-3-4-5*
28. 다른 사람들과 쉽게 편해질 수 있다. 1-2-3-4-5*

---

* 표시가 있는 문항에서는 6에서 자기가 체크한 숫자를 뺀다.

〈사회공포증 진단〉

- 28-60 : 사회공포증이 없음
- 61-76 : 약한 사회공포증
- 77-92 : 중간 사회공포증
- 93-140 : 심한 사회공포증

(1) 수줍은 사람이 보이는 특징

만성적 수줍음을 보이는 사람은 다음에 제시된 증상들을 보이는 경향이 있다.

더듬거리거나 어색한 말투 수줍어하는 사람들이 보이는 가장 대표적인 특성은 말을 더듬거나 어색하게 말하는 것으로, 그러한 행동은 사회적 상황에 대한 대처능력을 더 부정적으로 평가받게 한다. 이렇게 타인과의 상호작용에서 더듬거리거나 어색한 말투를 보이는 것은 상대방이 자신을 부정적으로 평가할지 모른다는 생각으로 인한 불안 때문이다.

타인에 대한 무관심 수줍음이 심한 사람은 상대방에게 무관심하거나 차갑게 보이려는 경향이 있다. 이것은 방어적 행동으로 볼 수 있으며, 스스로를 상처받기 쉬운 존재라고 느끼기 때문에 자신을 지키기 위해서 타인과 감정적으로 일정한 거리를 유지하려고 하기 때문에 나타난다. 즉, 타인의 반대나 거부에 의해 자신이 상처를 받을지 모른다는 두려움을 항상 가지고 있다.

성공에 대한 두려움 수줍은 사람은 성공할 수 있는 기회가 주어져도 그것을 부담스럽게 여기기 때문에 실패할 가능성이 높다. 예를 들어, 열심히 일을 해도 자신을 드러내는 것을 싫어하기 때문에 윗사람으로부터 좋은 평가를 받지 못하고, 좋은 평가를 받더라도 다른 사람에게 그 공을 돌리는 경향이 있기 때문에 성공의 대가를 받기 어렵다. 게다가 인생에서는 누구에게나 기회가 주어지게 되지만 중요한 사람에게 접근하여 기회를 성공으로 바꾸는 자기 주장적인 사람들과 달리 수줍은 사람들은 이런 기회를 잘 살리지 못한다.

사회적 관계에서 보이는 열등감 수줍음은 열등감과 함께 나타나는 경우가 많다. 수줍음을 느끼는 사람은 키나 외모, 언어 구사능력, 지능이나 창의성

등에서 자신이 타인보다 열등하다고 느낀다. 이러한 삶의 태도를 교류분석에서는 '나는 문제가 있지만 너는 괜찮아(I'm not OK, you're OK)' 유형으로 구분한다. 타인이 자신보다 더 매력적이고 능력이 있다고 보기 때문에 자신감이 낮고 의존적으로 행동하게 된다.

내향적인 성향 수줍은 사람은 내향적인 경우가 많기 때문에 타인과 접촉할 기회가 그만큼 더 적다. 즉, 운동을 하거나 여행을 가기보다 책을 읽거나, 그림을 그리거나, 음악을 혼자 듣는 것을 취미로 갖고 있는 경우가 많다. 이러한 취미 자체는 문제가 없지만 그것이 타인과의 상호작용을 피하기 위한 수단으로 사용된다면 바람직하지 않다.

좁은 범위의 인간관계 수줍은 사람은 서로를 잘 알고 생각이나 감정을 예측할 수 있는 사람들로 이루어진 매우 좁은 범위의 인간관계를 형성하는 특징이 있다. 그러나 수줍음과 내향적 성향으로 인해 아는 친구들과의 관계도 점차 줄어들게 되고 외롭고 격리되어 있다는 느낌을 자주 갖게 된다.

(2) 수줍음의 원인

대인관계에서 수줍음을 지나치게 보이는 사람은 선천적으로 내향적이거나 소심한 기질을 가졌을 가능성도 있지만 사람들 앞에서 어떤 일을 제대로 해내지 못했거나 주변 사람들의 오해로 마음의 상처를 받아 수줍음을 갖게 된 경우도 있다. 이렇게 수줍음에는 선천적 요인과 후천적 경험이 모두 영향을 미치며 부적응적 신념에 의해 수줍음이 형성되고 유지되는 경향이 있다.

유전적 원인 외모와 마찬가지로 내향적이거나 수줍어하는 성격 또는 타인의 평가나 비판에 민감한 성격 역시 유전될 수 있다. 가령, 일란성 쌍둥이가 동시에 사회공포증을 가질 확률은 이란성 쌍둥이보다 더 높으며, 가족 중에 사회공포증이 있었을 때 사회공포증이 발생할 확률은 6.6%로 사회공포증이 없었을 때의 2.2%의 확률보다 더 높다. 이러한 결과를 보면 수줍음은 어느 정도 유전적 영향을 받을 가능성이 있음을 알 수 있다. 그렇다면 유전을 통해 어떤 성향을 물려받을까? 사회공포증에 대한 연구에 따르면 새로운 대상이나 상황에 처했을 때 반응이 위축되거나 불안이나 두려움과 같은 부정적인 정서를 경험하는 '행동억제' 성향이 유전될 수 있다.

발달적 원인 수줍음을 일으키는 발달적 원인으로 가정환경과 또래관계를 고려해볼 수 있다. 아들러(Adler)는 부모의 권위주의와 조건적 사랑 같은 부모의 양육방식이나 가족 내의 경쟁관계가 열등감을 갖게 하고 이렇게 어린 시절에 형성된 열등감이 청소년기나 성인기에 수줍음으로 나타날 수 있다고 보았다. 즉, 부모가 지나치게 자녀를 통제를 하고 정당한 이유 없이 나무라는 양육태도를 보이거나 자녀가 부모가 원하는 것을 했을 경우에만 자녀에게 관심이나 사랑을 표현하는 조건적 사랑을 하면 자녀는 자신의 가치를 인식하지 못하게 된다. 이러한 환경에서 자라면 아이는 낮은 자존감을 갖게 되고 성장한 후에도 타인의 평가에 민감하여 만성적 수줍음을 보일 수 있다. 한편, 에릭슨(Erikson)은 아이들이 대략 6세에서 11세 사이에 근면성과 열등감의 위기를 경험하는데 이 위기를 극복하는 가장 중요한 요인은 또래와의 관계라고 보았다. 이 시기는 아이가 부모의 품에서 벗어나 초등학교에서 또래들과 어울리는 시기인데 또래로부터 인정을 받지 못하고 따돌림을 당하게 되면 열등감을 가질 수 있고 이런 열등감이 수줍음의 원인이 될 수 있다.

외상경험 심각한 수줍음을 보이는 사람들 중에는 많은 사람들 앞에서 망신을 당하여 자존심에 상처를 입은 기억을 가지고 있는 경우가 많다. 가령, 많은 학생들 앞에서 발표를 하다가 실수를 해서 놀림을 받았거나 부모에게 자신의 잘못이 아니라고 이야기했지만 심하게 혼나서 억울함을 느꼈던 기억이 있을 수 있다. 이런 기억은 아이들에게 외상(trauma) 경험으로 남아 있으며 대인상황에서 두려움이나 수줍음을 갖게 할 수 있다.

비합리적 신념 원인이 무엇이든 수줍음은 현재 자신이 가진 잘못된 사고방식에 의해 유지되는 경향이 있다. 즉, 사람들은 자기 행동의 가치가 타인이 인정해 주는지의 여부에 의해 결정된다는 비합리적 신념을 가지고 있으며, 그러한 비합리적 신념 때문에 타인에게 완벽한 모습을 보이려고 한다. 그러나 이러한 욕구는 쉽게 좌절되기 때문에 자신의 열등감을 회상시킬 수 있는 인간관계를 자꾸 피하려고 한다.

(3) 수줍음으로 인한 부정적 결과

만성적 수줍음은 인간관계뿐 아니라 적응이나 우리 몸에 문제를 일으키기도 한다. 여기에서는 만성적 수줍음이 우리에게 어떤 문제를 일으키는지를 살펴보자.

사회적 문제 적당한 수줍음은 상대방을 더 정확하게 파악할 수 있고 자신을 겸손한 사람으로 인식시키는 데 도움을 주지만 대인관계에 여러 가지 문제를 일으킬 수 있다. 무엇보다 수줍어하면 타인과 쉽게 친해지기 어렵고 알고 지내는 사이일지라도 친밀한 관계를 형성하기 어렵다. 또한 수줍어해서 주변 사람과 대화를 피하게 되면 사람들로부터 오만하다는 오해를 받을 수 있다.

심리적 문제 수줍어하는 사람은 대인상황에서 느끼는 불안이나 스트레스를 줄이기 위해 사람이 개입되지 않는 게임이나 TV에 몰입하는 경향을 보인다. 또한 수줍은 사람은 주변 사람을 마음의 공유대상으로 여기기보다 자신의 행동을 평가하는 존재로 받아들이기 때문에 냉소적으로 대하며, 사회적 고립으로 인해 자신의 인생을 비관적으로 보려는 경향을 보인다.

신체적 문제 수줍은 사람도 대인관계에서 분노나 슬픔 또는 외로움 같은 것을 느끼지만 상대방의 반응에 대한 불안감 때문에 자신의 감정이나 생각을 솔직하게 표현하지 못한다. 이렇게 감정을 계속해서 억압하게 되면 좌절감과 분노가 쌓이게 되고 그것으로 인해 정신신체질환이 발생할 수 있다. 가령, 심장병 환자에 대한 연구에서 많은 환자들이 자신의 감정을 적절하게 표현하지 못하고 대인관계에 문제를 보이는 경우가 많았다.

(4) 수줍음이 문제를 일으키는 과정

만성적 수줍음은 대인관계를 위축시켜 결과적으로 사회적 고립을 심화시키는 문제를 일으킨다. 만성적 수줍음이 사회적 고립을 유발하는 과정을 살펴봄으로써 만성적 수줍음에 어떻게 대처할 것인지를 생각해 보자.

첫째 단계에서는 타인에게 좋은 평가를 받으려는 강박적 부담과 자신에 대한 과소평가로 인해 자신감이 저하된다. 즉, 수줍은 사람은 일반적으로 자존감이 낮은 경향이 있으며 자신의 가치를 타인의 인정에서 찾으려고 하기 때문에 평가에 민감하다. 그렇기 때문에 대인상황에서 완벽하게 행동하여 상대방의 좋은 평가를 받으려고 애를 쓰지만 이러한 시도는 대부분 실패하기 쉽고, 그로 인한 좌절감은 다시 사회적 위축을 가져오게 된다. 둘째 단계에서 수줍은 사람은 다가올 사회적 상황을 부정적으로 상상하여 불안을 느끼게 되고 자신의 행동에 과도하게 집중하게 된다. 이렇게 자신의 행동에 과도하게 집중하게 되면 자신에 대한 상대방의 반응에 주의를 기울이지 못하여 자신을 어떻게 평가하는지 확인하지 못한다. 그렇게 되면 자기가 부정적으로 상상한 바대로 상대방의 반응을 왜곡하여 받아들이고 그것을 현실로 느끼게 된다. 셋째 단계에서는 결과를 실제보다 부정적으로 예상한다. 즉, 대인 상황에서 마음이 불안하여 자신에게 과도하게 집중하게 되면 긴장하기 쉽고 그로 인해 실수를 할 가능성이 높아진다. 인간관계에서 흔히 일어날 수 있는 실수인데도 불구하고 수줍은 사람은 그러한 실수가 상대방에게 되돌리기 어려운 부정적 인상을 준 것으로 받아들인다. 넷째 단계에서는 자존감을 떨어뜨리는 사회적 상황을 회피하려고 한다. 수줍은 사람에게 사회적 상황은 남들에게 망신을 당하고 자신의 이미지가 나빠지는 괴롭고 두려운 상황이기 때문에 가능한 한 그러한 상황을 피하려고 한다.

● 감정이입 능력과 정서

감정이입 능력은 정서의 인식뿐 아니라 표현에서 가장 중요한 요소이다. 상대방의 감정에 이입할 수 있는 능력은 우리 뇌의 거울신경에 내장되어 있는 유전적 특성이며 아주 어린 아이에게서도 나타난다. 가령, 영아들도 다른 영아들이 울면 따라 우는 경향을 보인다. 감정이입 능력은 선천적으로 주어지기는 하지만 감정이입 능력의 발달에는 부모와의 의사소통방식이 영향을 미칠 수 있다. 가령, 자녀가 친구를 때렸거나 친구의 물건을 빼앗았을 때 부모가 자녀의 행동으로 인해 타인이 받게 될 고통을 설명해 주고 이해시키면 단순히 잘못된 행동을 지적했을 때보다 감정이입 능력이 발달하게 된다.

감정이입 능력에는 문화적 차이가 영향을 미치는데 가족의 화목을 중시하는 집단주의 문화권 사람들은 개인의 성취를 강조하는 개인주의 문화권 사람들에 비해 감정이입 능력이 더 우수하다고 한다. 가령, 상대방의 관점을 취해야 문제를 해결하는 게임을 하도록 하면 미국인들보다 중국인들이 더 우수한 결과를 보인다고 한다.

2. 의사소통과 자기개념

인간은 가족이나 친구 등 주변 사람들과의 상호작용을 통해 자신이나 타인에 대한 믿음을 형성하게 되며 이것을 대인신념이라 한다. 사람은 어떤 대인신념을 갖느냐에 따라 인간관계 방식이 달라질 수 있다. 가령, 자신을 강하고 자신감 있는 사람이라고 생각하면 타인과의 관계에서 당당하고 적극적으로 행동한다. 반면 자신을 소심하고 부족한 사람이라고 생각하면 자신감 없고 소극적으로 행동하게 된다. 이 절에서는 자신에 대해 갖게 되는 자기개념(self concept)이 인간관계에 미치는 영향을 알아보도록 한다.

1) 자기개념의 중요성

인간관계에서 상대방을 선입견 없이 바라보기 위해서는 자기에 대한 이해가 선행되어야 하고 자신의 틀에 맞추어 상대방을 왜곡하여 바라볼 수 있다는 생각을 해야 한다. 가령, 성실함을 중요하게 여기는 사람은 성실함의 정도로 상대방을 평가하게 되므로 자유로운 성격을 가진 사람을 부정적으로 평가할 가능성이 높다. 특히, 친밀한 인간관계를 형성하는 데 중요한 자기개방도 자신이 누구인지 알고 있어야 가능하며, 잘못하면 자신이 보여주고 싶은 모습만 내보여 상대방과 진정한 친밀관계를 유지하지 못할 수도 있다.

2) 자기개념을 알기 어려운 이유

우리는 자신에 대해 잘 알고 있다고 생각하지만 자신이 알고 있는 자신이 실제 자신의 모습이라고 분명하게 말하기 어려운 경우가 있다. 왜냐하면 사람들은 자신만 알고 있는 '있는 그대로의 나'와 남들에게 보이기 위해 꾸며진 '가식적인 나'를 동시에 가지고 있으며, 사람들 앞에서는 '가식적인 나'를 내보이는 경향이 있기 때문이다(Jourard, 1964). 가령, 발표하기 전에는 사람들에게 인정을 받는 완벽한 자기가 되고 싶다는 욕구 때문에 불안을 느껴 다른 사람의 발표에 집중하기 어렵지만 발표한 후에는 이러한 '가식적인 나'로 꾸밀 필요가 없기 때문에 편안한 마음으로 다른 사람의 발표에 집중할 수 있다. 만일 타인의 인정을 받기 위해 자신의 진정한 감정이나 욕구를 억압하고 '가식적인 나'를 유지하고 살게 되면 자신을 방어하고 은폐하기에 급급하여 인간관계에서 친밀감을 느끼기보다 거리감을 느끼게 되고 진정한 인간관계를 유지하기 어렵다. 가령, 경제적으로 어려우면서도 친구들에게 통이 큰 친구라는 평가를 받으려고 애쓰는 사람은 비싼 밥값을 내고 칭찬을 받을 수는 있지만 진정한 친구가 되기는 어렵다.

● 자기개념은 어떻게 형성될까?

세상을 보는 틀인 자기개념은 타인과의 비교, 타인의 평가 그리고 스스로 보는 나의 모습을 통해 형성된다. 그렇다면 자기개념이 어떻게 형성되는지 더 자세하게 알아보자. 첫째, 우리는 자신을 타인과 비교하여 자기를 형성한다. 가령, 취업면접에서 자기보다 뛰어난 경쟁자를 만나면 자기의 중요한 특성인 자기존중감이 떨어지지만 자기보다 부족한 경쟁자를 만나면 자기존중감이 높아진다(Morse & Gergen, 1970).

사람들은 자기보다 나은 사람과 비교하는 상향비교와 자기보다 못한 사람과 비교하는 하향비교를 하는데, 상향비교는 지금보다 나아지려는 욕구 때문에 일어나지만 하향비교는 자기개념이 위협을 받는 상황에서 그것을 보호하기 위해 이루어진다. 둘째, 우리는 타인이 자신을 어떻게 평가하는지를 보고 자기를 형성한다. 자기정체감을 형성하는 청소년시기에는 다른 사람들이 자기에게 관심을 가지고 있고 자신을 평가한다고 생각하는 '상상의 관중'현상이 나타나는데 이러한 현상은 자기정체감을 형성하는 데 타인의 평가가 중요하기 때문에 나타난다.

타인의 평가는 자기를 정의하고 그것대로 행동하도록 유도하기도 한다. 가령, 주위를 어지럽히는 아이에게 "주위를 어지럽히지 마라."고 주의를 준 조건과 "너는 착한 아이야."라고 평가를 해준 조건을 비교했을 때 후자의 조건에서 방을 어지럽히는 행동이 더 적게 나타나며 이러한 차이가 오래 지속된다고 한다. 셋째, 우리는 특정한 상황에서 자기가 하는 행동을 관찰하고 그 원인을 추론하는 과정에서 자기를 형성한다. 즉, 어떤 상황에서 특별한 의도나 외적 압력 없이 어떤 행동을 했다면 그것이 자신의 내적 성향 때문이라고 받아들인다는 것이다. 가령, 자발적으로 그림을 그리면서 노는 아이들에게 그림을 그리면 상을 주겠다고 약속하면 재미있어서 그림을 그리려는 내적 동기가 떨어지게 되는데, 그것은 그림을 그리는 행동의 원인을 그림을 그리는 것을 좋아하는 자기에게서 찾기보다 그림을 그렸을 때 얻게 되는 보상에서 찾기 때문이다(Lepper et al., 1973).

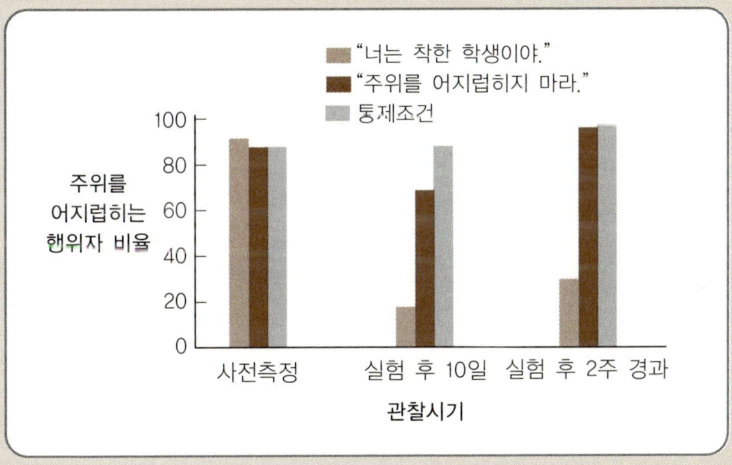

3) 자기개념('나')의 정의

'자기(self)'는 성격과 같이 안정적인 면과 기분과 같이 역동적인 면을 동시에 가지고 있다. 제임스(James, 1890)는 자기가 물질적인 요소, 심리적인 요소, 사회적인 요소로 이루어져 있다고 제안하였다. 물질적 자기(material self)는 자신의 신체적 특성이나 소유물에 근거한 자기인식이며 외모나 체형 또는 재산 등이 이것에 영향을 미친다. 사회적 자기(social self)는 자기에 대한 가족이나 친구의 평가에 근거한 자기인식을 말한다. 가령, 가족이나 친구들이 "소심하고 붙임성이 없다."고 자주 말해주면 자기도 자기가 그런 사람인줄 알고 지낸다. 끝으로 심리적 자기(spiritual self)는 자신의 성격이나 능력 또는 인생관과 같은 심리적 특성에 대한 자기인식을 말한다. 이렇게 자기는 세 요소로 이루어져 있지만 사람마다 중요하게 여기는 자아요소가 다를 수 있다. 만일 물질적 자기를 중요하게 생각한다면 자신의 생긴 모습이나 경제적인 능력에 대해 관심을 더 가질 것이고 그것이 만족스럽지 못하다면 부정적인 자기개념을 갖게 될 수 있다.

● 자기개념: 나는 어떤 사람인가?

다음 문항을 읽고 문항에 대해 매우 동의하면 3, 약간 동의하면 2, 그다지 동의하지 않는다면 1, 전혀 동의하지 않으면 0을 표시한다.

〈가〉	
1. 나는 돈은 내가 필요한 만큼만 있으면 된다고 생각한다.	
2. 나는 나의 외모가 남들에게 뒤진다고 생각하지 않는다.	
3. 나는 다른 친구들이 입은 옷을 부러워한 적이 없다.	
4. 나는 나의 가정형편에 만족하는 편이다.	
5. 나는 예쁘게 보이려고 성형수술을 하는 사람들을 이해하기 어렵다.	
6. 나는 나의 부모님을 진정으로 존경한다.	
7. 나는 내가 다니고 있는 학교에 만족하는 편이다.	
8. 나는 내가 원하기만 한다면 뭐든지 가질 수 있다고 생각한다.	
9. 나는 돈을 벌기 위해 무리하게 투자하는 사람들을 이해할 수 없다.	
10. 나는 유행을 잘 따르지 않는 편이다.	
〈가〉 점수 합계	

〈나〉	
1. 나는 나를 좋아하는 사람들이 많다고 생각한다.	
2. 나는 낯선 이성과 함께 있어도 불안하지 않다.	

3. 나는 나의 역할을 잘 하고 있다고 생각한다.	
4. 나는 많은 사람 앞에서 말하는 게 어렵지 않다.	
5. 나는 교수님으로부터 좋은 평가를 받고 있다.	
6. 나는 나와 마음이 맞는 친구들이 많다고 느낀다.	
7. 나는 하고 싶은 말이 있으면 주저 없이 하는 편이다.	
8. 나는 인간관계란 준만큼 얻을 수 있는 것으로 느낀다.	
9. 나는 다른 사람이 나를 어떻게 평가하는지 별로 개의치 않는다.	
10. 나는 만족스런 이성교제를 하고 있다고 느낀다.	
〈나〉 점수 합계	

〈다〉	
1. 나는 내 성격이 좋다고 생각한다.	
2. 나는 내 능력에 자부심을 가지고 있는 편이다.	
3. 나는 어려운 일이 생겨도 그렇게 불안해하지 않는다.	
4. 나는 어떤 일이 잘못되더라도 자신을 그렇게 책망하지 않는 편이다.	
5. 나는 새로운 일에 쉽게 적응하는 편이다.	
6. 나는 행복한 삶을 살고 있다고 느낀다.	
7. 나는 어떤 일을 결심하면 그것을 끝까지 밀어붙인다.	
8. 나는 나 자신이 가치 있는 사람이고 느끼는 편이다.	
9. 나는 거짓말을 거의 하지 않는 편이다.	
10. 나는 나 자신을 잘 알고 있다.	
〈다〉 점수 합계	

• 설문지에서 〈가〉는 물질적 자기, 〈나〉는 사회적 자기, 〈다〉는 심리적 자기를 반영하며, 각 하위척도의 점수와 총점을 바탕으로 자기개념을 평가해 보자.

4) 인간관계에서 자기개념의 중요성

자기개념은 우리가 세상을 이해하는 도식(schame)으로 작용하기 때문에 인간관계에 다양한 영향을 미친다. 첫째, 사람은 자기개념을 통해 자신과 타인 그리고 세상을 바라보기 때문에 자기개념에 맞는 정보는 쉽게 수용하지만 모순되는 정보는 부정하거나 거부한다. 가령, 부정적인 자기개념을 가지고 있으면 직장 상사의 칭찬을 있는 그대로 받아들이기보다 저의가 있는 것으로 받아들인다. 또한 남들에게 좋은 평가를 받았던 일은 예외적인 것으로 생각하지만 잘못해서 비난을 들었던 일은 당연한 결과로 받아들이는 경향을 보인다. 둘째, 누구나 타인에게 좋은 평가를 받아 자기개념을 긍정적으로 유지하고자 한다. 속으로는 싫은데도 타인의 요구를 거절하지 못하는 이유도 '좋은 사람'으로 인정을 받고자 하는 욕구 때문이다.

사회생활을 하다 보면 타인으로부터 언제나 좋은 평가를 받는 것은 불가능한데도 불구하고 긍정적 자기개념을 유지할 수 있는 이유는 무엇 때문일까? 우선, 사람들은 자기가 중요하다고 여기는 문제가 아니면 타인의 평가에 그렇게 신경을 쓰지 않기 때문에 긍정적 자기개념을 유지할 수 있다. 가령, 호감이 가는 인상을 갖지 못한 청소년들은 호감이 가는 인상이 삶에서 별로 중요하지 않다고 생각하는 경향이 있다(Rosenberg, 1979). 또한 사람들은 실패했을 때는 상황이나 타인 탓을 하는 데 비해 성공했을 때는 자기 탓을 하여 긍정적 자기개념을 유지하려고 한다. 그러나 우리나라 같이 겸손을 중요시하는 사회에서는 성공을 하더라도 운이 좋았다고 말하거나 주변 사람의 덕으로 돌리려는 경향을 보이는데 이것은 겸손할수록 좋은 평가를 받을 수 있기 때문이다. 셋째, 자기개념은 한 번 형성되고 나면 쉽게 바뀌지 않는데 그것은 자기개념이 자기충족적 예언(self-fulfilling prophecy)을 통해 유지되기 때문이다. 즉, 부정적 자기개념을 가지고 있으면 자기가 하고자 하는 일이 잘 풀리지 않을 것이라고 기대하게 되고 그러한 부정적 기대에 따라 행동하게 되면 기대가 현실이 되어 실패하기 쉬우며 결국 "역시 나는 안 돼!"라고 기대가 강화된다. 가령, 발표상황에서 부정적 자기개념을 가진 학생은 "나는 발표를 잘하지 못해."나 "사람들은 내가 발표하는 것을 나쁘게 평가할 거야." 같은 기대를 하게 된다. 이러한 기대는 불안과 긴장을 증가시켜 실수를 하게 만들고 결국 발표를 망치는 결과를 가져와 자기충족적 예언이 현실화된다.

일반적으로 자기충족적 예언을 두 가지 방향으로 나타날 수 있는데 하나는 자신의 기대가 자기 행동에 영향을 미치는 경우이다. 가령, 운동선수가 "나는 결코 이 시합에서 이길 수 없을 거야."라는 기대를 가지고 있는 경우에는 이러한 기대가 선수의 수행에 영향을 미쳐 나쁜 결과를 가져오게 될 수 있다. 또한 타인에게 가진 기대는 자기충족적 예언을 통해 그 사람의 행동에 영향을 미칠 수도 있다. 가령, 교사에게 어떤 아동이 높은 지능을 가지고 있다는 정보를 제공하면 기대를 갖게 된 교사는 그 아동에게 관심을 가지게 되며 관심을 받은 아동은 실제로 지능이 높아질 수 있다. 이렇게 자기개념은 인간관계에서 큰 영향을 미치며 〈표 4-1〉에서 보는 것처럼 긍정적 자기개념을 가지고 있느냐 아니면 부정적 자기개념을 가지고 있느냐에 따라 인간관계에서 서로 다른 특성을 보인다.

표 4-1. 자기개념에 따른 인간관계 특성

긍정적 자기개념을 가진 사람	부정적 자기개념을 가진 사람
자신의 의견을 일인칭으로 직접적으로 표현하는 경향을 보인다("나는 ~가 맞다고 생각해요").	일인칭을 잘 사용하지 않고, 자신의 생각을 질문의 형태로 표현하는 경향을 보인다("~ 아닌가요?").
타인의 인정에 추구하기보다는 자신의 생각을 분명하게 표현한다.	타인의 인정에 민감하고, 자신을 낮추는 표현을 자주 사용한다("저도 잘 모르지만 ~").
평소에 겸손하지만 타인의 칭찬을 적절하게 수용한다.	타인의 칭찬을 저의가 있는 것으로 받아들인다.
타인이 비난하면 어떤 점에서 문제가 있는지 확인하여 잘못한 것은 사과하고 오해한 것에 대해서는 자기주장을 한다.	타인이 비난하면 일단 방어하는 자세를 보이고 자신의 잘못을 인정하지 않으려고 한다.
갈등이 생기면 타인의 감정을 일단 수용하고 상대방의 입장에서 문제를 바라보고 해결책을 찾는다.	갈등이 생기면 수동공격적으로 행동하거나 지나치게 공격적으로 행동하여 문제해결을 어렵게 한다.

5) 부정적 자기개념과 자기존중감

자기개념은 미래에 자신의 삶이나 행동의 방향을 결정하는 기준(reference)이 될 수 있다. 즉, 사람들은 자기개념에 근거하여 '가능한 자기(possible self)'를 설정하고 미래의 자신을 기대하게 된다(Markus & Nurius, 1986). 그런데 부정적 자기개념을 가지고 있으면 실현되지 않은 미래에 대해 부정적인 예상을 하게 되어 자기존중감이 낮아질 수 있으며 이것은 다시 부정적인 자기개념을 강화한다.

(1) 자기존중감과 자기비난

인간관계로 고통받는 사람들이 가진 핵심적인 문제는 바로 낮은 자존감(자기존중감)이다. 자존감이 높은 사람은 자기의 가치를 긍정적으로 평가하고 외적 평가에 흔들리지 않아 긍정적 자기개념을 유지하지만, 자존감이 낮은 사람은 자신의 가치를 부정적으로 평가하고 타인의 평가에 민감하여 부정적인 자기개념을 갖는다. 특히, 자존감이 높은 사람은 자신을 자신 있게 드러내고 잘못을 잘 인정하며 타인에게 너그럽지만, 자존감이 낮은 사람은 자기를 솔직하게 내보이기 두려워하고 잘못을 인정하지 못하며 타인을 잘 용서하지 못하는 경향을 보인다. 낮은 자존감은 중요한 시험에 실패하는 것처럼 상황 때문에 일시적으로 나타나기도 하지만 보다 근본적인 원인은 부모의 처벌적 양육태도 같은 성장환경이나 친구들의 따돌림 같은 외상적 경험에 있다. 즉, 좋은 환경에서 자라더라도 타인에게 쉽게 상처받고 의존적인 사람이 있을 수 있는데, 부모로부터 정서적 지지를 받지 못하고 자주 비난이나 금지명령을 받게 되면 그것을 내부 비판자로 내면화하여 스스로 자기비난을 하기 때문이다. 또한 사람들이 자기비난으로부터 벗어나지 못하는 것은 자기비난은 장기적으로는 자존감을 낮추기는 하지만 일시적으로는 고통스런 감정을 줄여주기 때문이다. 가령, "나처럼 못생긴 사람은 누구도 좋아하지 않을 거야."라는 자기비난은 나중에 자존감을 낮추는 원인이 되지만 당장에는 타인이 자신을 거부할 것이라고 예상할 수 있게 하여 거부를 당하더라도 마음의 상처 없이 그것을 받아들이게 한다. 이렇게 내부의 비판자는 항상 자신의 잘못을 찾아내 비난하고 자신의 가치를 부정하여 대인관계에서 자신감을 잃게 한다. 내부의 비판자가 하는 자기비난에 익숙한 사람은 남들이 모르는 자신의 잘못을 찾아내서 스스로를 늘 비난하는 경향을 보인다. 즉, 자기비난의 소리에 주의를 기울여 두려워했던 상황으로 자신을 몰고 가기도 하고 과거에 실패했던 기억을 반복해서 머리에 떠올림으로써 스스로 자존감을 깎아 내리기도 한다.

(2) 자기비난을 가져오는 자기패배적 신념

좌절을 일으키는 상황에서는 누구든 자신을 부정적으로 생각할 수 있지만 그 상황이 지나가면 부정적인 생각은 사라진다. 그러나 어렸을 때 형성된 비합리적 신념인 자기패배적 신념(self-defeating belief)은 세상을 바라보는 틀로 작용하여 자신의 가치를 부정적으로 평가하고 자신을 비난하여 자존감을 떨어뜨린다. 자기패배적 신념은 가치관의 일부로 느껴지기 때문에 자기를 비난하는 것이 당연하게 여겨지며 그로 인해 자존감이 쉽게 떨어지게 된다. 가령, '가치 있는 사람이 되려면 남들과의 경쟁에서 반드시 이겨야 한다.'는 신념을 가지고 있다면 열심히 노력하고 최선을 다하도록 만드는 장점도 있지만 실패하였을 때 그동안의 노력을 인정하지 않고 자신을 가치 없게 생각하도록 만들 수 있다. 우리가 가진 대표적인 자기 패배적 신념들에는 다음과 같은 것들이 있다.

- 승인 추구 : 모든 사람에게 인정을 받을 때만 나의 가치를 인정받을 수 있다.
- 애정 추구 : 모든 사람에게 사랑을 받아야만 나의 가치를 인정받을 수 있다.
- 성취 추구 : 사회, 경제적으로 성공해야만 나의 가치를 인정받을 수 있다.
- 완벽 추구 : 나는 결코 실수나 실패를 하면 안 된다. 특히 남들 앞에서는 더 그렇다.

- 과잉 기대 추구: 사람들은 항상 내가 기대하는 대로 행동해야만 한다.
- 자기 책임 추구: 대인관계나 일에서 어떤 문제가 생긴다면 나의 책임이다.
- 운명론 추구: 나의 운명은 나 자신보다 상황이나 타인에 의해 결정된다.

● 비합리적 신념의 근원인 가족규칙

어린이는 성장하면서 부모의 의사소통방식뿐 아니라 가족 규칙("화를 내면 안 돼." 등)도 내면화한다. 어린이는 규칙에 따르지 않으면 버림받을지 모른다는 두려움으로 인해 규칙에 무조건 따른다. 이런 가족규칙은 사회화 과정에서 필요한 부분도 있지만 지나치게 경직된 규칙들은 언어, 행동 그리고 감정의 자유를 제한하게 된다("어른들에게 대꾸하면 안 된다" 나 "남자가 울면 바보다"). 이러한 가족규칙들은 점차 성격과 함께 내면화되어 일상생활에 적용되며 그것이 지금의 생활에 적절한 것인지를 되돌아보려고 하지 않고 무작정 적용하려는 경향을 보인다. 부모는 가족규칙이 자녀의 훈육과 발달에 최선의 선택이라고 생각하지만 이것이 지나칠 경우 사랑스런 자녀들을 정신적인 문제를 가진 사람으로 성장시킬 수 있다. 가령, 아이들이 부모에게 자신의 생각을 표현하는 것을 금지하는 규칙을 내면화하면 권한이 있는 사람에게 자기 생각을 표현하는 것을 부정적으로 보게 되어 경직되고 권위적인 인물로 성장할 수 있다. 우리가 보통 가정에서 쉽게 볼 수 있는 가족규칙에는 다음과 같은 것들이 있다. "부모를 비판하면 안 된다", "부정적인 감정을 드러내서는 안 된다", "부모에게 말대꾸를 하면 안 된다", "잘난 척 하면 안 된다", "성은 나쁜 것이다", "부모의 말을 반드시 들어야 한다." 등이 대표적이다.

가족규칙은 가족의 평화를 위해 필요했던 적이 있었지만 더 이상 현재의 상황에 적합하지 않거나 사회생활에 방해가 될 수 있다. 경직되고 비인간적인 규칙이 융통성 있고 인간적인 규칙으로 변화되었을 때 비로소 자유롭고 충만한 삶을 살 수 있다. 가족규칙의 변화는 억제나 강요 대신 선택이나 권장사항으로 바꿈으로써 가능하다. 첫째, "해야만 한다"대신 "할 수도 있다"로 바꾼다. 즉, "부모님의 말에는 따라야 한다"에서 "부모님의 말에 따를 수도 있다"로 바꿔본다. 둘째, '결코'를 '가끔'으로 바꿔서 선택의 가능성을 남겨둔다. "결코 부모님에게 반대할 수 없다"에서 "가끔은 부모님에게 반대할 수도 있다"로 바꿔본다. 이렇게 가족규칙을 선택이나 권장사항으로 변화시키면 일치된 의사소통이 촉진되고 자아존중감이 높아지며 더 편안해지고 자유로워질 수 있다.

3. 의사소통의 문제

1) 역기능적 의사소통

효과적인 의사소통은 친밀한 인간관계를 형성하고 유지하는 데 필수적인 요소이다. 그러나 사람들은 타인과 관계 맺고 사랑받기를 원하면서도 자존감을 보호하기 위해서 그러한 욕구를 겉으로 드러내지 못하고 역기능적 의사소통을 선택한다. 역기능적 의사소통은 일시적으로 자신의 욕구를 만족시킬 수 있지만 결국 인간관계를 파국으로 이끌어갈 가능성이 높다. 그렇다면 역기능적 의사소통에는 어떤 것들이 있을까?

(1) 역기능적 의사소통의 유형

회유형 의사소통　가장 많이 볼 수 있는 역기능적 의사소통 유형으로 자신의 욕구는 무시하고 무조건 상대방의 기분을 맞춰주려고 애쓰는 유형이다. 이 유형의 사람들은 자존감이 낮아 타인의 인정을 추구하는 경향이 강하여 상대방의 감정을 지나치게 배려하고 자신의 감정은 무시하며 "나는 항상 좋은 사람이고 남들에게 화를 내서는 안 된다."는 비합리적 신념을 가지고 있는 경우가 많다.

비난형 의사소통　타인과 가장 많은 갈등을 보이는 의사소통 유형으로 자기주장이 강하고 자신을 보호하기 위해 나쁜 일이 생기면 상대의 탓으로 돌리는 유형이다. 그렇지만 마음속에는 외로움과 불안이 있으며 이렇게 타인을 거칠게 비난하는 것은 관계에 대한 욕구와 자존감 저하에 대한 두려움이 갈등을 일으키기 때문이라고 할 수 있다. 즉, 낮은 자존감 때문에 자신의 약점을 수용하지 못하고 실패자라는 느낌을 타인을 비난하여 보호하려고 하는 것이다.

초이성형(평가형) 의사소통 사람들에게 냉정하고 다정하지 못하다는 평을 받는 의사소통방식으로 무슨 이야기를 하든 지나치게 논리를 합리적인 측면만 중요시하고 증거와 논리를 중요시한다. 그렇기 때문에 자신이나 타인의 감정을 고려하지 못하고 냉정하고 침착한 경향을 보이지만 정작 본인은 상처받기 쉽고 외로움과 고립감을 느낀다. 이런 유형의 사람은 "늘 바른 말만 해야 한다."거나 "항상 감정을 드러내지 말아야 한다." 같은 비합리적 신념을 가지고 있는 경우가 많다.

산만형(혼란형) 의사소통 타인과의 의사소통에 집중하지 않기 때문에 대화를 하는 사람이 쉽게 기분이 상하는 유형으로 대화 내용을 보면 대화주제를 자주 바꾸고 생각 없이 책임 없는 말을 하며 논리나 상황에 적절하지 않은 말을 하는 경향을 보인다. 대화 자세에서도 말을 하며 눈을 자주 깜박이거나 다리를 흔드는 등 산만한 행동을 보이는 유형이다. 이들은 "아무도 나를 돌보지 않는다."나 "내가 설 자리가 없다." 같은 비합리적 신념을 가지고 있는 경우가 많다.

다양한 역기능적 의사소통 유형이 있지만 공통적인 것은 자신의 생각이나 감정과 일치하지 않는 방식으로 의사소통을 한다는 것이다. 즉, 때로는 자신의 감정이나 생각을 숨기고 때로는 상대방을 과도하게 비난하면서 자신의 생각이나 감정을 제대로 전달하지 못한다. 이렇게 역기능적 의사소통을 보이는 이유는 과거에 경험한 상처로부터 생긴 부정적이고 고정적인 관점을 통해 자신과 세상을 바라보기 때문이며 그러한 관점을 벗어나지 못하면 효과적인 의사소통이 불가능해진다.

2) 바람직한 의사소통

역기능적 의사소통은 정상적인 의사소통을 방해하여 친밀한 인간관계를 어렵게 하고 대인 간 갈등을 일으키는 원인이 된다. 따라서 자신과 타인의 감정과 생각을 존중하고 상황에 적절한 대화를 하며 말과 행동이 감정과 일치하는 의사소통이 이루어져야 한다. 이렇게 일치형 의사소통을 하게 되면 역기능적 의사소통에서 벗어나 진정한 자신이 되고 타인과 친밀한 관계를 형성할 수 있다. 그렇다면 바람직한 의사소통에서 고려할 요인에는 어떤 것들이 있을까?

(1) 바람직한 의사소통에서 고려할 요인

대화방식의 성차 동성 간의 의사소통에서는 문제를 보이지 않는 사람들도 이성 간의 의사소통에서는 문제를 보이는 경우가 많은데 이것은 대화방식에서 성차가 존재하고 있다는 것을 인식하지 못하기 때문이다. 일반적으로 여자는 상대방이 관심을 가진 주제를 중심으로 이야기하는 경향이 있는 데 비해 남자는 자신이 관심이 있는 주제에 대해 이야기하고 싶어한다. 또한 여자는 질문으로 대화를 시작하고 상대방의 반응을 대화를 하는 데 비해 남자는 상대방의 말을 듣기보다 자기 이야기를 하고 싶어하고 자주 끼어드는 경향을 보인다. 그리고 대화방식에서 남자는 직접적이고 자기주장적인 데 비해 여자는 간접적이고 관계중심적인 경우가 많다. 가령, 남자는 "결혼하는 것은 바보 같은 짓이야."라는 말과 같이 단정적인 표현이나 "지금 나가서 운동하자.” 같은 자기주장적 표현을 자주 사용하는 데 비해 여자는 “~가 맞지 않나요?” 같은 우회적 표현이나 “심심하지 않아?” 같은 간접적 표현을 더 많이 사용한다. 따라서 남자는 여자와 대화를 할 때 여자가 대화 주제나 대화방식에서 상대방을 배려하는 경향이 있다는 것과 남자가 대화의 주도권을 가지려고 하고 독단적인 경향이 있다는 것을 인식하여 여자를 존중하고 배려한다면 더 바람직한 의사소통이 가능하다.

문화 차이 의사소통은 어느 문화에서나 인간관계를 형성하고 유지하는 데 필수적이지만 문화마다 대화방식에서 차이를 보이기 때문에 문화가 다른 사람들끼지 대화를 할 경우에는 이 점을 고려해야 한다. 첫째, 솔직함이 강조되는 서양문화에서는 자신이 말하고자 하는 내용을 직접적으로 전달하는 직접적인 대화방식이 선호되는 데 비해, 인화를 강조하는 동양문화에서는 대화의 내용을 이해하려면 상황을 고려해야 하는 간접적 대화가 선호되는 경향을 보인다. 가령, 자녀가 부모님에게 생일선물을 드렸을 때 미국 부모는 선물을 줘서 고맙다는 표현을 하는 것이 일반적이지만 우리나라 부모는 선물을 준비하는 데 힘들었을 자녀를 배려하여 다음부터 준비하지 않아도 된다고 표현하는 경우가 많다. 이러한 대화 내용은 문화적 차이에 대한 고려를 하지 않으면 잘못 이해될 수 있다. 둘째, 미국 같은 개인주의 문화에서는 수평적 관계에서 서로 자유롭게 생각이나 감정을 전달하여 친근감을 표현하는 비위계적 대화를 선호하는 데 비해 우리나라와 같은 집단주의 문화에서는 사회적 지위나 연령에 따라 대화방식을 다르게 하는 위계적 대화를 선호하는 경향을 보인다. 요즘 들어 직장에서 직원들의 창의성과 자발성을 증진하기 위해 비위계적 조직과 대화방식을 권장하고 있지만 아직도 우리나라에는 위계적 대화방식이 지배적이다.

● **갈등상황에서 보이는 의사소통 스타일**

인간관계에서 갈등은 피할 수 없으며 인간관계가 친밀해질수록 갈등의 가능성은 오히려 증가하게 된다. 특히, 인간관계에 위기를 가져오는 것은 갈등 자체가 아니라 갈등이 발생했을 때 갈등 당사자들이 자신의 감정이나 생각을 표현하는 의사소통 스타일이다. 갈등 당사자들이 어떤 의사소통 스타일을 취하느냐에 따라 갈등이 쉽게 해결될 수도 있고 갈등이 심화될 수도 있다. 갈등상황에서 보이는 의사소통 스타일에는 적대/지배, 적대/복종, 우호/지배, 우호/복종 스타일이 있다.

- **적대-지배적 스타일**은 평소에 자신을 과시하며 타인을 경멸하거나 비난하는 경향을 보인다. 특히 갈등이 발생했을 때 상대방이 갈등을 해결하고자 우호적인 태도를 취하면 그것을 속임수라고 오해하여 받아들이고 타인을 이용하여 자신의 목표를 이루려고 한다.
- **적대-복종적 스타일**은 갈등이 발생했을 때 타인이 일부러 자신을 괴롭힌다고 생각하여 적개심을 갖지만 수동적이어서 분노를 직접 표현하는 것은 회피한다. 그 대신에 같이 하고 있는 일이나 상대방이 해주기를 원하는 일을 일부러 천천히 하거나 틀리게 하는 등의 수동공격적 행동을 보임으로써 상대방에게 저항한다.
- **우호-지배적 스타일**은 평소에 타인을 동정하거나 위안해 주고 어려운 일이 있을 때 리더십을 발휘하는 경향을 보인다. 그래서 갈등이 발생하면 타협과 협동을 추구하는 경향을 보인다.
- **우호-복종적 스타일**은 평소에 타인에게 전적으로 의존하려고 하고 자신의 욕구를 표현하지 않으며 자기희생적이다. 그래서 갈등이 발생하면 문제를 회피하고 타인에게 양보하여 갈등을 관리하고자 한다.

3) 의사소통과 자기표현

인간관계가 자연스럽게 이루어지지 위해서는 자신의 생각이나 감정을 자신있게 표현하는 자기표현과 친밀감을 형성하기 위한 자기개방이 이루어져야 한다. 그러나 자신의 생각이나 감정을 자연스럽게 표현하거나 적절하게 자신을 상대방에게 개방하는 것은 생각보다 쉽지 않다.

(1) 자기표현의 문제

자신의 생각이나 감정을 자연스럽게 표현하는 것은 인간관계의 형성이나 유지에서 가장 중요한 요인이다. 우리는 자신의 생각이나 감정을 표현하는 것이 어렵지 않을 것이라고 생각하지만 실제로 많은 사람들이 다양한 이유로 생각이나 감정을 제대로 표현하지 못하는 경향을 보인다. 그 이유가 무엇인지 알아보자.

좋은 모델이 없었던 경우 사회생활을 하다 보면 말이 없어 그 사람이 무슨 생각이나 감정을 느끼는지 알 수 없는 경우가 있다. 물론 성격이 수동적이고 소극적이어서 그럴 수도 있지만 평소에 일을 할 때는 적극적이지만 유난히 말을 잘 하지 않는 사람도 있다. 그런 경우에는 어린 시절 인간관계의 모델이 되는 부모가 자녀와 대화를 자주 하지 않거나 부모 자신이 대화기술이 부족하여 대화를 피했을 가능성이 있다.

자기표현을 억제하는 사회규범 자기감정이나 생각을 솔직하게 표현하는 것을 선호하는 개인주의 문화와 달리 우리 사회는 그동안 자기 생각을 적극적으로 표현하는 것을 부정적으로 바라보고 솔직한 것보다 착한 것을 좋게 평가하는 경향이 있었다. 가령, 학교에서 선생님이 설명한 것이 이해가 되지 않으면 질문해야 하지만 선생님의 말씀을 그냥 받아들이는 것이 학생의 도리라고 생각하는 경향이 있었다. 이러한 사회규범이 있는 사회에서는 사람들이 드러내놓고 자기감정이나 생각을 표현하지 못한다. 물론 사회가 변화되어 자유롭게 질문하고 토론하는 것이 장려되고 있지만 아직도 우리 사회는 윗사람에게 문제를 제기하는 것을 금기시하는 규범이 사라지지 않고 있다.

외상적 경험 어렸을 때는 대부분의 아이들이 자신의 감정이나 생각을 부모나 주변 사람들에게 자유롭게 표현하는 경향을 보인다. 그러나 자신의 표현에 대해 부모나 교사 또는 또래가 예측과 달리 부적절한 반응을 보이게 되면 아이들은 당황하고 고통을 느끼게 되며 그러한 경험이 마음의 상처로 남아 다른 사람들 앞에서 자연스럽게 자기표현을 하지 못하게 된다. 가령, 학교에서 발표를 했을 때 급우들이 지나치게 장난스런 반응을 보였을 경우에는 많은 사람들 앞에서 말하는 것을 두려워할 수 있다.

자기표현에 대한 비합리적 신념 우리는 성장 과정에서 자신과 타인 그리고 세상에 대한 다양한 비합리적 신념을 형성하게 되며 이러한 비합리적 신념은 자신의 생각이나 감정을 솔직하게 표현하는 것을 억제하게 한다. 가령, 자기표현과 관련된 비합리적 신념에는 타인에게 항상 완벽한 모습만을 보여 좋은 평가를 받으려는 욕구 때문에 자기표현을 하지 못하는 완벽 추구, 타인의 인정에 민감하여 상대방의 반응에 따라 자기표현이 달라지는 인정 추구, 자기표현의 부정적 결과를 과도하게 예상하여 자기표현을 억제하는 파국적 실패에 대한 불안 같은 것들이 있다. 이러한 비합리적 신념은 의사소통 과정에 영향을 미쳐 자연스러운 자기표현을 억제한다.

(2) 바람직한 자기표현의 특성

자기표현은 인간의 자연스런 욕구지만 자기표현이 어떻게 이루어지느냐에 따라서 인간관계에 문제를 일으킬 수도 있고 인간관계가 더 친밀해질 수 있다. 그렇다면 어떻게 해야 바람직한 자기표현이 가능할지 생각해 보자.

① 상황에 적절한 반응의 범위가 넓어야 한다.

우리는 일상생활에서 어떤 문제가 발생하면 과거에 흔히 했던 방식대로 자기표현을 하는 경향이 있다. 즉, 어떤 사람은 갈등이 생겼을 때 회피하고, 어떤 사람은 싸우고, 어떤 사람은 상대방의 의견에 따른다. 바람직한 자기표현을 하려면 습관적으로 해왔던 방식을 벗어나 상황에 적절한 반응의 범위를 넓혀야 한다. 가령, 이웃이 소란스럽게 할 때 그동안에는 참고 지냈다면 편지를 써서 조용히 해달라고 요청할 수도 있고, 경비실에 조용하게 하도록 요구할 수도 있고, 직접 가서 조용히 해달라고 요청할 수도 있다. 이렇게 자기표현의 범위가 다양해지면 상황에 어떤 자기표현이 더 적절한지를 판단하여 문제를 더 손쉽게 해결할 수 있고 자기표현에 대한 자신감도 커지게 된다.

② 어떤 상황에서도 적절한 의사소통이 가능해야 한다.

의사소통을 잘 하는 사람은 자신이 느끼는 다양한 감정을 자연스럽게 표현하고 동성뿐 아니라 이성과도 편하게 대화를 나누는 경향을 보인다. 그에 비해 의사소통에 문제를 가지고 있는 사람은 즐거움이나 행복감 같은 긍정적 정서는 잘 표현하지만 분노나 슬픔 같은 부정적 정서는 잘 표현하지 못하거나 동성 친구와는 편하게 대화를 하지만 이성과 만나게 되면 무슨 말을 해야 할지 당황하는 경우가 많다. 이렇게 감정대화나 이성과의 대화가 어려운 이유는 성장환경이나 트라우마 같은 다양한 원인이 있겠지만 대화를 가로막는 장애물을 극복하고 어떤 상황에서든 의사소통을 할 수 있도록 노력해야 한다.

③ 자기표현을 자기중심적 행위가 아니라 자신의 권리를 보호하는 행위로 인식한다.

우리 사회는 개인보다 집단의 이익을 우선시하는 경향이 있기 때문에 자기표현을 자기중심적 행위로 보는 경향이 있다. 그러나 이런 생각은 지나친 것이며 다양한 상황에서 우리는 자신의 욕구를 만족시키고 권리를 확보하기 위해 자기를 표현해야 한다. 특히, 집단생활에서는 구성원의 욕구보다 집단의 이익이나 조화를 강조하는 경향이 있기 때문에 자기표현을 하지 않으면 자신의 권리를 보호하지 못하게 되는 경우가 많이 있다.

④ 진심이나 자신감만으로 충분하지 않으며 자기표현의 방법을 배워야 한다.

인간은 의사소통 상황에 자주 노출되기 때문에 어떤 상황이 닥쳐도 자연스럽게 의사소통을 할 수 있을 것이라는 자신감을 가지고 있으며 자기만 진심으로 대한다면 상대방은 자신의 진심을 이해해줄 것이라는 생각을 하기 쉽다. 그러나 낯선 사람과 처음 만났거나 낯선 이성과 만났을 때 자연스럽게 대화하려면 진심이나 자신감만으로는 충분하지 않다. 처음 만나서 서로의 관심사를 공유하려면 어떻게 해야 하는지 그리고 상대방이 감정적으로 고통을 느끼고 있을 때 어떻게 위로해 주고 공감해 줘야 하는지를 알려면 어느 정도 자기표현의 방법을 알고 있어야 한다. 자기표현의 방법을 다양한 인간관계를 통해 스스로 체득하기도 하지만 좀 더 효과적인 의사소통을 위해서는 바람직한 인긴관계를 위한 자기표현방법을 배워야 한다.

(3) 자기개방의 문제

사회생활을 하면서 우리는 무의식적으로 '그 상황에 어울린다'나 '그렇게 보이고 싶다'라고 생각하는 모습으로 자신을 상상하고, 그에 따라 자신을 제시한다. 이렇게 다른 사람에게 보이는 자신은 어느 정도 위선적이지만 상대방이 마음에 들어 친밀한 관계를 맺고 싶을 경우에는 있는 그대로의 자신의 속마음을 털어놓게 되는데 이것을 자기개방이라고 하며 친밀한 관계 형성에 도움을 준다. 오래 사귀어도 깊은 인간관계를 맺지 못하는 경우에는 서로 자신의 내면을 상대방에게 개방하지 않고 있기 때문이다. 여기에서는 자기개방의 기능과 모델에 대해 알아보자.

① 자기개방의 기능

누구나 처음 만나면 서먹하지만 누군가가 자기개방을 하게 되면 상대방도 그에 상응하는 자기개방을 하기 때문에 서로에 대해 더 많이 알게 되고 이러한 자기개방과 피드백 과정을 통해 생각과 감정을 공유하면 그만큼 서로 신뢰하게 된다(Ehrlich & Graeven, 1971). 그렇다면 자기개방은 인간관계에서 어떤 기능을 할까? 첫째, 자기개방은 속마음을 털어놓는 정화를 통해 심리적 안정을 가져온다. 누구나 자신의 어려움이나 고민을 누군가와 공유하고 싶어 하지만 상대방을 신뢰하기 전에는 이러한 개인적 문제를 공유하려고 하지 않는다. 그러나 일단 상대방에게 자신의 속마음을 털어놓은 후에는 심리적으로 편안해지고 마음이 안정된다. 둘째, 자기개방은 상호성을 가지고 있어서 한 사람이 먼저 자기개방을 하면 상대방도 그만큼 자기개방을 해야 한다는 압력을 느끼게 되며 그로 인해 점차 친밀해진다. 그렇기 때문에 때로는 자기개방이 인간관계의 수위를 조절하는 역할을 할 수 있다. 즉, 상대방이 자기개방을 하더라도 자기 내면을 보여주지 않게 되면 상대방은 자기와 가까워지고 싶은 마음이 없다는 것을 금방 알아차리게 된다. 셋째, 자기개방을 통해 사람들은 자신의 감정이나 생각이 상황에 적절한지 또는 옳은 것인지를 피드백을 통해 확인하게 된다. 즉, 사람들은 자기개방을 통해 상대방에게 자신의 감정이나 생각을 개방하며 상대방은 피드백을 통해 그러한 감정이나 생각에 대해 반응한다. 만일 상대방이 자기가 느끼는 감정이나 생각에 대해 공감해 주면 자신의 감정과 생각이 옳다는 느낌을 갖게 되고 그렇지 않다면 좀 더 현실적인 감정이나 생각을 하려고 노력하게 된다.

자기개방이 친밀한 인간관계에 필수적인 요소이기는 하지만 때로는 자기개방이 인간관계에 문제를 일으킬 수 있다. 따라서 자기개방에서 다음과 같은 사항을 고려해야 한다. 첫째, 부적절한 시기에 이루어지는 자기개방은 인간관계를 위협할 수 있다. 즉, 자기개방은 서로에 대한 신뢰감에 근거하므로 자기개방이 효과를 발휘하기 위해서는 어느 정도의 신뢰감이 형성되어야 한다. 대인 기술이 부족한 사람은 서로 신뢰감을 가질 때까지 기다리지 못하고 지나치게 빠르거나 과도한 자기개방을 하는 경향을 보이며 그로 인해 인간관계에 문제가 생기는 경우도 있다. 둘째, 자기개방이 인간관계를 위협하지 않더라도 자기를 개방한 사람을 부정적인 시각에서 볼 가능성이 있다. 그것은 조급한 자기개방이 인간관계를 위협하는 이유는 자기개방이 증가할수록 자신의 약점이 더 노출되기 때문이다(Altman & Taylor, 1973). 자신의 약점이 노출되었을 때 그것을 부정적인 시각에서 보지 않고 친근감의 표시로 받아들일 만큼 신뢰가 형성되어야 자기개방이 긍정적 효과를 보일 수 있다. 즉, 진정한 대인관계는 경험과 신뢰를 쌓아가면서 이룩된다. 셋째, 자기를 개방한 사람은 정화를 경험하지만 상대방은 상대방의 말에서 마음의 상처를 받을 수 있다. 가령, 상대방과 함께 알고 있는 친구에 대한 감정을 털어놓았을 때 본인은 말하고 싶었던 것을 말했기 때문에 속이 시원할 수 있지만 그 친구를 좋아하는 상대방은 마음의 상처를 받을 수도 있다.

② 자기개방의 모형

자기개방의 과정을 설명하는 대표적인 모형은 〈그림 4-1〉에 있는 조하리의 창(Johari's window) 모형이다(Luft & Ingham, 1969). 조하리의 창은 내가 알고 있는 정보와 내가 모르는 정보 그리고 타인이 아는 정보와 타인이 모르는 정보가 조합되어 열려진 영역(open area), 보지 못하는 영역(blind area), 숨겨진 영역(hidden area), 알려지지 않은 영역(unknown area)으로 구분된다.

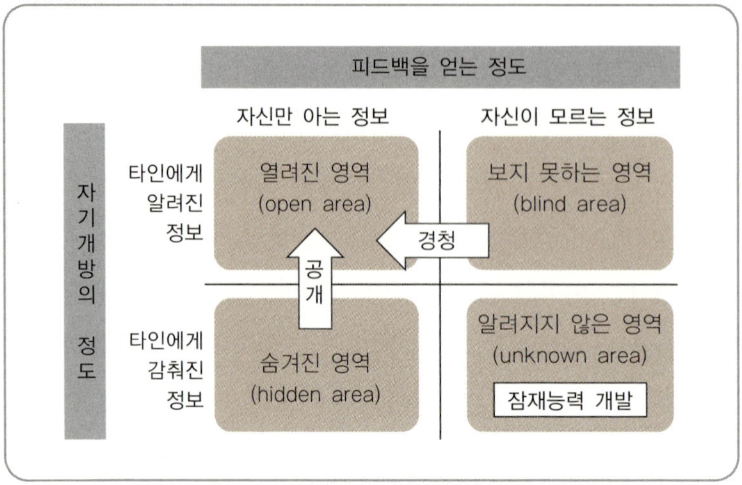

그림 4-1. 조하리의 창

'열려진 영역'은 나도 알고 있고 상대도 알고 있는 부분으로 자신의 사회적 역할, 좋아하는 운동 같은 것이 속해 있으며 넓어질수록 서로 친밀해진다. '보지 못하는 영역'은 나는 모르지만 상대방은 알고 있는 것으로 내가 의식하지 못하는 말투나 습관 같은 것으로 상대방의 피드백을 경청하게 되면 점점 줄어들게 된다. '숨겨진 영역'은 상대방은 모르는 나만의 비밀로 자신의 약점이나 가정사 같은 것이며 자기개방을 통해 상대방과 공유할수록 줄어들게 된다. '알려지지 않은 영역'은 나도 모르고 상대방도 모르는 부분으로 자신의 무의식 속에 있는 상처나 기억 같은 것으로 심리치료 같은 것을 통해 알 수 있다.

따라서 조하리의 창에서 각 영역의 크기는 인간관계를 맺고 있는 당사자 간의 자기개방과 피드백 수준에 의해 결정된다. 상대방을 신뢰하게 되면 자기개방을 통해 상대방과 감정과 생각을 공유하게 되고, 상대방의 피드백을 경청하여 그동안 미처 알지 못했던 자신의 측면을 알게 되면서 열려진 영역이 숨겨진 영역이나 보지 못하는 영역보다 커져 서로 친밀해진다.

조하리의 창 모형에서 자기개방의 특징을 살펴보면 첫째, 자기개방에는 여러 수준이 있으며 친밀해질수록 자기개방의 수준이 깊어진다. 즉, 숨겨진 영역과 보지 못하는 영역이 줄어들고 열려진 영역 커질수록 자기개방의 수준은 더 깊어지게 된다.

둘째, 자기개방은 상호성을 가지고 있어 한 사람이 자기개방을 하면 상대방도 자기개방을 한다. 서로 신뢰하게 되면 한 사람이 자연스럽게 자기개방을 하게 되고 그것은 상대방에게도 자기개방을 유도하게 된다. 이렇게 본다면 자기개방은 친밀한 관계일수록 증가하는 것처럼 보이지만 반드시 그렇지는 않다. 즉, 자기개방의 상보성은 인간관계 초기에는 관계 진전에 중요하지만 서로 어느 정도 친밀해지면 이러한 상보성이 별 효과가 없기 때문에 자기개방에 소극적인 경향을 보인다(Derlega, Wilson, & Chaikin, 1976). 이렇게 자기개방에 소극적이다 보면 서로 공유하는 것이 점점 줄어들게 되어 관계가 소원해질 수 있다. 가령, 학교 다닐 때는 죽마고우라도 사회생활을 하면서 서로에 대해 알 기회가 점점 줄어들게 되면 만나더라도 어색하고 과거 학교 다닐 때 이야기 이외에는 할 말이 없어지게 된다.

셋째, 자기개방의 수준은 균형을 이루는 경향이 있어서 한 사람이 깊은 개방을 하면 상대방도 깊은 개방을 한다. 즉, 자기개방은 상호성만 있는 것이 아니라 개방의 깊이도 맞추려는 경향을 보인다는 것이다. 가령, 상대방이 남들에게 드러내기 어려운 가족사에 대해 자기개방을 하게 되면 나도 그 수준의 깊이를 가진 비밀을 공유해야 한다는 압력을 느낀다.

● 우리가 타인을 제대로 보기 어려운 이유

사회적 상황에서 원만한 대인관계를 유지하기 위해서는 상대방이 어떤 사람인지 정확하게 파악하는 것이 필요하지만 사람은 자신의 관점에서 타인을 바라보기 때문에 타인을 정확하게 아는 것은 쉽지 않다. 첫째, 타인을 바라보는 관점에는 자신의 과거 경험이 영향을 미칠 수 있다. 가령, 자신이 친하다고 생각하던 사람으로부터 마음의 상처를 받고 나면 인간은 원래 믿을 수 없고 자기만 아는 존재라고 생각하게 된다. 또한 과거 경험에 근거하여 형성되는 인간본성에 대한 신념도 타인을 바라보는 관점에 영향을 미친다(Wrightman, 1992). 우리는 보통 타인을 '믿을 만한/믿을 수 없는 사람', '합리적인/비합리적인 사람', '의지를 가진/의지가 없는 사람', '이타적인/이기적인 사람', '독립적인/다른 사람에 동조하는 사람', '복잡한/단순한 사람', '비슷한/서로 다른 사람', '안정적인/불안정한 사람' 등으로 평가하는 경향이 있다고 한다. 만일 어떤 사람을 '믿을 수 없고', '비합리적'이라고 생각한다면 그 사람과 약속을 하거나 일을 같이 하려고 하지 않을 것이다. 그리고 인간을 '믿을 만하고', '이타적인' 존재로 보는 사람은 '믿을 수 없고', '이기적인' 존재로 보는 사람보다 상대방을 더 좋게 평가하는 경향을 보인다. 이러한 인간본성에 대한 신념은 어릴 때부터 이루어지는 주변 사람들과의 상호작용을 통해 형성된 것으로 우리가 의식하지 않더라도 인간관계에 자동적으로 영향을 미치게 된다. 둘째, 사람은 직접 경험하지 않더라도 주변 사람들의 시각을 내면화하여 출신지역이나 학력 또는 사회계층에 대한 편견을 가질 수 있으며 이것이 타인을 바라보는 관점에 영향을 미칠 수 있다. 가령, 어떤 사람이 경상도 사투리를 쓴다면 그 사람이 경상도 사람이며 무뚝뚝하고 다혈질적일 것이라고 생각하기 쉬운데 이것은 자신이 직접 경험했다기보다 다른 사람들로부터 전해 들었을 가능성이 많다.

이렇게 대화 스타일, 옷차림, 행동에 근거하여 사람들을 범주화하고 그들이 유사한 특성을 공유하고 있을 것이라고 생각하는 것을 고정관념(stereotype)이라고 하는데 이것은 복잡한 사회현상을 단순화하여 받아들이려는 경향 때문에 발달해온 경향성이다.

사람들은 일반적으로 직업, 나이, 성별에 대해 고정관념을 보인다. 가령, 젊은이들은 진보적이고 개방적이라고 생각하는 데 비해 노인들은 보수적이고 폐쇄적이라고 생각하는 경향을 보인다. 고정관념은 타인에 대한 객관적인 평가를 방해하는 경직된 사고를 유발하여 인간의 다양성을 무시하고 자신이 보고자 하는 면만을 보도록 할 수 있다. 타인에 대해 객관적인 관점을 유지하는 것이 인간관계에서 바람직한 것이지만 이렇게 인간본성에 대한 신념이나 고정관념 등으로 인해 왜곡된 관점을 가질 수 있다는 것을 스스로 의식을 하고 그것이 우리가 상대방을 판단하는 데 심각한 영향을 미치지 않도록 유의하는 것이 필요하다.

chapter

05

인간관계의 개선

Psychology of Human Relationship

Psychology of Human Relationship

chapter 05

인간관계의 개선

인간은 인간관계를 통해 사회생활에 필요한 정보를 찾고 자신의 욕구나 감정을 전달하여 원하는 바를 얻거나 위안을 받고자 한다. 즉, 상대방에게 무엇인가 원하는 것이 있으면 의사소통을 통해 원하는 것을 전달하여 목적을 달성하고자 한다. 가령, 아기는 배고프거나 기저귀가 젖으면 울음이나 표정 등을 통해 엄마에게 전달하며 이러한 과정을 통해 원하는 것을 얻고 엄마에 대한 신뢰감을 형성한다. 또한 갈등상황에서 사람들은 의사소통을 통해 갈등의 원인을 찾고 그것을 해결하기 위해 노력하며, 상대방을 위로해야 하는 상황에서는 감정에 공감해 주고 감정을 다룰 수 있도록 돕는다. 이러한 의사소통 기술은 저절로 알게 되는 것이 아니라 다양한 인간관계를 통해 배우게 된다. 만일 자신의 인간관계에 문제가 있다고 느끼고 있다면 그것을 개선하겠다는 마음을 가지고 자신의 의사소통방식을 세심하게 분석하여 그러한 문제가 무엇 때문에 발생하고 있는지 알아내야 한다. 그 다음에는 인간관계에 새로운 변화를 가져올 수 있는 방법을 찾아서 꾸준하게 반복하여 그것이 체화될 수 있도록 하는 것이 중요하다.

1. 의사소통에서 정서적 문제 극복하기

1) 정서표현의 어려움

우리는 사회생활을 하면서 다양한 정서를 경험하게 된다. 행복함이나 즐거움 같이 정서의 표현이 사회적으로 허용되는 경우도 있지만 분노나 수치심같이 정서의 표현이 금기시되는 경우도 많다. 가령, 친구가 약속에 늦은데다가 다른 친구와 술을 마시고 있다는 것을 알게 되었다면 누구나 분노가 치밀게 될 것이다. 그러나 그 친구를 다시 만나게 되더라도 분노를 직접적으로 표현하지 못하고 만남이나 연락을 회피하는 방식으로 대응할 가능성이 높다. 그러나 정서의 표현을 억제하게 되면 생리적 문제를 유발할 뿐 아니라 부정적 상호작용을 일으켜 인간관계를 어렵게 한다. 가령, 정서표현을 자꾸 억제하면 편두통이나 위장병 같은 정신신체장애를 보이기 쉽고 수동공격적인 방식으로 부정적 감정을 표현하기 때문에 인간관계도 어려워지는 경우가 많다.

이러한 문제에도 불구하고 많은 사람들이 정서를 솔직하게 표현하지 못하는 이유는 무엇 때문일까? 첫째, 우리는 사회생활을 하면서 사회적 역할이나 성역할을 수행하며 그것으로 인한 역할기대가 솔직한 정서표현을 억제한다. 가령, 직장에서 상사의 부당한 지시가 있더라도 부하직원은 위계적 조직문화로 인해 쉽게 분노를 표현하지 못하게 된다. 또한 남자들은 어렸을 때부터 주변 사람들의 성역할 기대 때문에 웬만한 일로는 쉽게 슬픔이나 괴로움을 표현하지 못한다. 둘째, 인간관계를 유지하려는 욕구 때문에 감당하기 어려운 정서도 억압하는 경향을 보인다. 가령, 남편의 가정폭력 때문에 분노를 느끼는 아내는 가정을 유지하고자 하는 욕구 때문에 분노를 억제하기 쉽다. 이렇게 원만한 관계를 유지하려는 욕구에 의해 감정을 억제하여 적대적 감정이 해소되지 못하면 더 심각한 갈등을 유발할 수 있다. 즉, 가정을 유지하려는 욕구 때문에 가정폭력을 인내하는 아내는 남편이나 가족에게 애정을 표현하지 않는 등 부정적 태도를 보일 수 있고 사소한 갈등도 심각한 상태로 심화될 수 있어 부부관계가 개선되기 어려워진다.

2) 정서표현의 기능

정서를 표현하는 것은 사회적 역할이나 성역할로 인한 역할기대나 인간관계를 유지하려는 욕구 때문에 쉽지 않지만 정서를 솔직하게 표현하였을 때 얻을 수 있는 이점이 더 많다. 첫째, 정서를 솔직하게 표현하게 되면 정서를 억압했을 때 발생할 수 있는 정신신체질환을 억제하여 더 건강한 삶을 가져올 수 있다. 정서를 억압하면 그 자체가 스트레스가 되어 스트레스 반응을 가져오게 되고 스트레스와 관련된 호르몬의 발생을 유발하여 우리 몸이 과도하게 반응하도록 유도하여 편두통이나 위궤양 같은 정신신체질환을 유발할 수 있다. 그러나 정서를 적절하게 표현하게 되면 이러한 스트레스 반응이 감소하여 신체적으로 더 건강한 삶을 영위할 수 있다. 둘째, 정서를 솔직하게 표현하면 타인과의 인간관계가 더 친밀해질 수 있다. 정서는 자신이 직면하는 문제나 욕구를 반영하므로 억제하거나 피해야 할 것이 아니라 적절한 방식으로 표현되어야 한다. 가령, 우리가 인간관계에서 느끼는 분노는 상대방에 대한 부정적 감정을 반영한다고 받아들이기보다 자신의 에너지를 높여 자신이 원하는 것을 상대방에게 주장하도록 만드는 순기능을 가지고 있다고 받아들여야 한다. 우리가 아무리 감정을 감추려고 해도 목소리의 어조나 표정을 통해 감정이 드러나며 어떤 사실에 대한 거짓말을 알아내기는 어렵지만 감정을 감추려는 시도는 금방 알아차린다. 따라서 자신의 감정을 적절한 방식으로 솔직하게 표현하는 방법을 배워야 하며 그렇게 된다면 인간관계가 더 친밀해질 수 있다. 그 이유는 감정을 솔직하게 표현하면 상대방도 부정적인 행동을 억제하게 되고 이러한 상황에서 서로의 감정에 공감하게 되면서 친해질 수 있기 때문이다.

● 애매한 감정 확인하기

우리는 자신이 느끼는 감정을 인식하거나 파악하지 못하는 경우가 자주 있다. 즉, 기분은 좋지 않지만 뭐라고 이야기할 수 없는 경우가 있는데 이런 경우에는 왜 자신의 기분이 좋지 않은지 파악하고 대응할 필요가 있다. 다음의 경우를 살펴보자.

> 친구들과 함께 놀러간 A는 재미있게 이야기도 하고 맛있는 음식을 먹으면서 즐거운 시간을 보냈다. 그러나 즐거운 시간을 보내는 친구들을 보면서도 자신은 뭔가 소외되어 있는 것 같은 느낌이 들었고 집에 돌아와서도 내내 기분이 울적했다. A는 자기가 왜 그런 느낌을 갖게 되었는지 알고 싶었지만 알 수 없었다. 자신의 감정을 찾기로 한 A는 일단 그 감정이 좋은 것인지 나쁜 것인지를 생각해 보았다. 결론은 나쁜 감정이었는데 가만히 혼자 자신에게 집중을 해보니 '고립되어 있는', '서먹한', '서운한' 등의 단어와 더불어 '소리를 지르고, 누구에게 안겨 있고 싶다는' 행동도 마음속에서 떠올랐나. 이런 김정은 어렸을 때 부모님이 A를 혼자 두고 외출을 했을 때 어두운 방에서 느꼈었던 그런 감정이었다. 그것은 바로 '외로움'이었다.

지금 자신이 느끼는 감정이 불편하지만 분명하게 정의내리기 어렵다면 눈을 감고 긴장을 푼 다음 그것이 좋은 것인지 아니면 나쁜 것인지를 자신에게 물어본다. 다음에는 감정을 판단하지 말고 마음속에서 단어나 행동이 저절로 떠오르는 것을 기다린다. 마음속에서 떠오른 단어들에서 상실, 억울함, 슬픔 등의 감정에 대한 단서들을 찾을 수 있다. 때로는 단어가 아니라 소리나 고요함이 떠오를 수도 있다. 어떤 경우에는 마음속에서 떠오른 행동이 자신의 감정을 드러내게 하는 데 도움이 된다. 마음에 집중하고 있으면 마구 달리고 싶거나, 누구를 꽉 안고 싶거나, 때리고 싶거나, 소리를 지르고 싶을 수 있다. 이렇게 마음속에서 떠오르는 행동은 무의식 깊이 숨겨져 있는 감정을 드러내는 데 도움이 된다. 즉, 누군가를 안고 싶다면 사람이나 위안을 원하는 것이고, 소리를 지르거나 때리고 싶다면 분노나 좌절을 느끼고 싶은 것이다.

다음에는 과거에도 지금 느끼는 감정을 느꼈던 적이 있었는지를 찬찬히 되돌아본다. 누구와 함께 있었을 때인가? 그때 무슨 일이 일어났었는가? 그때 감정을 어떻게 표현했었는가? 이제는 자기가 느끼는 감정에 이름을 붙일 수 있게 되었다. 그러나 대부분의 감정은 복합적이기 때문에 여러 가지 감정의 결합으로 이루어진 것일 수 있다.

3) 정서표현의 방법

우리가 하는 대화에는 당연히 정서가 수반될 수밖에 없으며 어떤 경우에는 정서가 대화의 핵심이 되는 경우가 많은데 정서를 적절하게 표현하지 못하여 인간관계에 어려움을 겪을 수 있다. 정서를 솔직하게 표현하지 않으면 일시적으로는 불안감을 줄일 수 있지만 결국 문제는 해결되지 않으므로 정서를 효과적으로 표현하는 방법을 알아야 한다.

(1) 불안한 감정에 직면하기

우리는 자신의 감정을 파악하는 것이 쉽다고 생각하지만 생각보다 쉽지 않다. 감정은 우리가 생각하는 것보다 훨씬 복잡하고 스스로 위장을 잘 하기 때문이다. 그러나 불안한 감정은 우리가 중요한 선택을 해야 하거나 낯선 환경에 처하게 되면 자연스럽게 드러나고 쉽게 인식된다. 불안한 감정은 만일의 상황에 대비하도록 우리를 자극하여 낯선 환경에 쉽게 적응할 수 있도록 돕는 순기능이 있지만 불안의 정도가 심하면 행동을 위축시키고 불필요한 감정소모를 일으키는 문제가 있다.

그렇다면 불안한 감정에 어떻게 직면해야 할까? 첫째, 불안을 유발하는 나의 생각이 진실된 것인지 평가해 본다. 즉, 우리가 어떤 상황에서 불안을 느끼는 것은 자신의 생각이 만들어 낸 비합리적 신념 때문인 경우가 많다. 가령, 많은 사람들 앞에서 발표를 해야 할 경우 우리는 불안을 심하게 느끼게 된다. 이러한 불안의 배후에는 '사람들에게 나의 완벽한 모습을 보여야 해.' 같은 비합리적 신념이 있다. 그렇기 때문에 발표를 하는 동안에 사소한 실수를 해도 큰 일이 난 것처럼 받아들이고 지나치게 긴장하게 되어 발표를 망치는 경우가 많다. 불안한 감정에 직면하려면 지금 내가 느끼는 불안은 자신의 생각이 만들어 낸 허구라고 생각해야 한다. 둘째, 자신에게 갑자기 너무 많은 것을 요구하지 말아야 한다. 평소에 수줍음이 많고 나서기 싫어하던 사람이 갑자기 쾌활해지고 수줍음을 타지 않을 수는 없다. 따라서 자신이 그동안 피하고 싶었던 발표가 있기 전에 가상적 상황을 상상해서 해야 할 말과 행동을 하나씩 떠올리고 미리 연습하는 것이 불안을 극복하는 좋은 방법이다. 셋째, 불안도 습관이라고 생각해야 한다. 우리는 불안을 자신의 부족함을 반영하는 증거로 받아들이는 경향이 있다. 그러나 불안도 하나의 습관이며 불안을 일으키는 상황을 자꾸 회피하는 과정에서 불안이 유지되거나 때로는 강화된 것뿐이다. 이러한 습관을 사라지게 하려면 용기를 내어 많은 사람들 앞에 나서는 행동을 해보고 불안을 견디는 힘을 스스로 키워야 한다.

(2) 감정을 자연스럽게 표현하는 방법

감정을 솔직하게 표현하는 것은 대부분의 경우 인간관계를 친밀하게 해주지만 때로 지나친 감정표현은 상대방을 기분 나쁘게 할 수 있다. 따라서 감정을 억압하는 것이나 지나친 감정표현이나 모두 인간관계에서는 피해야 한다. 그렇다면 감정을 자연스럽게 표현하기 위해서는 어떻게 해야 할까?

첫째, 감정표현에 적절한 상황인지를 판단해야 한다. 우리가 느끼는 감정이 긍정적일 경우에는 충분히 표현하는 것이 좋을 수 있지만 부정적일 경우에는 자신의 감정을 조절하고 상대방이 받아들일 준비가 되어 있는지를 확인해야 한다. 즉, 부정적인 감정이 격할 때 감정을 표현하면 의도하지 않은 표현이나 행동이 나타날 수 있어 인간관계를 불필요하게 악화시킬 수 있다. 이럴 때는 잠시 자리를 피하거나 심호흡을 두세 번 하여 감정을 조절한 후에 감정을 표현해야 한다.

둘째, 지금 느끼는 감정을 솔직하게 받아들여야 한다. 즉, 감정대로 행동하지는 못하더라도 지금 자신이 느끼는 감정을 자신이 솔직하게 받아들여야 한다. 흔히 사람들은 부정적 감정을 느낄 때 감정 자체를 부정하거나 회피하여 마음을 안정시키려고 노력한다. 그러나 자신의 감정을 솔직하게 인정해야 감정을 일으킨 문제를 해결하기 위해 방법도 생각할 수 있다. 가령, 학교에서 과제를 할 때 늘 빠지는 친구 때문에 화가 났다면 자신이 그 친구 때문에 화가 났다는 것을 인정해야 해결책을 찾을 수 있다. 화가 났다는 것은 현재 자신의 욕구가 충족되지 않았으며 그 욕구를 충족시키기 위해 무엇인가를 해야 한다는 것을 의미한다. 따라서 자신이 화가 났다는 것을 인정하면 과제에 빠지는 친구에게 경고를 해야 할 필요성을 느끼게 되고, 그러한 경고를 어떻게 할 것인지만 고민하면 된다.

셋째, 감정을 표현할 때는 사실과 평가를 구분해야 한다. 우리는 갈등상황에서 상대방의 문제와 변화되기를 바라는 사항을 이야기하는데 갈등을 악화시키는 것은 문제가 되는 상대방의 말이나 행동 자체보다 그것에 대한 나의 평가인 경우가 많다. 가령, 점심 약속을 하고 기다리는데 친구가 30분 이상 늦게 와서 친구에게 "넌 왜 항상 늦게 오니?"라고 말했다면 그 친구는 미안해하기보다 오히려 화를 낼 가능성이 높다. 그것은 나의 '항상'이라는 말이 친구의 정체성을 부정적으로 평가했기 때문이다. 즉, 친구는 자신이 늦게 온 사실에 대해서는 미안해 하지만 그렇다고 자기가 약속에 항상 늦는 사람으로 평가받는 것은 싫은 것이다. 따라서 감정을 표현할 때는 사실과 평가를 구분하고 사실만 전달해야 한다.

넷째, 나의 감정이 상대방의 행동보다 나의 생각 때문에 일어난다는 것을 인식해야 한다. 우리는 자신의 감정이 상대방의 말이나 상황 때문에 어쩔 수 없이 일어난다고 생각하지만 감정은 대부분 나의 생각 때문에 일어난다. 이것은 똑같은 말도 나의 상황에 따라 다르게 받아들여지는 것을 보면 알 수 있다. 가령, 리포트를 작성하느라 정신없는 상황에서 친구가 농담을 던지면 짜증이 날 수 있지만 같이 점심을 먹는 상황에서는 그냥 웃으며 넘기게 된다. 따라서 갑자기 부정적인 감정이 격하게 느껴진다면 잠시 시간을 갖고 무엇 때문에 그런 감정을 느끼게 되었는지 살펴야 한다.

다섯째, 감정을 적절하게 표현해야 한다. 우리는 똑같은 감정이라도 직접적인 방식으로 표현하기도 하고 간접적인 방식으로 표현하기도 한다. 물론 서로 친한 관계라면 직접적인 방식으로 표현하는 경우가 더 많겠지만 만난 지 얼마 되지 않았을 때는 간접적인 방식으로 표현하는 경우가 더 많다. 그러나 인간관계에서 오해를 줄이고 친밀감을 높이려면 가능한 한 감정을 직접적으로 표현하는 것이 더 좋다. 가령, 같이 무엇인가를 하기를 원할 때 "지금 시간 되니?"라는 간접적 표현보다 "나 지금 심심해, 시간 있니?" 같은 직접적 표현이 더 좋다. 또한 감정을 표현하는 가장 좋은 방법은 '나-메시지(I-message)'를 사용하는 것이다. 나-메시지는 상대방에게 하려는 말을 나의 감정을 중심으로 표현하는 것으로 문제상황에서도 상대방의 문제를 지적하기보다 자신의 감정을 표현함으로써 상대방이 자기 행동을 다시 되돌아보도록 유도한다. 가령, 약속 시간에 늦게 온 친구에게 "네가 늦게 와서(사실) 난 지금 화가 났어!(나의 감정) 앞으로 일찍 와 줄래?(나의 바람)"라고 표현한다면 나의 감정도 직접적으로 표현할 수 있고, 상대방의 감정도 배려하게 되며, 상대방에게 원하는 행동도 전달할 수 있다. 물론 나-메시지는 문제상황뿐 아니라 긍정적인 상황에서도 사용될 수 있으며 자신의 감정을 직접적으로 전달함으로써 원하는 행동을 더 자주 일어나도록 유도할 수 있다. 가령, 심부름을 한 자녀에게 "고마워."라고 하는 것보다 "네가 이렇게 심부름을 해주니 엄마가 너무 기쁘네?"라고 말해줌으로써 아이가 심부름 같은 좋은 행동을 더 자주 하도록 유도할 수 있다.

● 불안한 상황에 효과적으로 대응하는 전략

많은 사람 앞에서 발표를 해야 하거나 면접에서 낯선 사람들에게 자기소개를 해야 하는 것처럼 어쩔 수 없이 불안을 느끼는 상황에 직면할 수 있다. 이런 불안한 상황에 효과적으로 대응하려면 어떻게 하는 것이 좋을까?

첫째, 자신이 불안하고 긴장하고 있다는 사실을 먼저 상대방에게 알리는 것이 좋다. 수줍어하는 사람이 가장 걱정하는 것은 남들이 있는 장소에서 창피나 망신을 당하는 일이다. 그래서 사람들 앞에 나서면 가슴이 두근거리고 얼굴이 붉어지는 등의 신체적 변화가 일어나고 그러한 변화를 느끼면 더 당황하여 '남들이 내가 떠는 것을 보고 어떻게 생각할까?' 하는 생각에 더욱 불안을 느끼게 된다. 이렇게 생각하는 이유는 '남들에게 나의 완벽한 모습만을 보이고 싶다'는 신념 때문이므로 자신이 지금 불안하고 긴장하고 있다는 사실을 상대방에게 미리 알리면 심리적 부담이 줄어들고 편하게 대할 수 있다. 가령, 많은 사람 앞에서 발표를 해야 할 때 처음부터 "여러분 앞에서 발표를 하려고 하니까 많이 떨리고 긴장되네요."라고 말을 하고 나면 예상보다 덜 떨리게 된다.

둘째, 자기가 먼저 남들에게 알리고 싶지 않은 나의 약점을 미리 살짝 보여준다. 보통 사람들도 개인적 약점이 알려지는 것을 두려워하지만 수줍어하는 사람은 그 정도가 더 심하다. 수줍어하는 사람은 자신의 약점이 다른 사람이 알까 봐 더 두려워하는 경향이 있는데 이것은 '내가 이런 약점을 가지고 있는 것을 남들이 알면 나를 무시하고 인정하지 않을 거야.'라는 반사적 생각 때문이다. 이럴 때는 불안이 낮은 상황에서 높은 상황으로 점진적으로 자신이 약점이라고 생각하는 것을 개방해 보는 연습을 해볼 필요가 있다. 가령, 아빠의 직업이 자신의 약점이라고 생각하는 사람의 경우 가까운 친구부터 자신의 약점을 알렸을 때 상대방이 대수롭지 않게 여긴다면 자신이 가지고 있는 반사적 생각이 잘못되었음을 스스로 인식할 수 있을 것이다.

2. 자기존중감 회복하기

세상을 살다 보면 자신이 미워질 때도 있고 자부심을 느낄 때도 있지만 자신을 사랑하기 위해서는 긍정적 자기개념을 가져야 한다. 자기비난은 자존감을 떨어뜨려 부정적 자기개념을 가져오므로 긍정적 자기개념을 가지려면 자기비난에서 벗어나야 한다. 여기에서는 낮은 자기존중감을 가져오는 자기비난은 왜 일어나는지 그리고 자기비난을 극복하기 위해서는 어떻게 해야 하는지 알아보자.

1) 낮은 자기존중감의 원인

자기존중감(자존감)은 긍정적 자기개념의 기반이 되며 인간관계에 대한 자신감을 결정하는 요소이다. 자존감이 낮으면 자신의 가치를 상대방의 인정에서 찾기 때문에 항상 상대방의 반응을 예민하게 받아들이게 되어 감정의 기복이 커지고 자신감이 떨어지게 된다. 그렇다면 우리가 낮은 자존감을 갖게 되는 원인은 무엇 때문일까?

첫째, 좌절을 일으키는 상황에서 나타나는 일시적인 자기비난 때문에 일어날 수 있다. 가령, 부모로서 훌륭한 사람도 직장에서 실수하게 되면 자존감이 낮아질 수 있으며, 학생도 시험에서 나쁜 평가를 받게 되면 자존감이 낮아질 수 있다. 그러나 이러한 자존감의 저하는 일시적인 것이며 자기비난을 일으키는 생각을 바꾸면 어느 정도 극복될 수 있다.

둘째, 어린 시절 부모의 비난이나 학대 같은 외상적 경험으로 인해 형성되는 낮은 자존감은 성격의 일부로 삶에 전반적 영향을 미치게 된다. 가령, 좋은 가정환경에서 풍족하게 자라더라도 부모로부터 정서적 지지를 받지 못하고 자라게 되면 낮은 자존감을 갖게 되고 이러한 낮은 자존감은 인생 전체에 부정적인 영향을 미칠 수 있다. 이렇게 형성된 낮은 자존감은 자기연민을 통해 부정적 자기정체감을 변화시키려고 노력해야 어느 정도라도 극복할 수 있다.

2) 일시적 자기비난에서 벗어나기

인간이라면 누구나 남들보다 자신이 더 뛰어나기를 바라고 인정받기를 바라지만 세상은 그렇게 만만하지 않아 좌절감을 느끼기 쉽고 그런 상황에서 우리는 자기비난을 하기 쉽다. 그러나 좌절을 일으키는 상황으로 인해 나타나는 자기비난은 자신의 진정한 가치에 대한 것이 아니므로 생각을 변화시켜 극복할 수 있다. 그렇다면 일시적 자기비난에서 벗어나려면 어떻게 해야 할까?

첫째, 자기비난의 목소리를 의인화해 본다. 세상을 살아가다 보면 실수를 하게 되어 있는데 이러한 상황에서 우리 마음은 "너는 도대체 잘하는 것이 무엇이니? 그러니까 사람들이 무시하지." 같은 자기비난을 자기 마음이 하는 진실된 이야기로 받아들이면 그러한 자기비난에서 벗어날 수 없다. 그렇기 때문에 자기를 비난하는 목소리를 내부에서 오는 것으로 보지 않고 외부에서 오는 것으로 받아들인다면 객관적 시각으로 자신을 바라볼 수 있다. 즉, 좌절했을 때 나에게는 나를 비난하는 '나쁜 친구'와 나를 늘 격려해 주는 '좋은 친구'가 있다고 생각하고 마음속에 떠오르는 자기비난을 '나쁜 친구'가 하는 비난으로 받아들인다.

둘째, 자기비난을 적극적으로 반박한다. 중요한 시험에서 떨어진 것 같은 좋지 않은 일이 생겼을 때 부정적 감정이 드는 것은 당연하다. 그러나 그 감정은 상황이나 타인 때문이 아니라 자신의 생각 때문이며 어떤 생각을 가지고 있는지에 따라 감정은 달라질 수 있다. 따라서 자기비난에서 벗어나려면 나도 모르게 머리에 떠오르는 '나쁜 친구'의 자기비난에 대해 '좋은 친구'는 뭐라고 반박할지 생각해 본다.

자기비난에 대한 반박은 비논리성에 대한 반박, 증거 부족에 대한 반박, 유용성에 대한 반박으로 이루어질 수 있다. 우선 비논리성에 대한 반박은 '나쁜 친구'의 자기비난이 가진 비논리성을 반박하는 것이다. 가령, 중요한 시험에서 실패했을 때 '나쁜 친구'가 "그렇게 중요한 시험에 떨어지다니 너는 구제 불능이야."라고 비난했다면 '좋은 친구'는 "시험에 한번 떨어졌다고 무능하고 미래가 없다고 생각하는 것은 잘못된 생각이야. 누구나 실패할 수 있어."라고 이야기해 준다고 생각한다. 다음에는 증거 부족에 대한 반박이 있다. 가령, 친구와 심하게 싸웠을 때 '나쁜 친구'가 "친구와 그런 일로 싸우다니 너는 진짜 다른 사람에게 사랑받기 어려움 사람이야."라고 비난했다면 '좋은 친구'는 "너만 친구와 싸우는 것도 아니야. 그리고 친구와 싸웠다고 모든 사람이 다 문제가 생기는 것도 아니야. 진정해."라고 이야기해 준다고 생각한다.

끝으로 유용성에 대한 반박은 그러한 자기비난이 우리의 삶에 어떤 도움을 주는지 의문을 제기하는 것이다. 가령, 첫 미팅에서 상대여자에게 좋은 이미지를 주지 못했다고 생각될 때 '나쁜 친구'가 "너는 말도 못하고 잘 생기지 않았어. 그녀가 너를 싫어하는 것은 당연해."라고 비난했다면 '좋은 친구'는 "그녀가 너를 싫어한다고 생각하면 그녀와 다시 친해질 기회가 없어지는 거야! 말도 안 돼!"라고 이야기해 준다고 생각한다.

3) 자기정체성으로 자리잡은 자기비난 극복하기: 자기 사랑하기

인간관계를 힘들게 하는 가장 심각한 자기비난은 자기비난이 자기정체성으로 자리잡은 경우이다. 자기비난이 정체성이 되어 버리면 상황과 무관하게 자신의 가치를 낮추고 자신의 행동을 비난한다. 이러한 경우에는 생각의 변화만으로는 자기비난에서 벗어나기에 불충분하며 자기비난을 유발하는 자기정체감을 변화시키기 위해 자기를 사랑하는 방법을 배워야 한다. 자기를 사랑하기 위해서는 자기를 연민의 마음으로 바라보는 방법과 스스로에게 용기를 주는 방법을 배워야 한다. 여기에서는 자신을 연민의 마음으로 바라보고 스스로에게 용기를 주는 방법을 배워보자.

(1) 자기연민

자신에게 연민을 느끼고 온정을 베풀면 자신의 가치가 높아지면서 모든 자기비난을 물리친다. 만일 가장 친한 친구가 어려움에 처해 있을 때 옆에서 위로해 주는 것처럼 연민의 마음을 가지고 자신을 위로해 줄 수 있다면 어떤 실수를 해도 자신을 용서할 수 있고 자신의 가치를 찾을 수 있다. 그렇다면 힘들고 어려울 때 '좋은 친구'가 나를 위로해 주고 있다고 상상하고 연민의 마음으로 자신을 받아들이는 방법을 알아보자.

첫째, 나 스스로 자신의 부족함이나 결점을 이해해 준다. 가령, 살이 쪄서 고민하고 있는데 오늘 많이 먹었다고 가정하다. 그러면 '나쁜 친구'는 "그것 봐 너는 먹는 것도 통제하지 못하는 구제 불능이야."라고 비난을 퍼붓겠지만 이때 내 안의 '좋은 친구'가 "자책하지 마! 하루 동안 힘들었으니 그럴 수 있어!"라고 말해준다고 상상한다. 둘째, 나 스스로 가치판단을 보류하고 자신의 모든 것을 수용한다. 가령, 자신이 원하는 날씬하고 멋진 몸이 아니라서 늘 고민하고 있다고 가정하자. 그러면 '나쁜 친구'는 "너는 너무 뚱뚱해 아무도 너에게 말을 걸거나 친구 하자고 하지 않을 거야!"라고 비난하겠지만 이때 내 안의 '좋은 친구'가 "그래 나는 뚱뚱해, 하지만 그것이 나야. 그것 때문에 마음을 상하고 싶진 않아."라고 말해준다고 상상한다. 셋째, 나 스스로 과거의 나를 용서하고 현재의 가치를 인정하고 미래를 기대한다. 과거에 우리는 타인의 평가나 자기비난으로 끝임 없이 상처 받고 자신을 학대하면서 살아왔다. 이제는 스스로를 비난해왔던 자신을 용서하고 자신의 가치를 찾고 그렇게 되도록 노력하는 사람이 되어야 한다. 내 안의 '좋은 친구'가 "이제 뚱뚱하다고 스스로를 비난하지 않을 거야! 나는 가치 있는 사람이고 그렇게 될 거야."라고 자신에게 말해준다고 상상한다. 인간의 가치는 삶이 존재하는 데 있으며 그의 지위나 성취와는 무관한 것이다.

(2) 나에게 용기를 주기

그동안 자신의 가치를 인식하지 못하고 스스로를 비난했던 습관에서 벗어나 자신에게 용기를 줘보자. 우리는 흔히 외모나 성공 같은 사회적 가치로 자신을 평가하지만 그러한 가치는 우리 사회가 우리에게 강요하는 것이며 진정한 가치는 우리가 자신에게 부여하는 것이다. 나에게 용기를 주는 대표적인 방법은 거울기법으로 자의식을 강하게 하는 거울을 사용하여 자신의 내면에 다가가 자신을 부정적으로 평가하는 마음과 직면하고 그것을 객관적으로 논박하여 부정적인 생각에서 벗어나는 방법이다.

거울기법을 활용하여 어떻게 자신에게 용기를 줄 수 있는지 알아보자. 우선 어떤 일로 힘들 때 거울 앞에서 자신을 바라본다. 거울을 바라보면 누구나 자의식이 높아지고 외부환경보다 자신의 내면세계에 집중하게 된다. 이때 자신에 대한 부정적 생각을 일인칭("나"를 주어로)으로 큰 소리로 말해본다. 가령, 그동안 사귀던 연인과 헤어졌다면 큰 소리로 "나를 사랑하는 사람은 아무도 없어. 아무도 나를 사랑하지 않을 거야!"라고 말한다. 다음에는 '좋은 친구'를 상상하고 2인칭("너"를 주어로)으로 자신의 부정적 생각에 대항하여 자신을 방어해준다고 상상하면서 자신에게 이야기해 준다. 가령 "너를 사랑하는 사람은 너무 많아. 너의 부모님, 너의 친구들을 생각해봐."라고 이야기할 수 있다. 부정적 생각을 하나씩 모두 방어한 후 자신을 꼭 안아주고 지금까지의 느낌을 글로 써본다.

● ABCDE기법을 통해 자기에 대한 부정적 감정에 대응하기

우리가 부정적 사건에서 경험하는 자신에 대한 부정적 감정은 사실이라기보다 자신의 비합리적 신념 때문일 수 있으며 비합리적 신념은 상황의 의미를 부정적으로 왜곡하여 자신에 대한 부정적 감정을 과장한다. 여기에서는 ABCDE기법(Ellis, 1975)을 활용하여 과거에 자신에 대한 부정적 감정을 일으켰던 사건들을 분석하여 비합리적 신념을 합리적으로 변화시킴으로써 자신에 대한 부정적 감정을 감소시켜 보자. 첫째, 최근에 경험한 사건(A)과 그때 느꼈던 부정적 감정(C)을 떠올려 본다. 가령, 얼마 전 입사시험에서 떨어졌던 사람은 "입사시험을 봤는데 성적이 좋지 않아 탈락했고(A) 그로 인해 실망감과 우울감이 생겨 요즘에는 아무것도 손에 잡히지 않는다.(C)"는 기억을 떠올릴 수 있다. 둘째, 부정적 감정의 원인인 비합리적 신념(B)을 생각해 본다. 입사시험에 떨어진 후에 내 마음에 떠올랐던 생각은 뭐였을지 추측해 보면 "나는 정말 머리가 나쁜가? 이제는 아무것도 할 수 있는 일이 없어."(B)라는 생각이 들었을 수 있다. 셋째, 그러한 생각이 얼마나 합리적인지 논박(D)해 본다. 즉, 방금 감정의 원인으로 머리에 떠올랐던 생각이 논리성, 사실성, 유용성의 관점에서 얼마나 합리적인지 판단해 본다. 만일 시험에 떨어진 사람이 모두 머리가 나쁜 것도 아니고, 머리 나쁜 사람도 시험에 합격한 경우가 있을 수 있으며, 그렇게 생각하는 것이 나한테 도움이 되는 것도 아니라면 이런 생각은 비합리적이다. 넷째, 사건의 의미에 대한 합리적 대안(E)을 찾아본다. 즉, 부정적 감정을 유발한 사건의 의미를 다르게 해석할 방법이 없는지 생각해 본다. 가령, "입사시험에 떨어진 것은 실망스럽지만 그렇다고 내가 입사하기 어려울 만큼 자격을 갖추지 못한 것은 아냐. 그렇다면 다시 한 번 노력해 보자."라고 합리적으로 생각할 수 있다. 이렇게 합리적으로 생각하면 입사시험에 떨어진 것은 인생을 살아가면서 누구나 겪게 되는 좌절이며 그러한 좌절을 극복하면서 살아가는 것이 삶이라는 것을 받아들이게 된다.

3. 효과적인 의사소통 기술 배우기

우리는 어릴 때부터 다양한 상황에서 사람들과 의사소통을 통해 서로 생각과 감정을 나누며 인생을 살아간다. 이렇게 본다면 의사소통 기술은 굳이 배우지 않아도 자연스럽게 익히게 되는 것이라고 말할 수 있지만 조금만 살펴보면 반드시 그렇지도 않다. 사람들은 타인과 대화를 할 때 어떤 말을 할지, 어떻게 말할지 등에 대해 깊이 생각하지 않은 채 무의식적으로 대화한다(Hample & Dallinger, 1987). 즉, 사람들은 과거의 비슷한 상황에서 만들어 놓았던 각본대로 대화를 하며 그 덕분에 의식적인 노력을 적게 들이고 대화할 수 있다. 그러나 주변 사람들에게 불만을 느끼게 하는 대화 각본을 가지고 있다면 그것을 스스로 의식하지 못하기 때문에 더 고치기 어렵다. 상대방과 갈등이 발생했을 때 비로소 기존의 각본에서 벗어나 자신의 대화에 의식적으로 주의를 기울이게 된다. 따라서 주변 사람들과 친밀한 관계를 맺기 위해서는 자신이 어떻게 말하는지 그리고 그것이 대화를 촉진하는지 아니면 문제를 일으키는지 되돌아보고 문제가 있다면 고치려고 노력해야 한다.

또한 우리는 대화가 자연스럽고 익숙한 것이기 때문에 배워야 한다는 생각을 하지 못하지만 의사소통 기술을 조금만 바꿔도 새로운 인간관계를 형성하거나 기존의 인간관계를 심화하는 효과를 얻을 수 있다. 효율적 의사소통을 위해 대화를 어떻게 해야 할지 단계적으로 알아보도록 하자.

1) 처음 만났을 때 이루어지는 대화

"외로워요.", "친구가 없어요.", "새로운 사람과 만나고 싶지만 어떻게 해야 할지 모르겠어요." 등 인간관계를 형성하는 방법을 잘 몰라 힘들어 하는 사람들이 많이 있다. 이렇게 인간관계에 미숙한 사람들은 인간관계에 지나치게 수동적이어서 상대방이 말을 걸어오기 전에는 대화를 하지 않는 경향이 있고 상대방이 자신을 어떻게 볼 것인지를 두려워한다. 즉, 사람들은 현실적이지 않은 비합리적인 신념 때문에 사람들과의 접촉을 두려워한다. 가령, "저 여자에게 데이트를 신청하면 거절할지 몰라."라는 생각은 누구나 할 수 있는 합리적인 생각이지만 이들은 "거절당하면 그 여자가 얼마나 나를 우습게볼까?" 같은 지나친 비약을 하는 경향을 보인다. 우리는 사회생활을 하면서 피상적인 인간관계에서 친밀한 인간관계까지 다양한 인간관계를 경험하게 되므로 비합리적 신념을 버리고 적극적으로 상대방에게 다가가는 용기가 요구된다. 이 절에서는 처음 만났을 때 이루어지는 가벼운 대화나 공통 관심사 찾기를 통해 자기개방의 기회를 찾는 과정에 대해 알아보자.

(1) 말 걸어오기를 기다리기보다 먼저 말을 건네기

처음 만났을 때 상대방에게 호감을 느낀다면 말을 걸어오기를 기다리기보다 먼저 말을 건네는 것이 중요하다. 물론 처음 만났을 때 가장 어려운 것은 무엇을 가지고 대화를 시작하느냐 하는 것이다. 서로에 대해 잘 모르는 상태이기 때문에 대화의 주제를 이끌어내는 것이 쉽지 않지만 쉽게 서로의 관심사를 이끌어내는 방법이 있다.

먼저 자신을 소개하고 가벼운 주제로 대화를 건넨다. 즉, 가벼운 주제에는 날씨나 장소, 뉴스와 여향, 직업과 취미 등이 있을 수 있으며 공통관심사가 발견되면 그것을 중심으로 대화를 한다. 또한 적당한 기회에 상대방의 장점을 칭찬하고 관련된 질문을 통해 대화를 이끌어나간다. 가령, "옷이 예쁜데요?"라고 칭찬하고 "그런데 그 옷 어디서 사셨어요?"라고 질문하여 대화를 이끌어갈 수 있다. 또한 "목소리가 참 아름답군요."라고 칭찬한 후 "어떤 노래를 잘 부르세요?"라고 물어서 좋아하는 노래를 중심으로 대화를 이끌어나갈 수 있다. 그 밖에도 도움을 요청하거나 도움을 제의하는 것도 대화를 시작하는 방법이 될 수 있다. 가령, "제가 구하려던 것인데 그 CD를 어디에서 사셨는지 알려주시겠어요?"라고 하거나 "노래 가사가 상당히 좋던데 다음에 제가 알려드릴까요?"라고 말할 수 있다. 도움을 주거나 받는 것은 상대방에 대한 호감을 높일 수 있기 때문에 만남 초기에 관계를 진전시키는 데 효과적이다. 이렇게 해서 대화가 편해지면 스포츠나 패션 등 일상적인 문제에 대한 자신의 의견을 제시하여 공감을 유도하고 상대방의 의견에 공감해줌으로써 대화의 깊이를 더할 수 있다.

(2) 대화를 유지하는 방법에 익숙해지기

흔히 처음 만난 사람과 대화를 하다 보면 공통관심사를 찾기 어려워 대화가 중단되는 경우가 있으며 이럴 때 대화를 이어가는 방법을 배울 필요가 있다. 첫째, 상대방의 말을 주의 깊게 경청하고 대화에서 제공하는 여분의 정보를 따라가면서 대화를 유지한다. 대화하는 동안 사람들은 상대방이 묻거나 언급한 것 이상의 여분의 정보를 제공하는 경향이 있다. 가령, "어디 사세요?"라고 물으면 대부분 "신림동에 사는데요. 근처에 관악산이 있죠."라고 대답을 한다. 이 경우 상대방이 사는 곳 근처에 관악산이 있다는 사실은 대화를 이끌어 가는 데 중요한 단서가 될 수 있다. 서로 상대방이 제공하는 여분의 정보에 계속 주의를 기울이고 그것을 따라가면 자연스럽게 대화가 진행될 수 있다.

둘째, 눈을 마주치거나 고개를 끄덕이는 등 관심에 대한 신호를 주면서 상대방의 이야기를 경청한다. 상대방도 자신의 이야기를 집중해서 들어주면 기분도 좋아지고 대화에 적극적으로 참여하려는 동기도 함께 높아지는 경향을 보인다. 셋째, 대화를 하는 도중에 상대방이 관심을 보이지 않거나 잘 모르는 주제인 경우에는 주제 전환을 통해 자연스럽게 다양한 주제로 이야기를 이끌어 나갈 필요가 있다. 가령, 오늘 날씨에 대해 이야기하는 과정에서 상대방이 관심을 보이지 않으면 "좋은 날씨를 보니 설악산에 갔던 때가 생각나네요? 혹시 가보셨나요?"라고 자연스럽게 주제 전환을 시도할 수 있다.

2) 친밀해지기 위한 대화

처음 만났을 때 가벼운 대화로 시작한 대인관계는 다양한 주제로 깊이 있는 대화가 이루어지면서 친밀한 관계로 점차 발전시킨다. 특히, 대화를 통해 친밀한 관계를 형성하기 위해서는 다음과 같은 점을 고려해야 한다(Ellenson, 1982). 첫째, 자신이나 상대방을 신뢰해야 한다. 상대방이 자신을 인정하지 않거나 비웃을지도 모른다는 생각 때문에 자기 생각이나 감정을 숨기면 친밀한 관계는 불가능하다. 둘째, 서로를 이해하는 데 숨겨진 장애물들이 있을 수 있음을 의식한다. 즉, 가정환경이나 과거 경험 또는 개인적 가치나 흥미가 대화에 영향을 미칠 가능성을 의식하고 상대방의 말을 이해할 때 그러한 점을 고려해야 한다. 셋째, 상대방의 말이나 행동을 이해하기 어려울 경우에 추측하기보다는 대화를 통해 상대방의 의도를 직접 확인해야 한다. 넷째, 말을 하려고 하기보다 타인의 말을 경청하는 자세를 가져야 한다. 경청이란 적극적인 행동이며 단지 말을 이해하는 것만이 아니라 의도와 감정을 이해하는 것이다. 다섯째, 상대방의 말을 평가하기보다 일단 수용하려고 노력해야 한다. 이렇게 조건 없이 타인을 수용하면 서로 자기의 관심사를 자유롭게 이야기할 수 있게 된다. 이 절에서는 친밀한 관계를 위해 요구되는 다양한 의사소통 기술에 대해 알아본다.

(1) 경청하기

가장 좋은 대화는 상대방의 말을 잘 들어주는 것에서 시작된다. 일반적으로 의사소통은 언어적 수단으로 이루어지는 경우가 많지만 얼굴 표정이나 몸짓 같은 비언어적 수단을 통해서도 이루어지므로 경청한다는 것은 상대방의 언어적 메시지뿐 아니라 비언어적인 메시지를 정확하게 이해하는 것을 의미한다.

우리가 상대방의 말을 잘 알아듣지 못하는 것은 상대방 때문일 수도 있고 자신 때문일 수도 있다. 우선, 사람들은 자기가 생각하고 느끼고 원하는 것을 솔직하게 표현하지 못하는 경우가 더 많은데 그것은 과거에 경험한 마음의 상처 때문일 수도 있고 현재의 문제에 대한 자신감이 낮기 때문일 수도 있다. 이런 경우에는 언어적 메시지와 비언어적 메시지가 불일치하여 상대방의 말을 정확하게 이해하지 못하게 된다. 또한 듣는 사람이 상대방에게 부정적 태도를 갖고 있거나 자신의 문제를 대화에 투사하게 되면 상대방의 말을 잘 듣기 어렵다. 듣는 사람은 무엇보다 마음을 비우고 상대방의 입장에 서서 이해하려는 태도를 가져야 상대방의 말을 잘 이해할 수 있다.

가) 경청하지 못하는 이유

경청하기는 대화에서 가장 중요한 의사소통 기술로 상대방의 말을 경칭할수록 상대방을 더 잘 이해하고 상대방이 왜 그렇게 말하고 행동하는지 추측하지 않고도 알 수 있게 된다. 적극적인 경청은 로저스(Rogers, 1951)가 제시한 상담기술로 상대방이 말을 할 때 그냥 듣고 있는 것이 아니라 상대방을 존중하고, 이해하고 돕고자 할 때 이루어진다. 이러한 적극적 경청을 어렵게 하는 요인들 몇 가지를 알아보자.

상대방의 말을 들으면서 자신과 비교하는 것 똑같은 상황이라도 사람마다 느끼는 것이 다를 수 있으며, 그것을 상대방의 입장에서 이해하고 받아들여 주는 것이 경청의 첫걸음이 된다. 상대방이 어떤 이야기를 했을 때 그와 비슷한 과거 경험을 떠올리는 것은 공감의 근거가 될 수 있지만 상대방의 상황을 무시하고 자기 입장만을 강조하면 대화가 더 이상 이루어지지 못한다. 가령, 군대에서 얼마나 힘들었는지를 이야기하고 있는 상대방에게 "야! 나는 공수부대에서 근무했는데도 다 이겨냈는데 그런 편한 부대에서 그런 이야기를 하는 것은 오버 아니야?"라고 말한다면 상대방은 더 이상 대화를 하려고 하지 않을 것이다.

상대방의 말보다 자기가 할 말에 집중하는 것 다음에 할 말을 생각하기 바빠서 상대방이 말하는 것을 잘 듣지 않을 수 있다. 휴대폰으로 애인과 심하게 말다툼을 하고 나면 다음에 만나서 애인에게 뭐라고 말해야 할지를 생각하느라 지금 대화를 하고 있는 상대방의 말에 집중하지 못할 수 있다. 그렇게 되면 상대방의 말을 이해하지 못하고 잘못된 대답을 하여 상대방에게 불쾌감을 줄 수 있다.

상대방에 대해 선입견을 가지고 있는 것 평소에 상대방이 말귀를 잘 알아듣지 못한다고 생각하거나 고집이 너무 세다거나 이기적인 사람이라고 생각한다면 그 사람의 말을 경청하려고 하기보다 상대방에 대한 편견이 옳다는 증거를 찾기 위해서만 귀를 기울일 것이다. 가령, 아내가 과시적이라고 생각하는 남편은 아이의 교육에 대해 상의하고 싶은 아내의 말에 주의를 기울이기보다 아내가 또 무슨 과시를 하려고 하는지에 주의를 기울이게 되어 아내가 하고 싶은 말을 제대로 이해하지 못할 것이다.

상대방에게 해결책을 알려주려고 애쓰는 것 상대방에 대해 관심을 갖는 것은 좋지만 해결책을 찾아서 문제를 해결하려는 욕구를 가지고 대화를 하면 상대방은 마음을 털어놓고 이야기하고 싶은 마음이 사라질 수 있다. 대부분의 경우에 이야기를 잘 들어주기만 해도 상대방은 스스로 자신의 문제를 명료화하고 해결책을 찾는다. 가령, 애인이 떠나 우울해 하는 친구가 자기 기분에 대해 이야기하려고 하는데 애인이 떠나는 일은 모든 사람에게 일어날 수 있고 그런 일이 생긴 이유가 친구가 너무 애인에게 잘 해주려고 해서 그렇다는 등, 앞으로 애인을 사귈 때는 너무 잘 해주려고 하지 말아야 한다는 등의 이런 저런 이야기를 하게 되면 상대방은 더 이상 대화를 하려는 마음을 갖지 않을 것이다.

자기는 항상 옳다고 생각하는 경우 자기의 실수나 실언을 인정하지 않고 자기방어에만 매달리면 상대방의 진심을 이해하지 못하게 된다. 이런 사람들은 자신의 잘못을 인정하지 않으려고 거짓말을 하거나 소리를 지르거나 변명을 하려고 할 뿐 아니라 상대방의 문제를 들추어 대화를 긴장으로 이끈다. 예를 들어, 친구와 대화를 할 때 너무 비판적인 말투를 쓰는 남편에게 걱정스런 말을 건넨 아내에게 남편은 그 친구들의 문제를 강조하거나 아내도 비판적인 측면이 있다고 비난하여 자존감을 지키려고 할 수 있다.

나) 효과적인 경청방법

인간관계가 원만한 사람은 대부분 자신의 의사를 잘 표현하기보다 상대방의 말을 잘 경청하는 사람들이다. 상대방의 말을 잘 듣고 이해하는 능력은 저절로 주어지는 것이 아니며 잘 듣는 것을 방해하는 습관들을 찾아내고 적극적 경청을 위한 능력을 기르는 것이 필요하다. 일주일만이라도 주변 사람들의 말을 적극적으로 경청한다면 인간관계가 갑자기 좋아지는 것을 경험할 수 있다. 어떻게 해야 상대방의 말을 잘 들을 수 있을까?

팝킨(Popkin, 1983)은 상대방의 말을 효과적으로 경청할 수 있는 방법을 제안하였다. 첫째, 상대방이 어떤 화제를 꺼냈을 경우에는 그것에 대해 충분히 이야기할 때까지 화제의 주도권을 상대방에게 부여한다. 특히 남자들은 다른 사람의 이야기를 듣기보다 자기 이야기를 하기 위해 상대방의 말에 끼어들려는 경향이 강하기 때문에 경청에 실패하는 경우가 많이 있다. 일단 상대방이 하고 싶은 이야기를 충분히 할 수 있는 여유를 주는 것이 경청의 출발점이 된다. 둘째, 상대방의 말에 관심을 가지고 있다는 점을 말이나 행동을 통해 표현한다. 가령, 상대방의 말을 잘 듣고 있다는 점을 알리기 위해 상대방의 말을 요약해 주거나 이해하지 못한 부분을 질문하는 것이 요구된다. 가령, 상대방이 추상적인 표현을 할 때 구체적인 내용을 물어볼 수 있다. 즉, "나는 가족의 관심이 필요해."라는 말에 대해 "어떤 관심이 필요한데?"라고 묻거나 "난 회사에서 인정받지 못해."라는 말에 대해 "회사에서 어떻게 인정받고 싶은데?"라고 물을 수 있다. 또한 상대방의 말에 주의를 기울이고 있다는 표시로 "음", "오" 등의 감탄사나 고개를 끄덕여 준다. 이것을 '말문 열기(door opener)'라고 부르며 상대방이 자신의 말에 관심을 보이면 누구나 편안한 마음으로 하고 싶은 이야기를 하게 된다(Gordon, 1976). 셋째, 상대방의 말에 이의가 있더라도 반박하기보다 수용적인 태도를 가진다. 상대방이 부정확한 정보를 가지고 이야기하더라도 그것을 교정해 주기보다 왜 그렇게 이야기하는지 잘 들어주고 받아들인 후 자기 생각을 전달하는 자세가 필요하다. 넷째, 상대방이 말하는 내용이 아니라 상대가 말하지 않은 내용에 대해서 반응하는 것이 필요하다. 그러기 위해서는 상대방의 느낌을 인정해 주어야 한다. 인정한다는 것은 상대방이 하는 말 자체보다 그 속에 들어 있는 느낌을 이해하려고 노력하고 있다는 표시를 하는 것으로 "이 일은 당신에게 중요한 문제였던 것 같군요!"라는 말 등으로 상대방이 가진 느낌을 먼저 인정해야 한다. 특히, 어떤 목적을 가지고 대화를 하다 보면 대화의 목적에 집착한 나머지 인정해 주는 단계 없이 문제 해결로 넘어가는 경우가 많은데 이것은 대화를 어렵게 한다. 상대방의 느낌을 인정해 주는 간단한 말("몇 달간 정말 이 일로 힘들었겠군요!" 등)이 대화를 원활하게 해줄 수 있다.

(2) 공감해 주기

공감은 상대방의 행동이나 감정을 그의 입장에서 이해하는 것이다. 그렇게 하려면 상대방의 행동이나 감정을 판단할 때 옳고 그름을 따지지 말고 그가 그 순간에는 자신의 최선을 다했을 것이라는 입장에서 이해한다. 타인에 대한 감정은 다른 사람의 행동보다 자신의 사고에 의해 유발되는 경우가 많기 때문에 공감은 타인에 대한 부정적 감정을 감소시키고 수용과 연민으로 자연스럽게 유도한다. 많은 사람들이 주어진 순간에 최선이라고 생각하는 행동을 하여 고통을 피하고 행복을 추구한다는 것을 이해하면 당신은 상대방의 행동과 논리에 동의하지 않아도 상대방을 이해할 수는 있다.

대인관계에서 공감이 미치는 영향을 로저스(Rogers, 1975)는 다음과 같이 설명하였다. 첫째, 공감은 소외(alienation)를 해소한다. 다른 누군가가 내가 말하는 것을 이해해 주고 수용해 준다는 것은 내가 이상하거나 소외되지 않았다는 것을 느끼게 해준다. 둘째, 공감은 상대방으로 하여금 자신의 모습 있는 그대로가 가치 있다는 느낌을 가지도록 한다. 공감이 주는 메시지는 "이 사람은 나를 신뢰하고 내가 가치 있다고 생각한다. 그렇다면 내가 가치 있는 존재일 수 있다."는 것이다. 이러한 느낌은 자기개념 변화의 첫 단계가 될 수 있다. 셋째, 공감은 수용적이고 무비판적으로 이루어지기 때문에 자기 스스로가 자신에 대해 부여했던 한계들로부터 자유로울 수 있게 해준다. 즉, 더 이상 자신을 부정적으로 평가하거나 판단하지 않음으로써 자기를 수용하게 될 수 있다.

● 공감을 위한 역할 바꾸기 능력

의사소통에서 상대방의 관점을 이해하는 공감능력을 키우는 방법 가운데 하나가 역할 바꾸기다. 역할 바꾸기는 "자신의 지각적, 인지적, 감정적 관점을 유지하면서 동시에 다른 사람의 지각적, 인지적, 감정적 관점을 이해할 수 있는 능력"이다(Johnson, Cheek, & Smither, 1983). 델리아와 오키프(Delia & O'Keefe, 1979)에 따르면 능력 있는 의사소통자가 되기 위해 아이들은 상황에 대한 다른 사람들의 관점을 인식할 수 있어야 하는데 역할 바꾸기는 이 점에서 중요하다. 리어든(Reardon, 1982)은 역할 바꾸기 능력이 나이가 들고 인지능력이 발달함에 따라서 증진된다는 것을 발견했다. 즉, 나이가 어릴 때는 "내"가 너의 상황을 어떻게 느낄 것인가(how "I" would feel in your situation)에 관심을 보이지만 상대 아이도 자기와 똑같이 느낄 것으로 생각하는 낮은 수준의 역할 취하기를 보인다. 그에 비해 나이가 들면 "내가 너라면 어떻게 느낄 것인가"(how "I" would feel if I were you)에 관심을 보이며 상대 아이가 자신만의 독특한 성격으로 그 상황을 어떻게 볼 것인지를 생각하는 높은 수준의 역할 바꾸기를 보인다.

나이가 들수록 역할 바꾸기 능력이 증진되지만 여덟 살이 될 때까지 다른 사람의 관점을 이해하는 공감능력이 전혀 발달하지 않는 사람들도 있는데 그 이유는 뭘까? 다른 사람의 관점을 이해하는 공감능력이 발달하지 않는 것은 다른 사람의 관점에서 생각하는 것에 대한 보상을 받지 못했기 때문이라고도 생각할 수 있다. 역할 바꾸기가 인지적 능력을 필요로 하기는 하지만 인지적 능력만 있으면 되는 것이 아니며 연습과 보상을 필요로 한다.

부모가 아이들에게 세상을 다른 사람의 관점으로 보는 것을 장려하고 그것에 대해 보상을 해 줄 때 아이들의 공감능력이 발달한다. 가령, 철수와 장난감 때문에 싸운 아들에게 부모가 "철수가 너를 때려서 네가 화가 나 있는 것을 알아! 하지만 잠깐 생각을 해볼래? 그동안 철수는 너랑 자주 놀았잖아. 철수가 진짜 너를 미워해서 싸웠을까?"라고 말했다면 자녀에게 다른 사람의 관점을 고려하라고 가르치는 것이다. 아무런 이유를 설명해 주지 않고 "영수가 다른 친구와 싸우는 것은 나쁜 거야!"라고 말하는 부모는 아이가 역할 바꾸기를 통해 공감능력을 발전시키는 데 도움이 되지 않는다. 부모가 모든 행동을 설명할 필요는 없지만 아이들은 부모를 통해 다른 사람의 관점을 이해하는 것을 배운다.

(3) 공감의 수준

공감이란 언어적 차원뿐만 아니라 동작이나 표정과 같은 비언어적 차원까지 포괄하는 현상이지만 공감수준은 언어적 반응을 바탕으로 공감의 깊이를 반영한다(Carkhuff & Truax, 1965). 대화에 나타난 공감수준을 살펴보고 대화에서 더 깊은 공감수준에 도달할 수 있도록 노력해야 한다.

공감수준 1

상대방의 언어적 또는 비언어적 표현에 주의를 기울이지 않고, 자신의 입장에서 상대방의 감정이나 생각을 판단하는 공감수준을 말한다. 이 수준에서는 상대방은 자신의 행동이나 감정이 이해받고 있다는 느낌을 전혀 받지 못한다. 가령, 학교생활에 적응하는 데 어려움을 겪고 있는 A가 "나 학교생활에 적응하지 못하겠어. 같은 반 아이들 대하기가 힘들어. 어떻게 하지?"라고 B에게 이야기했을 때 B가 "야, 너 정도면 괜찮은 거야. 얻어맞고 다니는 아이들도 있는데 뭘 그런 것 가지고 그래."라고 말했다면 B는 A의 마음에 전혀 공감을 하지 못하고 있다고 할 수 있다.

공감수준 2

상대방이 표현한 감정에 반응은 하지만 표현된 감정들 중 자기에게 의미가 있는 것에만 관심을 가지고 대화를 하는 수준을 말한다. 즉 상대방이 말하려고 의도하는 것과는 거리가 있는 감정이나 표현에 반응하는 공감수준이다. 가령, A가 "나 학교생활에 적응하지 못하겠어. 같은 반 아이들 대하기가 힘들어. 어떻게 하지?"라고 B에게 이야기했을 때 B가 "응, 너도 힘들구나. 나도 힘들어 죽겠어. 우리 반에서 말이지(상대방의 이야기는 도외시한 채 자신의 이야기로 빠져든다)…"라고 말했다면 어느 정도의 공감은 이루어지고 있지만 상대방의 입장보다 자신의 입장을 중심으로 대화가 이루어지기 때문에 상대방은 공감을 받았다는 느낌을 받지 못한다.

공감수준 3

상대방이 겉으로 드러낸 감정은 정확하게 이해하고 반응해 주지만 그 속에 있는 내면적 감정은 파악하지 못하기 때문에 반응해 주지 못하는 수준이다. 하지만 이 수준은 서로 감정을 공유하고 있다고 느끼기 때문에 친밀한 관계의 기초가 될 수 있다. 가령 A가 "나 학교생활에 적응하지 못하겠어. 같은 반 아이들 대하기가 힘들어. 어떻게 하지?"라고 B에게 이야기했을 때 B가 "너 많이 힘들겠구나. 나에게 이야기하지 그랬어."라고 말했다면 B는 비교적 공감을 잘 해주는 사람이다. 힘들다는 A의 마음을 함께 느끼고 있기 때문에 A의 힘들다는 하소연을 받아주는 것이고 이 정도만 되어도 상당한 수준의 공감을 하고 있는 사람이라고 할 수 있다.

공감수준 4

상대방이 겉으로 표현한 것만이 아니라 마음속의 감정을 이해하고 표현해줌으로써 상대방이 이전에는 표현할 수 없었던 감정을 표현하도록 돕는 수준이다. 가령, A가 "나 학교생활에 적응하지 못하겠어. 같은 반 아이들 대하기가 힘들어. 어떻게 하지?"라고 B에게 이야기했을 때 B가 "너 힘들었구나. 맞아. 같은 반 아이들이 그렇게 행동하면 정말 학교를 그만두고 싶을 때도 있을 거 같아."라고 말했다면 B는 A가 마음속에 담아두었던 '학교를 그만두고 싶다'는 마음을 대신 표현함으로써 공감을 최대화하고 있다. 그러나 자칫 잘못하면 상대방의 원래 의도를 잘못 추측하여 생각하지도 못했던 부정적인 결과를 가져올 수 있다. A는 지금 힘들기는 하지만 열심히 공부해서 다른 친구들에게 멋진 모습을 보이고 싶다는 욕구를 가지고 있는데 B가 성급하게 학교를 그만두고 싶을 것이라고 추측을 하면 A는 B가 공감하고 있다고 생각하지 않거나 잘못된 결정을 유도할 수 있다.

공감수준 5

상대방의 감정만 아니라 마음속의 기대나 욕구까지 표현하여 상대방이 현재의 어려움을 극복하는 데 도움을 주는 수준을 의미한다. 인간의 감정은 상황에 대한 인지적 평가에 근거하여 유발되므로 상대방의 감정을 충분히 공감하고 그

근거를 파악하여 상대방이 더 이상 감정 때문에 흔들리거나 괴로워하지 않도록 돕는 수준이다. 가령, A가 "나 학교생활에 적응하지 못하겠어. 같은 반 아이들 대하기가 힘들어. 어떻게 하지?"라고 B에게 이야기했을 때 B가 "너 정말 힘들겠다. 친구들에게 잘 어울려서 좋은 친구로 인정받고 싶은데 쉽지 않지? 그래도 조금씩 마음을 열고 가까이 해보면 친구들도 인정해 주지 않을까?"라고 말했다면 A의 괴로운 상황에도 공감해 주고 왜 그렇게 힘들어 하는지도 표현해 주니까 대화를 통해 더 좋은 방법을 찾을 수 있는 기회를 가질 수도 있다.

공감수준이 높다고 무조건 좋은 것은 아니다. "나 이혼하고 싶어."라고 하면서 남편의 무심함을 비난하는 친구가 있다고 하자. 이때 5단계 수준의 공감을 해서 "남편과 잘 지내고 싶은데, 그게 안 되니까 네가 더 힘들어 하는구나." 하고 말을 해 준다면, 이혼하고 싶다고 푸념하던 친구는 "너 지금 무슨 소리를 하는 거야! 내가 그 인간하고 살고 싶어 할 것 같아?" 하면서 화를 낼 것이다. 이럴 땐 3단계 수준의 공감으로 충분하다. "너 힘들겠다. 남편이 오죽 했으면 네가 이러겠어." 하고 말을 해준다면 친구는 울면서 쌓여 있던 감정을 다 쏟아낼 것이다.

이렇게 보면 상대방의 감정이나 상황에 따라 공감의 수준을 맞추어 줄 필요가 있다. 또한 공감은 언어적으로만 이루어지는 것이 아니라 비언어적으로도 이루어진다. 울고 있는 친구에게 "너 많이 슬프구나." 하는 것보다 아무 말 없이 옆에 다가가서 휴지를 뽑아 주는 편이 훨씬 "나를 잘 이해하는구나." 하는 생각을 불러일으키게 된다.

● 효과적인 공감대화법

공감대화를 하는 방법은 다양하지만 가장 효과적인 방법은 다음과 같다. 첫째, 당면한 문제에 어떻게 생각하고 있는지 상대방의 말을 주의 깊게 들어준다. 상대방이 자신의 말을 주의 깊게 들어준다는 것만으로도 마음이 열리고 위안을 얻을 수 있다. 둘째, 상대방의 감정을 상대방의 관점과 입장에서 이해하려고 노력한다. 객관적으로 잘못된 근거에 근거해서 감정을 표현했다고 하더라도 일단 수용하고 상대방의 입장에서 어떤 이유로 그런 감정을 가지게 되었는지를 이해하려고 노력한다. 셋째, 상대방이 왜 그러한 감정을 갖게 되었는지 이해했다면 그의 감정과 상황을 표현할 수 있는 적절한 말을 생각해 보고 말로 표현한다. 이렇게 말로 표현하면 상대방은 자신의 감정이 이해받고 있고 수용되고 있다는 느낌을 받기 때문에 위안을 얻게 되고 스스로 자신의 감정을 통제할 수 있는 여유를 갖게 된다. 가령, 어떤 친구가 "나는 그 친구에게 화가 나. 그 친구에게 그렇게 도움을 주어왔는데…."라고 말했을 때 단순히 상대방의 처지에 공감해 주거나("그렇게 도와주었는데 모른 체 하다니 그 친구에 대해 크게 실망했겠군요."), 상대방과 비슷한 경험을 했음을 알려 공감대를 강화하거나("너 정말 화가 나겠다. 나도 전에 친구에게 진심으로 대했는데 나중에 나를 험담하는 것을 전해 듣고 정말 실망한 것이 있었어."), 상대방이 원하지만 드러내기를 꺼리는 소망을 대신 이야기해 줌으로써 깊은 이해를 표현하는 것("너 정말 화가 나겠다. 그 친구가 진심으로 너에게 사과했다면 용서할 수 있었을 텐데.")이다.

(4) 자기개방 하기

아무리 오랫동안 사귀어도 친밀한 관계를 형성하지 못하는 이유는 서로 자기개방을 하지 않았기 때문이다. 사람은 상대방이 어떤 사람인지 잘 알지 못하는 상태에서 친밀감을 느끼기 어렵다. 서로 자기개방을 하게 되면 상대방의 행동을 이해하고 예측할 수 있기 때문에 편안함을 느끼게 되어 친밀해진다. 조하리의 창(Johari's window) 모형은 자기개념이 어떻게 이루어지는지를 설명하는데 도움이 된다. 조하리의 창에서 각 영역의 크기와 모습은 인간관계를 맺고 있는 당사자 간의 자기개방과 피드백 수준에 의해 결정된다. 즉, 상대방을 신뢰하게 되면 자기개방을 통해 상대방과 정보나 감정을 공유하고자 하고, 상대방이 개방적이고 수용적이라고 느끼면 상대방이 미처 알지 못했던 측면을 피드백을 통해 전달하게 된다. 인간관계가 시작되었을 때는 열려진 영역이 좁지만 인간관계가 지속되면서 서로 신뢰하게 되면 서로 더 많은 부분을 노출하게 되고 이전에 알지 못하였던 나의 측면을 상대방의 피드백을 통해 알게 되면서 열려진 영역은 숨겨진 영역이나 보지 못하는 영역에 비해 상대적으로 커지게 되고 서로 공유하는 부분이 많아지게 된다.

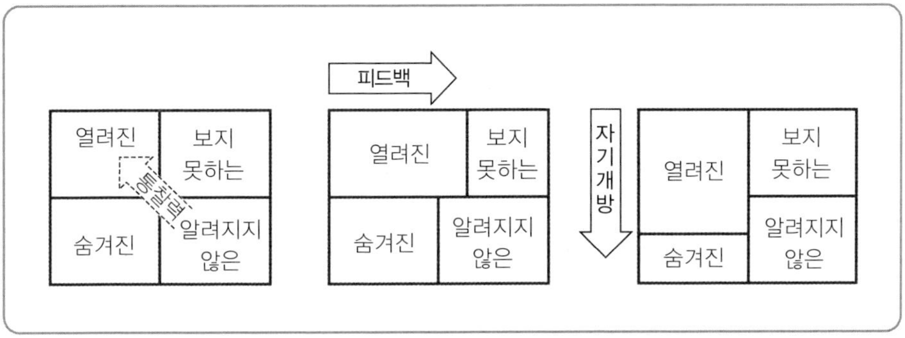

그림 5-1. 자아개방과 피드백 그리고 통찰력에 의한 자아의 확대

그러나 자기개방은 무작정 자기에 대한 정보를 상대방에게 공개한다고 해서 이루어지는 것이 아니다. 첫째, 자기개방은 점진적으로 이루어져야 하며 서로 충분히 신뢰할 수 있을 때 깊이 있는 자기개방이 이루어져야 한다. 즉, 처음에는 뉴스나 신문에서 본 정보나 친구들에 대한 사소한 정보를 교환하는 정도로 이루어져야 하며 좀 더 가까워지면 우리나라 축구팀이 얼마나 잘하는지 또는 정부정책의 문제점에 대한 각자의 의견을 서로 교환할 수 있다. 서로 충분히 가까워졌다고 느끼면 가족이나 친구에 대한 감정을 주고받을 수 있으며, 심지어 과거의 아픈 기억이나 다른 사람에게 알리고 싶지 않은 개인적 비밀까지도 서로 개방할 수 있다.

자기개방은 단지 언어적 수단을 통해서만 이루어지지 않으며 자기 방이나 자신이 소중하게 여기는 것을 보여줌으로써 이루어지기도 한다.

둘째, 처음 만난 상대와 가까워지는 손쉬운 방법은 공유할 수 있는 과거의 경험을 통해 자기개방을 시도하는 것이다. 예를 들어, 상대방이 학교에 처음 입학했을 때 어색하고 낯설어서 힘들었다고 이야기를 하면 "나도 처음 학교에 입학했을 당시에는 친구가 없어 외로웠어!" 식의 표현을 통해 상대방과 공감대를 형성하는 것도 도움이 된다.

셋째, 너무 빨리 모든 것을 털어놓는 자기개방은 인간관계에 부담을 줄 수 있다. 자기개방은 상호성이 있어서 자기가 조급하게 개인적인 사실을 털어놓으면 상대방도 그에 상응하는 자기개방을 해야 한다는 의무감 때문에 부담스러워한다. 따라서 가족에 관한 이야기 같이 개인적인 사실은 충분히 친해진 이후에 공유하는 것이 좋다.

● 자기개방을 위한 효과적 피드백 방법

자기개방을 촉진하기 위해서는 당사자가 스스로 자신을 개방하는 것 만이 아니라 상대방이 자기개방에 대해 적절한 피드백을 주는 것도 필요하다. 첫째, 성격보다는 구체적 행동에 대해 말해줄 필요가 있다. 상대방의 말이 자신을 공격하는 것으로 생각되면 방어적으로 행동하기 쉽다. 아무리 좋은 이야기라도 지적이나 비난에 비중을 두거나 상대방의 인격을 모독하는 느낌을 주게 되면 적절한 피드백이라고 보기 어렵다. 상대방의 평소 스타일이나 성격에 대해 말하기보다 현재 상대방의 행동에 어떤 문제가 있다고 말해주는 것이 상대방의 방어를 감소시키는 데 도움을 준다.

둘째, 상대방의 행동을 판단하기보다는 정보를 제공한다. 자신의 행동에 대해 상대방이 판단하는 것을 좋아하는 사람은 없다. 상대방의 행동에 대해 판단해서 말해주는 것보다 가능성과 정보를 말해주는 것이 상대방을 변화시키는 데 더 효과적이다.

셋째, 충고나 해결방안을 제시하기보다 대안을 제시해 준다. 상대방의 행동에 문제가 있을 때 상대방에게 충고를 하거나 해결방안을 제시하고 싶은 생각이 들겠지만 이것은 좋은 태도가 아니다. 충고나 해결방안을 제시하기보다 상대방이 선택할 수 있는 대안을 제시하고 판단은 당사자에게 맡겨야 한다. 자신이 제안한 충고를 상대방이 받아들이길 원하는 것은 자신의 욕구이지 결코 상대방을 위하는 것이 아니다.

3) 자신의 의사를 자연스럽게 표현하기

친밀한 인간관계에는 상대방의 감정이나 생각을 들어주고 공감해 주는 것도 필요하지만 자기가 가지고 있는 욕구나 감정을 상대방에게 정확하고 자연스럽게 전달하는 의사표현 능력도 필요하다. 이러한 의사표현을 효과적으로 하지 못하면 자신은 인간관계에 불만을 느끼게 되고 상대방은 방어적으로 대응하게 되어 인간관계가 어려워질 수 있다.

(1) 자기의 욕구를 표현하기

일상적인 대화에서 사람들은 흔히 상대방이 자신의 욕구나 생각을 이해해줄 것이라고 기대하지만 이러한 기대는 잘못된 것이며 직접 말로 전달해야 한다. 그러나 말로 욕구나 생각을 전달하는 것은 쉽지 않으며 전달 과정에서 자주 오해가 발생하기도 한다. 여기에서 가장 중요한 것은 자신의 욕구나 생각을 솔직하게 전달하는 것이다. 즉, 솔직하게 자기 욕구나 생각을 전하여 자신을 개방하면 상대방도 자신을 개방하기 때문에 더 친밀한 관계를 형성할 수 있지만 솔직하지 않게 행동하면 상대방도 방어적으로 행동하게 되어 대화가 난절될 수 있다. 이 절에서는 말을 통해 자신의 욕구나 생각을 전달하는 방법을 알아보자.

인간은 사랑과 소속의 욕구, 힘과 성취의 욕구, 즐거움의 욕구, 자유의 욕구, 생존의 욕구를 가지고 있으며 사람마다 욕구의 강도가 다를 수 있다(Glasse & Zunin, 1973). 즉, 사랑의 욕구가 강한 사람이 있는가 하면 자유의 욕구가 강한 사람도 있기 때문에 서로의 욕구가 충돌을 일으킬 수 있으며 이 경우에는 상대방에게 불만을 가질 수 있다. 만일 자신의 욕구를 표현하기 어렵다고 느껴진다면 그것은 자신의 정체성과 관련된 것이기 때문이다. 가령, 자신에게 늘 부탁만 하는 친구에게 더 이상 부탁을 들어주지 않겠다고 이야기하기 어려운 이유는 그것이 자신의 정체성에 문제를 가져올 가능성이 있기 때문이다. 그렇게 이야기했다가 그 친구가 뭐라고 이야기할지 그것이 상대방에게 보이는 자신의 이미지에 어떤 영향을 미칠지 생각하면 자신감이 떨어지게 되고, 그래서 쉽게 이야기를 꺼내지 못한다.

이렇게 자신의 욕구를 표현할 때 약해지는 최대의 원인은 흑백논리적 사고이다. 사실 사람은 유능할 수도, 무능할 수도, 착할 수도, 악할 수도 있다. 흑백논리적 사고의 가장 큰 위험은 우리를 상대방의 반응에 대해 지나치게 민감하게 반응하도록 하여 정체성을 불안정하게 만드는 것이다. 자신에 대한 부정적인 정보를 접했을 때 정보를 부인하거나 중요성을 과장하여 받아들이는 방법밖에 없다. 부정적 정보의 중요성을 과장하면 상대방의 반응만이 자아상에 대한 유일한 정보인 것처럼 행동하게 만든다. 자기 자신이나 상대방을 흑백논리로 단순화하지 말고 긍정적인 측면과 부정적인 측면을 모두 가진 존재로 인식할 필요가 있다. 가령, 늘 부탁만 하는 친구에게는 나도 냉정하고 단호한 면이 있는 사람이라는 것을 알릴 필요가 있으며, 상대방이 내 어려움을 늘 배려해주는 자비로운 사람이 될 필요가 없다는 점을 이해해야 한다.

자신의 욕구를 효과적으로 전달하기 위해서는 첫째, 상대방의 행동을 평가하지 말고 객관적 사실만을 표현해야 한다. 우리는 흔히 자신의 욕구를 표현하기보다 상대방의 문제점을 지적하여 대인관계에 문제를 일으키는 경우가 많이 있다. 가령, 남편이 퇴근했을 때 엉망이 된 집을 보고 아내에게 "그릇은 쌓여 있고, 바닥에는 옷이 널려 있는데 무슨 일이 있어?"라고 말한다면 아내는 그 상황에 대해 나름대로 책임이 있기 때문에 이유를 설명하게 될 것이고 갈등은 일어나지 않는다. 그러나 이런 상황에서 사람들은 "당신은 뭐하는데 집안이 맨날 이 모양이야?"라고 말하는 경우가 더 많은데 이렇게 말하게 되면 아내는 자신에 대한 비난으로 받아들이고 대화를 하기보다 화를 내게 된다. 이 상황에서 남편의 욕구는 정돈된 집에서 저녁을 먹고 편하게 쉬고 싶은 것인데 이렇게 대화가 이루어지게 되면 원래 자신의 욕구는 충족되지 못하고 새로운 갈등을 해결하느라 스트레스를 받게 된다. 둘째, 감정을 표현할 때와 마찬가지로 욕구를 표현할 때도 "나" 중심의 대화방법을 사용해야 한다. 가령, "앞으로는 집안 좀 깨끗하게 해놔! 지저분하지도 않아?"라고 말하는 것보다 "집안이 지저분하면 내가 치워야 할 것 같고 부담되니까 앞으로는 퇴근하기 전에 집안을 깨끗하게 해줘."라고 말하는 것이 아내에게 훨씬 자신의 욕구를 효과적으로 전달할 수 있다. 셋째, 자신의 욕구를 표현하는 과정에서 상대방의 기분을 상하게 할 수 있다고 생각해야 한다. 물론 상대방이 마음의 상처를 받지 않기를 원하지만 서로 의견대립이 일어난 후에도 상대방이 계속 당신을 좋아하기를 바라는 것은 잘못된 것이다. 우리가 대화에서 어려움을 겪는 이유 중 하나는 감정을 건드릴 수도 있는 이야기를 하면서도 상대방의 반응을 조절하려고 하기 때문인데 이러한 생각을 하지 않으면 자유로워질 수 있다.

(2) 질문하기

대화에서 질문은 상대방에 대해 더 많은 것을 알 수 있을 뿐 아니라 대화에 적극적이라는 인상을 남기기 때문에 바람직한 대화방법이다. 처음에 누구를 만났을 때는 자세한 내용을 요구하는 질문보다 좋아하는 음식이나 최근에 본 영화 등 쉽게 대답이 가능한 질문을 한다. 인터넷 채팅을 통해 처음 만나는 사람과 대화를 해보는 과정에서 자연스러운 질문의 방법을 쉽게 발견할 수 있다.

질문에는 개방적 질문과 폐쇄적 질문이 있는데 폐쇄적 질문은 "~영화를 좋아하나요?" 같이 상대방으로 하여금 간단한 답변을 요구하는 질문이고, 개방적 질문은 "~영화를 좋아한다면 어떤 점 때문인가요?" 같이 상대방으로 하여금 구체적인 답변을 요구하는 질문을 말한다. 개방형 질문은 대화를 유지시켜 상대방과 공통관심사를 공유할 수 있다는 장점을 가지고 있다. 또한 같은 내용을 물을 때도 "~에 대해 아시나요?", "어떤 이유로 ~하는지 알고 싶습니다.", "무슨 일로 ~되었는지 말씀해 주시겠어요?" 등의 간접질문은 상대방이 부담을 느끼지 않고 대답을 할 수 있기 때문에 좋은 질문방식이라고 할 수 있다. 그에 비해 "~까?"의 형태로 묻는 직접질문은 상대방에 추궁당하는 느낌이 들기 때문에 방어적 반응을 유발할 수 있다. 가령, 상대방이 이유도 없이 자신에게 화를 내는 경우 "어떤 이유로 화를 내시는지 알고 싶네요."라고 물으면 상대방도 화를 낸 이유를 설명하려고 하지만 "왜 화를 내시는 겁니까?"라고 물으면 그것을 도전으로 받아들이게 되어 더 심각한 상황이 될 수 있다.

상대방에게 질문을 할 때 반드시 피해야 할 것이 있다. 첫째, 자기가 하고 싶은 말을 질문으로 가장하지 말아야 한다. 대체로 질문을 가장한 주장은 느낌이나 부탁에 관한 것이다. 그것이 자존심을 건드리기 때문에 냉소적 질문으로 포장되어 상대방에게 전달된다. "그렇게 빨리 운전해서 불안하다."라는 말 대신 "꼭 그렇게 빨리 운전해야만 하겠어?"라고 질문하는 경우를 예로 들 수 있다. 이러한 질문보다 의도를 직접 표현하는 것이 더 효과적이다. 왜냐하면 상대방은 숨어 있는 감정이나 부탁에 주의를 기울이기보다 냉소나 공격에 주의를 기울이기 때문이다. 둘째, 상대방의 주장을 반박하기 위한 방편으로 질문을 하지 말아야 한다. 가령, "너는 모두 나의 잘못이라고 생각하는데 당신의 잘못도 많다고 생각해. 그렇지 않아?"라는 질문은 당신의 생각이 옳고 상대방의 생각은 틀린다는 말을 질문을 통해 우회적으로 표현한 것이다. 이런 질문은 직접적인 표현보다 상대방의 자존심에 더 큰 상처를 줄 수 있기 때문에 더 감정적인 반응을 유발한다.

(3) 도움을 요청하기

자신이 혼자 하기 어렵거나 상대방이 도와주면 더 잘 할 수 있을 때 상대방에게 도움을 요청하는 것은 일상적인 대화에서 매우 중요한 부분이다. 사람들이 부탁을 쉽게 하지 못하는 이유는 상대방이 자신의 부탁을 거절할지 모른다는 두려움도 있고, 자기 일을 스스로 하지 못하고 남에게 부탁하는 것은 자신의 나약함과 열등함을 드러낸다는 생각 때문일 수도 있고, 부탁을 하게 되면 상대방에게 과중한 부담이 되어 자신을 싫어할지도 모른다는 생각일 수도 있다. 그러나 상대방에게 자신의 상황을 잘 전달하기만 한다면 누구든 쉽게 도움을 줄 수 있으며 도움을 준 사람에게는 더 호감을 가지는 경향이 있기 때문에 도움을 요청하는 것은 매우 중요한 자기주장 기술이 된다.

다른 사람에게 도움을 요청하는 효과적인 방법으로 DESC 기법(Bower & Bower, 1991)이 있다. 첫째 단계는 상황을 설명하는 단계(Description stage)로서 자기가 상대방에게 도움을 요청을 하게 된 이유를 동기가 아니라 행동으로 자세히 설명한다. 둘째 단계는 상황의 심각성에 대한 자신의 감정을 표현하는 단계(Expression stage)이다. 이 단계에서는 자신의 상황이 얼마나 어려운지 그리고 도움이 얼마나 필요한지를 자신의 감정을 중심으로 표현한다. 셋째 단계는 현재 상황에서 자신이 원하는 것을 구체화하는 단계(Specification stage)로 자신이 상대방에게 원하는 구체적 도움행동과 한계를 제시한다. 넷째 단계는 상대방이 노와줬을 때 생길 수 있는 바람직한 결과를 설명하는 단계(Consequence)로 자신의 요구가 이루어졌을 경우에 생기는 긍정적인 결과와 도움에 필요한 상대방의 능력을 강조한다. 가령, 등록금을 낼 형편이 되지 않아 친척 삼촌에게 찾아갔다면 "제가 혼자 등록금을 마련하려고 노력을 하였지만 아르바이트를 구하지 못해 이번 학기 등록금을 마련하지 못했어요(Description). 제가 졸업반이라서 등록금을 내지 못하면 졸업을 하지 못할 수도 있고, 제가 알아본 직장에도 취업을 못하게 되어 마음이 너무 급해지고 걱정됩니다(Expression). 삼촌께서 이번 학기만 등록금을 내주신다면 다음 학기에는 방학 동안 아르바이트를 해서 꼭 제가 등록금을 마련하도록 하겠습니다(Specification). 삼촌은 마음이 따뜻하신 분이니까 제 심정을 이해할 거라고 생각되어 왔습니다. 도와주셔서 제가 사회인으로 떳떳하게 살아나갈 수 있게 된다면 고마운 마음 잊지 않겠습니다(Consequence)."라고 부탁한다면 좋은 결과를 얻을 수 있을 것이다.

(4) 어려운 상황에서 거절하기

많은 대인상황에서 사람들이 가장 어려워하는 것은 상대방의 요청을 거절하는 것일 것이다. 거절을 못하는 가장 큰 이유는 모든 사람에게 좋은 사람으로 인정을 받고자 하는 비현실적 신념과 거절하면 상대방의 감정을 상하게 할 수 있다는 생각 때문이다. 만일 거절을 하지 못하고 다른 사람의 요구를 자꾸 들어주다 보면 상대방도 불필요하게 많은 요구를 계속하게 되며, 자기 자신도 계속 이용당하고, 이용당한다고 생각하기 때문에 갈등의 원인이 될 수 있다. 다른 사람의 부당하거나 부담되는 요청에 "아니오"라고 말할수록 자신의 시간과 에너지를 더 잘 조절할 수 있으며, 진정한 친구라면 요청을 거절한다 해서 거부하거나 미워하지 않는다. 상대방의 요청을 강하게 거절하게 되면 상대방에게 불쾌한 감정을 유발할 가능성이 있기 때문에 대부분의 사람들은 다른 이유를 둘러대거나 일단 승낙하고 실행하지 않는 식의 수동적인 방법을 취하는 경향을 보인다. 그러나 이렇게 거절하면 다음에 만날 기회가 있을 때 상대방을 회피하게 되어 둘 사이의 관계를 더 나쁘게 할 수 있기 때문에 더 효과적으로 거절하는 방법이 필요하다.

서로 아는 사이인 경우 "미안하지만"이라는 말을 앞에 붙이면 훨씬 부드러우면서도 기분 상하지 않는 거절이 될 수 있다. 가령, 상대방이 "저기, 이 짐 옮기는 것 좀 도와줄래?"라고 요청했을 때 "미안하지만, 나 지금 할 일이 많아서, 도와주고는 싶지만 그러지 못할 것 같아."라고 거절하는 것이 좋은 방법이다. 더 효과적인 방법은 상대방의 처지를 충분히 이해했다는 점과 지금 도움을 주지 못하는 이유와 도움을 주지 못하는 자신의 감정을 표현하는 것이다. 가령, "네가 도움이 필요한 상황인 것은 잘 알지만 내가 부탁을 받은 일을 1시간 내에 끝내야 해서 못 도와줄 거 같아. 도와주지 못해 미안해."라고 거절한다면 아주 잘 대응한 경우이다. 모르는 사이인 경우에는 간단하게 "아니오." 혹은 "하고 싶지 않습니다."라고 말하는 것이 좋다. 가령, 길거리에서 상품을 한번 체험해 보도록 부탁을 받았고 그것을 하기 싫다면 "하고 싶지 않아요."나 "관심이 없습니다."라고 말하는 것이 좋다. 만약에 거절하기 위해 개인적인 사정이나 이유를 대면 상대방이 그것을 말꼬리로 삼아 계속해서 다른 요청을 할 가능성이 있으며 때로는 분쟁거리를 만들 수 있기 때문이다. 그렇게 거절하는 데도 계속해서 부탁을 할 경우에는 상대방이 받아들일 때까지 자신의 뜻을 확고하게 반복하는 것이 좋다. 랜지와 재커보우스키(Lange & Jakubowski, 1976)는 자신의 주장을 관철시키고자 할 때 자기가 가장 원하는 메시지를 문장에 계속 집어넣어 반복하는 것이 좋으며, 같은 말을 반복할 수도 있고 같은 의미를 가진 말을 반복할 수도 있다고 하였다.

chapter

06

인간관계의 위기

Psychology of Human Relationship

chapter 06 인간관계의 위기

갈등을 경험할 때 당사자들은 힘들고 아프지만 그동안 인간관계에 잠재되어 있던 문제들에 직면하도록 하여 문제해결을 촉진하므로 인간관계를 더 건강하게 만든다. 가령, 아무리 사이가 좋은 부부라고 해도 서로 안 맞는 부분이 있기 마련인데 부부 사이에 갈등이 없다 보면 사소한 불만이 점차 싸여 나중에 더 이상 견디기 어려울 때 비로소 문제가 표면화되기 때문에 문제를 해결할 기회를 놓치게 된다. 사소한 불만이라도 상대방에게 적절한 방법으로 갈등을 드러내게 되면 그 갈등은 저절로 해소되고 인간관계는 더 단단해질 것이다. 또한 갈등을 통해 사람은 인간관계를 새로운 시각에서 바라보게 된다. 늘 자기 말에 순종하던 아들과 갈등을 겪게 되면 부모는 매우 당황하고 실망감을 느끼게 되지만, 갈등을 통해 아들이 이제 성인으로서 대접을 받고 싶어 한다는 것을 새롭게 발견하고 성인으로서 아들을 바라볼 수 있게 된다. 물론 갈등을 격화되면 누구나 불안을 느끼게 되어 우발적이든 의도적이든 적대적인 행동을 하게 될 가능성이 있고 그로 인해 인간관계가 어려워질 수도 있다. 이 장에서는 갈등이 발생하는 원인과 그것을 어떻게 해결해야 하는지에 대해 알아본다.

1. 갈등의 원인

인간관계에서 사람들은 서로의 욕구를 충족시키고자 하기 때문에 갈등을 피하기 어려우며 갈등을 유발하는 상황에 따라 원인도 다를 수 있다. 물론 갈등을 유발하는 원인은 상황에 따라 다를 수 있지만 갈등을 유발할 가능성이 높은 일반적인 요인들에는 다음과 같은 것들이 있을 수 있다.

1) 의사소통갈등(communication conflict)

사회생활을 하다 보면 서로 마음이 잘 맞고 대화가 잘 통하는 사람이 있는가 하면 무슨 말을 하든지 기분을 잘 상하게 하는 사람이 있다. 이렇게 대화를 하는 동안 상대방에게 불편감을 느낀다면 의사소통방식에 차이가 있기 때문이다. 즉, 서로의 동기나 욕구를 고려하는 개인지향적 관점에서 대화를 하는 사람은 나이나 성 또는 신분 같은 지위에 근거하여 역할지향적 관점에서 대화를 하는 사람과 대화할 때 갈등을 겪을 수 있다(Bernstein, 1992). 가령, 개인지향적 관점을 가진 아버지는 자녀의 생각이 자신의 생각과 다를 수 있다고 생각하고 대화하는데, 역할지향적 관점을 가진 아버지는 자녀의 생각을 무시하고 가장의 권위에 근거하여 대화를 하는 경향을 보인다. 또한 기업에서도 개인지향적 관점을 가진 관리자들이 역할지향적 관점을 가진 관리자들보다 갈등을 용이하게 해결한다고 한다.

한편 문화적 차이도 의사소통방식에 어려움을 일으킬 수 있다. 우리나라와 같은 집단주의 문화권 국가들은 대화의 내용을 맥락을 고려하여 해석하는 고맥락 의사소통을 하는 데 비해 미국과 같은 개인주의 문화권에서는 맥락과 무관하게 자신의 의도를 정확하게 전달하는 저맥락 의사소통을 한다. 예를 들어, 자녀가 용돈을 아껴 부모님에게 생일선물을 사다 드렸을 때 대개 우리나라 부모님들은 "뭘 이렇게 비싼 걸 사와? 다음에는 사지 않아도 된다."라고 말하지만 자녀는 부모님의 말을 문장 그대로의 뜻이 아니라 '고맙다'는 뜻으로 받아들인다. 우리나라도 고맥락 의사소통보다 저맥락 의사소통을 선호하게 되면서 나이든 어른들과 청소년들 사이에 의사소통으로 인한 갈등이 생기곤 한다.

2) 역할갈등(role conflict)

사람은 사회 속에서 다양한 역할을 수행하며 주변 사람들은 역할에 근거한 역할기대를 하게 된다. 가령, 우리나라의 전통적 가치관에 따르면 남편은 아내에게 아이들을 잘 돌보고 맛있는 저녁을 준비해 주기를 기대하고 아내는 남편에게 열심히 일해서 가족을 부양하고 자신을 사랑하기를 기대한다. 아내가 자주 밤늦게 들어온다든지 남편이 실직을 해서 가족을 부양하지 못하면 이러한 기대가 충족되지 않게 되고 갈등이 발생하게 된다. 물론 시대가 변화되고 수평적 부부관계가 보편화되면서 남편과 아내의 역할에 대한 기대도 변화되고 있다.

그러나 역할로 인한 갈등이 역할기대가 충족되지 않을 때만 나타나는 것은 아니다. 갈등은 상대방에게 부여하는 역할에 합의하지 못할 경우에도 발생할 수 있다. 가령, 교회 활동을 하다가 알게 된 철수와 지혜는 친하게 지내고 있지만 철수는 지혜에게 애인역할을 부여하려고 하지만 지혜는 철수에게 친구역할을 부여하려고 해서 갈등을 겪을 수 있다. 또한 한 사람은 사회에서 다양한 역할을 수행하는데 그러한 역할 사이에 충돌이 일어나면 갈등이 생길 수 있다. 가령, 세무서에 공무원으로 재직하는 사람에게 고향친구가 찾아와서 자기에게 부과된 세금을 조금 낮춰달라고 부탁했다면 그는 친구역할과 공무원역할 간의 갈등을 경험하게 될 수 있다.

3) 불공정갈등(inequity conflict)

인간관계에서는 누구나 자신이 상대방에게 투자한 만큼 상대방도 자신에게 되돌려주기를 원하는데 그것은 형평성 규범에 근거한 기대 때문이다. 가령, 내일 시험이 있는데도 어떤 친구와 같이 술을 마셨다면 다음에 상대방도 같은 상황에서 똑같이 해주기를 기대하며 그러한 기대를 저버린다면 화가 날 것이다. 그러나 사회생활을 하다 보면 형평성이 깨졌는데도 참을 수밖에 없는 경우가 있는데 이럴 때는 마음을 바꿔서 형평성을 유지하려고 한다. 예를 들어, 여러분이 회사에서 열심히 일을 하는데도 남들보다 적은 보수를 받고 있다고 하자. 형평성 규범에 따르면 당연히 화가 날 것이고 회사 측에 더 많은 보수를 달라고 요구해야 하지만 실제로는 "이 어려운 불경기에 이곳에 다니는 것만도 감지덕지지 뭐!"라고 생각할 것이다. 이렇게 사람들은 형평성이 깨질 경우에도 심리적으로 자신이 누리는 혜택을 과대평가하거나 상대방이 얻게 될 이익을 과소평가하여 형평성을 유지하려고 한다.

4) 이질감갈등(heterogeneity conflict)

사람들은 서로 다른 성장환경에서 자라기 때문에 가치관의 차이를 보이며 이러한 차이는 극복하기 어려운 갈등을 일으킬 수 있다. 즉, 가치관은 마음을 구성하는 가장 핵심적 요소로 태도나 행동에 영향을 미치기 때문에 여가활동, 경제활동, 가족관계 등 일상생활을 지각하는 데 영향을 미친다. 가치관을 유형별로 구분하는 것은 큰 의미는 없을 수 있지만 설명상 편의를 위해 가치관을 이론형, 심미형, 사회형, 종교형, 경제형, 정치형으로 구분해볼 수도 있다.

어떤 결정을 해야 할 때 삶에서 아름다움을 추구하는 심미형 가치관을 가진 사람은 손익을 중시하는 경제형 가치관을 가진 사람과 갈등을 겪을 가능성이 크다. 가령, 영화를 볼 때도 심미형 가치관을 가진 아내는 멋진 영화관에서 영화를 즐기고 싶어 하지만, 경제형 가치관을 남편은 집에 있는 TV의 영화보기 서비스로 싼값에 보려고 할 것이다.

2. 갈등의 단계

사람을 처음 만나면 누구나 상대방의 좋은 면을 보려고 하기 때문에 갈등이 잘 드러나지 않는다. 그러나 친해지면 상대방의 장단점을 알게 되고 대화를 하는 동안 서로의 생각이나 감정에서 불일치가 나타나게 되면서 갈등이 시작된다. 여기에서는 인간관계에서 갈등이 어떻게 발생하고 해결되는지를 단계적으로 알아본다.

1) 갈등의 시작

누군가를 처음 만났을 때는 긍정성 왜곡(positivity bias)에 의해 상대방을 실제보다 긍정적으로 바라보게 된다. 그러나 만남이 지속되어 서로에 대해 알기 시작하면 맞지 않는 면을 발견하게 되고 사소한 갈등이 발생하게 된다. 그렇지만 이러한 불일치가 꼭 갈등까지 이어지지는 않는다. 그것은 불일치가 서로의 의견이나 생각이 진짜 다르기 때문에 나타나기도 하지만 아직 친숙하지 않은 사람들 간의 어색함이 불일치로 느껴질 수도 있기 때문이다. 그러나 관계가 진전되어 어떤 상황이나 사건에 대한 의견이나 감정이 교환되다 보면 불일치가 진짜 갈등으로 이어지기 시작한다.

2) 갈등의 악화

사소한 일이라도 의견이나 감정이 대립되면 서로의 행동이나 말을 실제보다 부정적으로 받아들이게 된다. 이렇게 상대방의 행동이나 말을 부정적으로 해석하기 시작하면 갈등이 점차 악화되는데 그 원인은 다음과 같다.

첫째, 상대방이 자기와 다른 의견을 갖는 이유가 악의적이고 공격적인 태도 때문이라고 생각한다. 특히, 갈등상황에서 협동적인 태도를 보이는 사람은 상대방의 의도를 비교적 정확하게 판단하지만 경쟁적인 태도를 가진 사람은 상대방도 경쟁적일 것으로 생각하는 경향이 높기 때문에 상대방의 의도를 공격적으로 해석하여 갈등이 심화될 가능성이 높다(Kelley & Stahelski, 1970).

둘째, 사람은 누구나 자신의 생각이 틀렸다고 느껴도 체면 때문에 그것을 인정하지 않으려고 한다. 즉, 자신의 의견을 상대방이 비판하면 체면을 유지하기 위해 자기 의견을 지지하는 증거만을 찾게 되고 그것을 더 확고하게 믿게 된다. 이렇게 갈등이 격화되면 경쟁함정 같은 이성적이지 않은 판단이나 행동이 나타날 수 있다.

셋째, 서로의 요구가 양립될 수 없는 제로섬(zero-sum) 관계에 있다고 생각한다. 갈등상황에서 중요하게 생각하는 것이 사람마다 다를 수 있기 때문에 상대방이 중요하게 생각하는 것을 양보하면 갈등이 줄어들게 되는데 사람들은 자기가 중요하다고 생각하는 것을 상대방도 중요하다고 생각하기 때문에 양보하려고 하지 않는다.

넷째, 서로 상대방이 자기 생각을 다 아는데 일부러 그런다고 생각한다. 그래서 자기가 강하게 나가더라도 타협하려는 마음을 지니고 있음을 상대방이 모를 리가 없다고 생각한다. 특히, 상대방의 행동이 역할에 의한 것이 아니라 개인적 특성에 비롯된 것이라고 생각하게 되면 갈등이 심화될 수 있다(이수원, 1993). 즉, 사람은 상대방의 행동을 역할 같은 상황보다 그의 성격이나 의도에 근거하여 해석하는 경향이 있기 때문에 갈등이 악화될 수 있다. 가령, 서류에 대해 잔소리하는 과장과 대화할 때 책임을 맡은 과장이기 때문에 잔소리를 한다고 생각하기보다 평소에 성격이 삐뚤어져서 그렇다고 생각할 가능성이 있다.

다섯째, 인간은 누구나 자신이 정당하고 올바르게 행동하고 있다고 생각하는 경향이 있으며 그런 자신에게 반대하는 것은 비난을 받아야 한다고 본다. 즉, 갈등상황에서는 자신이 옳기 때문에 자기에게 반대하는 상대는 나쁠 수밖에 없다고 생각하는 흑백논리적 사고를 하는 경향을 보인다. 사람들은 똑같은 행위라도 행위의 주체가 자신일 경우에는 공평하게 행동하고 있다고 판단하지만 주체가 타인인 경우에는 불공평하게 행동하고 있다고 판단하는 경향이 있다.

3) 갈등의 확대

갈등이 심화되면 갈등 당사자들은 힘의 균형을 자기에게 유리하게 움직이기 위해 이전에는 중립적인 입장을 취하던 친구나 가족 등 주변 사람들을 자기편으로 끌어들이려고 한다. 그러나 이러한 분쟁적 방략은 서로 협조하여 갈등을 해결할 수 있는 기회를 줄이고 경쟁을 가중시키며 지지자로 인정받지 못한 사람들을 적대세력으로 만드는 문제를 일으킨다. 즉, 사소한 오해로 인해 시작된 갈등의 경우 당사자들은 대화를 통해 오해를 풀고 화해를 했음에도 불구하고 주변 사람들로 갈등이 확대되면 원래 의도하지 않았던 잘못된 루머나 오해가 덧붙여져 갈등의 해결이 쉽게 이루어지지 못하는 경우도 있다.

4) 갈등의 해소

갈등으로 인한 긴장이 계속될 수는 없기 때문에 갈등을 조정하고 해소하기 위한 노력이 이루어지게 된다. 갈등을 해소하기 위한 가장 일반적인 방법은 상호 신뢰를 구축하는 것이다. 서로 신뢰할 수 없을 경우에는 자신의 이익을 방어하기 위해 경쟁하게 되고 그렇게 되면 불신이나 불이익이 더 커질 수 있기 때문에 어느 한쪽에서 신뢰를 회복하기 위해 노력을 시도하면 갈등이 서서히 완화될 수 있다. 그렇다면 어떻게 신뢰를 회복할 수 있을까? 신뢰를 회복하는 가장 좋은 방법은 자신이 말한 것과 일치하도록 행동하고, 상대방의 이야기를 충분히 들어주며, 협조적인 태도를 보이는 것이다. 물론 사람에 따라서는 이 방법이 효과를 보이지 않을 수 있다. 즉, 경쟁적 전략을 선호하는 사람은 협조하는 자세를 보이는 사람을 약한 사람으로 인식하고 무리한 요구를 하는 경향이 있기 때문이다. 따라서 갈등을 해소하는 가장 좋은 방법은 상대방의 태도에 따라서 대응방식을 융통성 있게 결정하는 응수 방략을 취하는 것이며 그렇게 하면 상대방에게 강하지만 공정한 사람으로 인식되어 갈등을 더 쉽게 해소될 수 있다.

어느 정도 상호신뢰가 형성되고 나면 대화를 통해 갈등에 대한 서로의 입장을 설명하면서 문제를 해결해 나갈 수 있다. 그러나 어떤 경우에는 서로의 입장 차이가 너무 커서 타협의 여지가 없는 경우가 있는데 이때는 제삼자에게 중재를 해달라고 부탁하는 것이 더 효율적일 수 있다. 제삼자는 부정적 감정이나 오해 없이 양측의 의견을 전달할 수 있고 먼저 양보를 하더라도 상대방 면전에서 하는 것보다는 체면을 유지할 수 있다는 장점이 있다. 갈등과 관련된 연구(Pruift & Johnson, 1970)에서도 시간이 제한되어 있고 제삼자가 개입하는 경우 가장 빨리 갈등이 해소되는 경향이 있음이 발견되었다.

● **격렬인지(hot cognition)와 갈등**

갈등상황에서 사람들은 평소에 잘하지 않던 부정적인 방식으로 상대방이나 세상을 해석하는 격렬인지를 보이며 격렬인지는 갈등이 해소되는 것을 막는 가장 중요한 요인이다(Siegelman, 1983). 그렇다면 사람들은 갈등상황에서 어떤 격렬인지들을 보일까?

첫째, 사람들은 상대방의 가장 나쁜 측면을 머리에 떠올리고 그가 말하는 것을 자신에게 빗대어 받아들인다. 가령, 그전에 상대방과 갈등을 겪었던 기억을 떠올려 부정적 감정이 심화되고 상대방이 "세상 사람들 다 자기 생각만 하는 거지."라고 말하면 자신을 비난한다고 생각한다. 둘째, 갈등상황에서 논쟁이 발생하게 되면 비난할 말을 생각하느라 상대방의 의견을 경청하지 못한다. 갈등상황일수록 상대방이 자신과 어떻게 다른 생각을 가지고 있는지를 알아야 대화를 할 수 있는데 상대방을 비난할 말을 생각하는 데 집중하다 보면 대화가 차단되고 감정이 격해져 갈등이 더 심화될 수 있다. 셋째, 부정적 감정이 심화되면 해결책을 생각하기보다 보복을 생각한다. 이렇게 비난과 보복의 악순환이 반복되면 갈등은 점점 심화되고 해결은 불가능해진다.

3. 갈등의 사고과정

인간관계에서 발생하는 많은 갈등이 대인사고의 오류 때문에 일어나는데 여기에서 대인사고란 인간관계에서 일어나는 사건의 의미를 추론하는 과정을 말한다. 대인사고가 일어나는 과정은 자기나 상대방이 왜 그런 행동이나 말을 했을까 추론하는 의미추론과정, 의미추론과정을 통해 파악된 의도가 긍정적인지 아니면 부정적인지를 평가하는 의미평가과정, 대인 상황에 자신이 어떻게 대처할 것인가를 결정하는 대처결정과정으로 구분된다. 이러한 대인사고과정을 통해 상대방의 행동이나 말이 부당하다고 판단되면 그때 갈등이 발생하게 된다.

1) 의미추론과정

누군가가 생각하지도 않은 행동이나 말을 했을 때 우리는 그가 왜 그런 행동이나 말을 했는지 곰곰이 생각해 보게 된다. 이렇게 행동의 원인을 추론하는 과정을 의미추론과정 또는 귀인(attribution)이라고 한다. 행동의 원인을 추론할 때 우리는 세 가지 준거를 고려한다. 첫째 준거는 행동의 원인이 상황에 있다고 보는지 아니면 행위자 자신에 있다고 보는지에 대한 것이고, 둘째 준거는 행동이 능력같이 안정된 원인 때문에 일어났다고 보는지 아니면 기분이나 운같이 불안정한 원인 때문에 일어났다고 보는지에 대한 것이다. 셋째 준거는 행동이 노력같이 통제 가능한 원인 때문에 일어났다고 보는지 능력같이 통제 불가능한 원인 때문에 일어났다고 보는지에 대한 것이다. 여기에서 갈등상황에서 의미추론에 가장 큰 영향을 미치는 준거는 첫째 준거로 행동의 원인이 상황에 있다고 보는 것을 외부 귀인이라고 하고 행위자 자신에 있다고 보는 것을 내부 귀인이라고 한다.

사람들은 행동의 원인을 내부에서 찾을 것이냐 아니면 외부에서 찾을 것이냐를 결정하는 과정에서 다양한 귀인오류를 보인다. 첫째 오류는 행동의 원인을 외부에서 찾기보다 내부에서 찾는 근본귀인오류(basic attribution bias)이다. 가령, 어떤 사람이 이유 없이 비난을 했을 때 사람들은 그 사람이 다른 사람 때문에 오해해서 그렇다고 보기보다 그 사람이 나에게 불만을 가지고 있었기 때문에 그랬다고 생각하는 경향을 보인다. 둘째 오류는 자기가 한 행동의 원인은 상황이나 타인 등 외부에서 찾지만 다른 사람이 한 행동의 원인은 그 사람의 성격이나 능력 등 내부에서 찾는 행위자-관찰자 오류이다. 가령, 아내의 생일날 술을 마시고 늦게 귀가한 남편에게 아내가 화를 내면 행위자인 남편은 직장

상사가 못 가게 붙잡았다는 등 외부에서 원인을 찾지만 아내는 자기를 사랑하지 않기 때문이라고 내부에서 원인을 찾기 때문에 갈등이 발생할 수 있다. 셋째 오류는 행동의 결과가 좋으면 자기가 잘나서 그렇다고 생각하는 것처럼 내부에서 원인을 찾지만 결과가 나쁘면 운이 나빠서 그렇다고 생각하는 것처럼 외부에서 원인을 찾는 이기적 귀인오류이다. 이기적 귀인은 자존감을 보호하기 위한 것으로 집단주의 문화보다 개인주의 문화에서 더 보편적이다. 특히, 우리나라와 같은 집단주의 문화에서는 좋은 일이 있을 때 자신을 내세우는 것보다 자신의 낮추는 겸손함을 더 중요하게 여긴다.

사람들이 보편적으로 보이는 인지오류인 인지왜곡(cognitive bias)도 행동의 원인을 정확하게 추론하는 과정을 더 어렵게 한다(Beck, 1971). 첫째 인지왜곡에는 흑백논리가 있는데 그것은 자신이 경험하는 것을 나쁘거나 좋은 것, 즉 이분법적으로 바라보는 것이다. 가령, 흑백논리로 세상을 보는 사람은 감정의 기복이 심한데 그 이유는 자신의 요구에 잘 따라주면 좋은 사람으로 여기지만 한 가지라도 따라주지 않으면 나쁜 사람으로 보기 때문이며, 그래서 갈등을 많이 일으키는 경향을 보인다. 둘째 인지왜곡에는 과잉일반화가 있는데 이것은 한두 번의 경험에서 얻은 결론을 모든 상황에 일반화하려는 것이다. 가령, 작은 키로 인해 데이트에 실패한 남자는 모든 여자가 키 작은 남자를 싫어한다고 생각할 수 있다. 셋째 인지왜곡에는 개인화 오류가 있는데 주변에서 일어나는 일들을 자신과 연관지어 받아들이는 것이다. 가령, 평소에 친하다고 생각했던 친구가 지나가서 반갑게 인사를 했는데 모른 체했을 때 그 친구가 나에게 불만을 가지고 있다고 생각할 수 있다. 이런 경우에 그 친구가 다른 곳을 보거나 딴생각을 하면서 걸어가서 나를 못 봤을 수 있는데 자기와 무관한 사건을 자신과 관련된 것으로 해석했기 때문에 나타난 오해이다. 그밖에도 여과하기 오류는 상황에서 중요한 측면은 무시하고 일부 정보에만 주의를 기울여 전체의 의미를 잘못 해석하는 것이다. 가령, 발표준비를 열심히 하여 멋지게 발표를 하고 있다고 생각하고 있었는데 몇몇 학생이 졸고 있는 것이 눈에 띄면 자신의 발표가 형편없다고 생각할 수 있다. 이러한 인지왜곡은 갈등상황에서 상대방이나 상황에 대한 정확한 이해를 어렵게 하여 갈등을 심화시킬 수 있다.

이렇게 행동의 원인을 추론하는 과정에는 근본귀인오류 같은 귀인오류뿐 아니라 흑백논리 같은 보편적 인지오류도 영향을 미쳐 우리가 주어진 정보를 잘못 이해하고 해석하도록 할 수 있다. 따라서 갈등상황에 처하면 항상 자신의 판단이 이러한 귀인오류나 인지오류의 영향 때문에 왜곡되지는 않았는지 확인하는 습관을 가져야 한다.

2) 의미평가과정

의미추론과정에서 상대방이 왜 그렇게 행동했거나 말했는지 그 원인을 파악했다면 다음에는 그것을 긍정적으로 받아들일 것인지 아니면 부정적으로 받아들일지를 평가하는 의미평가과정이 이어진다. 상대방이 자신을 비난했다고 하더라도 그 이유가 잘못된 정보를 다른 사람에게 들었기 때문이라고 생각한다면 상대방을 부정적으로 평가하지는 않을 것이다. 행동의 이유를 긍정적으로 평가할 것인지 아니면 부정적으로 평가할 것인지에 따라 상대방에 대한 대인감정이 결정된다. 이 평가의 중심에는 인간과 세상에 대한 신념이 있으며 의미추론을 통해 해석된 행동이나 말의 의미가 이 신념과 얼마나 일치하는지에 따라 부정적 또는 긍정적 평가가 이루어지게 된다. 가령, 어떤 친구에게 부탁을 했는데 거절을 당했다면 우선 그 친구가 도와줄 수 있는데도 도와주지 않았는지 아니면 도와주고 싶지만 형편이 되지 않아서 도와주지 못했는지에 대해 의미추론을 하게 된다. 도와줄 형편이 되지 않았다고 판단되면 의미평가에서 긍정적 평가가 이루어지지만 도와줄 수 있는데도 도와주지 않았다면 친구에 대한 자신의 신념과 비교하게 되는데 "친구가 어려울 때 도움을 주는 것이 친구다."라는 신념을 가지고 있다면 친구의 행동에 대해 부정적 평가를 할 것이다. 그러나 "친구라도 부담을 느끼는 부탁은 거절할 수 있다."는 신념을 가지고 있다면 친구의 행동에 대해 부정적으로 평가하지 않을 것이다. 따라서 의미평가에서 가장 중요한 것은 대인신념이며 대인신념이 융통성 있고 현실적일수록 더 긍정적인 대인감정을 느끼게 될 것이다. 그러나 대인관계에 문제를 가지고 있는 사람들은 대부분 비현실적이고 경직된 대인신념을 가지고 있는 경우가 대부분이며 이러한 대인신념은 현실에서 충족되기 어렵기 때문에 실망이나 분노를 느끼게 되고 갈등이 유발된다.

3) 대처결정과정

갈등상황을 어떻게 대처할 것인가를 결정하는 과정을 대처결정과정이라고 부른다. 갈등상황에서 사람들이 보이는 대처방식은 개인의 성격이나 상황에 따라 다를 수 있지만 보편적으로 사람들이 선택하는 대처방식에는 문제해결적 대처방식과 역기능적 대처방식이 있다. 문제해결적 대처방식에는 갈등의 원인을 찾고 그것을 해결하는 문제해결방식, 갈등해결에 도움이 되는 친구나 주변 사람들을 찾아서 도움을 요청하는 사회적 지지추구방식, 갈등을 일으킨 사건의 의미를 합리적으로 해석하여 갈등을 줄이는 인지적 재구성방식 같은 대처방식이 있다. 그에 비해 역기능적 대처방식에는 불쾌한 감정을 상대방이나 주변 사람에게 표현하여 자신의 감정을 해소하려고 하는 정서적 발산방식, 갈등으로 인한 괴로움을 피하거나 외면하는 회피방식 등이 있다. 일반적으로 역기능적 대처방식은 갈등의 원인이 해결되지 않은 상태에서 갈등 당사자의 감정만 악화되기 때문에 갈등이 점점 더 심각해질 수 있다.

4. 갈등의 해결

1) 갈등관리 스타일

갈등을 해결하는 과정에서 자신과 타인의 욕구를 어느 정도 고려하는지에 따라 〈그림 6-1〉의 다섯 가지 갈등관리 스타일이 존재한다(Rahim, 1983).

우선, 협력(integrating)은 갈등상황에서 자신과 상대방 모두에게 높은 관심을 가지는 스타일로 양자 모두가 수용 가능한 해결책에 도달하기 위해 노력한다. 양보(obliging)는 타인의 대한 관심은 높지만 자신에 대한 관심은 낮은 스타일로 서로의 차이를 최소화하려고 노력하고 상대방의 관심을 만족시키기 위해 노력한다. 지배(dominating)는 자신의 욕구에 대해서는 높은 관심을 갖지만 상대방에 대해서는 낮은 관심을 보이는 경우로 자신이 원하는 것을 얻기 위해 강요하거나 승-패 지향적인 행동을 한다. 회피(avoiding)는 자신과 상대방에 대한 관심이 별로 없으며 갈등상황에서 회피하거나 갈등의 쟁점을 모른 척하는 것을 말한다. 마지막으로 절충(compromising)은 자신과 타인 모두에 대한 관심이 보통 수준으로 서로 수용 가능한 결정을 하기 위해 조절하려는 행동을 보인다. 그러나 이런 분류방식은 공적인 관계에서는 적용이 가능하지만 협력과 절충을 구분하기 어려워 가족관계나 친구관계와 같은 친밀한 관계에는 적용되기 어렵다(Hammock, Richardson, & Utley, 1990).

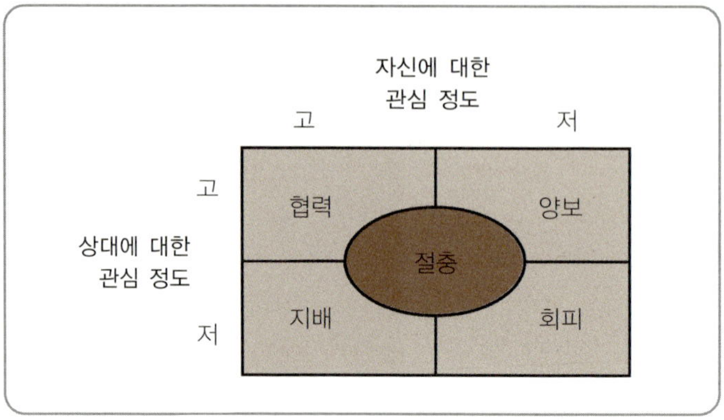

그림 6-1. 다섯 가지 갈등관리 스타일(Rahim, 1983)

갈등해결전략은 연령별로 달라질 수 있는데 연령이 증가할수록 자기 반성적 사고수준이 높아져 공격적 태도나 권위에 의존하는 지배전략은 줄어들고 설득이나 회유같이 자신과 타인을 동시에 고려하는 협력이나 절충전략은 증가한다(박찬옥, 1986). 청소년의 경우에도 연령이 증가할수록 서로의 욕구를 동시에 고려하는 공평한 해결방식을 선호하는 경향을 보인다(이은해·고윤주·오원정, 2000). 이러한 결과는 연령이 증가할수록 상대방과 타협하거나 조절하는 성숙한 갈등해결방식을 선호한다는 것을 보여준다. 또한 갈등을 해결하는 방식에서 성차가 존재하는데 가상적 갈등상황에서 여아는 협력이나 절충 같은 친사회적 전략을 더 많이 사용하는 데 비해 남아는 지배적이고 공격적인 전략을 더 많이 사용하였다(Chung & Asher, 1996). 다른 연구(Rose & Asher, 1999)에서도 여아들은 협력전략을 더 많이 사용하는 데 비해 남아들은 지배전략을 더 많이 사용한다고 보고하였다. 그러나 국내연구(송혜영·최보가, 2002; 배선영, 2000)에 따르면 남아가 신체적 공격이나 지배적인 전략을 더 많이 사용하지만 그 밖의 전략에서는 큰 차이를 보이지 않았다. 이렇게 본다면 갈등을 해결할 때 남아가 공격적이거나 지배적인 전략을 선호하는 것은 사실이지만 협력과 절충 같은 친사회적 방식에서는 남녀 차이가 분명하지 않다.

2) 갈등을 다루는 방법

갈등은 인간관계에서 생길 수 있는 잠재적인 불만을 해소하여 건강한 인간관계를 유지하는 데 도움이 되기는 하지만 갈등 자체는 심각한 스트레스이며 그것을 어떻게 다루느냐에 따라 때로는 인간관계에 심각한 문제를 일으킬 수 있다. 특히, 인간의 욕구는 서로 양립하기 어려운 경우가 많아서 갈등이 자주 발생하는데 사람마다 갈등에 대응하는 방식은 다양하다. 어떤 사람은 갈등에 직면하는 것을 두려워하여 다른 사람이 해결해 주기를 기다리며, 어떤 사람은 공격적으로 대응하여 갈등을 더 악화시키고, 어떤 사람은 부정적 감정을 내면화하여 겉으로는 괜찮은 척하지만 상대방의 말을 무시하거나 엉뚱한 말이나 행동으로 상대방을 당황스럽게 한다. 갈등에 대한 이러한 대응은 부적응적이며 갈등해결에 도움이 되지 않는다. 갈등상황에서 더 효과적인 의사소통을 하기 위해서는 다음과 같은 사항을 고려해야 한다.

(1) 초기에 갈등을 해결한다.

어떤 갈등이든 처음에는 사소한 의견 차이에서 시작된다. 거기에 서운함이나 실망감과 같은 상대방에 대한 부정적 감정이 결합되면서 점점 해결하기 어려워진다. 따라서 가능한 한 갈등의 조짐이 보일 때 바로 해결해야 할 문제를 구체화시키고 해결책을 찾아나가는 것이 좋은 태도이다. 자꾸 미루고 회피하다 보면 서로에 대해 부정적인 생각만 하게 되고 책임을 전가하기 때문에 해결이 어려워진다.

(2) 정체성이 아니라 행동에 집중한다.

사람들은 화가 나면 상대방에게 '이기적이다', '자기만 안다' 같은 말을 하는데 이러한 말은 상대방의 정체성을 지적하는 것이므로 상대방도 방어적으로 반박할 근거를 찾게 되어 갈등을 해결하기 어려워진다. 특히, 갈등상황에서 많은 사람들이 비난의 근거를 찾기 위해 상대방의 과거를 들추는 경우가 많은데 이것은 상대방을 자극하여 대화가 더 극단적으로 흐를 가능성이 높다. 그렇게 이야기하는 것보다는 상대방이 잘못 행동하거나 말한 것이 무엇인지를 나-메시지를 통해 언급하는 것이 갈등을 해결하는 더 좋은 방법이다. 가령, 약속에 늦었을 때 "당신은 한 시간이 늦었네요. 당신을 기다리다 지쳤어요."라는 말에 대해서는 누구나 수긍하지만 "당신은 항상 늦게 다니는군요. 약속시간 좀 지키면 안 되나요?"라는 말에 대해서는 누구나 반박하려고 할 것이다.

(3) 누가 틀렸는지 밝히려는 강박관념을 갖지 않는다.

갈등상황에서는 누구나 "나는 옳고 당신은 틀렸다."라고 전제하는데 이것은 갈등이 쉽게 해결되지 않는 원인이 된다. 일단 상대방이 틀렸다고 전제하면 상대방을 비난하거나 상대방의 말을 비꼬게 되는데, 이런 행동을 하면 상대방은 대화를 하기보다 자신을 방어하는 데 관심을 갖게 되므로 대화가 정상적으로 이루어지기 어렵다. 따라서 대화의 초점은 자신이 옳다는 사실을 밝히려는 것보다 상대방의 생각이 자신과 어떻게 다른지를 밝히는 노력으로 바뀌어야 한다. 상대방이 틀렸다고 생각하는 이유는 자신의 말이 더 논리적이라고 생각하기 때문이기도 하지만 상대방의 말에도 나름대로 일리가 있으며 단지 서로의 입장이 다르다는 것을 인식하지 못하기 때문일 수도 있다. 따라서 상대방이 세상을 어떤 관점으로 보기에 그런 생각을 갖게 되었는지 호기심을 가져보는 태도가 필요하다. 즉, 가능한 한 감정을 자제하고 눈 맞춤을 유지하면서 상대방의 말을 들을 자세가 되어 있음을 보여주는 것이 필요하다.

(4) 갈등상황에서 의도에 대해 추측에 근거한 판단을 하지 않는다.

갈등상황에서는 의도가 가장 핵심적인 문제가 되며, 누군가 의도적으로 상처를 주었다면 실수로 인한 경우보다 훨씬 부정적으로 받아들인다. 그러나 우리의 판단은 잘못된 근거에 기초할 수 있음을 인식해야 한다. 우선, 사람들은 상대방의 의도를 잘 파악해 낸다고 착각하는 경우가 많은데 상대방을 아무리 잘 파악한다고 해도 그것은 자신의 생각일 뿐이며 완전하지 않다. 또한 사람들은 상대방의 행동이 자신에게 미친 영향을 바탕으로 그 사람의 의도를 추측하기 때문에, 일단 상대방이 자신에게 신체적 또는 심리적 상처를 입혔다면 나쁜 의도를 가지고 있을 것이라고 추측하는 경향을 보인다. 이러한 잘못을 피하려면 상대방의 의도에 대한 자신의 생각은 단지 하나의 가설일 뿐이라고 생각해야 하고 상대방에게 직접 물어보는 자세가 필요하다. 가령, 상대방의 자기 방어 부담을 덜어주기 위해 "그렇게 말해서 놀랐습니다. 당신은 그런 사람이 아닌데…"라고 말하는 것이 좋은 태도이다.

(5) 대화의 초점을 비난보다 문제의 원인을 탐색하는데 둔다.

우리는 갈등이 발생하면 그것이 누구의 탓인가를 따져 비난하는 데만 관심을 두게 되며 이것이 대화를 어렵게 하는 가장 큰 원인이다. 사람이 개입된 갈등에서 어느 한 사람이 갈등의 원인을 100% 제공하는 경우는 드물며 양쪽 모두에 원인이 있는 경우가 대부분이다. 이렇게 갈등상황에서 사람들이 상대방을 비난하려는 이유는 문제의 원인이 자신한테 있다고 여길지 모른다는 두려움에서 비롯된다. 이렇게 문제의 원인을 상대방에게서 찾으려고 하면 누구든지 즉각 자기방어를 하게 되고 갈등해결은 어려워진다. 따라서 갈등이 발생하면 자신을 죄 없는 피해자로 보거나 자신이 모든 책임을 지려고 하기보다 현재의 문제에 대해 상대방과 자신이 책임져야 할 부분이 무엇인지 파악하는 것이 중요하다. 그리고 갈등에서 자신이 책임져야 할 부분을 먼저 인정하여 누구의 잘못인지 따지고 싶지 않다는 신호를 상대방에게 보낸다. 이렇게 갈등의 원인에 대한 책임을 먼저 인정하고 상대방의 문제를 언급하면 상대방도 자신의 책임을 피하기 어렵기 때문에 대화가 이루어지게 된다.

(6) 친구들이나 다른 사람의 도움을 청한다.

의견 차이로 인한 갈등에 직면하게 되면 처음에는 자신의 의견이 맞다는 것을 상대방이 인정하도록 하기 위해 애쓰지만 나중에는 자신의 의견에 동조하는 집단을 모으는 경향이 있다. 그러나 이러한 결탁전략은 문제해결을 더 어렵게 하고 갈등을 심화시킨다. 그것보다는 둘 사이의 의견 차이를 중재할 수 있는 사람을 찾아 분쟁을 해결하는 데 도움을 주도록 요청하는 것이 더 좋다.

(7) 분노를 다루는 방법을 배운다.

갈등이 발생했을 때 화를 내는 이유는 억눌린 감정을 표현하여 긴장을 감소시키고, 분노가 다른 감정을 인식하지 못하도록 차단하여 더 고통스러운 감정으로부터 우리를 방어해 주기 때문이다. 때로는 분노를 표현하는 것이 문제를 해결하는 데 도움을 주기도 하지만 대체로 분노를 표현하게 되면 상대방의 나쁜 성격이나 과거의 나쁜 기억 같은 부정적 정보가 더 잘 떠오르기 때문에 분노가 더 심해진다. 이때 분노는 스트레스를 유발하는 상황에 대한 부정적 감정과 그 원인이 상대방에게 있다는 촉발사고가 함께 작용하여 공격행동을 유발할 수 있으므로 바람직하지 않다. 특히, 상대방이 잘못 행동하였으며 게다가 고의로 그렇게 했다는 촉발사고는 스트레스로 인한 부정적 감정을 분노로 전환시키고 비난 같은 공격행동을 유발한다.

일반적으로 촉발사고는 상대방의 행동을 자신과 연관지어 받아들이는 개인화, 상대방의 숨은 의도나 동기를 마음대로 추측하는 추론하기, 사소한 것의 의미를 확대해석하는 과잉일반화 같은 인지왜곡 때문에 일어날 수 있다. 가령, 시험 때문에 스트레스를 받고 있는 상황에서 그것을 모르고 친구가 웃었을 때 개인화 같은 인지왜곡이 일어나게 된다면 자신을 놀린다고 생각할 수 있다. 또한 촉발사고는 자신이 타인이나 세상에 대해 가지고 있는 비합리적 신념 때문에 일어나기도 한다. 가령, "친구라면 다른 친구가 어떤 이야기를 하든지 반드시 진지하게 들어줘야 한다."는 비합리적 신념을 가지고 있다면 내가 말하는 동안 친구가 농담을 하면 분노를 느낄 것이다. 비합리적 신념을 가지고 있는 사람은 인간관계에서도 누구나 지켜야 하는 절대적 기준이나 규칙이 있는 것처럼 느끼며 그것이 위반되면 분노를 느끼기 쉽다. 그러나 실제로 인간관계에서 누구나 지켜야 하는 절대적 기준이나 규칙은 존재하지 않으며 그것은 성장과정에서 자신이 갖게 된 경직된 사고일 뿐이다. 따라서 분노가 느껴질 때는 잠시 자신의 감정에서 벗어나 촉발사고를 일으키는 인지왜곡이나 비합리적 신념 때문에 분노를 느끼는 것은 아닌지 되돌아봐야 한다.

● 갈등상황에서 감정을 표현하는 방법

자신의 감정을 잘 표현하려면 어떻게 해야 할까? 친구가 약속에 늦었거나 식당에서 부당한 대우를 받았을 때 우리는 자신이 느끼는 감정을 표현하게 되는데 그것을 어떻게 표현하느냐에 따라 상대방의 동의와 사과를 받기도 하지만 생각하지 못했던 반발을 유도할 수도 있다. 감정을 표현하는 방법을 알아보자. 감정을 정확하게 표현하기 위해서는 첫째, 핵심 감정과 감정의 강도가 표현되어야 하며, "나" 중심의 표현을 함으로써 자기감정에 대한 책임을 보여야 한다. 가령, "나는 무척 화가 난다", "나는 조금 슬프다", "나는 정말 기쁘다" "나는 무척 부럽다", "나는 약간 불안하다", "나는 너무 걱정이 된다" 등으로 자신의 감정을 정확하게 전달할 수 있다. 둘째, 감정은 복합적이기 때문에 현재 자신이 느끼는 감정 모두를 솔직하게 전달해야 한다. 가령, 상대방이 나에게 오해하여 심하게 화를 냈다고 하면 "나도 너에게 너무 화가 나지만 안타깝기도 해."라고 표현하여 서로 대화의 여유를 제공할 필요가 있다. 상대방은 이 말을 듣고 안타까운 이유가 뭔지 알고 싶게 되고 이것이 상대방이 갖게 된 오해를 풀 수 있는 계기가 될 수 있다. 셋째, 자신이나 상대방의 감정이 적절한 것인지 평가하지 말고 감정에 대해 이야기한다.

어떤 감정을 느꼈을 때 사람들은 그 감정이 적절한 것인지 그리고 상대방이 어떤 반응을 보일지 먼저 생각을 하는데 이것은 감정을 억제하는 원인이 된다. 그리고 자신이 그러한 감정을 갖게 된 이유와 상황에 대해 함께 설명하는 것이 좋다. "나-메시지(I-message)"는 자신의 감정과 상황을 함께 전달하는데 사용될 수 있다. 가령, "네가 진심으로 나를 도와주는 것을 보니 정말 고맙고 행복하다."거나 "네가 나를 오해하고 화를 내서 나는 너무 안타깝고 슬프다."라고 말할 수 있다. 넷째, 감정을 과거의 일보다 현재의 문제에 한정한다. 서로 감정이 격해지게 되면 현재의 감정에 집중하기보다 과거에 느꼈던 서운한 감정을 표현하는 데 집중하여 서로 대화를 하기보다 비난하기 쉽다. 일단 비난이 시작되면 상대방의 이야기보다 자신을 방어하는 데 급급하기 때문에 갈등이 더 악화될 수 있다.

3) 갈등상황에서의 대화

갈등상황에서 가장 하기 어려운 일은 상대방에게 자기 생각을 직접 표현하는 것이다. 상대방이 이미 감정적으로 흥분되어 있는 상태이기 때문이기도 하지만 대부분의 사람들은 상대방이 들어서 기분 좋지 않을 것으로 예측되는 이야기를 쉽게 하지 못하는 경향이 있다. 이렇게 자신의 생각보다 상대방의 기분에 맞추어 행동을 하다 보면 상대방의 표정이나 말 한마디에 휘둘릴 수 있다. 이렇게 자신보다 타인 위주로 생각하고 행동하려는 경향은 자신의 삶을 통제하는 능력을 떨어뜨려 자신이 무엇을 느끼고 무엇을 원하는가 알지 못하면서 삶을 살아가게 된다. 즉, 타인의 기대에 순응하려는 경향 때문에 자신의 욕구나 감정표현을 억누르게 되면 삶을 통제할 수 있는 능력을 상실하게 되고 무기력하게 세상을 살아가게 된다. 물론 사람들은 원하는 바대로 행동을 하지 못하는 현실에 대해 변명하지만 이들이 자신의 욕구나 감정표현을 억누르는 가장 큰 이유는 타인과의 원만한 관계를 유지하기 위해서이다. 그러나 솔직함 없이 친밀한 관계가 이루어지기 어렵기 때문에 효과적으로 자기주장을 하는 방법을 배워야 한다.

(1) 비난에 대응하기

비난에 대해 화를 내면서 대응하는 것은 문제해결에서 더 멀어지게 하는데 그 이유는 화를 잘 내는 사람들 대부분이 효과적으로 의사소통을 하는 방법을 모르기 때문이다. 화를 냄으로써 자신의 주장을 관철시키려는 사람들은 자신만이 항상 옳고 다른 사람은 덜 중요하다는 생각을 가지고 있으며, 큰 목소리로 상대방을 협박하고 죄책감을 이용하여 상대방을 조종하려 든다. 따라서 상대방이 화를 내면서 자기 생각을 강요하려고 할 때 대응하는 방법을 배울 필요가 있다.

비난에 대처하는 최선의 방법은 상대방이 원하는 것이 무엇인지 정확하게 파악하기 위해 잘 듣는 것이다. 만일 상대방의 주장이 타당하다면 깨끗하게 인정하는 것이 최선이다. 그러나 상대방이 공격적인 방법으로 자신의 주장을 강요한다는 생각이 든다면 다음과 같이 대처할 수 있다.

첫째, 상대방에게 더 많은 정보를 묻는다. 상대방의 비난에 동의하지 않더라도 상대방의 말이나 생각을 잘 이해할수록 유리한 위치에 설 수 있으므로 상대방이 비난하는 문제와 관련된 사람이나 상황 그리고 행동에 대해 자세하게 물어본다. 가령, 상대방이 "너는 나에게 너무 불공평하게 대해."라고 비난한다면 "내가 너에게 어떻게 불공평하게 대했는지 알려줄래?"라고 물어볼 수 있다. 어떤 경우에는 이런 질문이 비난에 대한 반박으로 받아들여져 불쾌감을 줄 수 있으며 그로 인해 갈등이 악화될 수도 있음을 인식해야 한다.

둘째, 상대방의 말을 이해하기 쉽게 바꾸어 이야기해 주는 반영적 경청을 한다. 이렇게 하면 상대방은 자신의 말이 받아들여지고 있다고 느끼기 때문에 비난의 강도가 약해지기 때문에 대화를 통해 상대방이 느끼는 문제를 파악할 수 있다. 가령, 음식점에서 주문한 손님이 "이 음식점은 도대체 주문을 제대로 받지를 않아!"라고 비난을 했을 때 종업원이 "주문이 늦어져 화가 나셨군요? 어떤 음식을 주문하셨는지 다시 말씀해 주시겠어요?"라고 반영적 경청을 통해 대응할 수 있다. 셋째, 상대방의 비난을 일부 인정하면서 자신의 생각을 표현한다. 상대방의 비난을 모두 부정하면 대화가 내용에 대한 것에서 감정대립으로 이동하게 될 가능성이 있으므로 상대방의 비난 중에서 인정할 만한 부분을 인정하거나 그렇게 생각할 수 있는 가능성에 동의해 주고 자기가 하고 싶은 말을 전달한다. 가령, 보고서를 함께 작성하는 동안 자기가 맡은 분량이 너무 많아서 제대로 보고서를 작성하지 못했다고 화를 내는 친구에게 "그래, 네가 맡은 부분이 너무 많은 것은 인정해."라고 일부 인정하고 "하지만 미리 이야기를 하지 않고 안 해온 것은 문제라고 생각하지 않아?"라고 상대방에게 하고 싶은 말을 표현할 수 있다. 넷째, 갈등에서 자신이 책임져야 할 부분을 먼저 책임진 후 상대방과 대화한다. 가령, "그 점에서는 제가 잘못 생각한 것 같아요."라는 말로 자신이 갈등을 불러일으킨 책임이 있음을 인정하고, "그렇다면 어떻게 했으면 좋겠다고 생각하세요?"라고 물어 상대방이 갈등을 해결하고 이전의 관계를 다시 회복하기를 원하는지를 확인해야 한다. 이렇게 갈등의 책임을 먼저 인정하면 상대방도 마음이 누그러져서 문제해결적인 방식으로 대화에 임할 가능성이 높아진다.

(2) 상대방의 문제점을 지적하기

갈등상황에서 상대방의 일방적인 비난에도 불구하고 대응을 하지 않는다면 갈등의 책임을 스스로 지게 될 가능성이 높다. 갈등은 어느 한쪽의 잘못만으로 일어나기 어려우며 상대방에게도 갈등의 책임이 있음을 분명히 할 필요가 있다. 그렇다면 우리가 상대방의 문제점을 지적하지 못하는 이유는 무엇 때문일까? 그것은 누구나 타인과 원만한 관계를 유지하고 싶기 때문인데 상대방이 부당하게 행동하는데도 불구하고 아무런 대응을 하지 않으면 상대방 자신이 무엇을 잘못하고 있는지를 모르기 때문에 계속해서 불쾌감을 유발하는 행동을 할 수 있고, 자신도 상대방에 대한 분노를 간접적으로 표현하게 되기 때문에 인간관계가 나빠질 수 있다. 따라서 상대방의 행동이나 말에 문제가 있다고 생각할 때는 솔직하게 표현하는 것이 장기적으로는 인간관계를 더 친밀하게 할 수 있다.

상대방이 가진 문제점을 지적해 주는 것은 자기개방의 차원에서도 바람직한 일인데도 불구하고 왜 부담스럽고 어려운 일일까? 첫째, 사실만이 아니라 평가를 포함시키기 때문이다. 가령, 약속시간에 늦은 친구에게 "왜 이렇게 늦었니?"라고 말하는 것은 아무런 문제가 되지 않는다. 그것은 상대방이 늦었다는 사실만 지적한 것이기 때문이다. 그러나 친구가 약속시간에 많이 늦었을 때 "넌 왜 항상 늦게 오니?"라고 말하는 경우 잘못된 행동만이 아니라 상대방의 정체성에 대한 평가가 포함되어 있기 때문에 친구는 "너는 늦은 적이 없니? 왜 나한테만 그래?"라고 쉽게 반발을 불러일으킨다. 왜냐하면 '항상'이란 표현에는 성격이나 능력 같은 상대방의 내적 특성에 대한 평가가 포함되어 있기 때문이다. 둘째, "너-메시지(You-message)"를 사용하여 감정을 자극하기 때문이다. 가령, 약속시간에 늦게 온 친구에게 보통 "이제 일찍 좀 다닐 수 없니?" 같은 말은 충고로 받아들여지며 옳은 말이지만 기분을 상하게 할 수 있어 잘 귀담아 들으려고 하지 않는다. 셋째, 사적 이미지보다 공적 이미지를 돋보이려는 경향에 위배되기 때문이다. 자기가 잘못된 행동을 했을 때 누구나 자신의 잘못을 어느 정도 인정하지만 다른 사람 앞에서 망신을 당하고 싶어 하지는 않는다.

따라서 상대방의 문제점을 효과적으로 지적하기 위해서는 몇 가지 방법을 고려해야 한다. 첫째, 잘못된 현재의 행동에 대해서만 지적을 하고 평가를 하지 말아야 한다. 누구나 자신이 잘못된 행동을 했다는 점에 대해서는 알고 있기 때문에 객관적 사실을 지적하면 자연스럽게 수긍하게 된다. 둘째, 자신의 감정을 중심으로 상대방의 행동을 지적하는 "나-메시지(I-message)"를 사용한다. "나-메시지"는 상대방에게 자신이 솔직하다는 느낌을 줄 뿐 아니라 상대방이 내 느낌을 저항 없이 수용하여 문제를 해결하려는 의지를 갖게 할 수 있다.

"나-메시지"로 이야기할 때는 먼저 상대방의 행동에 대해 주관적 평가("네가 자주 약속시간에 늦고 연락도 없어서")가 아닌 객관적인 상황("네가 약속시간에 연락도 없이 늦어서")을 기술하고 상대방의 행동으로 인한 자신의 감정을 솔직하게 말해준("지루하기도 하고 짜증도 너무 나더라.") 다음 상대방에 대한 나의 바람을 표현("앞으로는 늦게 오게 되면 미리 연락이라도 해줬으면 좋겠어.")하면 된다. 셋째, 상대방의 행동에 어떤 문제가 있는지를 지적한 다음에는 상대방의 노력이나 능력을 칭찬하는 것이 좋다. 가령, 보고서를 잘 써오지 못한 부하직원에게 "보고서의 내용은 충분하지 않지만 자료 수집하는 데 노력을 많이 한 것 같은데?"라고 말해주면 지적으로 인해 떨어진 공적 이미지를 높여주는 효과를 가질 수 있다.

4) 대화를 해도 갈등이 해결되지 않을 때

좋은 인간관계를 유지하기 위해 대화를 시도하는 데도 불구하고 갈등이 지속되는 경우가 있는데 그것은 둘 사이의 관계에 문제가 있거나 서로 비합리적 신념을 가지고 있기 때문이다. 노력해도 갈등이 해결되지 않는다면 이야기의 초점을 대화의 내용에서 두 사람의 관계로 이동할 필요가 있다. 즉, 특별한 이유도 없이 상대방에 계속해서 무리한 요구를 하고 비난을 한다면 대화의 내용은 인정하지만 자신에 대한 상대방의 태도는 인정할 수 없다고 분명하게 말해주고 상대방이 자신을 어떻게 생각하는지 그리고 어떻게 해주기를 바라는지 물어본다. 가령, "별일 아닌 일로 화를 낸 것이 세 번째인데 도대체 나에게 왜 그러죠? 내가 어떻게 해주길 바라나요?"라고 대응할 수 있다.

갈등이 해결되지 않으면 서로 어떤 비합리적 신념을 가지고 있어서 갈등이 계속되는지 확인하고 내면의 목소리에 귀를 기울인다. 비합리적 신념은 현실을 왜곡되게 지각하도록 하고 왜곡된 지각에 따라 자신의 생각을 합리화하며 너무나 자동적으로 떠올라서 그것이 자신이 생각해낸 것이라기보다 원래 진실이라고 믿게 된다(Ellis, 1975). 가령, 애인이 낯선 남자와 대화를 하고 있는 것을 보았을 때(A) 그 남자와 사귀고 있을지도 모른다는 생각(B)이 떠오르지 않았다면 분노를 느끼거나 상처를 받지(C) 않을 것이다. 그러나 실제 인간관계에서는 비합리적 신념으로 인해 갈등이 발생하는 경우가 많이 있을 뿐 아니라 기존의 갈등을 심화시키고 해결방안을 찾기 어렵게 만들기도 한다.

비합리적 신념은 현실을 왜곡되게 지각하도록 하고, 왜곡된 지각에 따라 자신의 생각을 합리화하는 방향으로 정보를 받아들이게 만든다. 이렇게 상대방이 이러한 비합리적 신념을 가지고 있다면 자신의 생각이나 감정을 명확하게 전달하더라도 갈등 상황을 해결하기 힘들게 된다. 이런 경우에는 자기나 상대방이 가지고 있는 비합리적인 신념을 찾아내고 변화시켜 나갈 필요가 있다. 비합리적 신념을 찾아내기 위해서는 상대방에 대한 감정적인 반응이 일어날 때 자동으로 떠오르는 자신의 생각들을 간략하게 기록하고 분석해 본다. 즉, 감정이 일어났던 상황(A), 그때 떠올랐던 생각(B) 그리고 그때 느꼈던 감정(C)을 분석하여 상대방에 대한 자신의 감정이 자연스러운 것인지 비합리적 신념 때문인지 생각해 본다(Ellis, 1975). 이렇게 기록을 하다 보면 감정이 즉각적이고 자연스러운 것이 아니라 자신의 신념에 의해 결정되는 것이라는 것을 알게 된다.

보통 사람들은 "나는 주변 사람들에게 반드시 인정을 받아야만 한다." 또는 "나는 완벽한 모습을 보여야 가치가 있다." 같은 비합리적 신념을 가지고 있다. 가령, 친구가 늦게 왔을 때 "친구라면 기다리는 친구를 반드시 배려해야 한다."는 비합리적 신념을 가지고 있다면 화가 나겠지만, 똑같은 상황에서 "사람은 때로는 불가피하게 약속에 늦을 수도 있다."는 융통성 있는 신념을 가지고 있다면 화가 나지 않을 것이다.

● 갈등을 심화시키는 대화방식

우리가 자주 만나고 친하다고 생각하는 사람들일지라도 때로는 서로 원하는 것이 다를 수 있기 때문에 갈등이 발생할 수 있다. 이런 경우에 정신적으로 성숙한 사람은 상대방의 욕구를 이해하고 타협을 통해 서로의 욕구를 조절하려고 하지만 미숙한 사람은 상대방에게 자신의 욕구를 강요하는 다양한 방법을 사용하게 된다. 우리가 누군가와 친밀한 관계를 유지하기 위해서는 이해와 공감이 필요한데 부모로부터 이해와 공감보다 수치심과 두려움을 경험했던 사람들은 대인관계에서 잘못된 태도를 갖게 될 가능성이 많이 있다. 가령, 많은 부모들이 자녀를 통제하기 위해 수치심이나 두려움을 이용하는데 아이들은 부모의 기대에 맞추려고 하고 자신의 욕구나 감정은 억압하게 된다. 이렇게 되면 아이들은 자기가 원해서가 아니라 수치심과 두려움을 피하기 위해 행동하는 것이 습관이 되며 성장한 후에 수치심이나 두려움으로 다른 사람을 통제할 수 있다고 생각하게 된다. 이렇게 사람들이 사용하는 역기능적 대처방식은 인간관계에 결코 도움이 되지 않지만 지금까지 익숙해졌고 어떤 방식으로든 자신을 보호해왔던 것이기 때문에 쉽게 바꾸지 못한다. 여기서는 갈등을 유발하는 대화의 유형에 대해 살펴보도록 한다.

• 상대방의 욕구를 무시하거나 평가절하하기

나의 욕구는 정당하고 합리적이기 때문에 상대방의 욕구보다 더 중요하다고 말하는 것이다. 가령, 집에서 쉬고 싶어 하는 남편에게 아내가 "당신은 집에서 겨우 TV나 보겠지만 나는 아이들의 교육에 중요한 동물원에 가자고 하는 거라고요."라고 말했다면 '당신은 의미 없는 일만 하지만 나는 가족에게 중요한 일을 하는 사람이니 내 뜻을 따라야 해.'라는 의미를 포함하고 있다. 또는 친구모임에 다녀온 아내에게 "당신 친구들은 머리가 있어? 노상 옷이나 보석에 대한 이야기 아니면 남편 흠 잡는 이야기만 하잖아?"라고 말했다면 "당신 친구들은 형편없는 사람들이니 만나지 마!"라는 의미를 내포한 것이다.

• 물러서서 상대방이 포기하게 만들기

상대방이 원하는 것을 그만두게 하기 위해서 현재 자신이 하려고 하거나 가지고 있는 것을 포기하는 것이다. 가령, 애인이 친구들과 짧은 여름 여행을 떠나고 싶어할 때 남자친구가 "그래 자기가 하고 싶은 대로 해! 앞으로는 자기랑 여행 같은 것은 가지 않을 것이니까."라고 말한다면 잘못된 대처방식이다. 이렇게 물러서기를 통해 상대방의 행동을 통제하려고 하면 인간관계는 멀어지고 감정은 사라지게 된다.

• **전가하기**

자신이 불만스럽게 생각하는 것의 원인을 상대방의 잘못으로 돌리려고 하는 대처방식을 말한다. 가령, 여자 친구와 헤어지게 된 남자가 "자기가 좀 더 내 마음을 이해하고 받아줬으면 이렇게 헤어지지는 않았을 텐데…."라고 말했다면 "당신이 이해심이 부족하고 받아들여주지 않아서 헤어지게 되었다."는 뜻을 가진다.

• **죄책감을 느끼게 하기**

상대방이 당신이 요구하는 것을 해주지 않는다면 윤리적으로 문제가 있는 것이라고 느끼도록 만드는 것이다. 가령, "나는 하루 종일 아이들 하고 놀아주느라 지쳐 있는데 당신은 겨우 청소 한 번 하고 불평을 하는 건가요?"라고 한다면 "당신은 아내의 처지를 이해해주지 않는 이해심 없는 남편이다."라고 말하는 것이다.

• **주제 바꾸기**

갑자기 대화 주제를 바꿈으로써 상대방의 욕구나 감정이 이야기할 반한 가치가 없다는 것을 드러내는 것이다. 가령, 애인과 헤어져 힘들어 하는 친구가 애인과 어려웠던 점을 이야기하면 "무슨 이야기 하는지 다 알아! 애인 한 번 사귄 적이 없는 사람이 어디 있겠어? 그건 그렇고 너 방학 때는 뭐 할 예정인데? 다른 애들은 모두 아르바이트 한다고 하던데?"라고 말한다면 "네 문제는 누구나 다 겪는 문제니까 네가 해결해."라고 말하는 것이다.

chapter

07

친구관계

Psychology of Human Relationship

chapter 07 친구관계

인생을 살아가면서 우리는 다양한 사람들을 만나지만 친밀한 관계를 맺게 되는 사람은 그다지 많지 않다. 그러나 취미나 관심사가 일치하고 대화가 통하는 사람을 만나게 되면 만남이 반복되면서 친구관계로 발전하게 된다. 친구는 서로의 생각을 잘 이해하고 마음이 통하며 정다움을 느끼는 사이를 말하며 인생에서 중요한 삶의 일부가 된다. 이 장에서는 친구의 의미와 중요성 그리고 친구관계에 대해 자세히 알아보고자 한다.

1. 친구의 기능과 유형

친구관계는 가족관계나 직장에서의 인간관계와는 달리 자발적으로 형성되며 친밀한 상호작용을 통해 유지되는 관계이다. 친구가 삶의 중심이 되는 시기는 청소년시기인데 그 이유는 어린이보다 자신이 생각하고 느끼는 것을 더 잘 표현하며, 덜 자기중심적이기 때문에 친구들과 느낌이나 생각을 가식 없이 공유할 수 있기 때문이다. 삶의 중심이 될 만큼 친구가 소중한 이유는 뭘까?

1) 친구의 기능

우리의 삶에서 친구가 어떤 기능과 역할을 하는지 알아보자(권석만, 1997). 첫째, 친구는 정서적으로 공감해 주는 사회적 지지자이다. 서로의 고민이나 갈등에 공감하고 인정해 주는 정서적 지지는 친구관계를 유지하는 중요한 요인이다. 힘든 일로 약해지고 비난받을 때 나를 이해하고 지지해 주며 위로해 줄 사람이 있다는 것은 인생의 큰 힘이 된다. 둘째, 친구는 자기 생각이나 행동을 평가하는 비교준거가 된나. 사람은 누구나 자신의 생각이나 행동이 정당한지를 판단하기 위해 타인과 비교하고자 하며, 자신과 전혀 다른 사람보다 비슷한 사람을 비교대상으로 생각하기 때문에 친구는 매우 중요한 역할을 한다. 특히 자아개념이 형성되는 청소년 시기에는 자신에 대한 평가에 매우 민감해지기 때문에 친구의 중요성이 커진다. 셋째, 친구는 즐거운 체험을 공유하는 사람이다. 친구는 비슷한 취미와 관심사를 공유하기 때문에 같은 체험을 통해 즐거움을 함께 느낄 수 있는 사이이며 이것이 친구관계를 유지하는 원천이 된다. 즐거움은 놀이를 통해서만 주어지는 것은 아니며 서로의 생각에 대해 공감과 지지를 받게 되면 느끼는 만족감도 즐거움을 줄 수 있다. 넷째, 친구는 안정된 소속감을 제공한다. 사람은 친구들과 모여서 함께 놀게 되면 소속감을 느끼게 되는데 이것은 인간의 기본적인 욕구인 소속감 욕구를 만족시켜 준다. 또한 친구집단은 자신의 행동과 생각에 준거집단으로 영향을 미치게 된다. 다섯째, 친구는 현실적인 도움을 줄 수 있다. 우리가 사회생활을 하는 과정에서 도움이 필요한 상황에 처했을 때 도움을 요청할 수 있는 주된 대상이 친구이다. 도움은 금전적 또는 물질적 도움뿐만 아니라 지식과 정보의 제공이나 사회적 지지를 포함한다. 그러나 도움이 일방적으로 주어질 경우 친구관계는 유지되기 어려우며, 도움의 방식은 다르더라도 균형 있게 도움을 주고받을 때 친구관계는 더욱 견고해질 수 있다.

2) 친구의 유형

우리가 친구라고 부르더라도 친구에게 느끼는 정서적 친밀감은 다를 수 있다. 친구의 유형에는 관계회피적 유형, 내면적 관계 유형, 그리고 억지 관심 유형이 있다고 한다(Okada, 2011). 관계회피적 유형은 친구관계를 맺기는 하지만 자신의 욕구가 만족되고 나면 친구와의 친밀한 소통을 가능한 한 피하려고 하고 자기 자신에만 머무는 경향을 보인다. 관계회피적 친구관계는 사회생활을 하는 동안 서로의 필요에 의해 만나게 된 경우가 대부분이다. 이런 친구에게는 정서적 친밀감을 느끼기 어렵고 속마음을 털어놓기 어려워 친구관계가 오래 유지되기 어렵다. 내면적 관계 유형은 전형적인 친구관계 유형으로 서로의 기분을 솔직하게 나누고 공유하여 친밀감을 표현하며 깊은 교류를 추구하는 친구관계를 말한다. 우리가 바라는 이상적인 친구관계 유형으로 이해관계보다 정서적 친밀감을 추구하는 경향을 보이며 어렸을 때부터 알고 지낸 친구들 사이에서 이런 친구관계를 발견할 수 있다. 억지 관심 유형은 서로의 개인적 정보는 가급적 공유하지 않고 서로 상처를 주지 않는 표면적 교류로 피상적인 친구관계를 말한다. 가끔 우리는 오래 알고 지낸 사이인데도 불구하고 친구에게 친밀감을 느끼지 못하는 경우가 있는데 이러한 친구관계가 억지 관심 유형이라고 할 수 있다. 이렇게 서로에게 관심을 갖지 않는 것은 마음의 상처로 인해 자신의 내면을 드러내는 것을 두려워하기 때문인 경우도 있고 서로가 공유할 수 있는 관심사나 취미가 없기 때문일 수도 있다.

2. 친구관계의 발달

친구관계는 다른 인간관계와 마찬가지로 발달적 변화를 겪게 된다(Sullivan, 1973). 대인관계에 대한 욕구는 부모를 비롯한 주변 가족들과 접촉하고 사랑을 받고 싶은 욕구를 표현하는 것에서 시작된다. 아동기(12세 이전)의 인간관계는 부모를 비롯한 가족과 친밀한 관계가 중심이 되고 친구관계가 취미나 활동의 유사성에 근거한 활동 중심으로 이루어져 아직은 정서적 친밀감에 기반한 친구관계는 나타나지 않는다. 그래서 친구와 장난감을 가지고 놀거나 놀이터에서 놀면서 시간을 보내며 이러한 놀이에 참여하지 않으면 친구라고 여기지 않는다. 단짝과의 친구관계는 아동기 동안 경험할 수 있는 대인관계의 상처를 극복하도록 하는 치유적 기능을 할 뿐 아니라 자기가치감과 자신감을 높여줘 성인기의 인간관계를 형성하는 기반이 된다(Buhrmester, 1990).

전 청년기(12~14세)에는 친밀감에 근거한 진정한 친구관계가 시작되는데 이때는 자신의 비밀을 털어놓을 수 있는 동성 단짝친구를 찾지만 아직은 우정이 안정적이라기보다 불안정한 상태이다.

청년 초기(14~16세)에는 성적 성숙으로 인한 생리적 변화와 더불어 이성에 대한 성적 욕구가 나타난다. 전 청년기에는 친밀감을 바탕으로 동성친구와의 관계가 중심이 되었다면 청년 초기에는 이성에 대한 친밀감 욕구가 생기면서 이성관계가 형성되기 시작한다(Epstein, 1983). 그러나 동성 단짝친구는 이 시기에도 중요한 역할을 하며 새로운 대인관계를 위한 안정된 기반으로 역할을 한다. 한편 청년 후기(10대 후반 이후)에 도달하면 이성친구와 동성친구가 동시에 존재하며 친구에 대한 기대도 다양해지면서 정서적으로 친밀하고 안정된 친구관계가 가능해진다.

3. 친구관계의 형성에 영향을 미치는 요인

두 사람이 친구관계를 형성하고 깊은 우정을 쌓아나가는 과정에 다양한 요소들이 영향을 미치게 된다. 친구관계에는 일반적인 인간관계와 관련된 요인도 영향을 미칠 수 있지만 친구관계에 고유한 요인도 영향을 미친다. 이 절에서는 개인적 측면, 상황적 요인으로 구분하여 알아보도록 하자.

1) 개인적 측면

우리는 다양한 상황에서 많은 사람들을 만나게 되지만 모든 사람과 친구가 되는 것은 아니다. 그렇다면 친구가 되는 사람과 그렇지 않은 사람은 어떻게 결정되는 것일까? 로딘(Rodin, 1982)은 만나는 사람들 중에서 '원하지 않는 사람들'을 먼저 제외시킨 후 나머지 사람들 중에서 '좋아하는 사람들'을 선택한다고 보았는데 이 선택과정에 영향을 미치는 것이 바로 개인적 측면이다.

신체적 매력 개인적 요인 중에서 친구관계의 형성에서 가장 중요한 것은 신체적 매력이다. 신체적 매력이 친구관계의 형성에 영향을 미치는 원인은 외모 같은 신체적 매력을 가진 사람이 성격이나 태도에서도 긍정적일 것이라고 기대할 뿐 아니라 그들과 어울리는 것을 즐겁게 여기기 때문이다(Patzer, 1985).

대인관계기술 대인관계기술은 친구관계의 형성에 큰 영향을 미친다. 가령, 친구관계의 만족도에 관한 연구(Shaver, Furman, & Buhrmester, 1985)에서 학기 초에는 대인관계를 시작하는 사회적 기술이 친구관계의 형성에 중요하지만,

학기 중간이 되면 자기개방 기술이 친구관계의 발전에 중요해진다는 것이 발견되었다. 타인의 기대에 민감하고 자신의 생각이나 감정을 효과적으로 전달하는 대인관계기술은 친구관계를 시작하는 데 중요하다. 즉, 친구를 사귀는 것은 운동을 배우는 것과 마찬가지로 상황에 적절한 태도를 보이고 대화 매너를 지키는 등 상대방의 말에 적절하게 반응하는 기술이 요구된다(Cook, 1977). 또한 타인의 행동이나 감정에 반응을 잘하는 사람은 그렇지 않은 사람들보다 상대방에게 더 긍정적으로 인식되며, 이것은 자신에게 반응을 보이는 사람이 자신에게 호감을 가지고 있다고 여기기 때문이다(Davis & Perkowitz, 1979).

성격 성격이 좋은 사람은 누구나 좋아하기 때문에 친구가 될 가능성이 높다. 그렇다면 어떤 성격이 좋은 성격일까? 일반적으로 사람들이 좋아하는 성격은 정직하고, 동정심 있고, 성실한 사람이다(Anderson, 1968). 특히 성격을 외향성, 불안정성, 개방성, 수용성, 성실성으로 설명하는 5요인 모델(Big Five Model)에 따르면 사교적인 외향성, 공감을 잘하는 수용성, 유능하고 자기관리를 잘하는 성실성이 높은 사람이 친구를 더 잘 사귀는 경향이 있다. 그러나 사람들이 선호하는 성격은 시대나 문화에 따라 다를 수 있다. 즉, 미국 같은 개인주의 문화에서는 솔직하고 독립심이 강한 성격을 가진 사람을 선호하는 데 비해 한국 같은 집단주의 문화에서는 겸손하고 남을 배려하는 성격을 가진 사람을 선호하는 경향을 보인다. 또한 지나치게 수줍은 성격을 가진 사람은 대인관계 기술이 부족하고 다른 사람에게 '잘 반응하지 않는다'는 평가를 받기 때문에 대인관계에 문제를 보일 수 있다. 즉, 수줍음을 타는 사람은 일반적으로 대화를 적게 하고 대화를 할 때 응답속도가 느리며 웃음이나 눈 마주침이 적은 경향을 보이며 이러한 특성은 상대방으로 하여금 자기를 별로 좋아하지 않는다는 오해를 불러일으킬 수 있다(Jones & Carpenter, 1986).

능력 사람은 똑똑하고 유능하며 사회적으로 성공한 사람과 친구관계를 맺기를 원한다. 그것은 어려울 때 도움을 얻을 수 있다는 현실적 이유도 있지만 능력 있는 사람과 친구관계를 맺으면 자기가치감이 향상되기 때문이다. 그러나 그렇게 뛰어난 사람과 친구관계를 맺으면 항상 비교대상이 되기 때문에 오히려 자기존중감이 떨어질 수 있다는 문제도 존재한다. 그래서 사람들은 너무 완벽한 사람보다 약간의 결점이 있는 사람을 인간적이라고 평가하며 친구로서 더 바람직하다고 본다.

● 나보다 잘 하는 친구가 자랑스럽기도 하고 밉기도 한 이유

누구나 친구가 운동경기에서 활약하는 것은 자랑스럽게 여기지만 기말시험에서 자기보다 더 좋은 성적을 받은 것에 대해서는 시기심을 느낀다. 이렇게 친구의 좋은 수행결과에 대해 상반되는 감정을 느끼는 이유는 무엇 때문일까?

그 이유는 인간은 누구나 긍정적인 자기평가를 유지하고 고양하고자 하는 동기가 있기 때문이다. 자기평가 유지모델(Tesser & Campbell, 1983)에 따르면 자기가 중요하게 여기지 않는 측면에서 친구가 뛰어나다면 친구와의 동일시를 통해 자기평가를 높일 수 있기 때문에 좋은 감정을 가지지만, 자기가 중요하게 여기는 측면에서 친구가 뛰어나면 자기평가에 위협을 가져오기 때문에 나쁜 감정을 갖게 된다.

이것은 친구를 선택할 때도 일어날 수 있다. 초등학생을 대상으로 한 연구에서 초등학생들은 자기가 중요하게 여기는 과목에서 나쁜 성적을 받고 자기가 중요하게 여기지 않는 과목에서 좋은 성적을 받은 친구를 더 좋게 평가하였다. 이것은 자기평가를 위협하는 친구보다 자기평가를 유지하도록 하는 친구를 더 선호한다는 것을 보여준다.

2) 상황적 측면

친구관계를 형성하는 데 신체적 매력 같은 개인적 측면도 영향을 미칠 수 있지만 상황적 측면도 중요한 역할을 한다.

근접성 친구관계를 형성하기 위해서는 우선 두 사람이 물리적으로 가까이 있어야 하고 자주 접촉해야 한다. 가령, 친구는 가까운 거리에 사는 경향이 있으며 친구관계의 질도 거리와 관련되어 있다(Ebbesen, Kjos, & Konecni, 1976). 또한 기숙사에서 가장 좋은 친구가 같은 건물에 사는 경우가 88%, 같은 층에 사는 경우가 50%로 가까이 살수록 친밀한 관계가 이루어질 가능성이 높다는 것을 보여준다(Nahemow & Lawton, 1975). 또한 근접성은 거주지역만 아니라 우리가 시간을 많이 보내는 환경과 관련되어 있다. 가령, 친구관계가 시작된 장소나 시기를 조사한 결과 직장(26%), 이웃(23%), 아동기(20%) 등의 순서로 나타났는데 학교나 직장 같이 자신이 생활하는 영역이 친구관계 형성에 도움이 되는 이유는 학교나 직장에서 이루어지는 일들이 타인과의 협조적인 관계를 필요로 하기 때문이다(Parker, 1964). 즉, 사람들은 앞으로 계속해서 만나게 될 사람들에게 더 많은 호감을 가지는 경향이 있으며 심지어 호감이 낮은 사람도 앞으로 계속 만나야 한다고 생각되면 더 긍정적으로 평가하는 경향을 보인다(Lassiter & Briggs, 1990).

친숙성 사람들은 자주 만나 친숙해질수록 그 사람에게 호감을 가진다. 특히, 진화적 관점에서 볼 때 친숙한 사람들은 보통 가족과 같이 자신을 보호해주고 돌봐주는 사람들이었기 때문에 친숙한 사람을 선호하는 경향성은 생존 가능성을 높였을 것이다. 이렇게 자주 접하게 될수록 호감을 갖는 경향은 사람뿐 아니라 사물에 대해서도 나타나며 이것을 단순노출효과(Zajonc, 1968)라고 부른다.

유사성 사람들은 연령, 교육 정도, 종교, 신체적 매력 등에서 자신과 비슷하다고 여겨는 사람들과 친구관계를 맺는 경향이 있다(Brehm, 1985). 이렇게 배경이 유사한 사람과 친구관계를 맺게 되면 관심사나 취미를 공유할 가능성이 높아 즐거운 체험을 할 수 있고, 사회현상에 대한 태도나 생각이 유사하여 갈등을 일으킬 가능성도 낮다.

● 사람들이 가장 좋아하는 친구는?

우리가 행복을 느끼는 경우는 대부분 인간관계와 관련되어 있으며 특히 좋은 친구는 삶에서 기쁨을 느끼게 해주는 소중한 존재이다. 그렇다면 사람들이 좋아하는 친구는 어떤 친구일까? 첫째, 사람들은 어려울 때 도움이 되는 친구를 좋아한다. 즉, 친구가 안 좋은 일이 있거나 위로받고자 할 때 함께 있어 주고 위로해 주는 친구를 누구나 좋아한다. 둘째, 친구에게 어떤 약속을 했을 때 반드시 지키는 신뢰할 수 있는 친구를 좋아한다. 만일 약속을 지킬 수 없을 경우에는 약속을 없었던 것으로 하기보다 약속을 지키지 못하게 된 이유를 미리 알려주고 다시 약속을 잡는 사람을 신뢰한다. 그리고 친구가 속에 있는 말을 터놓고 말할 수 있도록 비밀을 지켜주는 친구를 신뢰한다. 셋째, 친구의 말을 잘 들어주는 친구를 좋아한다. 즉, 친구의 말을 잘 듣고 그가 관심을 가지고 있는 것을 기억했다가 다음에 이야기해 주는 친구를 친구들이 좋아한다. 그리고 친구가 흥미 있는 이야기를 꺼냈을 때 대화의 흐름을 끊지 않고 끝까지 들어주는 친구를 좋아한다. 넷째, 누구나 자주 연락하는 친구를 좋아한다. 친구관계가 끝나는 가장 큰 원인은 관심의 저하이며 관심의 저하는 연락의 빈도에 의해 드러난다. 서로 자주 연락하지 않게 되면 우정이 식으며 다시 연락을 하더라도 우정이 심화되기란 매우 힘든 일이다. 따라서 누구나 자주 연락하는 친구를 좋아할 수밖에 없다.

4. 친구관계의 심화

사회생활을 하면서 다양한 친구들을 만나게 되지만 어떤 친구는 피상적인 관계에 머무르는 반면 어떤 친구는 매우 친밀한 관계로 발전한다. 즉, 친구관계는 서로 싫어하거나 좋아하는 감이 없이 운동이나 취미 등을 매개로 일어나는 단순한 만남으로 시작되며 다음에는 한 사람이 다른 사람의 요구나 필요에 따라 반응하게 되면서 상호 도움을 교환하는 단계로 발전하게 된다. 마지막으로는 서로를 이해하게 됨에 따라서 서로의 생각이나 감정을 공유하고 상호 이해와 용서가 가능해지면서 친구관계가 깊어지게 된다.

이렇게 친구관계가 피상적인 관계에서 시작되어 서로를 이해하는 깊이 있는 관계로 발전되기 위해서는 다른 인간관계와 마찬가지로 친구를 사귀고 싶다는 동기와 함께 친구관계를 심화시키려는 노력이 필요하다(Daman, 1977).

1) 친구관계의 심화를 위한 조건

친구관계를 심화시켜 나가기 위해서는 단순히 만남을 반복하는 것만으로는 부족하다. 친구관계를 심화시키기 위한 노력을 통해 깊은 생각과 감정을 공유하는 친구관계로 발전하게 된다. 그렇다면 친구관계의 심화를 위해서는 어떻게 해야 할까?

첫째, 피상적인 관계가 친밀한 관계로 심화되기 위해서는 서로 속마음을 터놓는 자기개방이 요구된다. 어느 한 사람이 상대방에 대한 신뢰를 바탕으로 자신만의 개인적 정보를 노출하기 시작하면 자기개방의 상호성 때문에 서로 친밀한 관계로 발전되기 시작한다. 물론 이런 과정에서 자신의 약점이나 비밀을 노출할 수 있는 위험도 있지만 그럼에도 불구하고 상대방에 대한 신뢰를 바탕으로 자기개방을 시도해야 한다. 둘째, 서로 실제적인 도움을 주고받거나 즐거운 체험을 공유해야 친구관계가 심화될 수 있다. 인지부조화 이론에 따르면 누군가에게 도움을 주게 되면 도움을 준 사람은 상대방에 대해 긍정적인 감정을 더 갖게 되며 도움을 받은 사람은 고마운 마음을 갖게 되어 친구관계가 더 심화된다. 가령, 한 친구가 컴퓨터를 잘 알거나 운동을 더 잘 하는 경우에 다른 친구에게 도움을 주게 되면 더 친밀해질 수 있다. 또한 두 사람이 모두 좋아하는 게임이나 운동을 찾아서 함께 하면서 즐기거나 관심을 가지고 있는 것에 대해 이야기할 수 있는 기회를 찾아보는 것이 중요하다. 셋째, 친구관계는 어려운 상황에 처했을 때 상대방의 처지에 공감해 주고 정서적 지지를 제공하는 과정에서 더 깊어지는 경향을 보인다. 사회생활을 하다 보면 누구나 한번쯤은 어려운 상황에 처하게 되는데 이때 친구가 고통에 공감해 주고 정서적 지지를 제공해 준다면 친구에 대한 신뢰가 깊어져 친구관계가 심화될 수 있다.

미국의 심리학 전문지 『Psychology Today』에서는 친구관계의 심화를 돕는 세 가지 요소를 제안하였다. 첫째는 만나서 즐거워야 한다. 운동이든 취미든 만나서 즐거운 경험을 공유한 친구는 자꾸 만나고 싶고 그만큼 가까워지게 된다. 둘째는 만나서 편안해야 한다. 친구는 서로 고민과 갈등을 털어놓을 수 있고 정서적인 지지를 통해 서로 힘이 되어 줄 수 있어야 한다. 그 결과 서로의 사생활을 잘 알게 되고 이해하는 친구 간에는 우정이 깊어지게 된다. 특히 여자는 남자에 비해 개인적인 문제에 대해 이야기하는 경향이 있으며 친구의 이야기를 잘 들어주고 수용해 주기 때문에 정서적 친밀감이 남자에 비해 더 높다. 셋째는 현실적 도움을 주고받아야 한다. 현실적인 도움은 금전적이거나 물질적 도움만이 아니라 지식이나 정보의 제공을 포함한다. 그러나 친구관계에는 형평성이 중요하기 때문에 도움이 일방적으로 이루어지게 되면 친구관계가 지속되기 어렵다.

● 우리는 얼마나 많은 친구를 사귈 수 있을까?

우리는 사회생활을 하면서 많은 친구와 대인관계를 하는 사람을 부러워하고 그렇게 되고 싶어 한다. 그렇기 때문에 사람들은 자신의 SNS에 얼마나 많은 친구가 있는지를 자랑하기도 하고 SNS에 올린 자신의 글에 얼마나 많은 사람이 "좋아요"를 누르거나 댓글을 다는지에 예민하게 반응한다. 그렇지만 아무리 우리가 더 많은 친구를 원한다고 해도 뇌의 크기와 대뇌피질 간의 비율에 의해 사회적 관계를 맺을 수 있는 수에서 상한이 있다고 한다. 즉, 던바의 수(Dunbar's number) 법칙에 따르면 인간이 유지할 수 있는 친구의 최대수는 150명 정도이며 그 이상의 친구는 관리할 수 없다고 한다. 가령, 매년 성탄카드를 보내는 상대를 기록하게 하여 친한 사람의 숫자를 밝혀 보니 친구의 최대치는 150명 내외였다고 한다(Hill & Dunbar, 2003). 그것보다 더 많은 친구를 유지한다는 것은 현실적으로 불가능하며 단지 피상적인 관계만 가능하다고 할 수 있다.

그러나 인터넷을 보면 SNS를 통해 엄청난 수의 친구를 유지하는 사람이 있기 때문에 던바의 수 법칙이 인터넷 시대에 맞는지 의문을 가질 수 있지만 최근의 연구(Dunbar, 2011)에 따르면 인터넷으로 사람들과 교류를 쉽게 할 수 있더라도 한 사람이 원활한 의사소통을 할 수 있는 최대의 사람 수는 150명을 넘지 못한다고 한다.

2) 친구관계의 심화를 위한 대화법

친구관계는 처음 형성하기도 쉽지 않지만 그 관계를 유지하고 심화시키는 일은 더욱 어렵다. 만족스런 친구관계를 이루기 위해서는 이를 유지시키고 심화시키기 위한 의사소통기술이 요구된다. 첫째, 어렵거나 힘든 일이 있을 때 자신의 감정이나 처지를 상대방에게 개방하게 되면 이해받고 위로받으면서 친구관계가 더 심화될 수 있다. 그것은 친구에게 관심이 있고 우호적일수록 누구나 자신의 생각이나 감정을 상대방에게 알리고 싶기도 하고 상대방에 대해 알고 싶기도 하기 때문이다.

둘째, 친구관계에서 의사소통의 기본을 잘 지켜야 친구관계가 더 오래가고 친밀해질 수 있다. 즉, 친구를 부담 없게 생각하여 주의하지 않고 대화를 함부로 하게 되면 의도하지 않게 상대방에게 마음의 상처를 줄 수 있으므로 대화에서 예절을 지켜야 한다.

또한 친구와 좋은 관계를 유지하기 위해서는 상대방의 이야기를 경청하는 자세가 반드시 필요하며, 친구 사이라도 자신의 이야기를 건성으로 듣는 사람과는 대화를 나누기 싫어질 것이다. 따라서 상대방의 이야기를 주의 깊게 경청하면서 "네가 이랬단 말이지?", "잘 알아듣지 못하겠는데 다시 설명해 줄래?"라고 하면서 상대방을 이해하려고 노력하고 있음을 상대방에게 전달할 필요가 있다. 이렇게 하면 친구도 상대방이 자기 마음을 이해하려고 애쓴다는 점을 알게 된다.

셋째, 친구의 행동이나 말 때문에 기분이 상했을 때 대부분 친구의 마음이나 의도를 추측하려는 경향이 있으며 이 과정에서 오해나 서운함이 생길 수 있다. 즉, 우리는 상대방이 자신의 생각이나 기분을 충분히 이해할 것이라고 기대하지만 솔직하게 자신의 생각이나 기분을 말하지 않는다면 상대방은 내 마음을 알 수 없다. 친구의 부탁을 거절할 때처럼 상대방의 반응이 걱정된다면 자기 생각과 함께 상대의 반응이 걱정된다고 솔직히 말하는 것이 오히려 좋다. 가령, "이 말이 네 기분을 상하게 하지 않았으면 좋겠는데…" 또는 "내가 이렇게 말하면 네가 ~할까 봐 걱정되는데…"로 서두를 꺼내면서 자기 생각을 솔직하게 표현하는 것이 더 좋다. 또한 상대방의 행동이나 말 때문에 기분이 상했다면 나의 감정을 나-메시지(I-message)를 통해 솔직하게 전달한다면 친구의 감정을 배려하면서 오해나 서운함을 풀 수 있다. 가령, 상대방이 짓궂은 장난을 해서 기분이 상했다면 "네가 그렇게 놀리면 내 기분이 상하지 않겠어?"라고 말한다면 나의 감정을 전달하면서도 상대방의 가정을 배려할 수 있는 의사소통 방법이다.

넷째, 친구가 자신의 생각이나 감정을 이야기하고자 할 때는 경청과 공감을 통해 친구의 감정을 수용하면서 대화하는 자세가 필요하다. 즉, 대화를 할 때 상대방이 자신의 입장이나 생각을 잘 이해해 주고 있다는 느낌이 들면 대화는 잘 이루어지고 자신이 상대방에게 지지받고 있다는 확신을 갖게 된다. 그렇게 하기 위해서는 친구의 감정을 공감해 주는 말("많이 힘들었겠네.")을 하거나 적절한 시기에 요약해서 전달("그러니까 ~하다는 이야기지?")하는 언어적 방법이나 고개를 끄덕이거나 상대방의 말에 동의해주는 말("그렇구나.")을 사용하는 비언어적 방법이 있다.

● 우정을 깊게 하는 방법

친구와 우정을 나누는 것은 인생에서 가장 보람 있는 일이며 삶의 기쁨이기도 하다. 때로는 갈등을 겪기도 하고 때로는 함께 기뻐하기도 하는 과정에서 우정은 깊어지게 되는데 그렇다면 어떻게 해야 변함없이 우정을 이어나갈 수 있을까?

첫째 용서하는 법을 배운다. 우정이 오래 가려면 친구가 정말 심각한 행동을 하지 않은 이상 완벽한 사람은 없다고 생각하고 잘못 행동한 친구를 용서하고 이를 뒤로 한 채 앞으로 나아갈 수 있어야 한다. 둘째, 친구를 있는 그대로 받아들인다. 마음에 들지 않는다고 친구의 생각을 바꾸려고 하거나 논쟁하지 않고 친구의 관점을 새로운 생각으로 받아들여야 한다. 즉, 서로의 결점이나 문제를 알고 있어도 받아들이고 배려하는 것이 친구이다. 셋째, 해준 만큼 받아야 한다는 생각에서 벗어난다. 해준 만큼 받아야 한다는 생각에서 벗어나 친구가 무엇인가를 필요로 하는 순간을 파악하고 물질적으로나 정신적으로 도움을 주겠다는 자세를 가져야 한다. 이것을 통해 우정이 깊어지고 나중에 친구도 나에게 그렇게 할 것이라는 신뢰감을 갖게 된다. 넷째, 친구관계도 변화될 수 있다고 생각한다. 나이가 들고 사회생활을 하다 보면 대화시간이 줄어들거나 관심거리가 바뀔 수 있다. 그러나 이런 변화가 우정이 약화되었다는 것을 의미하지는 않으며 자신과 친구의 삶이 변화되고 있으며 그에 따라 우정의 방식이 달라져야 한다고 받아들인다. 이러한 방법을 실천하는 과정에서 우리는 친구관계뿐 아니라 인생의 깊이도 더 깊어져 있음을 발견하게 된다.

5. 친구관계와 갈등

누구나 사소한 문제로 인해 친구와 갈등을 겪었던 경험이 있을 것이다. 갈등은 인간관계에서는 피할 수 없는 일이고 갈등을 어떻게 대처하느냐에 따라서 이전보다 더 친밀해질 수 있는 기회가 될 수 있다. 그렇다면 친구관계에서 갈등이 생기는 원인은 무엇이고 어떻게 대응해야 할 것인지 알아보자.

1) 갈등의 원인

친구관계가 깊어지면 서로에 대해 더 많이 알게 될 뿐 아니라 서로에 대한 기대도 그만큼 커지게 되기 때문에 실망하는 일도 많이 생길 수밖에 없다. 친구관계란 수평적 관계이기 때문에 둘 사이에 생기는 사소한 의견의 차이도 심각한 갈등으로 비화되기 쉽다. 그렇다면 갈등은 왜 생길까?

첫째, 갈등은 친구 중 한 사람이 일방적으로 부담을 떠맡는 불공정한 상황이 반복될 때 생길 수 있다. 가령, 자취생활을 하거나 과제를 같이 하게 되었을 때 대부분의 일을 한 친구가 일방적으로 떠맡게 되면 처음에는 그럴 수도 있다고 생각하지만 이런 일이 반복되면 상대방에 대한 불신이 생겨 갈등이 발생한다. 둘째, 누구나 친구에게 역할기대를 하게 되는데 이러한 역할기대가 좌절되면 갈등이 발생할 수 있다. 가령, 토론 중에 친한 친구의 지지를 기대했는데 갑자기 자기 의견을 비판하게 되면 친구에 대해 배신감을 느끼게 되어 갈등이 발생할 수 있다. 또한 어떤 친구에게만 이야기한 내용이 다른 친구에게도 알려졌거나 힘들고 어려운 일이 있을 때 연락했는데 바쁘다는 핑계를 댈 때 친구에 대한 믿음이 사라지고 갈등이 발생하게 된다. 셋째, 친구관계가 어느 정도 가까워지면 상대방을 배려하기보다 자기주장을 하면서 의견대립이 일어날 수 있으며 이때 갈등이 일어난다. 누구나 사람을 처음 만났을 때는 상대방의 입장을 배려하게 되고 웬만한 일은 넘어가게 되지만 어느 정도 편한 관계가 되면 거리낌 없이 상대방의 문제를 지적하기도 하고 자기주장을 하기도 한다. 처음에는 이러한 사소한 의견차이가 큰 문제가 되지 않지만 의견 차이로 인한 충돌에 감정이 개입하면 갈등으로 비화된다. 이럴 때 갈등을 어떻게 해결하는지에 따라 친구관계가 더 친밀해질 수도 있지만 친구관계에 금이 가기도 한다.

2) 갈등해결의 전략

친구관계를 비롯한 모든 인간관계에서 갈등은 필연적인 것이지만 그 갈등을 어떻게 해결하느냐에 따라 친구관계가 이전보다 친밀해질 수도 있고 친구관계가 끝날 수도 있다. 갈등상황에서 자신의 욕구를 주장할 용기가 있는지 그리고 타인의 욕구를 얼마나 배려하는지에 따라 다음과 같은 네 가지 갈등해결의 유형이 나타날 수 있다.

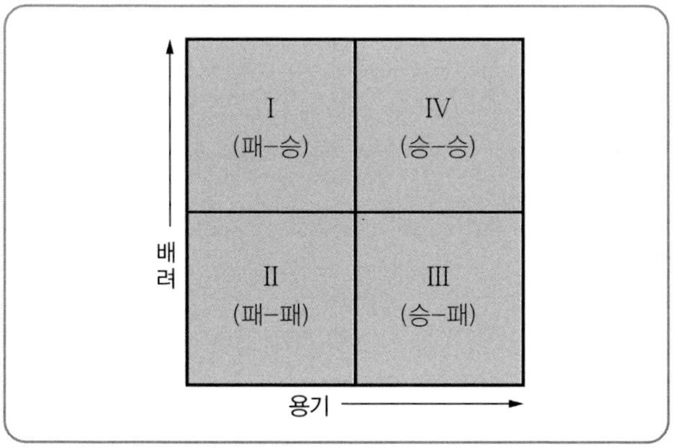

그림 7-1. 갈등해결 전략의 유형

I유형은 패배-승리형이라고 할 수 있는데 갈등상황에서 자신의 욕구를 주장하지 못하고 친구의 욕구만을 배려하여 쉽게 포기하거나 양보하는 유형이다. 비록 외견상으로는 갈등이 줄어든 것처럼 보이지만 친구의 욕구만 충족시키고 자신의 욕구는 충족되지 못했기 때문에 불만이 남아 있을 수 있으므로 갈등이 해결되었다고 보기 어렵다.

II유형은 패배-패배형이며 상대방의 욕구를 배려하지도 못하고 자신의 욕구도 주장하지 못하는 것으로 결국 누구의 욕구도 충족되지 못하기 때문에 갈등이 더 악화될 가능성이 높다. 따라서 서로의 욕구를 이해하고 수용하는 자세를 가져야 갈등을 해결할 수 있다.

III유형은 승리-패배형으로 갈등을 승리 또는 패배라는 이분법적 사고방식으로 바라보기 때문에 상대방의 욕구를 배려하지 않고 자기주장만 하기 때문에 갈등에서 이길 수는 있지만 친구관계가 해체되기 쉽다. 즉, 이런 전략을 사용하게 되면 상호신뢰가 결여된 상황에서 승부에서 이기고자 하는 욕구만 커지기 때문에 이길 수는 있지만 되어 갈등이 해결되기 어렵고 친구관계에 위기가 찾아올 수 있다.

IV유형은 승리-승리형으로 자신의 욕구를 주장하면서도 상대방의 욕구도 함께 배려하기 위해 협력하는 것으로 갈등을 극복하고 원하는 목표를 이룰 가능성이 높다. 즉, 갈등이 경쟁이 아니라 협력으로 변화되어 두 사람이 원하는 목표를 모두 이루어 친구관계도 친밀해지는 결과를 만들어낸다. 따라서 친구 간에 생기는 갈등은 서로 승리-승리(win-win) 전략을 택할 때 가장 좋은 결과가 얻어진다.

3) 갈등을 해결하기 위한 방법

친구 사이에서 갈등을 피할 수 없다면 갈등을 어떻게 해결하는지가 중요하게 된다. 그렇다면 갈등을 해결하기 위해서는 어떻게 해야 할까? 첫째, 나와 친구가 갈등을 바라보는 관점이 다를 수 있음을 인정해야 한다. 즉, 친구와 갈등을 겪는 가장 큰 이유는 자신이 옳다고 생각하는 것을 상대방도 그렇게 생각할 것이고 지금 옳지 않은 행동을 하는 것은 일부러 그런 것이라고 추측하는 것이다. 그러나 같은 상황을 보더라도 사람마다 서로 다르게 볼 수 있으며 자기 기대대로 행동하지 않을 때 추측하고 실망하는 것보다 대화를 통해 확인하는 것이 바람직하다. 사람마다 자라온 환경이 다르고 생각도 다르기 때문에 어느 정도까지는 상대방에게 맞춰서 갈등을 줄이도록 노력해야 하지만 노력해도 안 되는 부분은 받아들여야 한다.

둘째, 친구 간의 갈등을 해결하려면 갈등을 인정하고 서로 솔직해져야 한다. 속으로는 친구에 대해 기분 나쁘면서도 겉으로는 아무렇지 않게 대하면 잠시 동안은 편안할 수 있지만 시간이 지날수록 표정이나 태도로 드러나기 마련이다. 따라서 문제가 되는 상대방의 행동이나 말에 대해 자신의 감정을 표현하고 그것을 해결하려고 노력해야 한다. 이때 "나-메시지" 대화로 상대방의 행동이나 말에 대해 느낀 자신의 감정을 솔직하게 전달할 필요가 있다. 그리고 상대방의 생각과 바람을 허심탄회하게 경청하는 자세가 필요하다. 서로의 생각과 욕구가 확인되었으면 어떻게 문제를 해결할 것인지를 차분하게 생각해 본다.

셋째, 상호 신뢰감을 회복하기 위해 노력해야 한다. 갈등상황에서 친구관계를 회복하기 위해서는 상대방에 대한 신뢰감을 회복하는 것이 가장 중요하다. 신뢰감을 회복하기 위해서는 말과 행동이 일치하도록 약속한 것을 반드시 지키고 상대방의 생각이나 감정에 공감해 주는 태도를 보여야 한다.

넷째, 제삼자에게 도움을 청한다. 갈등을 빚고 있는 당사자는 마주 대하는 것 자체가 부담스러울 뿐 아니라 마음을 솔직하게 전달하기도 쉽지 않다. 혼자서 고민하고 괴로워하기보다 객관적인 입장에서 둘 사이를 조정할 줄 아는 사람의 도움을 받아 갈등을 해결할 수 있다.

6. 친구관계의 해체

친구관계는 구속력이 약하고 친밀감에 토대를 둔 인간관계이기 때문에 위기를 겪기도 쉽고 중단되기도 쉬운 관계라고 할 수 있다. 친구관계가 위기에 빠지게 되는 원인은 물리적 거리로 인한 만남의 어려움, 새로운 친구로 인한 관심의 저하, 상대방의 성격이나 행동에 대한 불만 등 다양하다. 중요한 원인에 대해 하나씩 알아보도록 하자.

첫째는 만남의 기회가 줄어들면서 관심이 감소하여 생기는 위기이다. 학교에 다닐 때는 단짝으로 지내던 친구도 졸업하고 직장을 갖거나 결혼을 해서 가족을 형성하게 되면 친구에 대한 관심이 감소하게 된다. 그뿐 아니라 직장을 다니며 바쁘게 살다보면 같은 도시에 사는 친구와도 자주 만나기 쉽지 않게 된다. 이렇게 친했던 친구와 만남의 기회가 줄어들게 되면 서로 소원해지고 관심이 감소하는 경우가 많다. 둘째는 친구끼리 이질감을 느끼게 되는 경우이다. 학생일 때는 부담 없이 지내지만 사회생활을 하면서 각기 직업이나 사회적 지위에서 차이가 생기게 되며 이러한 사회경제적 차이가 이질감을 가져오게 된다. 이질감은 심리적인 면만이 아니라 공통의 화제나 관심사도 감소시켜 만나도 할 말이 없게 만들기 때문에 친구관계가 위기에 빠진다. 셋째는 나이나 환경의 변화로 인해 친구에 대한 호감의 기준이 달라질 수 있다. 학교를 다닐 때는 같은 게임을 하고 같이 간식을 먹는 것만으로도 친구에 대한 호감을 느낄 수 있지만 나이가 들고 직업이 달라지면 정치적 이념 성향이 같은지, 세상을 바라보는 관점이 같은지가 호감의 기준이 될 수 있다. 만일 전에 친했던 친구가 자기와 전혀 다른 성향을 갖고 있다고 생각되면 더 이상 그 친구에게 호감을 느낄 수 없고 친구관계는 멀어지게 된다. 넷째로 친구에 대한 신뢰감이 상실되었을 때 친구관계가 멀어질 수 있다. 상대방을 신뢰하기 때문에 친구로 여기는 것인데 친구가 공개적인 상황에서 비판적인 태도를 보이거나 둘 사이만 알 수 있는 비밀을 다른 사람에게 알리게 되면 친구에 대한 신뢰감이 떨어지게 된다. 또한 친구관계에서 형평성을 느끼지 못하는 경우에도 신뢰감이 떨어지게 된다. 가령, 자신은 상대방이 놀러가자고 요청할 때 언제든지 응해주었는데도 불구하고 상대방은 바쁘다는 핑계로 거절하는 경우가 많은 경우에 실망을 하게 되고 신뢰감은 떨어지게 된다.

7. 우정과 사랑

우정과 사랑은 남녀의 특성보다는 상대방에 대해 어떤 감정과 태도를 가지고 있는지에 따라 구분된다. 즉, 우정과 사랑은 매우 유사하지만 사랑에는 우정에는 없는 '열정'과 '보호'라는 요소가 있다(Davis & Todd, 1985). '열정'은 '매혹적이다', '성적 욕망을 느낀다' 같은 경험을 나타내며, '보호'는 '당신을 위해서라면 무엇이든 할 수 있다', '우리는 무조건 한편이다'라는 태도를 나타낸다. 즉 부부나 애인은 친구에 비해 상대방을 훨씬 더 매혹적인 존재로 느낄 뿐만 아니라 상대방을 위해 자신을 희생할 수 있다고 느끼는 정도가 더 강하다. 그렇다면 우정과 사랑에 대해 좀 더 자세하게 알아보자.

1) 우정과 사랑은 어떻게 다른가?

데이비스와 토드(Davis & Todd, 1985)는 우정과 사랑을 구분하기 위해 〈그림

7-2〉와 같은 모형을 제안하였다. 우정은 함께 놀고 이야기하는 동안에 느끼는 즐거움(enjoyment), 조금 부족해도 서로를 받아들이고 상대방에게 변화를 강요하지 않는 수용(acceptance), 상대방을 선의의 마음으로 대하는 믿음(trust), 서로의 인격을 존중하지만 상대방이 올바른 판단을 하도록 돕는 존중(respect), 서로 돕고 지지해 주면서 힘들고 필요할 때 믿고 의지할 수 있는 상호지지(mutual assistance), 삶의 경험을 공유하고 서로 감정을 함께 하는 신뢰(confiding), 서로의 가치를 인정하고 서로에게 중요한 것이 무엇인지를 아는 이해(understanding), 서로에게 진실되고 감정을 숨기거나 은폐하지 않는 자발성(spontaneity) 등 여덟 가지 요소로 이루어져 있다.

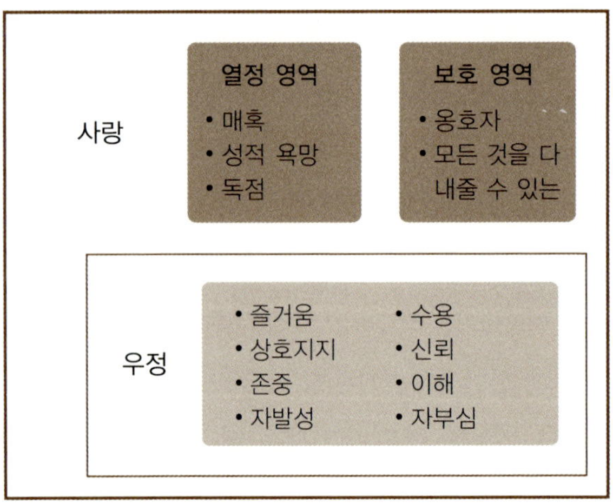

그림 7-2. 우정과 사랑의 영역

사랑과 우정은 많은 부분을 공유하고 있지만, 〈그림 7-2〉에서 보듯이 '열정 영역'과 '보호 영역'은 사랑에만 속하는 요소들이다. 즉, 사랑하는 사람은 '열정 영역'에 속하는 '매혹적이다', '성적 욕망을 느낀다'는 경향을 보이며, '보호 영역'에 속하는 '너를 위해서 무엇이든 할 수 있다', '나는 무조건 너의 편이다'라는 느낌을 갖는다. 정말 친한 친구의 경우에는 '너를 위해서 무엇이든 할 수 있다', '나는 무조건 너의 편이다'라는 점에서 배우자나 연인과 비슷한 느낌을 가질 수 있지만 '매혹적이다', '성적 욕망을 느낀다'는 특성을 갖지 않기 때문에 차이를 보인다.

대부분의 경우에 우정은 사랑에 비해 더 안정된 감정이기 때문에 우정을 잃으면 사랑을 잃은 것보다 마음의 상처가 더 깊고 오래갈 수 있다(Olson & Olson, 2000). 또한 사랑이나 우정 모두 소유욕이나 양면성 또는 상호비판 때문에 갈등을 일으킬 수 있지만 사랑은 열정과 독점이라는 감정을 특징으로 하기 때문에 문제가 더 심각해질 수 있다. 즉, 친구에 비해 배우자나 연인은 상대방을 독점하거나 변화시키고자 하는 욕망이 더 크기 때문에 파트너를 비판하거나 덜 수용하는 경향이 있어 갈등이 자주 발생한다.

2) 남자의 우정과 여자의 우정

친구관계에서 남자와 여자의 차이는 발달 초기부터 시작된다. 학령 전기의 아동들은 이성친구보다 동성친구와 사귀려는 경향이 강한데 그것은 선호하는 활동과 관련된다. 남자 아이는 거칠고 활동이 많은 놀이를 선호하는 데 비해 여자 아이는 인형놀이나 소꿉놀이, 그림 그리기 등의 놀이를 선호한다. 이렇게 대화를 기반으로 하는 놀이를 선호하는 여자 아이들이 활동을 기반으로 하는 놀이를 선호하는 남자 아이에 비해 더 친밀한 친구관계를 유지하는 경향을 보인다.

성인의 경우에도 여자가 남자에 비해 정서적 표현이나 자기개방을 더 많이 하기 때문에 더 친밀하고 정서적으로 풍부한 친구관계를 맺는다. 남자들은 운동이나 취미를 같이 즐기거나 공부나 일을 같이 하면서 유대감이나 친밀감을 느끼는데 비해 여자들은 식사나 쇼핑 등의 일상적인 활동에서 대화를 통해 서로 친밀감을 느낀다. 따라서 함께 술을 마시거나 운동을 하면서 우정을 쌓는 남자들과 달리 여자들은 대화를 통해 서로의 감정을 교환하고 속마음을 털어놓으면서 우정을 쌓는다. 대화의 주제에서도 여자는 남자보다 개인적 문제, 감정, 사람에 관해 이야기하기를 좋아한다(Galdwell & Peplau, 1982).

남자들의 우정은 그들이 사회에서 맡은 역할에 의해 한정되기 쉽다. 즉, 남자들이 친구관계를 맺는 사람들은 학교를 함께 다니거나 직장에서 같이 일을 하거나 운동경기의 파트너인 경우가 대부분이다. 남자들은 여자들에 비해 친구들에게 정서적 지지를 하는 경우가 많지 않기 때문에 동성친구에 대한 친밀도가 여자에 비해 떨어지고 우정에 대한 만족도도 여자보다 낮다(Sherrod, 1989). 또한 동성과 이성 간의 관계 만족도에 대한 연구(Elkins & Peterson, 1993)에서 여자–여자의 관계가 여자–남자 간의 관계보다 만족스럽지 않을 수 있지만 남자–남자의 우정보다는 만족스럽다.

남자에 비해 여자가 더 친밀한 우정을 유지하는 이유는 무엇 때문일까? 우선 여자들은 자기개방이나 감정표현을 통해 친밀감을 형성하는 데 비해 남자들은 운동이나 일 같은 활동을 통해 친밀감을 형성하며 이러한 활동은 깊은 감정적 교류가 어렵다(Reis, Senchak, & Solomon, 1985). 이렇게 남자들이 대화보다 활동을 통해 친구들과 교류하는 이유는 여자에 비해 친밀감 욕구가 낮기 때문이기도 하지만 사회에서 남자들에게 부여하는 성역할 기대가 '강하고 과묵한 사람'이기 때문일 수도 있다. 실제로 이성 간의 우정에 대한 연구에서 남자는 신체적 친밀감의 표현을 중시하는 경향이 있는데 비해 여자는 언어적 친밀감의 표현을 중시하는 경향을 보였다. 비록 친구관계의 친밀도에서 남녀 간의 차이가 약간 있지만 친밀한 친구관계에 대한 인식에서 성차는 크지 않으며, 남자와 여자가 친구관계에서 중시하는 측면이 서로 다르다고 보는 것이 더 적절하다. 가령, 남자는 친구관계에서 정서적 친밀감보다 활동의 공유를 더 중시하는 데 비해 여자는 대화를 통한 정서적 친밀감을 더 중시한다는 점에서 차이를 보인다고 할 수 있다.

3) 이성 간의 우정

우리 주변을 보면 간혹 이성친구와 친밀하게 지내는 사람들이 있지만 아주 친밀한 이성친구는 드물며 사회적으로 허용되지 않는 경향이 있다. 이렇게 이성친구가 드문 이유는 이성 간의 감정을 우정보다 사랑으로 보려는 사회적 관습 때문이기도 하지만 부부나 애인이 있을 경우에는 상대방에 대한 배려라는 측면에서 문제가 되기 때문이다. 특히, 기혼자의 경우에는 배우자에 대한 책임감 때문에 이성친구를 인정하기 어렵고 여자의 경우에는 부부관계에 문제를 가져올 수도 있다. 따라서 이성 간의 우정을 유지하려면 둘 사이의 관계를 남녀관계나 성적인 것으로 보려고 하는 타인의 시각과 맞서야 한다.

드물기는 하지만 이성 간에도 우정이 있다면 동성 간의 우정과 어떤 차이를 보일까? 이성 간의 우정이 드물다보니 동성 간의 우정에 비해 연구된 내용이 적지만 동성 간 우정의 중요한 특징인 친밀감을 바탕으로 이성 간의 우정을 비교한 연구가 이루어졌다. 그 결과를 보면 성적인 요소가 없이도 이성 간의 우정이 동성 간의 우정 못지않게 가까울 수 있지만 친밀감보다 서로 존중해주는 관계를 유지한다는 점에서 동성 간 우정과 다르다. 특히, 성인 여자들은 동성 간의 우정을 이성 간의 우정보다 더 친밀한 것으로 보는데 비해 성인 남자들은 이성 간 우정의 친밀도를 여자들보다 더 높게 평가하였다(Sapadin, 1998). 이러한 차이는 여자들이 이성 간의 우정에서 생길 수 있는 성적 문제를 부정적인 것으로 받아들이는 데 비해 남자들은 우정과 성적 관계를 구분하여 받아들이기 때문으로 보인다.

● 친구가 없어 외롭다면?

친구가 없거나 친구랑 헤어지면 누구나 외로움을 느낄 수 있고 때로는 자신에게 문제가 있는지 의문을 갖기도 한다. 그러나 사람마다 인간관계에 대한 욕구도 다르고 성격도 다르기 때문에 친구로 인한 외로움은 불가피할 수 있다. 그렇다면 친구로 인한 외로움을 어떻게 극복하면 좋을까?

첫째는 나를 사랑해야 한다. 외로움은 누구나 경험하는 감정이며 외로움을 느낀다고 이상한 사람이 아니라고 생각해야 한다. 그리고 아끼는 사람이 외로움을 느낄 때 어떻게 대할 것인지 생각해 보고 같은 방식으로 나 자신과 따뜻하게 이야기하고 위로해 줘야 한다. 둘째는 좋아하는 활동을 하면서 시간을 보낸다. 하루 중 일정한 시간을 내어 글을 쓰거나 그림을 그리는 등 좋아하는 활동을 하면 외로움이 줄어들고 기분이 좋아지는 것을 느낄 수 있다. 그리고 그러한 활동을 하기 위해 계획을 세우고 실천하는 동안 자신감도 생길 수 있다. 셋째는 자기 긍정 대화를 연습하는 것이다. 친구가 없어 외로울 때는 "난 가치 없는 사람이야."라거나 "누구도 나를 좋아하지 않아."라고 스스로를 자책하기 쉽다. 이때는 나를 진심으로 사랑해 주는 가족을 떠올려 보고 "이런 생각은 사실이 아니야. 나를 진정으로 사랑해주는 가족이 있잖아."라고 긍정적으로 대화를 하거나 누가 필요할 때 나는 어떤 도움을 줄 수 있을지 생각해 본다. 넷째는 낙관적 관점을 기른다. 우리 주변에 언제나 좋은 일들이 있음을 찾고 감사하여 낙관적 관점을 기른다 하루를 마친 후 하루에 대해 좋은 점을 적는 감사일기를 써보거나 주변의 가까운 사람의 행복을 위해 뭔가를 해본다. 이렇게 자신의 위로하고 적극적으로 활동하는 자세를 가지면 스스로 밝아지고 자신감도 생겨 행복감을 느낄 수 있으며 그 결과 친구관계도 좋아질 수 있다.

chapter

08

연인관계

Psychology of Human Relationship

Psychology of Human Relationship

chapter 08 연인관계

사람은 누구나 진정한 사랑을 원하고 진정한 사랑 속에서 인간적으로 성숙할 수 있다. 그렇다면 누군가를 사랑한다는 것은 어떤 것일까? 사실 사랑이 무엇인지에 대해 우리는 아는 것이 별로 없다. 사랑을 가르쳐 주는 사람도 없을 뿐 아니라 가르쳐 준다고 해서 사랑의 경험을 이해할 수 있는 것도 아니다. 우리가 아는 사랑은 소설이나 영화를 통해 배운 과장되거나 이상화된 것으로 사랑에 대한 오해는 환상과 미숙함 속에서 스스로를 불행이나 고통에 빠뜨릴 수 있다. 이 장에서는 사랑이 무엇인지 그리고 사랑을 통해 어떻게 친밀한 연인관계를 이루어나갈 수 있는지 알아보도록 한다.

1. 사랑이란?

사랑은 인간관계에서 경험할 수 있는 가장 행복하고 때로는 가장 고통스런 경험이다. "근본적으로 고독한 존재인 인간은 사랑을 통해 고독감을 극복하려고 한다."(Fromm, 1941)는 말처럼 인간에게 사랑은 고독감을 이겨내고 행복을 느끼도록 해주는 감정이다. 그러나 사랑은 언제나 행복을 보장하지 않으며 감정에 파도를 일으켜 고통을 주기도 한다. 가령, 상대방의 반응에 예민해지기도 하고 상대방에게 호의적으로 대하는 사람에게 경계심과 질투를 느끼기도 하며 사랑에 회의가 들어 외로움을 느끼기도 하는 등 사랑은 마음에 고통을 주기도 한다.

그렇다면 사랑이란 뭘까? 사랑은 그것을 경험했던 사람마다 서로 다르게 받아들이고 사랑에 대한 표현도 문화나 시대마다 달라지기 때문에 사랑이 무엇인지에 대해 분명하게 정의하는 것은 어려운 일이다. 특히, 사랑은 이상화되는 경향이 있기 때문에 잘못된 신화(myth)로 인해 어려움에 빠질 수도 있다(Weiten & Lloyd, 1997).

사랑에 대한 신화에는 어떤 것들이 있을까? 첫째, 사랑이 모든 문제를 극복할 수 있을 것이라고 생각한다. 이러한 신화는 결혼이 실패하는 중요한 원인이 될 수 있다. 결혼을 꿈꾸는 많은 남녀들은 성역할 기대의 불일치, 시댁이나 친정 가족과의 문제, 성격의 차이 같은 다양한 문제를 가질 수 있는데 이들은 결혼 전에 이러한 문제들을 해결하려고 노력하기보다 "서로 사랑한다면 이런 문제는 다 극복할 수 있을 거야!"라고 생각한다. 그러나 결혼 전에 가지고 있었던 문제는 결혼 후에 오히려 심화되는 경우가 많다. 둘째, 사랑은 서로만 바라보는 것이라고 생각한다. 그래서 시간과 돈을 상대방을 위해 사용하는 것을 당연하게 생각하고 그러한 기대가 어긋나게 되면 사랑하지 않는 것으로 받아들이는 경우가 있다.

실제로 연인이나 부부가 가장 많이 겪는 갈등이 다른 인간관계에 대한 관심을 줄이고 둘 사이의 관계에 집중해 주기를 바라는 기대 때문에 일어난다. 물론 사랑은 다른 인간관계에서 느끼는 우정이나 친밀감보다 강렬한 감정이기 때문에 연인들은 사랑하는 사람과 보내는 시간을 가장 중요하게 여겨야 하지만 다른 사람들과의 관계도 소중하기 때문에 어느 정도 상대방을 배려해야 한다. 그러나 어떤 연인들은 관심을 원하는 정도가 지나쳐 집착에 가까운 기대를 하기도 하며 이러한 기대로 인해 서로 고통을 받는 경우가 많이 있다. 사랑은 우리가 사회에서 경험하는 많은 인간관계 중 하나일 뿐이며 사랑하는 사람을 위해 다른 인간관계를 무시하는 것은 불가능하고 바람직하지도 않다. 셋째, 사랑이 낭만적이고 행복한 경험일 것이라고 생각한다. 많은 연인들은 이러한 신화 때문에 상대방에게 비현실적인 기대("사랑한다면 무엇이든 들어줘야 한다.")를 하게 되고 그것으로 인해 고통과 부정적인 감정을 경험할 수 있다. 가령, 애인이 생일날 벌여주는 깜짝 이벤트를 기대했던 연인에게 상대방의 평범한 식사 약속은 실망감을 안겨줄 수 있다. 이러한 비현실적인 기대가 커질수록 그에 따른 실망감도 커질 수 있고 연인관계는 멀어지게 된다.

특히, 친구에 비해 사랑하는 사람이나 배우자에 대해 더 비판적이고 관대하지 못한 경향이 있다는 연구결과(Davis, 1985)는 사랑하는 사람에게 더 많은 것을 기대하며 그러한 기대가 좌절되면 더 부정적으로 반응한다는 것을 보여준다. 또한 배우자에게 사랑보다 호감의 감정을 느낄 때 성공적인 결혼생활을 할 가능성이 더 높다는 연구결과(Sternberg & Grajek, 1984)는 사랑하는 사람에게 현실적인 기대를 할 때 좋은 관계를 유지할 수 있음을 보여준다. 이렇게 본다면 사랑하는 사람에게 잘못된 신화를 갖게 되면 상대방에게 지나친 기대를 하게 되고 그로 인해 마음의 상처를 입게 된다고 할 수 있다.

사랑에 빠진 사람은 왜 즐겁고 행복해질까?

사랑에 빠진 사람은 이유 없이 즐겁고 행복해지는 심리적 상태를 보인다. 이러한 현상은 생리적 원인과 심리적 원인으로 설명될 수 있다. 보통 사랑에 빠지면 페닐에틸아민(PEA)이라는 화학물질의 수준이 증가하는데 PEA는 중추신경계를 자극하는 암페타민의 일종으로 행복감에 도취되도록 하고, 활기를 느끼게 만든다. 특히, PEA는 흥분이나 긴장을 느낄 때 더 많이 분비되기 때문에 같이 모험을 할 기회가 있을 때 사랑에 더 쉽게 빠질 수 있다. 심리적 이유로는 기분 일치효과(mood congruence effect)를 생각해볼 수 있다. 우리 기억은 기분에 따라 왜곡되므로 사랑을 하면 기분이 좋아지고 그에 따라서 타인과 세상이 더 아름답게 보이게 되고 그만큼 즐겁고 행복해질 수 있다. 가령, 바워(Bower, 1971)는 1주일간 자기에게 일어난 일들 중 좋은 일과 나쁜 일에 대해 일기를 쓰도록 하고, 최면을 통해 긍정적 기분이나 부정적 기분을 유도한 상태에서 일기의 내용을 기억하도록 하였다. 그 결과를 보면 긍정적 기분에서는 좋은 일들을 더 많이 기억해 내는 데 비해 부정적 기분에서는 나쁜 일들을 더 많이 기억해내는 경향을 보였다.

2. 남자의 사랑과 여자의 사랑

남자와 여자는 감정을 느끼거나 표현하는 방식이 많이 다르기 때문에 사랑을 경험하는 방식도 다를 수 있다. 남녀 차이는 생물학적 차이뿐 아니라 성역할을 내면화하는 사회화 과정의 차이 때문에 나타날 수 있다. 남자는 어릴 때부터 독립심을 강조하고 감정을 억제하도록 양육되고, 대화를 감정을 나누기보다 지위를 획득하거나 통제를 하기 위한 수단으로 인식하도록 배운다. 그에 비해 여자는 타인을 배려하고 정서를 솔직하게 표현할 수 있게 허용되며, 대화를 친밀감을 높이는 수단으로 배운다(김미숙 외, 2002). 일반적으로 여자가 남자보다 더 낭만적 사랑을 할 것이라는 선입견이 있지만 반드시 그렇지는 않다. 양육방식의 차이로 인해 여자는 애정을 말로 표현하거나 드러내기를 좋아하며, 이성관계에서 겪을 수 있는 갈등에 대해 남자보다 예민하게 반응하기 때문에 (Balswick & Avertt, 1977) 남자보다 낭만적으로 보이는 것뿐으로, 실제 사랑에 대한 감정에서 여자와 남자의 차이는 크지 않으며 감정을 느끼고 표현하는 방식의 차이 때문에 나타나는 것이다. 의외로 남자가 오히려 여자보다 낭만적 사랑을 더 원하며 여자보다 더 쉽게 사랑에 빠지고 더 늦게 사랑에서 빠져나온다는 연구결과도 있다(Hill, Peplau, & Rubin, 1976).

이렇게 본다면 여자가 남자보다 더 현실적인 사랑을 하며 헤어질 때도 감정적 어려움을 덜 겪는다고 할 수 있는데, 이것은 남자는 대체로 자신이 사랑하는 사람과 결혼하는 것을 기대하지만 여자는 현실적으로 배우자를 선택하는 경향이 있다는 연구결과(Safilios-Rothschild, 1977)와 일치하는 주장이다. 또한 남자는 타인과의 분리를 통해 자신을 찾고자 하지만 여자는 타인과의 관계 속에서 자신을 찾고자 한다(Rubin & Hill, 1977). 따라서 남자는 타인과 일정한 거리를 유지할 때 편안함을 느끼는 데 비해 여자는 타인과 친밀한 관계를 가질 때 편안함을 느끼며 이러한 차이 때문에 갈등이 발생할 수 있다.

즉, 남자에게 사랑은 나와 상대방의 경계가 사라지는 경험이기 때문에 불안한 것이지만 여자에게 사랑은 상대방과 친밀한 감정을 공유하기 어려운 상황이기 때문에 불안한 것이다. 여자들은 사랑하는 연인과의 관계가 끝날까봐 두렵고 남자는 사랑 때문에 자기를 잃을까 두렵다. 또한 남자는 여자가 보이는 호감을 과도하게 받아들여 낭만적인 공상을 하며 그로 인해 상대방의 기대와 다른 행동을 해서 여자를 당황하게 하는 경향을 보인다. 즉, 상대방에게 끌린 정도를 평가하도록 했을 때 남자는 상대방 여자가 자신에게 끌렸다고 평가하는 경향을 보였지만 여자들은 그렇게 생각하지 않았으며 그렇기 때문에 남자들이 추근거리는 행동을 보일 수 있다.

3. 사랑의 유형

사랑한다고 말했을 때 사랑하는 두 사람은 똑같은 감정을 느낄까? 이상적인 상황에서는 똑같은 감정을 느껴야 하지만 실제로는 자기가 기대하는 사랑의 관점에 따라 서로 다른 감정을 느낄 가능성이 있다. 즉, 사랑은 한 가지 의미만을 가진 개념이 아니며 사랑은 여러 가지 의미와 표현방식을 가진 복합적인 개념이다. 연인관계에서 자신과 상대방이 기대하는 사랑의 의미를 이해한다면 상대방이 표현하는 사랑의 방식을 이해할 수 있다. 라스웰(Lassweell & Norman, 1980)은 삼원색에서 다양한 색의 조합이 만들어지는 것처럼 사랑도 세 가지 원형이 조합되어 다음의 여섯 가지 사랑의 유형이 만들어진다고 보았다.

동료적인 사랑(Storge) 하루라도 못 보면 살 수 없을 정도의 열정은 없다고 하더라도 아주 오래된 친구처럼 서로 신뢰하고 상대방에 대해 과도한 요구도 하지 않는다. 친구로서의 사랑이 주로 유년기나 아동기에 가족 간의 유대관계가 돈독하고 사랑과 지지가 많았던 이들에게서 많이 발견된다는 것은 가족 간의 깊은 사랑이 타인 사랑의 초석이 됨을 증명하는 것이다.

열정적인 사랑(Eros) 심리적으로 각성되고 성적 충동을 유발하고, 상대를 그리워하고, 이상화한다. 따라서 상대방의 모든 것이 좋아 보이고 같이 있기를 원한다. 사랑에 빠지는 속도도 빠르고, 감정이 격렬하며, 이성보다 감정이 앞서고 배타성이 강하다. 상대방에게 모든 것을 요구하거나 기대한다. 상대방에게 지나치게 기대하고 요구하기 때문에 실망하기 쉽고 마음의 상처도 많이 받을 수 있다.

논리적인 사랑(Pragma) 서로 좋아하는 취미나 관심사가 공유되고 경제적인 여건과 같이 사랑이 이루어지기 위한 조건이 갖추어지지 못하면 사랑을 진전시키지 못한다. 즉, 결혼해서 여자를 고생시키지 않을 만큼의 경제적 여유가 없으면 아예 연애를 하지 않으려고 한다. 특히 이들은 사랑에서도 형평성의 원칙을 지키려고 하며 자신이 해준 것만큼 상대방이 해주지 않으면 불만을 갖기 쉽다.

소유적인 사랑(Mania) 상대를 완전히 소유했다고 느끼면 흥분으로 잠을 이루지 못하나 상대를 소유하는 데 실패했다고 여기면 분노와 절망감으로 고통을 받는다. 서로 상대방으로부터 버림받지 않으려 하고, 상대방의 행동 하나 하나에 몰두하고 사소한 변화에도 과민하게 반응한다. 소유적인 사랑은 상대방에게 지나친 정서적 부담을 지우기 때문에 관계가 쉽게 깨지기 쉬우며 그렇기 때문에 상대방의 행동이나 감정 변화에 더 민감하게 반응한다.

이타적인 사랑(Agape) 부모의 사랑처럼 헌신적이고 무조건적인 수용과 배려를 아끼지 않는 사랑이다. 이러한 사랑을 하는 이들은 상대의 기쁨과 행복을 위해서는 자신의 고통이나 희생은 기꺼이 감수할 수 있고, 이러한 사랑을 통해 자신도 기쁨을 느낀다. 경우에 따라서는 사랑하는 이가 내가 아닌 다른 사람을 원한다면 물러설 수도 있을 정도이다.

유희적인 사랑(Lotus) 상대방의 욕구나 감정에는 상관없이 상대방을 성적 대상으로 즐기려 하는 경우를 말한다. 즉, 이들은 사랑에서 중요한 책임감이나 헌신에 대한 의식이 없으며 여러 이성과의 만남과 사랑을 원한다. 이들은 상대방의 감정보다 자기만족을 더 중요하게 생각하며 단 한 사람과의 긴밀하고 지속적인 관계는 원하지 않는다.

표 8-1. 사랑 유형 설문지(Lasswell & Norman, 1980)

당신이 지금 현재 사랑이라고 생각하고 있는 사람이나 또는 현재가 아니더라도 과거에 사랑이라고 생각하였던 사람이 있으면 그 사람을 염두에 두고 아래의 각 문항을 읽어 보세요. 다음 문항을 읽고 맞는다고 생각하면 '그렇다'에, 틀리다고 생각하면 '아니다'에 ○표하세요.

		그렇다	아니다
1	나는 '첫눈에 반한다'는 것이 가능하다고 생각한다.		
2	나는 한참 지난 다음에야 비로소 내가 사랑하고 있음을 알았다.		
3	우리들 사이의 일이 잘 풀리지 않으면 나는 소화가 잘 되지 않는다.		
4	현실적인 관점에서, 나는 사랑을 고백하기 전에 먼저 나의 장래 목표부터 생각해 보지 않으면 안 된다.		
5	먼저 좋아하는 마음이 얼마 동안 있는 다음에 비로소 사랑이 생기게 되는 것이 원칙이다.		
6	애인에게 나의 태도를 불확실하게 해두는 것이 언제나 좋다.		
7	우리가 처음 키스하거나 볼을 비볐을 때, 나는 성기에 뚜렷한 반응(발기, 축축함)이 오는 것을 느꼈다.		
8	전에 연애 상대였던 사람들 거의 모두와 나는 지금도 좋은 친구 관계를 유지하고 있다.		
9	애인을 결정하기 전에 인생 설계부터 잘 해두는 것이 좋다.		
10	나는 연애에 실패한 후 너무나 우울해져 자살까지도 생각해 본 적이 있다.		
11	나는 사랑에 빠지면 너무 흥분되어 잠을 이루지 못하는 때가 있다.		
12	애인이 어려운 처지에 바지면, 비록 그가 바보처럼 행동한다 하더라도 힘껏 도와주려고 노력한다.		
13	애인을 고통받게 하기보다는 차라리 내가 고통받겠다.		
14	연애하는 재미란 두 사람의 관계를 발전시키면서, 동시에 내가 원하는 것을 거기서 얻어 내는 재주를 시험해 보는 데 있다.		
15	사랑하는 애인이라면 나에 관하여 다소 모르는 것이 있다 하더라도 그것 때문에 그렇게 속상해 하지는 않을 것이다.		
16	비슷한 배경을 가진 사람끼리 사랑하는 것이 가장 좋다.		
17	우리는 만나자마자 서로가 좋아서 키스를 했다.		
18	애인이 나에게 관심을 보이지 않으면 나는 온몸이 쑤시고 아프다.		
19	나의 애인이 행복하지 않으면 나도 결코 행복해질 수 없다.		
20	대개, 제일 먼저 나의 관심을 끄는 것은 그 사람의 외모이다.		
21	최상의 사랑은 오랜 기간의 우정으로부터 싹튼다.		
22	나는 사랑에 빠지면 다른 일에는 도무지 집중하기 힘들다.		
23	그의 손을 처음 잡았을 때 나는 사랑의 가능성을 감지했다.		
24	나는 어떤 사람과 헤어지고 나면 그의 좋은 점을 발견하려고 무진 애를 쓴다.		

25	나의 애인이 다른 사람하고 같이 있는 것 같은 생각이 들면 도저히 견딜 수 없다.		
26	나의 애인 두 사람이 서로 알지 못하도록 교묘하게 속인 적이 적어도 한 번은 있었다.		
27	나는 매우 쉽고 빠르게 사랑했던 관계를 잊어버릴 수 있다.		
28	애인을 결정하는 데 한 가지 가장 고려해야 할 점은 그가 우리 가정을 어떻게 생각하는가 하는 것이다.		
29	사랑에서 가장 좋은 것은 둘이 함께 살며, 가정을 꾸미고 함께 아이들을 키우는 일이다.		
30	애인이 원하는 것을 위해서라면 나는 기꺼이 내가 원하는 것을 희생시킬 수 있다.		
31	배우자를 결정하는 데 있어서 가장 먼저 고려해야 할 점은 그가 좋은 부모가 될 수 있겠는가 여부이다.		
32	키스나 포옹이나 성관계는 서둘러서는 안 된다. 그것들은 서로 충분히 친밀해지면 자연스럽게 이루어지는 것이다.		
33	나는 매력적인 사람들과 바람피우는 것을 좋아한다.		
34	나와 다른 사람들과 사이에 있었던 일을 애인이 알게 된다면 매우 속상해할 것이다.		
35	나는 연애를 시작하기 전부터 나의 애인이 될 사람의 모습을 분명히 정해 놓고 있었다.		
36	만일 나의 애인이 다른 사람의 아기를 갖고 있다면, 나는 그 아기를 내 자식처럼 키우고 사랑하며 보살펴 줄 것이다.		
37	우리가 언제부터 서로 사랑하게 되었는지 정확히 알 수 없다.		
38	나는 결혼하고 싶지 않은 사람하고는 진정한 사랑을 할 수 없을 것 같다.		
39	나는 질투 같은 것은 하고 싶지 않지만, 나의 애인이 다른 사람에게 관심을 가진다면 참을 수 없을 것 같다.		
40	내가 애인에게 방해물이 된다면, 차라리 나는 포기하겠다.		
41	나는 애인의 것과 똑같은 옷, 모자, 자전거, 자동차들을 갖고 싶다.		
42	나는 연애하고 싶지 않은 사람하고는 데이트도 하고 싶지 않다.		
43	우리들의 사랑은 이미 끝났다고 생각될 때도, 그를 다시 보면 옛날 감정이 되살아나는 때가 적어도 한 번쯤은 있었다.		
44	내가 가지고 있는 것은 무엇이든지 나의 애인이 마음대로 써도 좋다.		
45	애인이 잠시라도 나에게 무관심해지면, 나는 그의 관심을 끌기 위하여 때로는 정말 바보 같은 짓도 할 때가 있다.		
46	깊이 사귀고 싶지는 않아도, 어떤 상대가 나의 데이트 신청에 응하는지를 시험해 보는 것도 재미있는 일이다.		

47	상대를 택할 때 고려해야 할 한 가지 중요한 점은 그가 자신의 직업을 어떻게 생각하는가 하는 것이다.		
48	애인과 만나거나 전화한 지 한참 지났는데도 아무 소식이 없다면, 그에게 그럴 만한 이유가 있기 때문일 것이다.		
49	나는 누구와 깊게 사귀기 전에 우리가 아기를 가지게 될 경우 그쪽의 유전적 배경이 우리와 잘 맞는지부터 먼저 생각해 본다.		
50	가장 좋은 연애관계란 가장 오래 지속되는 관계이다.		

※ 사랑의 유형 검사 해석 요령

'그렇다'로 응답한 문항의 번호를 적어서 척도별로 번호를 맞춘다. 척도별 문항의 수를 세어 백분율을 계산하면 된다. 즉, 백분율 값이 가장 높은 척도가 바로 자신이 주로 생각하며 실제로 하는 사랑의 유형을 나타내는 것이다.

- **동료적 사랑** – 2, 5, 8, 21, 29, 32, 37, 50번 문항
- **열정적 사랑** – 1, 7, 17, 20, 23, 33, 35, 41번 문항
- **논리적 사랑** – 4, 9, 16, 28, 31, 38, 42, 47, 49번 문항
- **유희적 사랑** – 6, 14, 15, 26, 27, 33, 34, 46번 문항
- **이타적 사랑** – 12, 13, 19, 24, 30, 36, 40, 44, 48번 문항
- **소유적 사랑** – 3, 10, 11, 18, 22, 25, 39, 43, 45번 문항

4. 사랑의 삼각형이론

사랑은 정서적 친밀감(intimacy), 동기적 열정(passion), 인지적 책임과 헌신(commitment) 등 세 요소로 이루어져 있으며, 세 요소가 모두 존재하고 서로 균형을 이룰 때 완전한 사랑에 가까워진다(Sternberg, 1988). 일반적으로 사랑은 친밀감에서 시작되는 경우가 많지만 열정이나 책임과 헌신이 우선시되는 경우도 있을 수 있다.

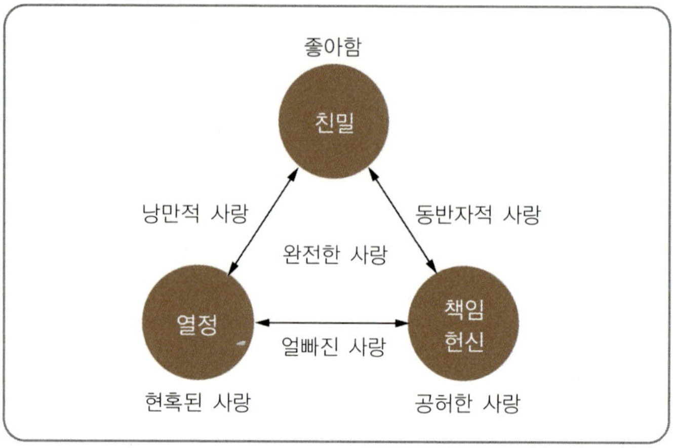

그림 8-1. 사랑의 삼각형(Sternberg, 1988)

친밀감 사랑하는 사람들이 서로 가깝게 맺어져 있다고 느끼는 감정적인 요소이다. 교제 초기에 친밀감은 교제 횟수나 기간에 따라 급격하게 증가하지만 어느 정도 연인관계가 진전되고 나면 의식되지 않으며 친밀해지려는 노력을 하지 않는 경향이 있다. 즉, 서로 잘 모르는 상태에서는 서로 낯설기 때문에 상대방에게 호기심을 느끼고 자신을 개방함으로써 친밀감을 증가시키려고 하지만 서로 잘 알게 되어 상대방의 행동이나 생각을 예측할 수 있게 되면 친밀감을 증가시키려는 노력을 덜 하게 된다. 그러나 서로 떨어져 있게 되거나 헤어지고 나면 상대방을 얼마나 친밀하게 느끼고 있었는지를 깨닫게 된다.

열정 사랑하는 사람에게 느끼는 성적 흥분이나 강렬한 충동으로 교제 초기에 강하게 느껴져 연인관계를 시작하게 만들어주는 역할을 하지만 교제기간이 길어지면 빠르게 감소한다. 즉, 열정은 중독과 같이 대립과정이 작용하므로 처음에는 열정의 긍정적 측면이 강하게 작용하지만 만남이 반복되면서 부정적 측면의 영향이 커진다.

책임과 헌신 사랑의 행동요소로서 사랑을 하겠다는 약속과 그것을 계속 지키겠다는 책임감 그리고 상대방의 행복을 위해 노력하겠다는 헌신을 포함한다. 연인관계의 초기에는 책임과 헌신을 중요하게 생각하지 않지만 시간이 지날수록 그 중요성이 커지게 되고 상대방의 태도나 행동에 관여하게 된다. 가령, 처음 만났을 때는 상대방의 삶의 방식이나 말하는 방식에 큰 관심을 보이지 않거나 보이더라도 사소한 언급으로 그치지만 시간이 지나면 상대방이 오늘 뭘 하는지, 그리고 말을 왜 그렇게 하는지에 대해 관여하고자 하는 욕구가 강해진다. 이 사랑의 세 요소를 바탕으로 사랑의 유형을 구분하면 〈표 8-2〉와 같다.

표 8-2. 스턴버그(Sternberg, 1988)의 이론에 따른 사랑 유형

사랑의 유형	요소		
	친밀감 (Intimacy)	열정 (Passion)	책임과 헌신 (Commitment)
사랑 없음(non-love)	×	×	×
좋아함(liking)	○	×	×
현혹된 사랑(infatuation)	×	○	×
공허한 사랑(empty-love)	×	×	○
낭만적 사랑(romantic love)	○	○	×
얼빠진 사랑(fatuous love)	×	○	○
동반자적 사랑(companionate love)	○	×	○
완전한 사랑(consummate love)	○	○	○

5. 사랑의 단계

어느 날 갑자기 다가오는 운명적인 사랑도 있지만 대부분의 사랑은 일련의 단계를 거쳐 서서히 성숙되는 감정이라고 할 수 있다. 사랑이 어떻게 성숙되는지를 다룬 많은 이론들이 있지만 여기에서는 알트만과 테일러(Altman & Talyer, 1973)의 이론을 중심으로 사랑의 단계를 설명하고자 한다.

첫 인상 단계(first impression stage) 처음 만나면 주로 외모나 행동을 통해 상대방에 대한 첫인상을 형성하게 된다. 첫인상 단계에서 상대방에게 좋은 인상을 가지게 되면 관심과 호감이 증가하게 되어 다시 만나고 싶은 생각이 들고 상대방의 개인적 정보에도 관심이 증가하게 된다.

지향단계(orientation stage) 아직은 낯선 상황이기 때문에 피상적인 정보만을 교환하게 되고 그러한 정보에 상대방이 어떻게 반응하는지 탐색하게 된다. 즉, 상대방에게 좋은 인상을 주기 위해 평소와 다른 말투를 사용하고 더 좋은 옷을 입으며 상대방이 자신에 대해 관심이나 호감을 가지고 있는지 알고 싶어 한다. 피상적 정보만으로 인상이 좌우되고 관계의 지속 여부가 결정되는 시기이기 때문에 서로 긴장되어 있는 상태이며 대화를 지속하기 위해 공통 관심사를 찾기 위해 노력한다. 이 단계에서 관계가 끝나는 경우가 많으며 그것 때문에 자존심이 상할 수 있으나 마음의 상처가 그리 깊지는 않다.

탐색적 애정교환단계(exploratory affective exchange stage) 대화 내용이 풍부해지고 상대방에 대한 감정이 호감에서 애정으로 변화됨에 따라 자신의 감정을 상대방에게 알리려고 노력하고 상대방도 자신을 사랑하는지 확인하려고 한다. 아직은 지나친 애정표현에 대한 거부감이 있는 시기이기 때문에 조심스럽고 초보적인 애정교환이 이루어진다. 이 단계에서 사람들은 상대방의 말과 행동에 매우 예민해져서 감정의 변화가 심하며 상대방에 대한 실망이나 상대방의 거부로 관계가 끝나는 경우가 있다. 이렇게 관계가 끝나면 감정이 깊이 개입되어 있어 마음의 상처를 크게 입을 수 있다.

애정교환단계(affective exchange stage) 마음 놓고 상대를 칭찬하거나 비난할 수 있으며, 서로 사랑한다는 것을 암묵적으로 인정하고 분명한 방식으로 사랑을 표현하고 전달한다. 가령, 데이트를 하면서 선물을 주거나 자주 통화를 하며 서로를 위한 이벤트도 준비하는 등 친밀감이 높다. 그러나 아직 상대방의 사랑에 대한 확신이 없기 때문에 자신만의 약점이나 비밀 같은 속마음은 털어놓지 않는다. 이 단계에서는 상대방의 사랑을 확인하고 신뢰를 쌓아가는 단계라고 할 수 있다.

안정적 교환단계(stable exchange stage) 자신의 단점이나 약점도 두려움 없이 공개할 만큼 자기개방이 되어 속마음을 터놓고 이야기하고 서로의 소유물도 마음 놓고 사용한다. 상대방의 사랑에 대한 확신을 갖게 됨에 따라서 결혼을 약속하거나 육체적 관계가 시작되기도 한다. 이러한 관계의 최종 결말은 행복한 결혼이지만 그렇지 못하게 되면 매우 심한 마음의 상처를 입을 수 있다.

알트만과 테일러(Altman & Talyer, 1973)와 달리 골드스타인(Goldstein, 1983)은 사랑이 세 단계를 거쳐 성숙된다고 주장하였다. 사랑에 빠지는 단계(falling in love stage)에서는 정서적으로 흥분이 고조되고 짜릿함에 사로잡혀 자신과 상대방에게 늘 좋은 느낌을 가지며 사랑이 자신의 인생을 바꾸어 줄 것이라고 생각한다. 그리고 상대방의 좋은 점만을 보려고 노력하고 부정적인 면은 보지 못한다. 실망단계(disappointment stage)에 들어서면 서로의 차이점이 발견되고 갈등을 경험하게 되는데 이러한 차이점을 받아들이고 갈등을 어떻게 해결해 나가는지가 사랑이 계속될 것인지를 결정하게 된다. 차이점을 받아들이고 갈등을 해결하기 위해 인내심을 가지고 노력하게 되면 수용단계로 넘어가게 된다. 수용단계(acceptance stage)에서는 그동안 두 사람이 경험한 갈등을 수용하고 그러한 문제들이 두 사람의 관계에 부정적인 영향을 미치지 않도록 서로 노력한다. 그 결과로 두 사람은 상대방에 대한 신뢰와 자신감을 갖게 되고 더욱 더 깊은 친밀감을 나누게 된다.

6. 사랑을 심화하는 요인

연인관계에서 사람들이 경험하는 사랑의 정도는 관계가 얼마나 심화되었는지에 따라 달라질 수 있다. 처음에는 단순한 친밀감일 수 있지만 자주 만나고 대화를 하다 보면 어느 사이엔가 깊은 사랑을 느끼기도 한다. 그렇다면 사랑을 심화시키는 데는 어떤 요인이 영향을 미칠까?

사랑의 심화에 영향을 미치는 첫째 요인은 즐거운 체험의 공유를 통해 얻게 되는 정서적 만족감이다. 일반적인 인간관계에서 정서적 만족감은 상대방에게 느끼는 긍정적 감정과 부정적 감정의 상대적 비율에 의해 결정되는데 연인들이 즐거운 체험을 공유하면서 느끼는 유쾌한 감정은 긍정적 감정을 증가시킬 뿐 아니라 상대방에 대한 흥분과 열정에도 영향을 미쳐 사랑을 심화시킬 수 있다. 둘째 요인은 자기개방을 통한 신뢰감이다. 연인은 만남이 반복되면서 즐거운 경험을 공유하고 고통스러운 갈등을 극복하면서 서로의 장단점을 알게 되고 어려운 상황에서 연인이 자신을 위해 기꺼이 위험과 손실을 감수할 것이라는 믿음이 생기게 된다. 이러한 믿음은 연인관계에서 발생할 수 있는 긴장을 감소시키고 서로의 장단점을 편안하게 수용할 수 있게 만들어 사랑을 심화시키게 된다. 셋째 요인은 정서적 지지와 공감을 통한 상호의존감이다. 사랑은 '상대방 없이는 살아갈 수 없을 것 같은 느낌'인 상호의존감을 서로 느낄 때 가장 깊어지게 된다. 이러한 느낌은 정서적 지지와 공감을 통해 형성된다. 물론 사람마다 기대하는 이상적인 사랑의 기준이 다르므로 남자와 여자가 추구하는 사랑의 유형도 다를 수 있다. 어떤 사람은 친구 같은 친밀감을 주는 연인을 선호하고 어떤 사람은 늘 성적 흥분을 유발하는 성적 매력이 있는 사람을 선호하기도 한다. 그러나 이러한 사랑은 일시적으로는 사랑하는 느낌을 줄 수 있지만 시간이 지나도 변하지 않는 진정한 사랑은 사랑을 심화시키는 요인인 정서적 만족감, 신뢰감 그리고 상호의존감 없이는 불가능하다.

● 이성에게 호감을 주는 방법

누구나 마음에 드는 이성을 만나면 자신에게 호감을 갖게 하기 위해 어떻게 하면 될지 고민하게 된다. 그렇다면 이성에게 호감을 줄 수 있는 방법에는 어떤 것들이 있을까?

첫째, 어떤 이유로든 자주 만나려고 노력해야 한다. 그 이유는 자주 만날수록 서로 좋아지게 되기 때문이다. 이것을 단순노출효과(mere exposure effect)라고 하는데 처음 만났을 때 상대방에게 부정적인 인상을 주지 않았다면 연인관계가 아니더라도 서로 자주 만나면 만날수록 상대방에게 호감을 갖게 된다. 둘째, 흥분이나 무서운 감정을 불러일으키는 경험을 할수록 상대방을 더 좋아하게 된다. 정서이론(Schachter & Singer, 1962)에 따르면 무서운 영화를 같이 보거나 긴박감을 유발하는 게임을 같이 하여 상대방을 흥분시키거나 놀라게 만들면 자신에 대한 매력을 증가시킬 수 있다. 왜냐하면 인간은 자기 몸에서 어떤 변화가 일어나면 그 원인을 알고 싶어하는 호기심이 많은 존재이기 때문이다. 가령, 무서운 영화를 보면 가슴이 두근거리게 되는데 영화관에서 바로 나왔을 때는 가슴이 두근거리는 이유가 무서운 영화 때문이라고 생각하지만 시간이 지나면(시간이 지나도 두근거리는 상태는 어느 정도 유지된다) 상대방에 대한 감정 때문이라고 생각하게 된다. 셋째, 상대방이 어려움에 빠져 있을 때 사소한 것이라도 도움을 주면 호감을 얻을 수 있다. 그 이유는 자존심이 낮아졌거나 우울할 때는 타인의 사소한 호의에 더 감동하기 때문이다. 가령, 성격검사에서 낮은 평가를 받은 여학생이 남학생의 프로포즈에 더 쉽게 응한다는 것을 발견하였다(Walster, Walster, & Bershceid, 1978). 넷째, 주변의 아이들에게 관심을 보이면 여자들에게 호감을 얻을 수 있다. 그것은 여자들은 아이들에게 친절한 남자를 매력적으로 보는 경향이 있기 때문이다. 실제로 이와 관련된 연구에서 남자 혼자 서 있는 사진, 어린아이와 놀고 있는 남자의 사진, 불쾌한 표정으로 아이를 무시하는 남자 사진 중에서 여자들은 두 번째 남자를 가장 매력적으로 평가하였다. 정치가들도 이런 사실을 알기 때문에 아이를 안아주는 사진을 자주 사용한다. 그렇다면 남자는 정말 아이를 좋아할까? 이와 관련된 연구(Hess, & Geoffrey, 1983)에서 갓난아기 혼자 있는 사진과 엄마와 함께 있는 사진을 독신 남자와 여자, 기혼이지만 아이가 없는 남자와 여자, 결혼하여 아이가 있는 남자와 여자에게 보여주고 동공 크기의 변화로 관심 정도를 비교하였을 때 여자들의 경우에는 미혼이든 기혼이든 아기의 사진을 보여주면 동공이 커졌으나 남자는 아이가 있는 사람만 동공이 커지는 결과를 보였다(Hess, & Geoffrey, 1983). 따라서 애인과 있을 때 남자들이 아이들에게 관심을 보이는 것은 여자의 환심을 사기 위한 것일 수도 있다.

7. 성공적인 사랑의 조건

누구나 자신이 원하는 이성을 만나 아름다운 사랑을 하고 싶어하지만 자기가 바라는 이성을 만나기도 쉽지 않고 그런 상대를 만났다고 해도 사랑에 성공하기는 쉽지 않다. 즉, 서로 바라는 이상형이 다를 수 있고 이상형을 만났다고 하더라도 상대방과 친밀한 감정을 만들어나갈 수 있는 대인기술이 요구되기 때문이다. 그렇다면 우리가 성공적인 사랑을 하려면 어떤 조건이 필요할까?

사랑을 성공적으로 이루어나가기 위해서는 자신이나 상대방을 대하는 마음의 자세가 중요하다. 마음의 자세에 문제가 있으면 이성과의 만남이 가벼운 만남으로 끝나게 될 가능성이 높다. 이성과의 만남을 진정한 사랑으로 발전시키기 위해서는 다음과 같은 요인이 중요하다(Jourard, 1964).

첫째, 자신의 기본적 욕구가 충족되어야 한다. 자신의 기본적인 욕구가 충족되어야 타인의 욕구에 민감해질 수 있으며 그렇지 않으면 자신의 욕구에 매달려 타인에게 잘못된 기대를 하게 된다. 가령, 어릴 때 사랑을 받지 못하고 자란 사람은 누군가에게 계속 의지하려는 욕구가 강하며 연인관계에서도 상대방을 감싸주고 배려해 주기보다 상대방에게 의지하려고 하다가 갈등을 일으킬 수 있다. 둘째, 좌절에 대한 인내심이 있어야 한다. 사랑은 자신의 욕구보다 타인의 욕구에 민감해질 것을 요구하기 때문에 좌절이 일어나게 될 가능성이 높으며 이것을 어떻게 해결하는 지가 중요하다. 가령, 영화를 보러 갈 경우에도 자기가 좋아하는 영화와 상대방이 좋아하는 영화 중 어느 영화를 보러 갈 것인지를 결정해야 하는데 이러한 결정을 얼마나 합리적으로 하는지에 따라서 성공적인 사랑을 이어나갈 수 있을지 결정된다. 셋째, 자신을 사랑해야 한다. 자신을 사랑하지 않으면 상대방에게 의존하게 되고 상대방의 말이나 행동에 민감해지기 때문에 갈등이 일어나게 될 가능성이 높다. 넷째, 상대방에 대해 합리적인 기대를 가지고 있어야 한다. 상대방에게 비현실적인 완벽을 기대하는 것은 잘못된 실망과 원망을 가져올 수 있다. 가령, 사람은 자기만의 시간을 가져야 하고 연인관계 외의 사회적 관계를 유지해야 하는데 사랑한다는 이유로 모든 것을 자신에게만 몰두하도록 요구한다면 갈등은 불가피하고 사랑이 계속되기 어렵다. 다섯째, 부모에 의존하지 않고 독립해야 한다. 성숙한 성인의 관계는 부모의 인정이 아니라 연인이나 배우자의 욕구와 소망에 의해 주도되어야 한다.

● 데이트에서 성공하는 방법

데이트만 나가면 대개 성공하는 사람도 있고 꼭 실패하는 사람도 있다. 왜 그런 일이 반복될까? 다음에 제시되는 데이트에서 성공하는 방법을 살펴보자.

첫째, 데이트를 하면서 자신의 과거사를 들먹이지 않는다. 가령, 과거에 자기가 얼마나 힘들게 살아왔는지 또는 전에 사귀었던 여자 친구는 뭐가 마음에 들지 않았는지를 처음 만난 상대에게 열심히 설명한다. 이렇게 자신의 과거사를 드러내는 것은 일종의 자기개방이라고 할 수 있는데, 서로 상대방을 충분히 이해하지 못한 상태에서 이루어지는 자기개방은 상대에게 마음의 부담을 안겨줄 수 있다. 자기개방은 상호성을 가지고 있기 때문에 친하지도 않은데 지나치게 빠른 자기개방은 상대방도 그에 상응하는 자기개방을 해야 한다는 부담감을 가지게 할 뿐 아니라 상대에게 가볍게 보일 수 있다. 둘째, 상대에게 따뜻한 사람으로 보이도록 배려해야 한다. 첫인상의 형성에 대한 심리학의 연구에 따르면 첫인상에 가장 큰 영향을 미치는 요인이 바로 정서적 특성인 '따뜻해 보이는지 아니면 차갑게 보이는지'에 대한 평가이다. 차가운 사람으로 인식이 되면 상대의 장점도 부정적으로 인식되기 쉬운데 가령 '머리가 좋다'는 특성이 '차갑다'라는 인상과 결합되면 '나를 이용할 수도 있다'는 생각을 갖게 만들 수 있다. 그에 비해 따뜻한 사람으로 인식이 되면 부정적인 특성도 긍정적으로 인식될 수 있다. 셋째, 대화의 주도권으로 적절하게 분배할 수 있어야 한다. 일반적으로 여자는 상대방의 관심거리를 중심으로 이야기하며 상대방의 이야기에 동조하는 경향을 보이는 데 비해 남자는 자신이 이야기하고 싶은 것을 이야기하며 상대방의 이야기를 중단시키는 경향을 자주 보인다. 따라서 여자에게 부드럽게 이해심 있는 남자로 인식되기 위해서는 여자가 이야기하고 싶거나 여자도 대화에 참여할 수 있는 주제를 고르고 여자가 이야기를 할 때는 대화를 중단시키지 말고 끝까지 들어주는 자세가 필요하다. 넷째, 한 번의 만남으로 상대를 판단하지 않는다. 우리는 드라마나 영화에서 한눈에 반하는 드라마틱한 사랑이야기를 자주 접하지만 실제 사랑은 이성에 대해 매력을 느끼는 것도 중요하지만 여러 번의 만남을 통해 친밀한 감정을 느끼게 되는 과정이 더 중요하다. 첫 만남에서 상대방에 대해 별다른 감정(대부분의 경우 성적 매력)을 못 느끼면 별로 마음에 들지 않는다고 생각하지만 상대의 장점이 조금 더 만났을 때 드러날 수도 있음을 잊지 말아야 한다.

8. 남자와 여자의 갈등

남자와 여자는 어릴 때부터 서로 다르게 양육되고 살아왔기 때문에 상대방의 행동이나 감정을 잘 이해하지 못할 수 있으며 그만큼 갈등의 소지가 많다고 할 수 있다. 실제로도 많은 연인과 부부가 다양한 갈등으로 인해 고통을 겪고 있다. 그렇다면 남자와 여자가 갈등을 겪게 되는 이유는 무엇 때문일까?

1) 갈등의 원인

남녀 차이 남자와 여자는 사회화 과정에서 성역할에 대한 고정관념을 형성하게 되고 이러한 고정관념에 근거한 기대를 하게 되는데 그러한 기대가 충족되지 않으면 상대방에 대해 불만을 가질 수 있다. 즉, 우리 사회에는 남자는 씩씩하고 강할 것이라고 기대하고 여자는 약하고 소극적일 것이라고 기대하는 성역할 고정관념이 있다. 이러한 성역할 고정관념은 학교교육이나 매스컴에 의해 강화되며 사람들은 성역할 고정관념에 근거한 기대를 하게 된다. 가령, "여자는 의존적이다"라는 성역할 고정관념을 가지고 있다면 "여자는 의존적이어야 한다"는 기대를 하게 하며 이러한 기대에 맞지 않게 독립적으로 행동하게 되면 갈등을 일으킬 수 있다. 또한 대화에서도 남녀 차이를 보일 수 있는데 남자는 대화의 주도권을 가지려고 하고 분명한 목적을 가지고 대화하는 경향을 보이는 데 비해 여자는 상대방에게 맞춰주려는 경향을 보이며 대화를 통해 감정을 나누고자 한다. 그에 따라 여자는 남자가 너무 냉정하고 하고 싶은 말만 하는 경향이 있다고 보는데 비해 남자는 여자가 쓸데없는 말만 하면서 시간을 보낸다고 생각한다. 그리고 자기 생각을 전달하는 경우에도 남자는 직접적인 지시나 요구를 더 많이 하는데 비해 여자는 애교, 침묵, 쌀쌀함 등의 간접적인 전달방식을 더 많이 사용한다. 그렇기 때문에 여자는 대화에서 남자에게 자신의 의견을 전달하고 관철하는데 더 힘겨워한다. 이러한 불만이 지속되면 대화가 중단되고 갈등이 깊어질 수 있다.

갈등해결방식 갈등상황에서 의사소통의 방식은 갈등을 유발하기도 하지만 갈등을 심화하기도 한다. 갈등은 모든 관계에서 불가피하지만 갈등을 해결하는데 사용되는 의사소통방식이 문제를 유발할 수 있다. 갈등이 발생했을 때 상대방의 인격을 공격하는 비판적 행동, 상대방을 무시하거나 모욕하는 경멸적 행동, 솔직하지 않고 자기방어에 급급한 방어적 태도, 의사소통을 회피하고 무관심한 장벽 쌓기를 하게 되면 연인관계의 갈등을 더 심각하게 만들 수 있다.

극복하기 어려운 이질감 남자와 여자는 성장환경이 이질적인데다가 사회경제적 배경까지 이질적일 경우에는 서로 대화나 관심의 공통분모를 찾기가 어렵게 되고 이러한 상황은 서로에게 심각한 갈등을 일으킬 수 있다. 우리는 상류층 남자와 하류층 여자의 러브 스토리가 드라마의 주제가 되는 경우를 많이 보는데 그것은 그만큼 사회경제적 차이가 두 남녀를 드라마틱한 삶을 살게 만든다는 것을 의미한다. 즉, 이질적 배경을 가진 두 남녀는 세상을 살아갈 때 라이프 스타일에서 차이를 보일 수 있으며 이러한 이질감은 갈등의 원천이 될 수 있다.

사랑에 대한 환상 우리는 사랑을 이상화하기 때문에 많은 연인들이 사랑에 대해 환상을 가지는 경향이 있으며 이러한 환상은 비현실적이기 때문에 현실에 직면하면 깨질 수밖에 없으며 그렇게 되면 실망감과 좌절감으로 갈등이 생길 수 있다. 가령, "사랑한다면 무슨 부탁이든 들어줘야 한다"는 기대를 가지고 있다면 조금만 화내거나 거절해도 사랑이 식었다고 받아들이기 때문에 깨지기 쉽다. 사랑에 대한 환상에 근거한 낭만적 감정은 처음에는 두 사람을 끌리게 하는 데 도움이 될 수 있지만 오래 지속되기도 어렵다. 사랑은 서로의 차이점을 이해하고 노력하는 결과 얻게 되는 친밀감이며, 상대방에 대한 집착에서 해방되어 마음의 안정과 편안함을 얻어야 진정한 사랑을 느낄 수 있다.

2) 갈등상황에서 대화법

이성 간에 이루어지는 대화는 동성 간에서 이루어지는 대화와 조금 다른 특성을 가지고 있기 때문에 갈등을 해결하기 위해서는 남녀 간의 차이를 잘 이해해야 한다.

첫째, 문제를 해결하려고 하기보다 이해하고 공감하는 마음으로 상대방을 대한다. 누구나 대화를 통해 자신의 생각과 감정을 이해받고자 하기 때문에 문제를 해결하려고 하기보다 상대방의 감정에 공감하고 수용해 주는 자세를 가져야 한다. 남자는 여자와 대화를 할 때 충고를 하거나 문제를 해결해 주려고 하는 경향이 있다. 갈등상황에서 남자와 달리 대화를 통해 자신의 생각이나 감정을 이해받고자 하는 여자를 위해 충고를 하거나 문제를 해결하려 하기보다 상대방의 감정을 이해하고 수용해 주려는 자세를 가져야 한다. 둘째, 사랑하는 사람을 이해하기 위해서는 잠시 동안의 판단중지가 요구된다. 누구에게 평가를 받거나 심판을 받는 것을 좋아하는 사람은 아무도 없으며 남녀관계에서는 더욱 금물이다. 사람들은 상대방이 누구 말이 더 옳은지 따지기 시작하면 말을 중단하고 마음의 문도 닫게 된다. 따라서 상대방으로 하여금 편안하게 이야기할 수 있도록 분위기를 만드는 것이 무엇보다 필요하다. 셋째, 자신의 감정을 나-메시지를 통해 솔직하게 표현할 수 있어야 한다. 인간이란 감정적인 존재이므로 감정을 솔직하게 전달할수록 친밀해질 수 있는데 문제는 감정을 어떻게 전달하는가 하는 것이다. 사람들은 흔히 상대방이 자신의 감정을 알 것이라고 생각하지만 이는 지나친 기대이다. 특히 남녀관계에서는 상대방의 감정을 정확하게 이해하는 것이 더 어렵다. 따라서 나-메시지를 통해 상대방의 행동으로 인한 자신의 감정, 상대방의 행동 변화에 대한 나의 바람 등을 정확하게 전달하는 것이 바람직하다. 나-메시지는 공격적이거나 부담을 주지 않고 자신의 감정과 상대방에게 원하는 행동을 전달할 수 있기 때문에 효과적이다.

9. 헤어짐과 극복

갈등을 겪는다고 누구나 헤어지는 것은 아니며 갈등을 해결하는 과정에서 마음속에 담아둔 이야기를 하게 되면 갈등 이전보다 더 큰 사랑을 느낄 수 있다. 그러나 때로는 도저히 극복할 수 없는 문제로 인해 헤어질 수도 있는데, 이렇게 되면 상실 경험으로 인해 우울해지거나 분노나 후회로 감정이 격해지게 된다. 또한 주의가 산만해지고 판단력도 떨어지는 인지적 결손이 생길 수 있으며 의욕과 흥미가 저하되어 대인관계가 위축될 수 있다. 이렇게 삶의 전반에 큰 충격을 주는 헤어짐이 왜 일어나게 되는지 그리고 어떻게 극복할 수 있는지 알아보자.

1) 헤어짐의 원인

사랑하던 사람들이 헤어지는 원인은 다양하며 그 원인은 다음과 같다. 첫째는 서로 관심이 감소하여 만남의 빈도가 줄어드는 경우이다. 특별한 갈등은 없지만 처음 느꼈던 감정이 점차 사라지고 서로에 대해 무관심해지는 것이다. 그렇다면 왜 서로에 대한 관심이 줄어들게 될까?

한 가지 이유는 열정을 사랑과 혼동한 경우로 열정은 시간이 지날수록 감소하게 되는데 이것을 사랑이 식은 것으로 착각할 수 있다. 즉, 낭만적 사랑을 추구하는 사람은 열정이 줄어든 상황에서 연인에 대한 매력을 더 이상 느끼지 못하게 되고 그로 인해 사랑이 끝날 수 있다.

둘째는 서로에 대한 인간적 신뢰감의 상실로 인해 헤어지는 경우이다. 서로 사랑하게 되었을 때 처음에는 성적 열정이 중요하지만 사귀는 시간이 증가하면서 서로에 대한 헌신과 책임감이 중요해지기 마련이다. 그렇게 되면 처음보다 더 많은 기대를 하게 되는데 이러한 기대를 제대로 충족시켜 주지 못하게 되면 신뢰감이 떨어지게 되고 사랑의 감정도 약화되기 마련이다. 가령, 서로 사랑하는 사이라면 상대가 자기 생일에 뭔가 의미 있는 이벤트를 해줄 것으로 기대하는데 생일인지 잊고 있었다면 크게 실망하게 되어 신뢰감이 떨어지게 된다. 또한 어려운 상황에서 상대에게 도움을 요청했을 때 성의 있게 도와주지 않을 경우에도 신뢰감이 떨어질 수 있다.

셋째는 사랑이 깊어지면서 서로에 대한 기대가 커지고 갈등도 생기는데 이것을 제대로 해결하지 못하는 경우이다. 가령, 결혼을 했거나 오랫동안 연인 사이였던 남녀들에게는 성역할 기대로 인한 갈등이 헤어지는 이유가 되는 경향이 있는데, 이것은 서로 상대에게 기대하는 성역할이 다른데도 불구하고 그것을 대화를 통해 해결하지 못했기 때문이다. 연인관계에서는 다양한 이유로 갈등이 일어날 수 있으며 갈등에 어떻게 대응하는지가 매우 중요하다. 만일 무작정 기다리면서 상대가 변하기를 바라거나 상대를 비난하는 대응은 헤어짐의 원인이 될 수 있으며, 상대에게 대화를 시도하고 외부의 도움을 요청하는 것이 필요하다.

넷째는 서로 불만이 있는데도 대화를 잘 하지 않고 회피하는 경우이다. 이혼한 대부분의 부부들은 서로에 대해 매우 비판적이고, 중요한 문제에 대해 논의하는 것을 회피하는 경향이 있다. 그에 비해 행복한 부부들은 서로 이야기를 많이 하고, 개방된 의사소통을 하는 경향을 보인다.

다섯째는 새로운 연인이 생겨 헤어지는 경우이다. 연인관계가 오래 지속되다 보면 서로에 대해 권태나 불만을 느끼게 되고 뭔가 변화를 갖기를 원한다. 이때 현재 사귀고 있는 이성보다 더 매력적인 이성이 나타나게 되면 더 큰 호감을 갖게 되고 새로운 이성에 사랑의 감정이 생길 수 있다. 이렇게 되면 헤어짐은 불가피하게 일어난다.

여섯째는 주변 사람들, 특히 가족의 반대로 인해 헤어지는 경우이다. 가령, 부모가 강력하게 자녀의 이성관계를 반대하면 당사자들은 이에 맞서거나 부모의 뜻에 따라 헤어져야 한다. 부모의 반대가 두 사람의 사랑을 더 견고하게 하는 경우도 있지만 대부분의 경우에는 헤어지는 것으로 종결된다.

연인들이 헤어지는 이유는 다양하지만 그 이유를 보는 남자와 여자의 입장은 〈표 8-4〉에서 보는 바와 같이 차이를 보인다. 헤어짐에 이르게 된 원인을 분석해 보면 이들은 사랑하는 동안에 관심의 대상이 달랐으며 서로에게 싫증을 느끼게 되었음을 알 수 있다.

표 8-4. 헤어지는 원인 (단위: %)

원 인	여자	남자
싫증	76.7	76.7
관심의 차이	72.8	61.6
독립코자 하는 여자의 갈망	73.7	50.0
독립코자 하는 남자의 갈망	46.8	61.6
배경의 차이	44.2	46.8
성적 태도의 갈등	48.1	42.9
결혼관의 갈등	43.4	28.9
여자의 외도	40.3	31.2
너무 멀리 떨어져 삶	28.2	41.0
남자의 외도	18.2	28.6
여자의 부모로부터의 압력	18.2	13.0
지석 자이	10.5	10.4
남자의 부모로부터의 압력	10.4	9.1

2) 헤어짐에 이르는 과정

연인들이 헤어지는 이유는 다양하지만 헤어지는 과정을 보면 보편적인 단계를 거친다는 것을 알 수 있다. 초기에는 서로의 노력으로 관계를 회복할 수 있지만 헤어짐을 결심한 후에는 어떤 설득으로도 결심을 쉽게 되돌리기 어려운 경우가 대부분이다. 〈표 8-5〉의 헤어짐에 이르는 과정을 살펴보면서 무엇이 사랑을 끝내게 하는지 알아보자(Duck, 1982).

표 8-5. 헤어짐의 단계

일방적 심리단계	나는 더 이상 참을 수 없다.
	1. 상대방의 행동에 대한 주관적 견해 2. 상대방의 역할 수행에 관한 적절한 평가 3. 관계에서의 부정적 측면에 대한 평가 4. 파탄 시에 다가올 희생 고려 5. 대안적 관계의 긍정적인 면 고려 6. 진퇴양난에 직면
쌍방적 인지단계	사랑을 끝낼 정당한 이유를 가지고 있다.
	1. 직면과 회피의 갈등에 봉착 2. 상대방과 직면 3. 관계에 대한 협상 4. 개선 혹은 화해를 시도 5. 파탄 시 쌍방이 가지는 희생 고려
사회적 단계	더 이상 길이 없다.
	1. 상대방과 파탄 이후의 상태를 협상 2. 신문이나 잡지에 실린 다른 사람의 경우를 참조 3. 공공연하게 그들의 관계의 위기에 대해 말한다. 4. 중재자의 도움을 구한다.
정리단계	나는 최선을 다했다.
	1. 극복을 위한 스스로의 활동 2. 회상과 변명 3. 새로운 사랑에 대한 대비

일방적 심리단계 상대방의 행동이나 말로부터 입은 상처의 의미를 되돌아 보고 이 관계를 더 이상 계속할 수 없을 것 같다는 생각을 하게 된다. 관계가 끝난 후에 오게 될 마음의 상처와 다른 사람을 사귀게 될 때 얻을 수 있는 긍정적인 측면을 함께 고려하게 되어 심란한 마음을 갖게 된다.

쌍방적 인지단계 두 사람은 사랑이 끝날지도 모른다는 사실을 알게 되고 그것을 두려워하고 마음 아파한다. 이 상황에서는 상대방과 만나서 현재의 관계를 개선하거나 재정립하거나 끝내야 한다는 사실을 알기 때문에 서로 직면하기를 두려워한다. 관계를 개선하는 것은 사랑을 계속 유지하면서 갈등의 원인을 제거하는 것이며, 재정립은 관세의 질직인 변화를 말하는데 사랑하는 사이에서 친구 사이로 바뀌는 것이다.

사회적 단계 이제 더 이상 기대할 것이 없다고 생각되면 사랑을 끝내기로 결심하게 되고 그러한 상황을 어떻게 극복할지 고민하게 된다. 자신들의 관계를 알고 있는 사람들에게 사랑이 끝난 이유에 대해 변명을 하게 되고 그들에게 위로를 받고자 한다. 이러한 변명은 사랑에 실패한 자신의 자존심을 보존하고 새로운 사랑을 위한 기반이 된다.

정리단계 사랑했던 연인들이 정신적으로나 육체적으로 완전히 헤어지는 시기로서 이 시기에는 주변 사람들에게 헤어진 합리적 이유를 설득하려고 할 뿐 아니라 자기 자신도 설득하고자 노력한다. 이러한 노력은 사랑을 새롭게 시작하기 위한 마음의 준비를 하도록 돕는다.

3) 헤어짐을 극복하는 방법

헤어짐은 누구에게나 아픈 일이며 감정적으로 예민한 사람에게는 심각한 정신적 문제를 일으킬 만큼 정신적 충격을 주기도 한다. 사람들이 헤어질 때 보이는 일반적인 반응으로는 우선 상대방이 거부해서 헤어진 것이 아니라 자신이 거부해서 헤어진 것이라고 생각하고, 상대방의 가치를 평가절하하며, 헤어진 사람과의 관계가 진정한 사랑이 아니었다고 관계를 평가절하하려고 한다. 이러한 반응은 헤어짐에 맞서 자신의 자존감을 지키려는 시도라고 할 수 있다. 그러나 의외로 사람들은 사랑하던 사람과 갔었던 장소를 회피하거나 불쾌했던 기억을 떠올리기보다 행복하고 즐거웠던 기억을 회상하면서 실연의 괴로움을 잊으려고 한다고 한다. 여기에서는 헤어졌을 때 사람들이 보이는 심리적 반응과 실연의 아픔을 조금 더 효과적으로 극복할 수 있는 방법을 알아보자.

우선 사랑하는 사람과 헤어졌을 때 사람들이 보이는 심리적 반응(이슬아 · 권석만, 2020)은 다음과 같다. 첫째, 헤어짐은 상실 경험이므로 정서적으로 슬픔이나 우울함을 느끼게 되고 헤어진 연인에 대한 미련이나 후회의 감정 또는 분노를 느낄 수 있다. 즉, 과거의 실수나 잘못했던 행동을 자꾸 떠올리게 되어 미련과 후회가 반복되면서 우울감과 분노를 더 느끼게 된다. 둘째, 이별 경험에 대한 반복적 반추로 인해 주의가 산만해지고 판단력이나 집중력이 떨어지며 자신에 대한 부정적 생각과 회의가 밀려온다. 즉, 트라우마처럼 헤어지던 상황이 반복해서 머리에 떠오르게 되면서 자신을 비난하게 된다. 셋째, 동기가 떨어져 생활이나 학업에 대한 의욕과 흥미가 저하되고 대인관계가 위축되기도 하며 술에 빠지거나 건강에 문제가 생기기도 한다.

그렇다면 사랑하는 사람과 헤어졌을 때 발생할 수 있는 정서적 고통과 자기 비난에서 어떻게 벗어날 수 있을까? 첫째, 자신이 헤어짐으로 인해 고통을 받고 있다는 것을 인정하고 주변 사람들에게 표현하여 도움을 받는다. 사랑하는 사람과 헤어졌을 때 아무리 의연하게 대응하려고 애써도 마음의 상처와 외로움은 더 커질 수 있다. 주변 사람들에게 솔직한 감정을 드러내고 그들의 경험담을 듣고 위로를 받을 때 마음의 상처는 더 빨리 아물 수 있다. 둘째, 헤어짐의 아픔을 담아두지 말고 어떤 수단으로든 표현해 보는 것도 도움이 된다. 사람들은 대부분 헤어졌을 때 사랑하는 사람에 대해 생각하면 마음이 더 아플까봐 생각을 회피하려는 경향이 있다. 그러나 사랑했던 사람에 대한 감정이나 하고 싶은 말을 일기나 노트에 모두 써보는 것은 정서적 고통을 극복하는 데 큰 도움이 된다. 실제로 불안해서 잠이 오지 않을 때 글로 표현하면 정서적 안정을 찾을 수 있어 숙면을 취할 수 있다는 연구결과도 있다. 셋째, 일상으로부터 벗어나서 차분하게 마음을 정리하는 시간을 가진다. 가령, 혼자 하는 여행을 해보거나 혼자만의 시간을 갖고 차분하게 마음을 정리하는 시간을 가져보면 상대방과 헤어진 상황을 새롭게 바라볼 수 있는 시각을 가질 수 있다. 이러한 방법도 중요하지만 실연을 극복하고 자신의 삶에 집중하겠다는 의지가 일상으로 돌아오는 데 가장 중요한 요소가 된다.

chapter

09

부부관계

Psychology of Human Relationship

Psychology of Human Relationship

chapter 09

부부관계

가족은 사회의 가장 핵심적인 구성단위이며 가족의 중심은 바로 부부이다. 최근 들어 결혼을 미루거나 심지어 비혼을 주장하는 사람들이 증가하면서 결혼은 과거처럼 필수가 아니라 선택이 되어가고 있다. 그렇다면 혼자 살지 않고 결혼을 하려는 이유는 무엇이고 결혼을 통해 형성되는 부부관계는 다른 인간관계와 어떤 특징을 가지고 있을까? 이 장에서는 결혼과 부부관계에 대해 알아보도록 한다.

1. 결혼의 의미

과거에는 적령기에 결혼을 하지 않으면 무엇인가 문제가 있는 것으로 여겨졌으나 지금은 결혼이 더 이상 필수가 아닌 세상이 되었다. 많은 남자와 여자가 결혼으로 인해 생길 수 있는 문제와 부담에서 벗어나고 싶어 혼자만의 삶을 선택하고 있다. 그런데도 불구하고 결혼을 하는 이유는 무엇일까? 첫째, 결혼은 성숙된 사랑의 증거이다. 결혼을 하지 않았더라도 남녀는 사랑하면서 살아가며 사랑하는 경험을 해보기를 원한다. 그 이유는 근본적으로 고독한 인간에게 사랑은 정서적 안정감과 행복감을 주는 가장 기쁜 경험이기 때문이다. 그렇지만 사랑이라는 감정은 교제기간이 길어져 서로에게 익숙해지면 변할 수 있고 다양한 갈등이 발생하면서 서로에 대한 신뢰도 줄어들기 때문에 결혼은 사랑에 책임감과 헌신을 부여하여 사랑을 성숙시키는 역할을 한다. 둘째, 결혼은 사회의 기본단위인 가족을 형성하고 사회적 경제적 안정을 이룰 수 있도록 해준다. 결혼을 하게 되면 법적으로 두 사람은 가족으로 인정을 받게 되고 경제적으로 협력할 수 있게 되므로 경제적 안정을 이룰 수 있다. 또한 출산을 통해 자녀를 갖게 되고 자녀를 양육하는 과정에서 가족의 전통과 관습을 유지할 수 있다. 셋째, 사회규범에 따른 기대를 충족시켜 가족구조를 유지할 수 있다. 어느 사회든 구성원의 행동에 제약을 가하는 규범이 있기 마련이다. 아직 우리 사회에는 모든 남녀는 결혼을 하고 아이를 가지기에 적절한 시기가 있다는 규범이 있으며 부모는 자녀가 이러한 규범을 따르기를 기대하는데 자녀는 결혼을 선택함으로써 부모의 기대를 충족시키고 안정된 가족구조를 유지하게 된다. 실제로 결혼 적령기 남녀는 자기 또래에 비해 결혼이 늦었다는 생각을 스스로 부인하더라도 조금은 부담을 느낄 수밖에 없으며 이러한 사회적 시간표에 의한 심리적 부담은 결혼으로 이끄는 강력한 동기가 된다.

2. 시대에 따른 결혼에 대한 관점의 변화

사회가 변화되면서 결혼을 바라보는 사회적 규범이 달라지고 여자의 사회적 지위가 향상되면서 결혼에 대한 관점이 변화되고 있다. 즉, 여자들의 교육수준이 높아지고 경제활동이 증가함에 따라 전통적인 남자와 여자에 대한 성역할과 기대가 달라지고 있으며 결혼에 대한 관점뿐 아니라 결혼생활 자체도 변화되고 있다. 결혼을 준비하는 연인들은 이러한 결혼과 결혼생활을 보는 관점의 변화에 대비해야 할 필요성이 있다. 최근 들어 뚜렷한 변화를 보이는 몇 가지 특징들을 살펴보자.

배우자 선택의 조건과 결정권 변화 어릴 때부터 이성교제가 자유로워지고 연애결혼이 증가함에 따라 배우자를 선택하는 조건에도 개인의 취향과 의사가 주로 반영되고 있으며, 배우자를 선택하는 권한도 점차 결혼당사자에게 주어지는 추세로 변화되고 있다.

초혼연령과 독신 가구의 증가 우리나라는 과거에 비해 교육기간이 길어지고, 결혼생활에 대한 심리적 경제적 부담이 심화되었으며, 여자의 경제활동과 자아실현에 대한 동기가 강해졌고, 성비의 불균형에 따라 배우자를 선택하기 어려워져 결혼 적령기에 도달한 남녀들이 쉽게 결혼을 결정하기 어려운 상황에 있다. 그에 따라 남녀 모두 초혼 연령이 점차 증가하는 추세를 보이고 있으며 독신생활을 추구하는 경향도 증가하고 있다. 초혼 연령이 증가하면 남녀 모두 심리적으로나 경제적으로 성숙해진다는 긍정적인 측면이 있다. 그러나 결혼하기 전의 기간이 길어짐에 따라서 경제적 심리적 부담이 커지고 산모의 초산 연령이 증가하여 출산능력이 감소하고 자녀양육이 어려워진다는 문제도 발생한다.

평균 자녀수의 감소 초혼 연령의 증가에 따른 여자의 출산력 약화, 자녀출산과 양육에 드는 경제적 심리적 부담의 증가, 자녀양육보다 부부의 행복한 인생을 더 중요하게 여기는 가치관의 변화, 노후생활을 자녀에게 의존하기보다 스스로 해결하려는 경향, 피임법의 발전 등으로 인해 평균 자녀수가 지속적이고 급격하게 줄어들고 있다.

자녀양육방식의 변화 과거에 남자는 가장으로써 경제적 책임을 지고 여자는 아내이자 어머니로서 가정을 지키는 역할을 해왔다. 그러나 현재는 남자나 여자 모두 경제활동을 하게 됨에 따라 가사나 아이의 양육에 대한 책임을 분담하는 경향을 보인다.

이혼율의 증가 최근 들어 우리나라의 이혼율은 OECD 국가 전체에서 상위권에 속할 정도로 크게 증가하고 있으며 특히, 40대 이상 부부의 이혼율이 더 크게 증가하고 있다. 이러한 추세는 이혼을 더 이상 금기로 받아들이지 않게 되었고 가족의 기능이 점차 부부 중심으로 이루어지면서 부부간의 적응이 어려워지고 있음점을 보여주고 있다. 따라서 결혼을 준비하고 있는 연인들은 미리 결혼 후 겪을 수 있는 문제들을 극복할 수 있도록 노력하고, 결혼생활을 지금 막 시작한 부부들은 결혼생활의 위기를 잘 극복할 수 있도록 대화하고 노력할 필요가 있다.

3. 배우자 선택

배우자를 선택하는 것은 결혼의 전 단계로 개인의 행복뿐 아니라 성공적인 가족을 형성하는 중요한 과정이다. 과거에는 결혼을 도구적 관점에서 보았기 때문에 배우자의 선택도 당사자보다 부모가 중심이 되는 중매결혼이 보편적이었으나 현재에는 사랑을 바탕으로 하는 연애결혼이 선호됨에 따라서 당사자가 배우자를 선택하는 방식으로 변화되었다. 여기에서는 연애결혼을 하는 과정에서 어떻게 배우자를 선택하는지를 알아보기로 한다.

1) 선택의 기준

데이트 상대와 결혼 상대자는 다를 수 있는데 여자는 데이트 상대자로 분위기를 잘 주도하는 유머 있는 사람을 선호하지만 결혼 상대자로는 책임감 있고 성실한 사람을 선호하는 경향을 보인다. 또한 남자도 데이트 상대자로 애교 있고 외모를 잘 꾸미는 여자를 선호하지만 결혼 상대자로는 가정생활에 도움이 되는 현명하고 검소한 여자를 선호하는 경향을 보인다. 이렇게 성별이나 상황에 따라 결혼 상대자를 고르는 기준이 달라질 수 있지만 일반적으로 결혼 대상자의 선택에는 근접성이나 유사성 같은 상황적 요인과 성격과 신체적 매력 같은 개인적 요인이 영향을 미친다(Burgess & Locke, 1953). 이와 관련된 연구(Kerkoff & Davis, 1962)를 보면 교제 초기에는 인종, 나이, 교육수준, 사회계층 등의 사회적 특성이 중요하지만 관계가 진전되면 가치관, 흥미, 관심사 등의 개인적 특성의 공유가 중요해지며 결혼을 생각할 때는 서로의 부족한 점을 보완을 해줄 수 있는 보완성이 중요해진다고 한다.

2) 선택의 과정

배우자를 선택할 때 처음에는 막연하게 좋아하는 상황에서 자기가 선호하는 특성이 점점 구체화되는 과정을 거치게 되며 배우자 선택과정을 설명하는 모형에는 여과망 모형과 자극-가치-역할 모형이 있다. 여과망 모형은 결혼 대상자의 선택과정을 커피 필터처럼 다양한 특성을 가진 배우자 후보들 중에서 점차 자신에게 맞는 배우자를 찾아가는 과정으로 본다. 자극-가치-역할 모형에서는 사회교환이론의 가정이 기반하여 배우자의 선택과정을 설명한다.

(1) 여과망 모형

배우자를 선택할 때 초기에는 가까이 사는지, 서로 신체적 매력을 느끼는지, 유사한 사회적 배경(종교, 사회경제적 지위, 교육수준 등)을 갖고 있는지가 중요한 역할을 한다. 그에 비해 중기에는 인생관이나 가치관이 서로 유사한지 그리고 서로의 단점을 보완하여 욕구를 충족시켜 주는 상호보완성 같은 것이 중요한 역할을 하지만 후기에는 결혼에 필요한 준비가 되어 있는지가 중요한 역할을 한다. 특히, 초기에는 서로 매력을 느끼고 사회적 특성에서 비슷한 남녀를 결혼 상대자로 선택하지만 후기에는 상호보완적 매력을 가진 남녀를 결혼 상대자로 선택하는 경향을 보인다. 즉, 〈그림 9-1〉에서 보는 바와 같이 여과망 모형(Filter theory)에서는 배우자의 선택과정이 마치 여과망으로 걸러지는 것처럼 시간의 흐름에 따라 진행되며 그 선택의 폭이 줄어들고 마침내 유일한 배우자에게 고정된다고 한다(Udly, 1971).

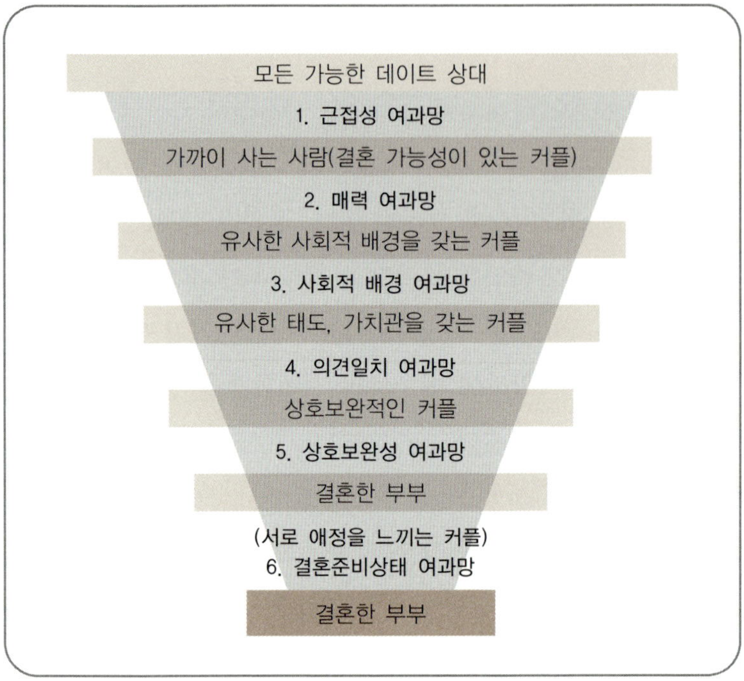

그림 9-1. 여과망 모형에 따른 배우자 선택과정

(2) 자극-가치-역할 모형

사회교환이론에 따르면 인간은 누구나 보상을 최대화하고 비용은 최소화하려고 하므로 자기에게 가장 큰 만족을 주는 사람에게 호감을 갖는다. 자극-가치-역할 모형(Stimulus-value-role theory)은 배우자를 선택할 때도 사회교환이론에서의 가정에 따라 자신에게 최대의 만족을 주는 상대를 선택하게 된다고 한다(Murstein, 1986). 이 모형에 따르면 연인들은 결혼에 이르기까지 자극단계, 가치비교단계, 역할조화단계를 거친다.

자극단계(stimulus stage)에서는 외모, 사회성, 지적 능력 같은 특성에 대한 비교에 근거하여 상대방에 대한 매력을 결정한다. 가치단계(value stage)에서는 상대방의 가치관이나 태도가 자신과 어울리는지를 평가하는데 이때 인생관이나 결혼에 대한 태도나 성역할 기대가 영향을 미친다. 어떤 사람은 자극단계나 가치단계에서 이루어지는 평가만으로 결혼에 도달하기도 하지만 대체로 역할단계(role stage)에서 상대가 남편 또는 아내로서의 역할을 잘 수행할 수 있을지를 평가하게 된다. 즉, 여자는 상대 남자가 가족의 경제적 안정을 유지하는 데 적절한 능력을 가지고 있는지를 평가하고, 남자는 상대 여자가 아내로서 그리고 어머니로서의 역할을 제대로 해낼 수 있을지를 평가한다. 〈그림 9-2〉를 보면 만남의 횟수가 늘어날수록 자극이 가지는 상대적 중요성은 줄어들고 역할이 가지는 상대적 중요성은 증가함을 알 수 있다.

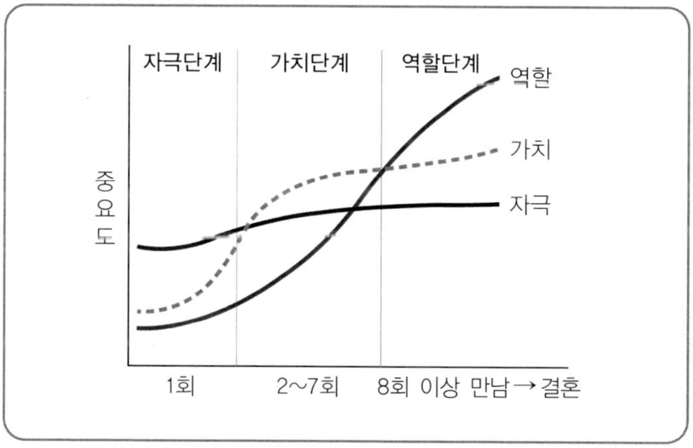

그림 9-2. 만남의 횟수에 자극-가치-역할의 중요도 변화

● 결혼과 관련된 잘못된 신화

많은 연인들이 결혼하기 전에 결혼과 관련된 잘못된 신화를 가지고 있는 경우가 있다. 결혼하기 전에 연인들은 성격문제나 경제문제 등 다양한 문제에 직면하게 되는데 결혼하기 전에 이러한 문제를 효과적으로 해결하지 못하고 잘못된 신화에 의지하게 되면 결혼생활이 불행해질 수 있다. 그렇다면 결혼과 관련된 잘못된 신화에는 어떤 것들이 있을까?

첫째, 결혼은 우리를 행복하게 만들 것이다.

결혼하면 서로의 욕구를 채워주고 예쁜 집에서 행복하게 살 수 있을 것이라고 생각하지만 결혼을 하게 되면 그 동안 해본 적이 없었던 배우자라는 역할, 며느리 또는 사위의 역할 등을 새로 수행해야 하고 역할기대를 충족시켜야 한다. 결혼한 후 행복하기 위해 서로 노력을 하더라도 새로운 역할과 환경이 더 많은 어려움을 가져올 수 있다는 점을 인식해야 한다.

둘째, 결혼을 하면 우리 사이의 갈등은 다 해결될 것이다.

연인일 때 사소한 것으로도 쉽게 갈등이 생기는 커플이 결혼한 후에는 평화로운 부부가 될 수 있을까? 이러한 생각은 순진한 것으로 결혼 이전에 갈등이 심했던 부부는 결혼한 후에 그 갈등이 더 심각해질 가능성이 높다. 따라서 결혼을 약속했다면 그동안 갈등을 빚었던 것을 대화를 통해 잘 해결하고 앞으로는 서로를 용서하고 대화를 통해 오해를 해결하겠다고 마음을 먹어야 한다.

셋째, 결혼을 하면 배우자가 내가 원하는 것을 모두 충족시켜 줄 것이다.

결혼을 꿈꾸는 남자는 배우자가 차려준 맛있는 저녁상을 기대하지만 여자는 배우자와 멋진 레스토랑에서 마시는 와인을 기대할 수 있다. 이렇게 결혼 전에는 결혼한 후에 자신이 얼마나 행복할지를 상상하면서 꿈에 부풀지만 실제 결혼생활은 그렇게 낭만적이지만은 않다. 맞벌이에 바쁜 아내를 위해 저녁상을 차려야 할지도 모르고 아이를 키우느라 와인대신 우유병을 들고 있어야 할지도 모른다. 결혼에 대한 달콤한 상상을 깨는 이런 모든 일들은 결국 서로 이해하고 도와주면서 해결해야 할 일들이다.

4. 성공적 결혼의 요인

성공적인 결혼생활을 꿈꾸며 결혼식장에 들어가지만 실제로 성공적인 결혼생활을 하는 부부는 그렇게 많지 않다. 특히, 우리나라의 부부관계 만족도는 상대적으로 낮은 편인데 그것은 많은 부부들이 결혼에서 인생관보다 경제적 안정을 더 중요하게 여기기 때문이다. 즉, 많은 부부들이 잘 산다는 것의 의미를 물질적인 삶의 질에서 찾으려고 하고 가족이 서로 이해하고 존중하는 데서 오는 행복을 그렇게 중요하게 여기지 않는 경향이 있다. 그렇다면 성공적인 결혼을 위해서는 무엇이 필요할까?

원가족의 성장배경 부모가 성공적인 결혼생활을 했을 경우에는 자녀도 결혼해서 성공적인 결혼생활을 영위할 가능성이 높다. 그와 반대로 부모가 갈등을 많이 겪고 이혼을 선택했을 경우에는 그들의 자녀도 이혼할 가능성이 높다고 한다(Amato & DeBoer, 2001). 만일 자녀가 가정생활 속에서 부모로부터 이상적인 부부의 역할을 배웠다면 결혼 후에도 원만한 결혼생활을 유지할 확률이 높다.

결혼연령 결혼연령이 지나치게 낮거나 높은 것도 성공적인 결혼에 영향을 미친다. 결혼연령이 지나치게 낮은 경우는 결혼생활이나 부부의 역할에 대해 충분히 생각해 보지 않고 아이를 갑자기 갖게 되거나 부득이한 사정으로 결혼을 선택했을 수 있기 때문에 성공적인 결혼생활에 어려움을 겪을 가능성이 높다. 반대로 결혼연령이 지나치게 높은 경우는 선택할 수 있는 배우자의 폭이 좁기 때문에 서로 맞지 않은 상대와 결혼을 하게 될 가능성이 높다.

결혼 전 교제기간 교제기간이 길수록 성공적인 결혼생활을 가능성이 높다고 하는데(Cate & Lloyd, 1988), 그 이유는 교제하는 동안 상대가 배우자로서 적절한 사람인지를 평가할 수 있기 때문이다. 그러나 교제기간이 길다고 반드시 성공적인 결혼생활을 하는 것은 아닌데 그것은 연애와 결혼생활은 전혀 다른 상황이기 때문이다. 연애 때는 싫으면 만나지 않을 수 있고 보고 싶으면 볼 수 있기 때문에 상대방의 부정적인 특성을 그리 심각하게 받아들이지 않는다. 그러나 결혼생활을 하게 되면 같은 문제로 매일 부딪힐 수 있어 상황이 더 나빠질 수 있다.

부부의 성격 배우자를 선택하는 데 중요한 요인인 성격은 성공적 결혼생활에서도 매우 중요한 역할을 한다. 긍정적이고 밝은 성격을 가진 배우자는 상대가 어떤 사람이든 어떤 문제가 생기든 대화를 통해서 해결하고 좋은 해결책을 찾는 데 비해 부정적이거나 거친 성격을 가진 배우자는 사소한 일로도 심각한 갈등을 일으킬 수 있기 때문이다. 이렇게 본다면 성공적인 결혼생활에 가장 중요한 요인은 아마도 배우자의 성격일 수 있다. 〈표 9-1〉은 미혼남녀가 선호하는 결혼 상대의 성격이다.

표 9-1. 미혼남녀가 선호하는 상대의 성격(한국결혼문화연구소, 2007)

남자가 선호하는 결혼 상대의 성격		여자가 선호하는 결혼 상대의 성격	
1위	배려심 있는 (17%)	1위	배려심 있는 (23%)
2위	이해심 있는 (16%)	2위	자상한 (14%)
3위	애교 있는 (9%)	3위	이해심 있는 (10%)
4위	착한 (8%)	4위	가정적인 (9%)
5위	순종적인 (7%)	5위	책임감 있는 (8%)
기타	다정한, 헌신적인, 성실한, 부지런한 등	기타	성실한, 신뢰할 수 있는, 유머 있는, 겸손한 등

● 행복한 결혼생활의 조건

행복한 결혼생활을 위한 조건에는 원하는 사람과 결혼하는 것, 양가 가족이 허락하고 축복하는 결혼, 가정을 이끌어 나갈 만큼의 경제적 능력 등이 있다. 그러나 요즘처럼 이혼이 많고 부부간의 갈등이 많은 시대에서는 오랫동안 행복한 결혼생활을 한 부부들의 지혜가 필요하다. 15년 이상 행복하게 살아 온 부부 351쌍을 대상으로 한 연구(Lauer & Lauer, 1985)는 "왜 당신 부부의 결혼생활이 만족스럽게 유지되고 있다고 생각하느냐?"는 물음에 대한 응답들을 네 범주로 분류하여 아래와 같이 행복한 결혼의 조건을 제시하였다.

우정	"내 남편(아내)은 나의 가장 좋은 친구다." "나는 내 남편(아내)을 한 인간으로 좋아한다."
구속(헌신)	"결혼은 원래 희생이 필요하다." "나는 성공적인 결혼생활을 하고 싶다." "안정된 생활을 위해서도 결혼생활을 지속하는 것이 좋다." "한 번 결혼하면 미우나 고우나 사는 것이다."
유사성	"우리의 목표는 같다." "우리는 생활철학이 같다." "우리는 좋아하는 것과 싫어하는 것이 비슷하다."
긍정적 감정	"내 남편(아내)은 재미있다. "우리는 함께 웃는 적이 많다." "나는 내 남편(아내)이 하는 일이 자랑스럽다." "우리는 우리의 성생활에 만족한다."

이렇게 취미나 생각이 비슷하고 서로 친근하며 배우자와 결혼에 대한 책임감이 있고 긍정적인 사람들이 행복한 결혼생활을 하는 것으로 보인다. 이와 관련된 연구(Terman, 1982)에서는 행복한 결혼의 조건으로 부부의 공통관심이 돈이나 명예 또는 오락보다 배우자나 자녀 또는 종교 같은 가족 중심의 생활방식에 있고, 행복한 부모 밑에서 사랑을 받으며 성장했으며, 결혼 전 교제기간이 길었던 사람들이 행복한 결혼생활을 하는 경향이 있다고 보고하였다.

5. 부부관계와 의사소통

부부는 결혼을 통해 맺어진 관계이며 삶에서 가장 친밀하지만 서로 가장 큰 상처를 줄 수 있는 관계라고 할 수 있다. 부부는 상대방의 생각과 감정을 자신의 것만큼 소중하게 이해해주고 어려울 때 서로 의지할 수 있는 사이이다. 그러나 부부는 상대방의 영역에 관여하는 관계이므로 자칫 잘못하면 갈등을 불러일으킬 수 있다. 서로에 대한 관심이나 배려가 부족해지면 부부간의 의사소통이 겉돌게 되고 의사소통 자체가 어려워질 수 있다. 원만한 부부관계를 위해서는 효과적인 의사소통방법이 모색되어야 한다.

1) 의사소통의 걸림돌

데이트를 할 때는 하루에 전화통화를 두 시간씩 하던 남녀도 막상 부부가 되면 서로에 대해 관심이 줄어들어 대화를 자주 하지 않게 되는 경우가 많다. 눈빛만 봐도 상대방의 생각을 다 알 것 같았던 연인이 부부가 되면 대화가 줄어드는 이유는 뭘까? 부부의 의사소통을 어렵게 하는 요인으로 다음 사항을 생각해볼 수 있다(Stinnett, Walters & Kaye, 1984).

성장배경의 차이 사람은 성장하는 과정에서 경험한 사회적 · 경제적 · 종교적 환경에 따라 독특한 가치관과 생활습관을 형성하게 된다. 부부는 이렇게 서로 다른 성장배경을 갖고 있기 때문에 서로 다른 의사소통 규칙을 가질 수 있으며, 서로의 생각이나 감정을 수용하기 어렵다고 느껴지면 대화를 피할 수 있다.

성역할 고정관념 성역할 고정관념 때문에 남자에게는 적극적이고 도전적인 성향을 기대하지만 여자에게는 수동적이고 의존적인 성향을 기대한다. 이러한 고정관념 때문에 아내는 남편의 말을 끝까지 들어주고 그것을 지지하는 언어적 반응을 많이 보이는 데, 남편은 자기주장이 강하고 다른 사람의 말을 반박하는 경향이 있어 아내가 자기 생각을 솔직하게 전달하지 못할 수 있다. 또한 아내는 대화를 계속하고 촉진하기 위해 질문을 자주 하는데 비해 남편은 그러한 질문을 쓸데없는 참견이나 프라이버시 침해로 여기는 경향이 있다. 이러한 성역할 고정관념은 여자의 사회적 지위가 변화된 현대사회에는 적합하지 않으며, 부부가 서로를 신뢰하고 협조적인 파트너로 인식할 필요가 있다.

의사소통방식의 차이 자신이 바라는 것을 직접적으로 표현하지 않고 간접적으로 암시함으로써 듣는 사람이 상대방의 의도를 파악하기 힘들어 하는 것을 간접적 의사소통이라고 한다. 부부관계에서는 보통 남편보다 아내가 간접적 의사소통을 사용하는 경향이 있다. 가령, 영화관에 가고 싶을 때 여자들은 "우리 영화를 보러 가요."라고 직접적으로 요구하기보다 "지금 좋은 영화 하던데…."라고 간접적으로 의사를 전달한다. 만일 남편이 아내의 의도를 알아채지 못하고 좋은 영화를 상영한다는 사실만 받아들이게 되면 아내는 자신의 요구가 거부당했다고 느낄 수 있다.

개념 공유의 실패 대화는 서로 같은 개념을 공유할 때 순조롭게 이루어진다. 그러나 부부가 이질적 성장배경 때문에 서로 다른 개념을 가지고 있을 때 의사소통에 문제가 발생할 수 있다. 가령, 남편이 멋진 곳에서 저녁을 먹자고 제안하였을 때 아내가 생각하는 '멋진 곳'과 남편이 생각하는 '멋진 곳'이 서로 다를 수 있다. 남편에게 '멋진 곳'은 '집에서 가까운 중국집'일 수 있지만 아내가 생각하는 '멋진 곳'은 '멋진 호텔 레스토랑'일 수 있기 때문이다.

인지적 왜곡 부부관계에서 대화가 중단되는 일반적인 원인 중의 하나는 상대방의 말이나 행동을 왜곡하여 받아들이기 때문이다. 가령, 피곤해서 시댁은 다음에 방문하자고 한 아내의 말을 시댁에 대해 불만을 가지고 있는 것으로 받아들이는 선택적 지각(selective perception), 인터넷에서 저렴하게 나온 명품백을 구입한 행동만으로 명품만 좋아하는 여자로 바라보는 지나친 일반화(over generalization)가 대표적인 사례이다. 이렇게 자기 생각에 고착되어 상대방의 행동을 왜곡되게 바라보게 되면 의사소통이 어려워지고 부부관계가 악화된다.

방어적 태도 방어적 태도는 상대방이 자신의 인격이나 정체성을 위협할 때 취하게 되는 행동이다. 부부관계가 원만하지 않고 상대방을 부정적으로 바라보기 시작하면 서로 방어적으로 행동하게 되어 상대방의 말을 있는 그대로 받아들이기보다 저의가 있는 것으로 받아들이게 된다. 이렇게 방어적인 태도를 가지게 되면 상대방의 감정이나 의도를 부정확하게 받아들이게 되어 부부 간의 대화는 점점 사라지게 된다.

● 부부의 대화 스타일

부부의 대화 스타일은 부부가 자기 생각이나 감정을 얼마나 언어적으로 표현하는지를 바탕으로 몇 가지 유형으로 분류될 수 있다.

- **통제형 부부**는 부부간의 의견 불일치를 인정하지 않으려고 하며 상대방이 무슨 생각을 하는지 알고 싶어 하지도 않는다. 상대방의 의견이나 결정을 무시하고 저평가하며 상대방의 감정에 공감하지도 않는다.
- **형식형 부부**는 부부 사이에 존재하는 심각한 문제는 회피하고 의사소통의 단절을 막기

위한 수단으로 피상적인 대화만을 나눈다. 겉으로 보기엔 대화를 많이 하는 부부로 비춰질 수 있지만 공허하다.

- **숙고형 부부**는 새로운 생각에 개방적이고 상대의 견해를 존중하지만, 자신의 감정은 별로 표현하지 않는다. 주로 상대방의 감정에 대한 질문을 함으로써 상대방의 생각과 감정을 이해하는 데 적극적이다.
- **접촉형 부부**는 가장 바람직한 의사소통 유형으로 상대방의 견해에 진정으로 관심을 갖고, 서로 생각을 공유하길 바라며, 자신의 감정을 솔직하게 드러낸다. 가령, 오늘 저녁 외식을 어디에서 할지에 대해 부부 간의 의견이 다를 때 어떤 반응을 보이는지에 따라 대화의 유형이 달라진다. 만일 "이 문제로 싸움을 벌이느니 아무데도 가지 말자."고 말한다면 통제형 부부이고, 논쟁을 벌이기보다 그냥 파트너의 의견을 따른다면 형식형 부부이며, 둘 중 하나의 의견을 따르기보다는 둘 다 만족할 만한 제3의 대안을 제시한다면 숙고형 부부이고, 자신이 원하는 곳에 얼마나 가고 싶은지를 얘기한 후 상대방이 원하는 곳은 어떤 점에서 좋은지 물어본다면 접촉형 부부이다.

부족한 대인기술 부부관계 만족도를 결정하는 가장 중요한 요인은 부부가 얼마나 자주 대화를 하는가이다. 대화를 통해 배우자에게 가질 수 있는 오해도 풀 수 있고 자신이 원하는 바를 전달할 수 있다. 그러나 대인기술이 부족하면 자신의 말이나 행동이 상대방에게 어떤 영향을 미치는지를 고려하면서 대화를 하지 못할 수 있다. 가령, 요점 없이 너무 산만하게 말을 해서 무슨 말을 하는지 모르거나 상대방이 말을 할 때 경청을 하고 있다는 신호("음~", "그래서요?" 등)나 피드백을 주지 않고 무감각하게 들어서 상대방이 건성으로 듣고 있다는 느낌을 줄 수 있다.

잘못된 의사소통의 사례

우리는 대화를 통해 겉으로 드러난 내용만 전달하는 것이 아니며 진짜 하고 싶은 말을 전달한다. 대화에서 상대방의 말을 경청하게 되면 진짜 하고 싶은 말이 무엇인지 알게 되지만 그렇지 못하면 겉도는 대화를 하기 쉽다. 부부관계에서도 배우자의 말을 경청하지 못하면 아래와 같은 잘못된 의사소통이 일어날 수 있다.

"오늘 어땠어요?"

(의미: 우리 이야기 좀 해요. 난 당신이 어떻게 하루를 보냈는지 궁금해요. 그리고 내가 어떻게 하루를 보냈는지 당신도 내게 관심을 가져주었으면 해요.)

"괜찮았어!"

(의미: 나는 피곤하니 귀찮게 하지 마시오.)

"직장에 새 직원이 들어왔다면서요?"

(의미: 나는 당신이 내가 얼마나 당신을 걱정하고 당신의 하루에 관심이 있는지를 알아줄 때까지 계속 이야기할 거예요.)

"그저 그렇지 뭐!"

(의미: 그다지 이야기할 기분이 아니니 제발 더 이상은 아무것도 묻지 말아줘요.)

"그 직원은 잘 할 거 같아 보여요?"

(의미: 이야기하기 힘든가 보군요. 그럼 조금 덜 심각한 질문을 할 테니 그걸 실마리로 이야기를 풀어 나가도록 해요. 당장 문제점을 이야기하지 않아도 괜찮아요. 난 언제나 당신 곁에 있고, 당신에게 귀를 기울이고 있으니까요.)

"응."

(의미: 이봐. 난 지금 아무 말도 하고 싶지 않다구. 제발 날 좀 혼자 내버려둬요. 말할 기분이 들면 그때 이야기하겠소.)

"뭐 신경 쓰이는 일이라도 있었어요?"

(의미: 뭔가 당신을 화나게 한 게 분명해요. 어서 내게 털어놔 봐요. 다 들어 줄게요. 나는 진심으로 당신을 걱정하고 있다고요. 무엇이 문제인지 말하고 나면 기분이 한결 나아질 거예요.)

"그런 거 없었어!"

(의미: 혼자서 처리하지 못할 정도로 잘못된 일은 아무것도 없소. 조금만 지나면 모든 문제들을 잊고 당신과 이야기할 기분이 들 거요. 그러니 그때까지만 나를 좀 내버려 둬요.)

2) 부부간의 성공적 대화

인생에서 가장 오랜 시간을 함께 할 사이이며 어려운 일이 생겼을 때 가장 의지가 되는 존재가 부부이기 때문에 부부는 늘 상대방에게 관심을 가지고 자주 대화를 해야 한다. 대화를 통해 서로 감정과 욕구를 이해하고 수용함으로써 친밀한 부부관계를 이루어나갈 수 있다. 그렇다면 부부가 대화를 잘 하기 위해서는 무엇이 필요할까?

서로의 생각과 감정에 공감한다. 의사소통을 잘 하는 사람은 상대방의 관점에서 바라볼 수 있는 공감능력을 가지고 있다. 부부가 서로 공감한다면 큰일뿐만 아니라 사소한 일에서도 배우자의 감정, 분위기, 요구에 대한 이해가 높아진다. 공감의 정도가 높아지면 언어적 의사소통이 없이도 배우자의 감정을 파악할 수 있어 상호이해의 수준이 높아져 결혼생활 만족도가 증가한다.

상대방의 말을 경청한다. 들어 준다는 것은 상대방의 메시지에 대하여 흥미가 있으며 상대방을 존중하는 것을 나타내게 되므로 관계를 강화시켜 준다. 효과적인 경청을 위해서는 상대방이 이야기를 마칠 때까지 끊지 말고 들어주고, 상대방의 말에 대해 맞장구를 쳐주거나(고개를 끄덕이거나 "그랬었구나!" 또는 "충분히 그럴 수 있겠어."라고 표현해 주는 것) 내용을 간단하게 정리해줄 필요가 있다. 그러나 경청을 할 때 "왜"로 시작하는 질문은 방어적 반응을 유발하기 때문에 피하는 것이 좋다.

자신의 생각이나 감정을 "나-메시지"를 통해 솔직하게 전달한다. 상대방의 기분을 상하지 않게 하려고 하고 싶은 이야기를 하지 않거나 돌려 말하는 것은 일시적으로는 부부관계에 문제를 일으키지 않겠지만 장기적으로는 대화를 회피하게 하고 부부관계를 멀어지게 한다. 사소한 일에 대해서도 거리낌 없이 말할 수 있어야 하며, 상대방을 공격하지 않고 자신의 감정을 중심으로 표현하는 "나-메시지"로 말하는 방법을 배워야 한다. 가령, "요즘 당신이 늦게 들어오니까 나도 외롭고 아이들도 아빠를 찾아요. 조금 일찍 들어오면 나도 기쁘고 아이들도 행복해질 거 같아요."라는 표현은 상대방의 행동이 어떤 문제를 일으키는지 상대방에게 원하는 것이 무엇인지 분명하게 전달하기 때문에 서로 부정적인 감정이 일어나지 않는다.

추측하지 말고 확인한다. 분명하지 않은 말이나 행동에 대한 부정확한 해석은 오해와 갈등의 원인이 될 수 있기 때문에 대화를 통해 상대방의 의도를 분명하게 파악해야 한다. "여보, 기분이 언짢아 보이는데, 나 때문에 그래요?" 같이 분명하지 않은 메시지의 의미를 점검하는 것도 좋은 의사소통 기법이다. "내가 생각하기에는… 이러했는데 맞는지 모르겠네요."라고 말함으로써 모호한 메시지의 의미를 분명하게 밝힐 수 있다.

● 부부관계를 좋게 하는 세 가지 말

부부는 일생을 함께 살아가는 사이이며 서로에게 힘이 되어 주기도 하고 마음의 상처를 주기도 하는 사이이다. 부부간의 갈등은 사소한 대화에서 시작되는 경우가 많으며 부부간의 행복도 사소한 말 한마디 때문에 가능할 수 있다. 그렇다면 행복한 결혼생활을 하는데 도움이 되는 말에는 어떤 것들이 있는지 알아보자.

첫째, 배우자를 인정해 주는 말이다. 아내로부터, 남편으로부터 인정받을 때 삶의 동기를 강하게 부여받게 되고 배우자가 성장하고 발전하게 된다. 배우자를 책망하고 비난하는 말은 배우자가 아무것도 시도하지 않게 만들 수 있다.

둘째, 배우자에게 감사하다는 말이다. 부부간에 '감사하다' 또는 '고맙다'는 말을 표현하는 것이 어색하게 느껴질 수 있다. 배우자에게 감사할 것이 없다고 여기는 것은 정말 감사할 것이 없는 배우자를 만난 것이 아니라 부정적 사고에 지배되어 매사를 '문제 있다'고

보기 때문이다. 늘 상대방에게 감사할 일들을 찾고 감사하다고 표현해야 한다.

셋째, 배우자를 칭찬해 주는 말이다. 칭찬을 통해 배우자에게 가치와 존경을 부여하는 것은 배우자에게 놀라운 변화를 일으킬 수 있는 가장 효과적인 방법이다. 그러나 허황되거나 거짓된 칭찬은 오히려 역효과를 가져온다. 그러므로 진정으로 인정하는 마음으로 칭찬해야 하며 근거가 있는 칭찬을 해야 한다.

6. 부부간 갈등

결혼생활은 성장환경도 성향도 전혀 다른 두 남녀가 한집에서 살아가는 상황이기 때문에 필연적으로 갈등이 발생하게 된다. 즉, 행복한 부부나 불행한 부부 모두 결혼생활에 대해 어느 정도는 불만을 가지고 있기 때문에 갈등은 정상적인 것이라고 받아들여야 하며, 행복한 부부관계는 갈등이 없어서가 아니라 그 갈등을 어떻게 다루느냐에 달려 있다고 여겨야 한다(Prager, 1991). 특히, 이혼을 전후로 일어나는 부부의 갈등은 자녀들에게 심각한 정신적 상처를 주며(Osbone & Fincham, 1996), 이러한 상처는 행동장애나 비행, 불안 등의 심리적 문제를 일으킬 수 있다(임수진, 2004). 따라서 부부갈등은 단순히 부부간의 문제만이 아니라 가족 전체를 위기로 몰아넣을 수 있으며, 부부가 갈등상황에서 효과적으로 대응하지 못할 경우 갈등이 점점 고조되어 이혼이나 별거에 이르게 될 가능성이 매우 높다(Bowman, 1990). 이 절에서는 부부간 갈등의 원인과 대응에 대해 알아보도록 한다.

1) 갈등의 원인

부부간 갈등은 다양한 원인으로 일어날 수 있다. 첫째, 가족구조가 대가족구조에서 부부중심 가족구조로 변화됨에 따라 부부관계가 가족관계의 중심을 차지하고 상호작용이 자주 일어나게 되면서 갈등이 자주 발생하게 되었다. 즉, 대가족제도에서는 부부관계에 문제가 생겨도 완충역할을 하는 가족관계가 존재하지만 핵가족제도에서는 기대에 어긋나고 불만이 쌓였을 때 부부가 해결하지 못하면 갈등이 심각해질 수 있다. 둘째, 부부는 생애주기에 따라서 지속적으로 새로운 적응문제를 해결해야 하는데 부부가 이러한 문제를 잘 해결하지 못하면 갈등이 발생할 수 있다. 가령, 신혼 때는 자녀를 출산하고 양육하는 과정에 각자가 부담해야 하는 역할에서 문제가 발생하고, 결혼생활이 익숙해지면 자녀들의 공부나 경제적인 성취가 부부에게 중요한 문제가 되며, 중년기가 되면 자녀의 결혼과 노후준비 같은 문제가 발생하는 등 생애주기에 따라 다양한 적응문제가 발생하고 이것이 갈등을 유발할 수 있다. 셋째, 가족 간에도 경계가 존재하는데 서로의 경계를 침범하면 갈등이 발생할 수 있다(Minuchin, 1974). 즉, 가족에는 부부 체계, 부모자녀 체계, 형제자매 체계 등이 존재하며 이 체계 간의 경계가 분명한 가족은 건강하지만 서로의 경계를 이유 없이 침범하게 되면 부부관계나 부모자녀 관계가 균형을 잃고 갈등이 발생하게 된다. 가령, 시댁이나 친정의 어른들이 부부의 생활에 관여하면 부부 사이에 문제가 발생할 수 있다.

● **부부간 갈등의 위험신호**

부부는 누구보다 가까운 사이라서 의도하지 않게 상대방의 생각이나 감정을 무시하거나 모든 일을 자기중심적으로 해결하려고 할 수 있으며 이러한 태도가 습관화되면 부부를 갈등으로 이끌 수 있다. 갈등의 위험신호가 되는 부부의 자기중심적 태도에는 어떤 것들이 있을까?

첫째, "내 남편(아내)이라면 이렇게 해야 한다." 또는 "이것은 내 탓이 아니다."라는 태도로 배우자를 비난하거나 책임을 묻는다. 부부관계에 불만을 갖고 있는 부부들은 상대방의 잘못은 잘 지적하지만 상대방이 그렇게 행동하도록 만드는 것이 자신이라는 사실을 깨닫지 못한다. 즉, 자신이 변해야 상대방도 변한다는 사실을 인지하지 못한다. 둘째, 부부관계에서 늘 '나'라는 말 대신 '우리'라는 말을 사용하여 자신의 존재를 가족이나 부부와 동일시한다. 부부는 어느 정도 사적 공간이 있고 '자신'이라는 느낌을 가지고 있어야 상대방도 누군가와 삶을 공유한다는 느낌을 받을 수 있다. 부부관계에서 자신의 존재를 인식하지 못하면 자기존중감을 느끼지 못할 뿐 아니라 배우자에게 자신의 규칙이나 생각을 강요하여 갈등을 유발할 수 있다. 셋째, 배우자의 영역에 침범하여 상대방을 구속한다. 상대방의 사적 영역을 허용하지 않고 모든 것을 함께 하고 함께 나누어야 한다는 생각은 잘못된 생각이고 심각한 갈등의 원인이 될 수 있다. 사람은 누구나 자신만의 영역이 필요하며 항상 함께 하려고 하는 것은 구속이고 고통이다. 넷째, 자신의 영역을 지나치게 주장하여 배우자와 거리감을 만든다. 누구나 자신만의 영역이 필요하지만 결혼을 한 부부이기 때문에 완전한 사적 영역이 있을 수 없다. 남편과 상의 없이 친구들과 여름휴가를 떠나버리거나 가정을 돌보지 않고 개인적인 취미나 활동에 몰입하는 것은 가정과 부부관계를 긴장과 불안으로 밀어 넣을 수 있다.

2) 갈등대처 스타일

부부관계에서 발생하는 갈등은 갈등 자체보다 갈등을 어떻게 관리하느냐에 따라서 결과가 달라질 수 있으므로 부부가 갈등에 대처하는 스타일은 매우 중요하다. 부부간의 갈등을 잘 다루다 보면 서로를 잘 이해하게 되고 불만도 줄어들어 부부관계가 더 좋아질 수 있다(Gottman & Krokoff, 1989). 대인 간의 갈등을 대처하는 스타일은 부부가 자기 자신의 욕구만을 만족시키려는 독단적인 차원과 상대방의 욕구를 만족시키려는 협력적 차원이라는 두 차원에 근거하여 〈그림 9-3〉과 같이 다섯 가지 유형으로 범주화될 수 있다(Thomas, 1988).

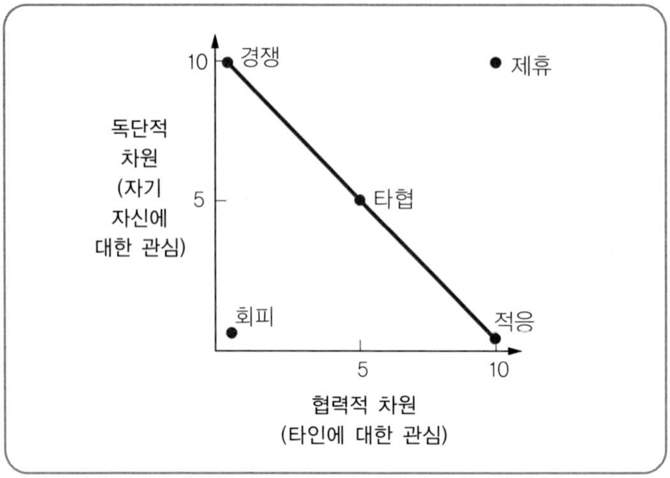

그림 9-3. 대인 간 갈등에 대한 대처 스타일(Thomas, 1988)

경쟁적인 사람은 독단성이 높고 협력성이 낮으며 자신의 욕구나 목적에만 관심을 가진 매우 이기적인 갈등대처 스타일을 가진 사람이라고 할 수 있다. 상대방의 욕구나 의도를 고려하지 않고 자신의 것만 관철시키려 하기 때문에 경쟁적, 지배적 행동 패턴을 보인다. 회피적인 사람은 독단성과 협력성이 모두 낮으며 갈등을 초래할 수 있는 결정을 보류하거나 상대방과의 접촉이나 갈등 상황을 피하여 갈등에 직면하는 것을 회피하려고 한다. 타협적인 사람은 독단성과 협력성이 모두 중간 정도이며 갈등을 해결하기 위해 자신과 상대방의 욕구나 목적에 어느 정도의 관심을 보이는 것으로 서로 협상을 하거나 양보를 시도함으로써 갈등으로 인한 손실을 줄이려고 한다.

적응적인 사람은 독단성이 낮고 협력성이 높으며, 상대방의 욕구는 충족시키고 자신의 욕구는 억제하는 경향을 보인다. 즉, 자신의 욕구나 목적보다 상대방의 욕구나 목적을 더 중요하게 생각하기 때문에 자신의 욕구나 목적을 포기하거나 상대방의 요구에 순응하여 갈등을 줄이는 스타일이다. 제휴적인 사람은 독단성과 협력성이 모두 높은 것으로 서로의 관심이나 욕구를 충족시키기 위해 생산적으로 문제를 해결하려고 시도한다. 갈등의 원인을 탐색하고 가능한 해결책을 찾기 위해 적절한 정보를 교환하는 적극적이고 상호 협력적인 스타일이다. 이와 관련된 연구(Kurdek, 1993)에 따르면 타협 또는 제휴 같은 문제해결적 갈등대처 스타일을 가진 부부는 높은 부부만족도를 보이지만, 경쟁, 회피, 적응 같은 부적응적 갈등대처 스타일을 가진 부부는 낮은 부부만족도를 보인다. 또한 갈등을 종결시키기 위해 타협이나 제휴를 사용하는 부부는 14%에 지나지 않고 나머지 부부는 복종(적응), 무관심(회피), 철회(회피)를 사용한다(Vuchinich, 1987). 남자는 공격적이며 자신의 욕구충족을 우선으로 하는 경쟁 지향적인 반면 여자는 의존적이고 다른 사람의 입장을 배려하도록 사회화되어 적응 지향적이다.

● 부부관계의 유형

10년 이상 결혼생활을 유지하고 있으며 심각하게 이혼을 고려해 본 적이 없는 100쌍의 부부를 인터뷰한 연구(Cuger & Garroff, 1965)에 따르면 일반적인 부부관계는 다음과 같은 유형으로 분류될 수 있다.

- **습관적 갈등 관계**: 잔소리와 말다툼을 습관적으로 하는 전형적인 부부를 말한다. 이런 생활이 생활화되어 있기 때문에 늘 일치점을 찾지 못하며 갈등을 보인다. 그러나 이런 의견의 차이나 갈등으로 인한 긴장은 부부관계를 유지하는 데 도움을 준다.
- **약화된 관계**: 한때 깊은 사랑으로 인해 일치감을 경험했지만 지금은 공허한 결혼생활로 전락하여 자녀나 사회적 지위 때문에 결혼을 유지하는 부부들을 말한다. 이들 부부들은 대부분 특별히 불행하다고 느끼지 않으며 결혼 초기의 즐거웠던 시절 후에는 결혼생활이 무료해지는 것은 자연스러운 현상이라고 생각한다. 이 유형이 가장 일반적인 결혼생활의 유형이다.
- **수동적 무감동적 관계**: 처음부터 이러한 관계로 시작되었다는 것 이외에는 약화된 관계와 거의 비슷하다. 결혼을 정서적 관계라기보다는 사회적, 경제적 약속으로 생각하여 이해 타산적이고 이성적인 목적으로 결혼을 한 부부들이 여기에 속한다. 실제로 이러한

부부는 상대방에게 "서로 개입하기보다는 체념"하는 스타일이다.

- **활기찬 관계**: 서로의 정서적 끌림으로 인해 결합된 부부이다. 이들은 많은 활동을 서로 공유할 뿐만 아니라 서로의 심리적 욕구를 만족시키는 데도 많은 관심을 기울인다. 이들은 강한 개인 정체성을 지니고 있으나 개방적이고 솔직한 대화를 나누며 갈등이 있거나 중요한 문제가 생기더라도 금방 수습한다. 이 유형은 가장 만족스러운 부부관계 유형이지만 찾아보기 힘들다.
- **전체적 관계**: 활기찬 관계와 거의 유사하지만 부부가 사적인 경험이나 갈등을 최소화시킨 상태에서 완전히 하나로 결합되어 있다. 약화된 관계와는 달리 가족의 평화를 위해서가 아니라 부부관계 그 자체를 위해 하나처럼 행동한다. 이러한 유형의 결혼관계는 극히 드물다.

3) 갈등의 해결

결혼생활을 하다 보면 어쩔 수 없이 갈등이 발생할 수 있지만 그러한 갈등이 제대로 해결되지 못하다 보면 결국 이혼이라는 비극적 결말로 이어질 수 있다. 갈등을 잘 해결하기 위해서는 서로의 입장과 생각을 전달하고 이해하려는 노력이 필요하다. 만일 부부가 서로의 감정을 숨기고 솔직하게 마음을 표현하지 않으면 거리감을 좁히지 못할 뿐 아니라 상대방이 마음을 열고 다가오면 상처를 주는 말을 하거나 마음을 닫아버릴 수 있다. 이런 상황에서 어색한 분위기를 바꾸고 해결의 실마리를 찾아 문제를 해결하기 위해 부부싸움이 필요한 경우도 있다. 그러나 부부싸움에서는 다음과 같은 사항을 고려해야 한다.

- 갈등상황에서는 배우자의 정체성이 아닌 행동 자체만을 문제 삼아야 한다.

부부싸움이 격해지면 상대방의 인간성이나 상대방 집안을 들먹이게 되고 이로 인해 갈등이 더 심각해질 수 있다. 부부싸움은 일반적인 갈등과 마찬가지로 행동 자체에 초점을 둬야 한다. 가령, 밤 늦게 술을 먹고 들어오는 남편에게 "당신은 매일 술을 먹고 들어오는군요. 도대체 사람이 왜 그래요? 우리 가족은 마음에 전혀 없는 건가요?"라고 말했다면 이 말은 '매일 술을 먹고 들어온다'는 남편의 객관적인 행동과 '가족을 전혀 신경 쓰지 않는 남자'이라는 남편의 정체성에 대한 비난을 포함하고 있다. 이런 말을 들으면 남편은 술을 먹고 들어와서 늦은 것은 미안하지만 가족에게 신경을 쓰지 않았다는 말에 방어적인 대응을 하기 마련이고 갈등은 더 커질 수 있다.

- **평소에 하기 어려웠던 말을 솔직하게 표현하고 서로 수용함으로써 서로를 이해하려고 한다.**

결혼생활을 하다 보면 배우자에게 소소하게 불만스런 일이 있더라노 평소에는 일일이 따지지 않고 참는 경우가 많다. 부부싸움은 상대방에 대한 평소의 불만을 전달하고 서로의 욕구를 조절하는 역할을 한다. 가령, 업무가 바빠 부부가 저녁을 함께 먹기 어려운 경우 아내는 자신에게 성의를 보이도록 주장할 수 있고 남편은 가끔 회사 근처에서라도 점심을 같이 먹으면 어떤지 대안을 제시할 수 있다. 그러나 상대방이 민감하게 반응할 수 있는 문제나 상대방이 고치기 어려운 측면을 비난하면 해결되기 어려운 갈등으로 비화될 수 있다.

- **자신의 감정을 적절히 표현하는 방법을 배워야 한다.**

부부싸움에서 분노가 치밀어도 상대방에게 상처를 주거나 갈등이 심해질까봐 자신의 감정을 제대로 표현하지 못하는 경우가 많으며 "내가 잘못 생각했나봐."라고 말하고 끝내는 경우가 많다. 감정표현은 상대방을 비난하기 위한 것이 아니라 상대방의 행동이 자신에게 문제를 일으키고 있음을 알리는 데 목적이 있다. 따라서 "나-메시지" 대화법을 활용하여 상대방의 행동으로 인한 자신의 감정과 어떻게 해줬으면 좋겠는지를 분명하게 전달해야 한다.

4) 이혼

가족구조가 부부중심으로 변화되면서 평등한 인격적 상호작용을 바탕으로 한 부부관계가 보편화되었으며 여자의 경제적 능력이 향상되면서 가족 내의 권력구조에 변화가 발생하게 되었다. 이러한 변화에도 불구하고 가정 내에서 아내와 어머니로서의 전통적 역할에 대한 남편의 기대가 변화되지 않으면 갈등이 발생한다. 또한 그로 인한 이혼도 증가하고 있다.

과거에는 이혼을 가정을 깨는 부정적인 것으로 보았으나 요즘에는 불행한 결혼관계를 끝내고 새로운 삶의 기회를 찾는 긍정적인 것으로 보는 시각이 보편적이다. 이 절에서는 이혼의 원인과 그 대응에 대해 알아보자.

(1) 이혼의 원인

전통 사회에서도 이혼하는 경우가 있었으나 이혼이 법적으로 허용되고 이혼에 대한 태도가 허용적으로 변화되기 시작함에 따라 점차 이혼이 증가하고 있다. 이러한 변화는 우리나라에서 더 급격하게 나타나고 있다. 그렇다면 이혼을 하는 이유는 무엇 때문일까?

이혼에 대한 가치관의 변화 과거에는 결혼이 개인 간의 문제가 아니라 가족 간의 문제였기 때문에 이혼 자체가 쉽지 않았다. 가족의 행복을 개인의 행복보다 우선시하는 경향이 있었으나 현재는 개인의 행복을 더 중시하는 경향이 있으며 자신의 삶을 찾기 위해 이혼할 수 있다는 생각을 갖게 되었다.

이혼에 대한 사회통념의 변화 핵가족화와 도시화로 인해 가족이나 지역사회의 유대의식이 약화되어 여자가 가족을 위해 희생할 수 있다는 인식이나 이혼을 부정적으로 보는 사회적 인식이 약화되었으며 어쩔 수 없는 상황에서는 이혼할 수도 있다는 인식이 보편화되었다.

남녀의 성역할 변화 여자의 교육수준이나 사회경제적 지위가 향상되고 의식수준이 높아졌으며 수평적 가족구조가 자리를 잡음에 따라서 성역할에 대한 전통적 고정관념의 영향력이 감소하였다. 더 이상 자녀를 양육하고 가정을 지키는 역할에 만족하지 않고 자신의 잠재력과 능력을 발휘하면서 살아가야 한다는 생각이 받아들여지고 있다. 이러한 성역할의 변화를 받아들이지 못하는 부부는 이혼의 위기에 빠질 수 있다.

법제도의 변화 과거의 가족관련 법제도는 이혼을 억제하여 가족을 유지하려는 사회적 관습을 반영하고 있었으며 여자에게는 매우 불리하게 되어 있었다. 그러나 이혼 시 재산분할청구에서 여자의 가사노동가치 인정, 면접 교섭권 신설, 자녀양육권에 선택 및 조정 등 이혼 관련 불평등 법 조항들이 개정되면서 여자들이 이혼한 후에도 경제적 능력이나 자녀양육권 등의 권리를 누릴 수 있게 됨에 따라서 이혼을 선택하는 경향이 증가하였다.

● 부부간 의사소통과 갈등

과거에 우리나라 사회는 유교적 전통에 바탕을 둔 가부장적 문화가 뿌리 깊게 박혀 있어 가족 내에서 수직적 권력관계가 보편화되어 있었다. 자녀는 부모에게, 아내는 남편에게 순종하고 권위에 따르는 것이 우리나라 가정의 일반적인 권력구조였다. 그러나 대가족에서 핵가족으로 변화되고 부부 간의 수평적 관계가 일반화되면서 부부 간의 정서적 친밀감이 가족관계에서 더 중요하게 되었다. 이러한 가족관계의 변화에도 불구하고 가정폭력이나 가족 간 의사소통의 단절 같은 갈등은 아직도 가정의 큰 문제로 남아 있다. 특히, 우리나라 가정의 가장 심각한 문제인 가정폭력은 가족 내 의사소통의 부재로 인해 심각해지고 있다. 배우자에 대한 비난이나 무시, 모욕적 발언, 폭언 등으로 인해 의사소통이 제대로 이루어지지 않은 채 부부 간의 갈등이 쌓이게 되면 감정을 조절하지 못하고 상대방에게 폭력을 행사하게 되어 이혼으로 이어지기도 한다.

가정폭력으로 비화되지 않더라도 부부간의 의사소통이 원활하지 못하면 가족 내의 갈등을 제대로 해결하지 못하게 된다. 우리나라에는 유교적 가족관과 평등적 가족관이 혼재되어 있으며, 아직도 권위주의적이고 가부장적인 가족구조와 그것을 바탕으로 하는 수직적 의사소통이 존재하여 그것으로 인한 가족 간 갈등이 자주 발생하고 있다. 또한 서로에 대해 깊이 이해하는 시간 없이 성급하게 결혼을 선택함으로써 발생하는 조기이혼의 문제도 증가하고 있다.

출처: 한국가정법률상담소

일반적으로 종교가 있을수록, 그리고 부부가 맞벌이일수록, 자녀의 수가 적을수록, 부부의 교육수준이 높을수록 의사소통이 잘 이루어지는 것으로 알려져 있는데 이것은 서로에 대한 공감대가 있을 경우 의사소통이 잘 이루어지고 부부관계의 만족도도 높아진다는 것을 의미한다(김유진, 1999).

(2) 이혼의 영향

이혼을 하게 된 원인이 무엇이든 이혼 당사자뿐 아니라 자녀를 비롯한 가족들에게 심각한 영향을 미칠 수 있다. 이 절에서는 이혼이 가족 구성원에게 미칠 수 있는 영향들에 대해 알아보도록 한다.

여자에게 미치는 영향 이혼은 남자보다 여자에게 더 큰 정서적 사회적 영향을 미칠 수 있다. 특히, 남편과 자녀에게 지나치게 헌신적인 삶을 살던 여자는 이혼을 인생의 실패로 인식할 가능성이 있다. 왜냐하면 결혼생활에서 사회적 · 경제적 · 감정적인 삶의 영역들을 남편이나 자녀들과 공유하였기 때문에 자신만의 삶의 영역을 만들어 나가는 것을 힘들어 한다. 반대로 매우 독립적인 성역할 인식을 가진 여자라면 이혼에 따른 삶의 변화에 어려움을 덜 느낄 수 있다. 왜냐하면 이미 자신만의 삶의 영역을 확보하고 있기 때문에 이혼을 하더라도 생활의 변화가 적고 사회적 자신감을 쉽게 되찾을 수 있기 때문이다. 이혼 후의 여자에게 혼자만의 삶은 경제적인 어려움을 가져올 수 있고, 이러한 어려움은 자녀양육을 책임져야 할 경우에 더 심각해진다.

남자에게 미치는 영향 이혼을 한 남자는 가사일이나 자녀양육과 같은 여성의 도움을 받았던 영역에서 어려움을 느끼게 된다. 우리 사회는 남자 혼자서 아이를 키우기 위한 여건이 조성되어 있지 않으며 사회적 인식도 그리 우호적이지 않기 때문에 어려움을 느낀다. 또한 가사일을 남자 혼자 해결해야 한다는 것에 대부분 힘들어 한다. 이러한 어려움이 누적되면 정서적으로나 심리적으로 불안정해진다. 특히, 가족법으로 인해 재산을 분할하거나 위자료를 지불해야 하거나 자녀의 양육비를 지불해야 하는 경우 남자들 역시 경제적으로 어렵기는 마찬가지이다. 또한 남자는 성적 욕구를 해결하는 문제 때문에 어려움을 겪는 경우가 많으며, 스스로 절제된 삶을 살지 않으면 음주나 유흥으로 빠질 가능성이 많이 있다.

자녀에게 미치는 영향 부모의 이혼으로 가족의 연대감이 손실되었을 때 자녀들은 마음의 상처를 입게 되며 그로 인해 가정이나 학교에서 부적응 문제를 일으킬 가능성이 높다. 예를 들어, 부모의 이혼은 안정된 부모 모델을 보이지 못하여 자녀의 성장에 악영향을 미칠 수 있다(Emery, 1988). 즉, 성적 동일시 대상의 상실로 성격, 도덕성, 사회성 발달에 부정적인 영향을 미쳐 소년들은 여성적이면서도 공격성이 강하고, 소녀는 성에 관해 더 개방적인 성향을 보일 수 있다. 그러나 편부모 가족의 자녀가 실제로 부적응 문제를 일으키는지에 대해서는 분명한 결과가 제시되어 있지 않다. 그것은 편부모의 사회경제적 지위나 부모-자녀 간의 관계에 따라서 다른 결과가 나타날 수 있기 때문이다. 즉, 부모의 애정을 상실한 아동이 대인관계에서 불안정성을 보일 수 있지만 자녀에게 독재적 양육태도를 보이는 부모보다 자녀와 친밀한 관계를 유지하는 편부모와 지내는 아동이 훨씬 높은 자아존중감을 보일 수 있다.

(3) 이혼 후의 적응

이혼 후의 적응에는 보통 2~5년이 걸린다. 전에는 재혼이나 전 배우자와의 접촉을 완전히 끊는 것을 적응이라고 하였으나 최근에는 자신의 독립적 정체감을 획득하여 가정, 직장, 여가 등을 적절하게 수행할 능력을 유지하는 것을 적응이라고 한다. 이혼한 사람은 성적 욕구의 갈등, 불안과 수치심, 주변의 눈길, 자녀의 적응 등으로 고통을 겪는데 이혼 초기에는 남자가 더 힘들지만 여자에게는 그 영향이 더 지속적인 경향이 있다. 이와 관련된 연구(Albrecht, 1980)에 따르면 남자보다 여자 쪽이 경제적 어려움 사회활동, 이혼에 대한 사회의 인식, 재혼의 기회 등에서 어려움을 더 겪으며, 재혼에 대한 필요는 남자가 더 크게 느낀다. 남자들은 의존성을 인정하면서도 이를 표현하는 것이 어렵게 사회화되어 있으므로 남자에게도 이혼이 큰 영향을 미친다. 이혼자의 75% 이상이 2~5년 안에 비슷한 경험을 가진 이혼자들과 다시 결혼하지만 재혼은 실패로 끝날 가능성이 높다. 이혼한 사람은 이혼 기간 동안 자신이 경험한 고통의 보상을 찾는 감정의 반동으로 재혼하는 경우가 많으며 부부관계 자체의 문제를 고려하지 않는다. 또한 아이를 가진 채 재혼을 하면 초혼에는 없었던 두 가족의 결합이라는 문제를 겪는다. 그러나 때로는 성공적인 재혼이 초혼보다 더 바람직할 수 있는데, 그것은 초혼에서 겪은 실수를 다시 범하지 않을 수 있기 때문이다.

chapter

10

가족관계

Psychology of Human Relationship

Psychology of Human Relationship

chapter

10 가족관계

가족은 우리 사회를 이루는 기본적인 구성단위이며 주로 부모와 자녀로 이루어지는 관계이다. 자녀는 성년까지 중요한 성장기를 부모 밑에서 보내면서 성역할과 사회규범을 배우고 인간관계를 위한 정서적 기반을 형성한다. 이 장에서는 사회의 기본단위인 가족의 특성과 부모-자녀 관계의 중요성 및 부모의 역할에 대해 알아보도록 한다.

1. 가족이란?

1) 가족의 의미

가족은 사람들과 애정을 교환하고자 하는 욕구나 집단에 소속되고 싶은 욕구 같은 인간의 기본적 욕구를 충족시켜 주기 때문에 인간에게 가장 중요한 인간관계라고 할 수 있다(Erber & Erber, 2001). 가족은 부부와 자녀로 구성되며 혈연으로 맺어진 인간관계라는 면에서 다른 공동체와 다르다. 물론 사회에서 만나는 사람들과 가족만큼 친밀한 관계를 형성할 수는 있겠지만 혈연으로 연결되어 있는 가족만큼 공동체라는 느낌을 주지는 못한다. 이러한 가족 공동체는 생계를 위해 일을 해야 한다는 면에서 생활 공동체이기도 하고 주거를 공유한다는 면에서 소유 공동체이다. 그래서 가족을 운명 공동체라고 부른다. 특히, 과거와 달리 가족의 생산적 기능은 줄어들고 소비적 기능이나 휴식을 위한 정서적 기능이 강화되면서 운명 공동체로서 가족의 의미가 더 중요해지고 있다. 끝으로 가족은 다른 인간관계와 달리 출생과 더불어 주어지는 인간관계이며 인위적으로 떼어놓을 수 없고 평생 지속되는 인간관계이기도 하다.

2) 가족의 유형

우리가 가족이라고 하면 대부분 부모와 자녀로 이루어진 관계를 머리에 떠올리지만 가족의 유형은 다양하다. 대가족제였던 과거와 달리 친척들과의 접촉이 줄어들고 상호의존성이 약화되면서 가족의 범위가 친척에서 부부-자녀 관계로 축소되어 부부와 자녀로만 이루어진 가족인 핵가족이 보편화되었다. 그러나 여성의 경제활동으로 인해 맞벌이 부부가 증가하면서 조부모가 자녀의 양육에 도움을 주는 경우가 많아져 조부모까지 포함하는 3대 이상의 직계 구성원으로 이루어진 확대가족이 증가하고 있다. 그리고 결혼과 함께 남녀는 시댁과 처가 식구라는 확대가족을 가족으로 맞게 되며, 그들과 친밀한 관계를 형성하는 것이 결혼생활에서 중요한 과업이 된다. 또한 가족구조가 변화되고 부부간의 정서적 문제가 중요해지면서 이혼율이 크게 증가하고 있으며, 그로 인해 아버지 또는 어머니 중 한쪽 부모가 자녀를 양육하는 가족인 편부모 가족도 많아지고 있다. 편부모 가정은 이혼으로 인한 정서적 충격을 가족이 극복해야 하는 문제도 가지고 있지만 경제적 어려움으로 인해 자녀에 대한 돌봄이 어려워진다는 문제도 함께 가지고 있다. 이혼이 증가하면서 부모 중 어느 한쪽이 친부모가 아닌 계부모 가족도 함께 증가하고 있다. 계부모 가족은 서로 다른 부모를 가진 자녀들 간의 화합 그리고 계부모와 자녀 간의 관계 같은 어려운 문제를 해결해야 하는 문제를 가지고 있다.

2. 가족의 생활주기

1) 생활주기란?

사람이 나이가 듦에 따라서 다양한 과업을 부여받고 그것을 극복하는 것처럼 새롭게 가정을 형성한 부부는 자녀를 갖고, 자녀가 성장하며, 부모가 노화됨에 따라서 가족에게 주어지는 과제를 해결하면서 질적인 변화를 보이게 된다. 이러한 가족의 발달적 변화를 가족 생활주기라고 한다(Duvall, 1977). 일반적으로 결혼을 통해 가족이 형성되고 자녀가 성장할 때까지의 시기를 '확장하는 가족단계(expanding family stage)'라고 하고, 성인이 된 자녀가 자신의 생계를 책임질 때부터 노부부만 남게 될 때까지의 시기를 '수축하는 가족단계(contracting family stage)'라고 한다.

2) 생활주기

결혼을 앞둔 남녀나 신혼 초기의 부부들은 성공적으로 가족을 이루고 행복한 결혼생활을 하기 위해 가족 생활주기와 생활주기에 따른 과업에 대해 이해할 필요가 있다.

신혼기 결혼하고 자녀를 출산하기 전까지 부부만의 시간을 즐기는 시기로 부부간 친밀감 수준이 가장 높은 시기이다. 결혼과 함께 새로 형성된 시집과 처가 식구 같은 확대가족 그리고 배우자의 친구와 자연스럽게 지내는 것이 중요한 과업이다. 첫 아기가 생기면서 신체적 변화와 함께 출산에 대한 심리적 불안을 경험한다. 과거에는 결혼과 동시에 임신함으로써 이 기간이 짧았지만 최근 들어 둘만의 시간을 더 보내고 싶은 욕구나 맞벌이의 영향으로 기간이 늘어나고 있다.

학령 전기 자녀양육기 자녀가 태어나 초등학교에 들어가기 전까지의 시기로 부부는 부모라는 새로운 역할에 적응해야 하며 자녀가 신체적으로나 심리적으로 건강하게 성장하도록 노력해야 한다. 첫 아이가 출생하면 자녀양육에 요구되는 시간과 경제적 부담에 적응해야 하며 그것으로 인해 부부관계 만족도는 점차 감소한다. 특히, 자녀양육에 지치고 개인시간을 갖기 어려운 아내의 어려움을 남편이 잘 이해하고 자녀양육에 함께 참여해야 한다.

아이의 신체적, 지능적, 사회적 발달이 현저하게 이루어지는 유아기 부모들은 더 많은 시간과 노력을 자녀양육에 쏟아야 하기 때문에 부부만의 상호작용이 적어지고 배우자에 대한 관심과 배려가 급격히 감소할 수 있다. 따라서 아동의 요구나 흥미에 반응함과 동시에 부부만 가질 수 있는 시간 부족에도 현명하게 대처해야 한다.

학령기 자녀양육기 자녀가 초등학교를 다니면서 자녀가 학업과 또래관계에 관심을 갖는 시기이다. 부모는 자녀가 학업에 충실하도록 지원하고 격려하며 또래와 원만한 관계를 맺도록 돕는다. 아동이 학교에서 시간을 보내면서 엄마는 자신을 위한 자유시간을 가질 수 있다는 장점도 있다.

청소년기 자녀양육기 자녀가 중·고교에 재학하는 청소년 시기로 부모와 심리적으로 독립하고 자기주장이 강해지는 자녀와 갈등이 발생할 수 있다. 즉, 부모는 자율적으로 생각하고 행동하려는 자녀와 갈등을 겪을 수 있지만 인내심을 갖고 갈등을 잘 해결하여 자녀가 자연스럽게 독립할 수 있도록 지원해야 한다. 특히, 우리나라 십대 자녀들은 대학입시라는 중요한 관문을 거쳐야 하며, 부모와 자녀 모두 공부에 매달리게 되기 때문에 부모와 자녀 간의 갈등이 잠복되는 경우가 많고 부부만의 삶도 구속을 받는 경우가 많다.

자녀 독립기 자녀가 대학에 입학하고 이후 결혼하여 부모로부터 독립하여 성인으로서 사회에 진출하는 시기이다. 이 시기에 자녀는 취업을 통해 경제적으로 독립하고 결혼으로 독립된 가정을 형성한다. 가족은 이러한 자녀를 돕는 데 집중하게 되며, 이러한 문제로 인해 부부관계의 만족도는 최하점에 도달하게 된다.

중년기 경제적으로 안정되고 사회적 지위가 확립되어 안정적인 가정을 유지하며 자녀교육 및 진로에 관심을 갖는 가장 생산적인 인생의 전성기이다. 우리나라에서는 자녀에게 정서적·재정적 지원을 제공하고, 노부모를 부양하기 때문에 이 시기를 '샌드위치 세대(sandwich generation)' 또는 '감금당한 세대(caught generation)'라고도 부른다. 또한 자녀가 모두 성장하여 집을 떠나고 부부만 남게 되는 시기이기 때문에 '빈둥지 시기(empty nest stage)'라고 부르기도 하며 부부의 상호의존성이 증가한다.

노년기 부부의 은퇴와 배우자의 사망 등 중요한 일이 일어나게 되며 만성적인 신체적 질병으로 고통을 받을 수 있다. 이 시기의 부부들은 자신들의 노화와 배우자의 죽음에 적응해야 하고, 자녀들과 독립과 의존을 균형 있게 조절할 수 있어야 한다.

가족의 생활주기를 살펴볼 때 결혼 만족도는 결혼 초기에 높다가 결혼생활이 지속되면서 낮아져 자녀가 가정을 떠나가는 시기에 최저점을 찍고 중년기 이후에는 만족도가 다시 증가한다. 가족은 상호의존하는 관계이므로 예상하기 어려운 다양한 사건에 의해 쉽게 영향을 받는다. 가령, 가족의 질병이나 사망, 가장의 실직, 청소년 자녀의 비행이나 장애, 구성원 간의 갈등 같은 것은 가족관계에 심각한 영향을 미치며 이것을 어떻게 해결하는지에 따라서 가정의 행복이 결정된다.

3. 건강한 가족

가족에 대한 초기 연구들은 가족 간의 갈등 같은 가족의 병리 현상과 그 결과에 관심을 보였으나 지금은 “가족들이 어떻게 성공적인 삶을 살아가는가?” 같은 가족생활의 장점을 찾고 가족관계를 향상시키는 방법에 관심을 보인다. 이렇게 가족생활을 긍정적이고 낙관적인 태도로 바라보는 것을 ‘건강한 가족관점(strong family perspectives)’이라고 하는데 건강한 가족관점에서는 모든 가족이 강점을 가지고 있으며, 잠재적 성장의 역량을 지니고 있다고 가정한다. 가족의 강점은 개발될 수 있을 뿐 아니라 미래에 가족의 이루어갈 성장과 변화의 기반이 되므로 건강한 가족에서 성장하면 나중에 건강한 가족을 이루어 나가기가 더 쉽다(DeFrain & Stinnett, 2002). 〈그림 10-1〉에서 보는 바와 같이 건강한 가족은 개인과 사회와 친족이 서로 맞물리면서 하나로 응집되고 변화에 적응하며 원활한 의사소통을 통해 유대감을 유지하는 집단이라고 할 수 있다(Olson & DeFrain, 1999).

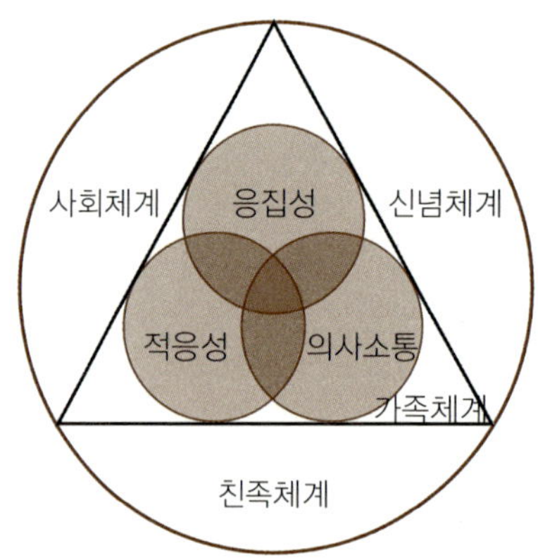

그림 10-1. 건강한 가족의 개념

건강한 가족도 위기를 겪을 수 있지만 하나로 응집된 힘과 원활한 의사소통을 통해 그러한 위기에 적응해 나갈 수 있다. 건강한 가족은 가족 구성원들이 서로의 행복을 위해 헌신하고(commitment), 서로의 가치를 인정하며 항상 고마움을 느끼고(appreciation & affection), 서로 긍정적 대화를 많이 하며(positive communication), 함께 보내는 시간이 많고(time together), 종교나 삶에 대한 신념을 공유하며(spiritual well-being), 스트레스나 위기를 성장의 기회로 삼는(ability to cope with stress and crisis) 특성을 가지고 있다(Stinnett & DeFrain, 1985). 이와 관련된 국

내 연구(유영주, 2004)에서 건강한 가족은 서로에 대한 존중, 가족 및 사회와의 유대의식, 긍정적인 의사소통 등의 특성을 갖고 있다는 것이 발견되었다.

이러한 연구결과를 볼 때 건강한 가족의 주요한 특성은 다음과 같다. 첫째, 구성원이 서로의 행복에 관심을 보이고 서로 긍정적인 감정을 느낀다. 둘째, 함께 다양한 활동을 공유하고 자주 대화를 한다. 셋째, 정서적 유대와 응집력을 지니는 동시에 개인의 자율성과 독립성을 보장한다. 그리고 마지막으로 넷째, 갈등을 겪을 수 있지만 솔직하고 직접적으로 이야기하고, 문제에 초점을 맞추며, 서로 비난하지 않는 문제해결방식을 가진다.

4. 부모-자녀 관계

1) 부모가 자녀에게 미치는 영향

가족은 자녀의 신체적, 심리적 발달이 이루어지는 곳일 뿐 아니라 사회적응을 위한 지지기반이 되는 곳이다. 그렇다면 부모는 자녀에게 어떤 영향을 미치는가? 첫째, 인간의 성격은 생애 초기의 경험에 의해 영향을 받는데 초기 경험을 제공하는 주체가 바로 부모이다. 따라서 부모와의 관계에서 형성된 정서적 유대감은 사회성의 토대가 된다. 가령, 엄마와의 상호작용을 통해 자녀는 애착을 형성하고, 안정된 애착은 사회성 발달의 정서적 토대를 형성하게 된다. 둘째, 부모는 모델링을 통해 우리 사회의 규범이나 성역할을 자녀에게 전달한다. 즉, 자녀들은 인격 형성의 중요한 시기를 부모와 함께 보내며 부모는 자녀의 가장 중요한 모델이다. 셋째, 부모와 자녀는 성인이 되기 전까지 다양한 상호작용을 하며, 이러한 상호작용은 자녀의 인생관이나 가치관 그리고 사회적 기술에 영향을 미친다. 가령, 같이 보는 TV 프로그램, 함께 하는 취미활동, 부모와 자녀 간의 대화방식과 내용은 자녀가 자신이나 주변 세상을 바라보는 관점에 영향을 미칠 수 있다.

2) 부모의 역할

유교적 전통이 남아 있던 전통사회에서는 일반적으로 아버지는 가정의 경제적 책임을 지고 어머니는 자녀를 양육하는 역할을 하였으나 여자의 사회적 지위가 향상되면서 성역할에 대한 기대가 변화되었고 육아나 가사 등 많은 부분에서 공동책임이 강조되고 있다. 그렇다면 요즘 부모는 가정에서 어떤 역할을 수행할까?

우선, 아직도 많은 가정에서 아버지의 가장 큰 역할은 가정의 생계를 맡아 생활비를 조달하는 일이며, 그렇기 때문에 자녀와 상호작용할 기회가 상대적으로 적어 정서적 고립을 경험할 가능성이 높다. 그러나 아버지는 동성자녀의 좋은 성역할 모델이 되고, 활동적인 놀이를 통해 아이의 정서와 행동에 영향을 미치며 어머니를 대신하여 이성적이고 공정한 판단자의 역할을 함으로써 도덕성 발달에 도움을 준다. 그리고 아버지는 자녀들에게 직업이나 사회적 지위의 모델이 되어 자녀의 진로에 영향을 미칠 수 있다.

한편, 출생 후 최초로 접촉하는 가족인 어머니의 품 안에서 자녀는 신뢰감과 안정감을 느끼게 되고 이러한 감정은 자녀의 인성발달에 긍정적인 영향을 끼친다. 즉, 자녀는 인생의 가장 중요한 시기인 영유아기를 어머니와 함께 생활하므로 어머니의 양육방식은 자녀의 성격이나 사회성에 큰 영향을 미친다. 자녀는 대화를 통해 어머니와 감정적 교류를 하는 과정에서 심리적 긴장을 해소하고 정서적으로 안정감을 갖게 된다. 또한 어머니는 아버지와 자녀 사이 그리고 사회와 가정 사이에서 조정자의 역할을 하여 아버지와 자녀 간의 관계를 원만하게 해주고, 올바른 행동은 격려하고 잘못된 행동은 시정하여 사회생활에 적응하도록 도와준다.

3) 부모의 양육태도

바람직한 부모의 양육태도는 자녀의 발달시기에 따라 달라질 수 있는데 그것은 자녀의 성장과 함께 부모역할에 대한 인식도 변하기 때문이다. 그러나 영유아시기에 보이는 부모의 양육태도는 부모-자녀 관계의 질을 결정하여 자녀의 정서적 성격적 발달에 영향을 미친다. 이와 관련된 연구(Baumrind, 1995)에서 영유아기 시기에 보이는 부모의 양육태도는 민주적/권위적(democratic/authoritative), 독재적(authoritarian), 허용적(permissive), 방임적(uninvolved) 유형으로 분류될 수 있다.

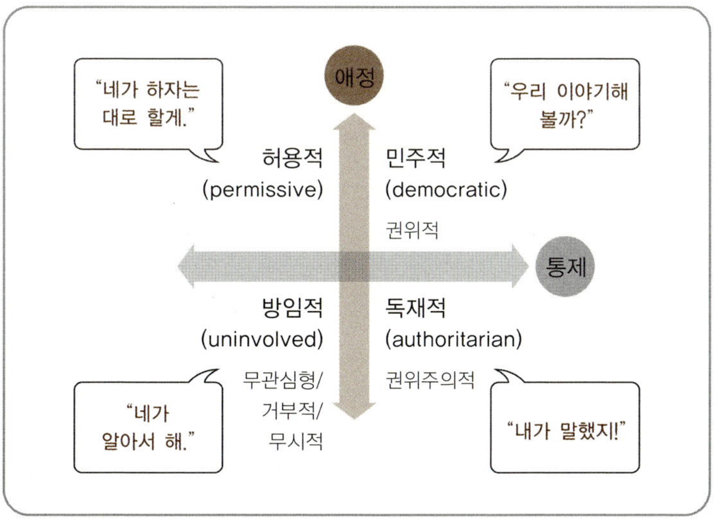

그림 10-2. 부모의 양육태도

민주적(권위적) 양육태도(democratic parenting) 민주적인 양육태도를 보이는 부모는 자녀에게 온정적이고 자녀의 요구에 대한 수용도가 높고 민감하게 반응하며 자녀에게 자율성과 책임을 강조한다. 이런 부모의 자녀는 행복감을 느끼고 높은 자존감과 자기조절능력을 가지며 사회적·도덕적으로 성숙하다(Doherty, Kouneski, & Ericksoni, 1996).

독재적 양육태도(authoritarian parenting) 자녀를 지나치게 억압하고 간섭을 하며 자녀의 요구에 관심을 보이지 않고, 자녀가 복종하지 않으면 처벌과 힘을 행사한다. 이런 부모의 자녀는 행복하지 않고 늘 불안하므로 낮은 자존감과 자기신뢰감을 가지고 강한 분노나 반항적 태도를 보인다.

허용적 양육태도(permissive parenting) 자녀에게 온정적이지만 통제하지 못하고 방임하기 때문에 자녀가 뭐든지 멋대로 하려고 하고 예절이나 규칙을 준수하지 않는다. 이러한 부모의 자녀는 충동적이고 반항적이며 의존하려고 하고 참을성이 낮다.

방임적 양육태도(uninvolved parenting) 부모가 심리적으로 문제를 가지고 있거나 자신의 일에 몰두하여 자녀의 의견을 수용하거나 통제하지 않고 관심을 보이지 않아 심하면 방임에 이를 수 있다. 이런 부모의 자녀는 우울과 분노 또는 반사회적 행동을 보일 수 있다.

● 부모가 보이는 양육행동의 유형(LeMasters & DeFrain, 1983)

부모는 자녀를 양육할 때 아래의 표와 같은 자기만의 독특한 양육행동을 보이지만 어떤 경우에는 상황에 따라 다양한 양육행동을 동시에 보이기도 한다.

순교자적 양육행동을 보이는 부모는 아이를 위해서 무슨 일이든 하려고 하고, 친구 같은 양육행동을 보이는 부모는 자녀를 친구처럼 대하려고 한다. 경찰관 같은 양육행동을 보이는 부모는 자녀가 부모에게 무조건 복종할 것을 강요하고, 교사-상담자 같은 양육행동을 보이는 부모는 자녀를 자신이 옳다고 생각하는 방향으로 이끌려고 하며, 운동코치 같은 양육행동을 보이는 부모는 자녀가 스스로 원하는 방향으로 재능을 발휘하도록 인도하는 경향을 보인다. 이러한 부모의 양육행동 중 가장 바람직한 것은 "운동코치" 같은 양육행동으로 자녀에게 뭐든 해주거나 자녀를 강요하지 않고 스스로 할 수 있도록 도움을 주는 것이다.

순교자적 양육행동	나는 아이를 위해서는 무슨 일이든 한다는 신념을 가진 부모가 보이는 양육행동
친구 같은 양육행동	부모란 자녀에게 친구 같은 존재여야 한다는 신념을 가진 부모가 보이는 양육행동
경찰관 같은 양육행동	자녀에게 항상 규율에 복종할 것을 강요하고, 자녀의 작은 반항에도 벌을 주는 양육행동
교사-상담자 같은 양육행동	부모는 자녀를 올바르게 인도할 수 있는 전지전능자라는 신념을 가진 부모가 보이는 양육행동
운동코치 같은 양육행동	자녀가 자신의 재능을 계발하도록 격려하나 자녀는 내신 그러한 일을 해줄 수 없음을 잘 알고 있는 부모들에게 나타나는 양육행동

5. 부모-자녀 간의 갈등

우리나라 가족에서 점점 심각해지는 문제는 부모-자녀 간의 갈등이다. 큰 사회변화를 겪었던 우리나라는 청소년들이 겪는 심리사회적 스트레스가 심각해지고 있는 데 비해 가족의 응집성은 약화되었고, 부모-자녀 간의 대화가 효과적으로 이루어지지 못하고 있다. 이런 상황에서 갈등을 효과적으로 다루지 못한다면 사회의 근간인 가정이 위기에 빠질 수 있다. 이 절에서는 부모-자녀 간 갈등의 원인과 대책에 대해 알아보도록 하자.

1) 원인

부모와 자녀는 성장환경도 다르고 사회에서 겪게 되는 스트레스의 유형도 다르기 때문에 서로를 이해해 주거나 수용하기 어려운 상황에 있다. 이러한 상황에서 부모-자녀 간의 갈등은 불가피하다고 할 수 있는데 그렇다면 부모-자녀 간의 갈등을 유발하는 원인에는 어떤 것들이 있는지 알아보자.

(1) 세대차이

성장 배경이 다른 부모와 자녀는 사고방식, 행동규범, 감정표현 등에서 차이를 보이며 그러한 세대차이로 인해 서로에 대한 이해와 공감이 어려울 수 있다. 특히, 우리나라와 같이 급격한 사회 변화를 겪은 환경에서 자녀는 새로운 가치관이나 유행을 빨리 수용하지만 부모는 전통적인 것에 집착하는 경향이 있다. 그에 따라 자녀와 부모는 행동이나 판단의 기준이 달라지고 공유하는 문화가 사라지게 되어 서로 동일시할 수 있는 기반이 약화된다. 이러한 상황으로 인해 자녀에 대한 부모의 통제능력이 떨어지고 자녀도 부모의 권위에 순종하지 않고 자신의 권리와 자유를 주장한다. 그럼에도 부모는 부모의 권위를 유지하려고 하며 그것을 위협하는 자녀의 태도에 부정적인 태도를 보이게 되어 갈등이 발생하게 된다. 즉, 부모는 자녀의 행동을 옳지 않다고 생각하여 간섭이나 질책을 하며, 자녀는 이러한 부모의 행동이 부당하다고 생각하여 반발하게 된다.

(2) 자녀의 독립욕구

자녀가 성장함에 따라서 부모의 권한은 계속해서 재조정될 수밖에 없다. 즉, 어릴 때는 부모가 자녀를 보호하고 자녀는 부모에게 의존하지만 청소년 시기가 되면 자녀는 스스로 자신의 진로나 행동을 결정하고자 하는 욕구를 갖게 된다. 이렇게 자녀가 스스로 자신의 문제를 해결하려고 하고 자신의 정체감을 갖게 되면 더 이상 부모는 어렸을 때처럼 권위를 발휘하기 어렵기 때문에 스스로 절제하고 조절해야 한다. 게다가 부모가 노령화되면 자녀를 보호하던 입장에서 자녀에게 의지하는 입장으로 바뀌기도 한다. 그럼에도 불구하고 부모가 여전히 자녀를 어리다고 생각하고 간섭하려고 할 때 갈등이 발생할 수 있다.

(3) 가족구조의 변화

과거에는 사회생활을 위한 지식을 주로 부모에게 배웠기 때문에 수직적 가족구조가 자연스러웠지만 지금은 수평적 가족구조로 변화되어 자녀의 요구나 의견을 배려해야 하는 시대가 되었다. 게다가 부모들이 아직 접해 보지 못했던 새로운 지식을 다양한 루트를 통해 습득한 자녀는 부모를 삶의 표본으로 받아들이기보다 새로운 지식을 갖추지 못한 구세대로 여길 수 있다. 이런 상황에서 부모가 수직적 가족구조를 고수하고자 자녀를 통제하려고 하면 갈등이 발생할 수 있다.

(4) 의사소통방식의 문제

부모와 자녀는 의사소통을 통해 자신이 원하는 바를 상대방에게 전달하게 되는데 부모가 자녀의 독립성을 침해하는 훈계, 강요, 비난 같은 의사소통방식에 의존하게 되면 갈등이 발생할 수 있다. 부모가 마음을 열어 자녀의 욕구와 고민을 이해하고 자녀의 생각과 감정을 수용한다면 갈등을 슬기롭게 극복할 수 있다.

2) 갈등해소를 위한 방법

갈등이 발생했을 때 부모는 자녀에게 엄하게 대하여 순종을 요구하거나 갈등을 더 격화시키기 싫어서 자녀의 뜻대로 하도록 허용하는데 이것은 부모와 자녀 중 누군가가 이기거나 지게 되어 있는 승패의 갈등해결방법으로 바람직하지 않다. 그렇다면 부모-자녀 간의 갈등은 어떻게 다루어야 할까?

(1) 초기에 갈등을 해결한다

어떤 갈등도 마찬가지지만 부모-자녀 갈등도 초기에 해결하려고 노력해야 심각한 갈등으로 비화되지 않는다. 만일 자녀가 마음에 들지 않게 행동했다면 부모는 자녀에게 원하는 것을 나-메시지로 표현하고, 자녀의 요구를 반영적으로 경청하고, 자녀의 감정을 수용함으로써 자녀가 원하는 것이 무엇인지를 이해해야 한다. 그리고 서로가 원하는 것을 어떻게 조율하여 해결할 것인지 대화를 통해 해결한다.

(2) 누가 옳은지 판단하려고 하지 않는다

자녀가 성장하다 보면 부모와 의견 차이를 보일 수 있다. 이럴 때 대부분의 부모는 자녀의 생각이 틀렸고 자신의 생각은 옳다는 것을 입증하려고 하고 이 과정에서 자녀와 감정대립이 일어나고 대화가 단절된다. 이럴 때 대화의 초점은 자신이 옳다는 사실을 증명하려고 하기보다 자녀의 생각이 부모와 어떻게 다른지 밝히는 노력을 해야 한다. 즉, 자녀의 생각에도 나름대로 일리가 있으며 단지 서로의 입장이 다르기 때문에 받아들이지 못한다고 생각해야 한다. 즉, 자녀가 어떤 관점에서 세상을 바라보기에 그런 생각을 하게 되었는지 호기심을 갖고 바라봐야 한다.

(3) 의도를 추측하지 않는다

대화에서 의도는 핵심적인 문제이며 자녀가 어떤 의도로 그런 말을 하는지 잘 살펴봐야 한다. 많은 부모는 자녀의 의도를 잘 파악하고 있다고 생각하지만 그것은 부모의 생각일 뿐이며 잘못된 것일 가능성이 많다. 자녀의 의도에 대한 자신의 판단이 추측일 뿐이라고 생각하고 대화를 통해 자녀가 그렇게 발한 이유를 차근차근 알아보는 것이 매우 중요하다.

(4) 대화를 통해 문제의 원인을 찾는다

부모와 자녀 간에 갈등이 발생했을 때 부모는 자녀 때문에 일어난 일이라고 생각하기 쉬운데 모든 갈등은 한쪽에 일방적으로 책임이 있는 경우가 많지 않다. 부모는 갈등의 원인 중 일부는 자신에게 있다고 생각하고 자녀와의 대화를 통해 문제의 원인을 찾아나가는 자세를 가져야 한다. 가장 좋은 방법으로 부모가 갈등의 원인을 부분적으로 인정하고 자녀의 문제를 언급하게 되면 자녀도 자신의 책임을 인정하게 되어 대화가 이루어진다.

(5) 비합리적 신념에서 벗어난다

자녀와 갈등이 발생했을 부모는 “부모의 말은 반드시 따라야 해 그렇지 않다면 부모를 무시하는 거야.”라고 생각할 수 있다. 이러한 비합리적 신념을 가지고 있는 부모는 자녀가 그것을 위반하면 분노를 느끼게 된다. 그러나 부모-자녀 간의 관계에도 누구나 지켜야 하는 절대적 기준은 없으며 그것은 부모가 어릴 때 갖게 된 경직된 사고일 뿐이다. 그렇게 생각하기보다 “부모의 말을 들어주면 좋겠지만 저도 생각이 있으니 들어볼 필요가 있겠지.”라고 융통성 있는 합리적 사고를 하면 갈등이 줄어들 수 있다.

6. 부모-자녀 간의 의사소통

가정에서 부모와 자녀간의 의사소통은 서로의 부정적 감정을 정화시켜 주고 서로에 대한 이해를 가능하게 하기 때문에 부모역할을 제대로 수행하는 데 매우 중요하다. 가족 안에서 구성원들은 가족 특유의 의사소통방식을 발달시키게 되는데 의사소통방식이 개방적이고 자유로워야 건강한 가족을 이룰 수 있다. 이와 관련된 연구를 보면 자녀가 부모와 개방적이고 자유롭게 의사소통을 할수록 사회성이 더 잘 발달한다(김선경, 2004). 이 절에서는 자녀와 의사소통하고자 할 때 부모가 갖추어야 할 자세와 부모-자녀 간의 의사소통을 방해하는 요인, 그리고 효과적인 의사소통방법을 알아보도록 한다.

1) 부모의 바람직한 의사소통 태도

부모-자녀 간의 의사소통이 원활하게 이루어지기 위해서는 부모가 다음과 같은 자세를 갖는 것이 중요하다.

개방적인 태도를 갖기 어린 자녀와의 대화는 문화나 경험을 공유한 성인과의 대화와 다르다는 마음가짐을 가지고 있어야 한다. 자녀는 부모와 전혀 다른 성장환경과 문화 속에서 살아왔고 지금도 살고 있기 때문에 같은 상황에 대해서도 부모와 다른 시각을 가질 수 있다. 즉, 상황을 바라보는 시각은 상대적이므로 옳고 그른 것이 아니며 자녀와 대화하기 위해서는 자녀를 사랑하는 마음만이 아니라 어떤 생각이든 가능하다는 개방적인 태도를 가져야 한다.

자녀의 정체성을 인정하기 에릭슨(Erikson)은 사춘기에 직면하는 가장 중요한 심리적 과제는 '정체성 대 역할 혼란'의 위기라고 하였다. 그냥 들으면 철학적인 문제로 보이지만 자녀에게 '나는 누구이고, 무엇을 해야 하는가?'에 대한 고민은 매우 현실적이고 당면한 문제인 경우가 많다. 부모는 어릴 때부터 자녀를 보아왔기 때문에 대화를 하는 동안에도 무엇인지 알려주고 충고해 줘야 하는 존재로 생각하는 경향이 있다. 그러나 사춘기에 접어든 자녀들은 어느 정도 독립된 정체성을 가지고 있으며 부모의 어린 '아기'로 남아 있기를 원하지 않는다. 따라서 부모도 자녀를 어릴 때처럼 충고해 줘야 하는 존재가 아니라 스스로 생각하고 고민하는 독립된 인격체로 인정해 줘야 대화가 잘 이루어질 수 있다.

자녀와 새로운 유대감 형성하기 자녀는 성장하면서 친구와 부모 사이를 불규칙하게 왔다 갔다 하는데 그것은 의존하고자 하는 욕구와 독립하고자 하는 욕구가 동시에 있기 때문이다. 즉, 자녀는 부모에게 사랑을 받고 의지하려는 욕구와 부모로부터 독립하고자 하는 욕구를 동시에 가지고 있다. 어릴 때는 부모에게 사랑을 받고 의지하려는 욕구가 더 강하지만 학교에서 친구들과 시간을 보내다 보면 부모로부터 독립하려는 욕구가 강해진다. 이 상황에서 부모는 서운함도 느낄 수 있지만 자녀의 이러한 욕구를 이해하고 새로운 유대감을 형성하는 동안 자녀와의 거리감에 잘 대처해야 한다.

수용성의 변화에 대해 인식하기 부모는 자신의 기분에 따라 자녀의 행동을 어떤 때는 수용하고 어떤 때는 수용하지 않는다. 자녀들은 이러한 부모의 태도로 인해 매우 혼란을 느끼기 때문에 부모는 자신의 수용성에 영향을 미치는 요인들을 인식하고 대화에 영향을 미치지 않도록 주의해야 한다. 즉, 수용적인 부모라도 자신의 기분이 안 좋거나 스트레스를 받을 때는 비수용적으로 행동할 수 있다는 것을 인식해야 한다.

문제의 초점을 파악하기 현재 문제를 가지고 있는 사람이 누구인지 판단해야 한다. 부모들은 일반적으로 자녀의 문제를 스스로 해결하도록 도와주기보다 부모 자신의 문제로 받아들여 직접 해결하려고 한다. 그러나 그럴 경우 자녀가 자신의 문제를 스스로 해결해 나가는 방법을 배우지 못한다. 자녀가 자신의 문제를 스스로 해결할 수 있다는 믿음을 가지고 해결책을 찾도록 도와줘야 한다.

진심으로 경청하기 부모는 훈계하거나 충고하기보다 자녀의 말을 경청하려고 노력해야 한다. 자녀와의 대화에서 부모가 경청할 때 자녀가 당면하고 있는 문제의 핵심에 대한 새로운 통찰이 가능해진다.

2) 의사소통을 방해하는 요인들

가족관계는 일반적인 대인관계에 비하여 친밀한 의사소통에 대한 요구가 더 강하기 때문에 오히려 의사소통 장애를 더 자주 느낄 수 있다. 특히, 부모와 자녀는 가족 내 위치나 역할이 서로 다르며 세대 차이가 존재하기 때문에 의사소통이 원활하지 못할 수 있다는 것을 인식해야 한다. 일반적으로 부모-자녀 간의 대화를 어렵게 하는 요인들에는 다음과 같은 것들이 있다.

대화시간의 부족 모든 인간관계는 서로의 생각과 감정을 이해하기 위한 대화로부터 시작되는데 부모-자녀 간의 관계가 좋지 않은 대부분의 가족들은 대화시간 자체가 적다. 시간적인 여유가 주어지더라도 TV를 보거나 게임을 하는 등 각자 생활을 하면서 서로 어떤 생각을 하고 있는지 대화를 통해 알아보려고 하지 않는다. 하루 이틀 이런 상황이 지속되다 보면 대화를 시도하는 것 자체가 어색하고, 대화를 시도하더라도 공부 이야기 외에는 특별히 할 말이 없어 대화를 포기하기도 한다. 대화는 습관이기 때문에 대화를 하면 할수록 더 마음을 열게 되고 대화를 즐기게 된다.

상호이해의 부족 대화시간의 부족뿐 아니라 부모와 자녀가 서로를 이해하지 못하는 것도 의사소통을 어렵게 하는 중요한 이유가 된다. 사람은 사회화 과정에서 그가 처한 환경의 영향을 많이 받는데 부모 세대와 자녀 세대는 자라온 환경이 많이 달랐기 때문에 사회화에 영향을 미치는 요소들도 다를 수밖에 없고 서로 이해하기 어려운 것은 당연하다. 또한 부모 세대가 갖고 있는 현실적인 실용주의 가치관은 자녀의 이상주의 가치관과 어느 정도의 충돌과 마찰이 불가피하다. 〈표 10-2〉를 보면 부모 세대와 자녀 세대가 다양한 면에서 차이를 보인다는 것을 알 수 있다. 이러한 세대 차이는 부모-자녀 사이의 대화를 더 어렵게 만들고 있다.

표 10-2. 부모 세대와 자녀 세대의 차이

구분	부모 세대	자녀 세대
사회 변화의 수용	느리다	매우 민감하다
대중매체 이해	약간 부정적	매우 긍정적
소비문화의 수용	부정적 반응 저축이 미덕 미래를 위한 절제	긍정적 반응 소비를 통한 개성추구 현재의 소비가 중요
유행의 수용	민감하지 않음 개인 차이로 나타남	필수 사항으로 여김 겉모양 중시, 외모 경쟁
규제 및 규율	비교적 순응	저항과 순응의 공존
또래 압력	약하다	강하다
부모-자녀 관계	의무와 책임	관심은 OK 간섭은 NO
개입에 대한 태도	필요하다고 인식	긍정적 개입만 허용

부모의 역기능적 대화 스타일 부모의 역기능적 대화 스타일은 자녀와의 원만한 대화를 가로막는 가장 큰 장애물이다. 그렇다면 부모와 자녀의 의사소통을 방해하는 역기능적 대화 스타일에는 어떤 것들이 있을까?

첫째는 자녀에게 일방적으로 명령하거나 지시하는 것이다. "공부 좀 해라." 같은 명령조 어조는 부모들이 흔히 자녀의 행동을 변화시키기 위해 사용하는 대화방식이다. 이런 명령조 어조는 표현은 자녀에게 부모가 대화를 원한다는 느낌보다는 강요한다는 느낌을 주게 되어 자녀의 행동을 변화시키기보다 반항을 유발할 가능성이 더 높다. 둘째는 자녀를 훈계하는 것이다. 형제끼리 싸울 때 "형제끼리 사이좋게 지내야지!"라는 훈계는 한두 번 쯤은 귀를 기울이지만 반복되면 부모가 원하는 대로 하지 못하는 것에 대해 죄책감을 갖게 되거나 부모의 말을 진지하게 받아들이지 않게 되어 부모-자녀 간의 의사소통이 힘들어질 수 있다. 셋째는 자녀에게 충고하는 것이다. 부모는 자녀가 어떤 문제행동을 보였을 때 혼내주는 것보다 충고를 하면 자녀가 스스로 자신의 문제를 깨닫고 문제행동을 고칠 것이라고 생각한다. 가령, 친구와의 사소한 다툼으로 고민하는 딸에게 엄마가 "친구한테 네가 먼저 전화해서 미안하다고 하는 것이 어때?"라고 충고를 해주면 자녀가 자신의 충고대로 해서 문제를 해결할 것이라고 기대하지만 자녀도 자기 생각을 가지고 있기 때문에 그렇게 되지 않는 경우가 더 많다. 그것보다는 자녀가 문제를 스스로 판단하여 해결할 수 있도록 격려하고 간접적으로 도움을 주는 것이 더 좋다. 넷째는 자녀를 비난하는 것이다. 자녀가 부모로부터 자신의 행동이나 말에 대한 비난을 듣게 되면 성인보다 더 심각하게 받아들이게 되고 대화가 단절되기 쉽다. 자녀는 자존감을 유지하기 위해 반항적인 말대꾸를 부모에게 하게 되어 부모-자녀 관계를 악화시키게 될 뿐만 아니라 자녀가 자기 자신을 신뢰하지 못하고 스스로를 낮게 평가함으로써 자존감이 낮아질 수 있다. 가령, "동생 빼고 너 혼자 맛있는 것을 먹으려고 하면 어떻게 하니?"라고 비난하면 자녀는 자존심을 유지하기 위해 반항적인 말대꾸를 하여 부모-자녀 간의 관계를 악화시킬 수 있고 대화가 중단될 수 있다.

3) 아버지와 자녀의 의사소통

조사에 따르면 우리나라에서 어머니에 대해 거리감이 없다고 응답한 사람은 62.6%였으며, 아버지와 거리감을 느끼지 않는다고 응답한 사람은 그보다 적은 51.0%였다(박영신·김의철, 2004). 즉, 우리나라 자녀는 어머니보다 아버지에 대해 거리감을 더 느끼며, 가족과 정서적 결속력이 약한 아버지가 은퇴하여 가족에게 돌아오면 가족에서 소외되기 쉽다. 그러나 최근 젊은 부부의 경우 양육과 가사에서 아버지의 역할이 강조되어 가족과 시간을 함께 하는 남편들이 증가하고 있다. 여기에서는 우리나라 아버지가 왜 가족 구성원과 제대로 의사소통을 하지 못하는지 알아보도록 한다.

대화와 접촉시간의 부족 우리나라 자녀들이 아버지와 거리감을 느끼는 가장 큰 이유는 '대화와 접촉의 부족'이다. 아버지들은 야근을 하거나 술자리를 하는 경우가 많아서 가족과 함께 보내는 시간이 절대적으로 부족하며 여가를 보내는 방법을 배운 적이 없어 주말에도 TV를 보거나 낮잠을 자는 경우가 많다. 또한 공부나 가족문제를 제외하면 대화에서 공통관심사를 찾기 어려워 공부를 대화 주제로 삼았을 때 갈등을 빚는 경우가 많다. 그러나 시대가 변화되면서 일과 가정의 행복을 동시에 지키려는 아버지가 증가하게 되어 이러한 문제가 점차 줄어들고 있다.

대하기 어려움 자녀는 아버지와 대화하기 어려운 이유로 '아버지가 대하기 어렵다'(11.1%)는 반응을 보였는데 이것도 어머니(4.4%)보다 훨씬 높은 비율을 보였다. 아버지가 어렵게 느껴지는 이유는 가정에서 아버지는 자녀의 잘못을 지적하고 바로 잡아주는 역할을 하기 때문이다. 즉, 일상에서 자주 접촉하는 어머니는 잘못하더라도 대충 넘어가 주는 대상으로 여기지만 아버지는 큰 문제가 생겼을 때 심판자로 나서는 역할을 한다. 어떻게 보면 부모-자녀 간의 대화를 어렵게 하는 비난하기가 아버지의 주된 역할이기 때문에 대화가 어렵게 느껴진다고 볼 수 있다. 그러나 아버지가 자녀 양육에 참여하여 놀이와 활동의 파트너로 여겨지고 수평적 대화를 추구하는 아버지가 늘면서 자녀가 자신의 어려움을 아버지와 상의하는 경우가 증가하고 있다.

세대 차이 누구나 생각하듯이 아버지와 자녀 간의 세대 차이는 대화에 거리감을 느끼게 하는 대표적 이유라고 할 수 있다. 여기에서 자녀들에게 '세대 차이'란 '사고방식의 차이'를 의미하는 것으로 가부장적 전통사회를 살아온 아버지 세대와 개인주의적 사회를 살고 있는 자녀 세대 간의 세대 차이이다. 따라서 아버지는 자녀의 행동이 마음에 들지 않고 자녀는 아버지의 생각이 불편하게 느껴진다. 그러나 새로운 가치관이 보편화된 시대를 살아온 남자들이 아버지가 되면서 이러한 세대 차이는 점차 사라지고 있으며 자녀와 다양한 문화를 공유하는 아버지들이 많아지고 있다.

4) 부모-자녀 간의 의사소통방법

부모는 자녀의 고민과 요구를 들어주고 같이 문제를 해결하는 파트너로 인식되어야 하며 그러기 위해서는 자녀의 이야기를 들어주고 자신의 생각을 전달하는 의사소통 기술을 갖추어야 한다.

자녀의 말을 들어주기 부모-자녀 간의 대화는 잘 들어주는 것부터 시작되어야 한다. 부모가 자신의 이야기에 관심을 보이고 수용한다는 느낌이 들어야 자녀는 부모에게 자신의 고민이나 어려움을 솔직하게 털어놓기 시작한다. 즉, 수용은 단순히 부모가 자녀의 생각이나 감정을 수용하면서 대화한다는 의미가 아니라 자녀로 하여금 부모가 자신을 받아들여 주고 있다는 느낌을 받도록 하는 것을 의미한다. 왜냐하면 부모의 수용을 자녀가 느끼지 못한다면 자녀에게 아무런 영향을 미칠 수 없기 때문이다. 처음에는 수동적으로 들어주는 것에서 시작하지만 점차 적극적으로 들어주는 수준으로 높여가야 한다. 그렇다면 부모는 자녀의 말을 어떻게 들어줘야 할까? 첫째, 일단은 수동적으로 들어준다. 자녀가 부모와 이야기를 하고 싶어할 때는 일단 수동적으로 들어주면서 "너의 생각을 알고 싶다."든지 "너의 감정을 이해한다."는 신호를 시선 등의 비언어적 메시지로 전달한다. 둘째. 자녀에게 반응을 보이며 들어준다. 부모가 자기 이야기를 그냥 듣기만 하면 자녀는 자신의 감정이나 문제가 수용되지 않는 것으로 느낄 수 있다. 이때는 자녀의 이야기를 열심히 듣고 있다는 것을 언어적 메시지("아아", "그랬구나", "그래서")나 비언어적 메시지(고개를 끄덕이기, 미소 짓기)로 전달한다. 셋째, 자녀에게 말하도록 격려한다. "네 말이 무슨 뜻인지 궁금한데 더 말해 주겠니?" 등의 말로 자녀가 자신에 대해 더 많은 것을 말하도록 격려할 수 있다. 이렇게 하면 자녀는 부모가 자신의 감정이나 욕구에 관심을 가지고 있다고 생각하게 되고 대화에 더 적극적으로 참여하게 된다. 넷째, 자녀의 말을 적극적으로 들어준다. 자녀가 말한 것을 이해한 후 몇 마디로 요약하여 자녀에게 피드백해 주면서 듣는 것이다. 자녀들은 부모가 뭐라고 할까봐 자신의 느낌을 우회적으로 표현하는 경향이 있는데, 부모는 이러한 자녀의 메시지가 무엇을 뜻하는지 잘 모르기 때문에 추측할 수밖에 없고 그 과정에서 오해가 생길 수 있다. 자녀의 이야기를 적극적으로 들어주면 서로를 더 잘 이해할 수 있기 때문에 점차 마음을 열게 되고 더 친밀한 대화가 가능하다.

부모의 말을 전달하기 자녀와의 대화에서 부모가 자신의 생각을 전달하는 것은 때로 지시나 강요로 받아들여질 수 있기 때문에 신중해야 한다. 자녀가 방어적인 태도를 갖지 않도록 하면서도 부모가 자신의 생각이나 감정을 효과적으로 전달할 수 있는 방법은 "나-메시지(I-message)"를 사용하는 것이다. 같은 말을 하더라도 "너-메시지"를 사용하면 자녀의 행동을 비난하거나 공격하는 것으로 받아들여지는데 비해 "나-메시지"는 부모의 솔직한 마음과 감정을 나타내므로 자녀들이 방어적이 되지 않고 부모의 이야기를 진지하게 들으려는 자세를 보이게 된다. 또한 나-메시지는 자녀가 어떤 문제를 가지고 있을 때 자녀로 하여금 부모의 말을 받아들이게 하는 효과적이다. 가령, "너 왜 그렇게 크게 소리를 지르니?"(너-메시지)보다 "나는 조용히 있고 싶은데 너무 시끄러워서 무척 힘들어. 조용히 해줄 수 있겠니?"(나-메시지)라는 표현이 자녀들에게 훨씬 설득력이 있게 받아들여진다. 나-메시지 사용에서 유의할 점은 "내가 보기에 너는 바보 같아."와 같은 나-메시지로 위장된 너-메시지를 사용하거나 부정적인 감정을 강조하지 말아야 한다는 점이다.

7. 새로운 가족형태

시대가 변하면서 부부와 자녀로 이루어진 가족형태가 반드시 정답인지에 대해 의문을 제기하는 사람들이 증가하였다. 그리고 자신의 꿈을 추구하고 현재의 생활 패턴을 유지하기 위해 비혼을 선택하는 사람들이 늘어나면서 일인가구의 수가 폭발적으로 증가하고 있다. 많은 사람들이 이러한 선택을 하게 된 사회적 상황과 의미에 대해 알아보자.

1) 일인가구

현재 우리 사회에는 다양한 이유로 혼자 생활하는 일인가구의 수가 증가하고 있다. 취업이나 결혼의 어려움 때문에 타의에 의해 일시적으로 일인가구를 유시하고 있는 사람도 있을 수 있지만 비혼을 선택하여 일인가구를 이루고 있는 사람의 비중이 높아지고 있다. 가령, 2018년 조사에 따르면 결혼에 대해 "결혼을 해야 한다."고 응답한 사람은 전체의 38.4%인데 비해 "해도 좋고 하지 않아도 좋다."라고 응답한 사람은 53.3%, "결혼을 하지 말아야 한다."고 응답한 사람도 6.2%에 달했다. 이렇게 볼 때 결혼 적령기에 있는 성인들 중 결혼의 필요성에 동의하지 않는 사람의 수가 생각보다 많으며 이들이 일인가구를 이루고 있다고 할 수 있다. 그렇다면 일인가구가 이렇게 증가하게 된 원인을 좀 더 살펴보자. 우선 과거에 비해 취업이 어려워짐에 따라서 학업에 더 많은 시간을 소모하다 보니 결혼이 미뤄지고 그로 인해 자연스럽게 일인가구가 증가하게 되었다.

또한 결혼을 하지 않는 이유를 조사한 결과를 보면 남자는 수입이나 결혼비용 등 경제적 이유를 많이 들고 있는 데 비해 여자는 비혼주의이거나 배우자 또는 아이에게 구속되기 싫거나 남자중심 가정생활 때문이라는 응답이 많았다. 이렇게 본다면 일인가구를 선택하게 된 원인에서 남녀 차이도 존재하며 남자는 주로 현실적 어려움 때문이라고 본다면 여자는 자신의 삶을 살고 싶다는 욕구가 더 큰 이유인 것으로 보인다.

그렇다면 이렇게 일인가구가 증가하는 사회적 상황은 어떤 의미를 가지고 있을까? 우선 비혼을 선택한 이유가 자신의 삶을 살기 위해서라면 그것도 삶의 방식이기 때문에 받아들여야 할 것이다. 그러나 결혼은 하고 싶지만 상황 때문에 비혼을 선택했다면 이것은 우리 사회가 함께 해결해 나가야 할 문제이다.

2) 동거

동거는 주거지를 함께 공유하는 이성과 함께 살지만 법적 보호는 받지 못하는 친밀한 관계를 의미한다. 서구 선진국에서는 동거가 보편화되고 있기는 하지만 아직도 사회 주류에 수용되지는 못하고 있다. 우리나라에서도 동거를 긍정적으로 간주하는 비율이 점차 증가하여 최근의 조사에서는 전체의 74.9%에 이르기도 하였다. 그리고 동거가 가지고 있는 장점으로 결혼 전에 살아보면서 서로를 알아갈 수 있기 때문이라는 응답이 가장 보편적이었다. 젊은이들이 동거를 고려하는 가장 큰 이유는 신뢰할 수 없는 상대와 결혼해서 결국 이혼을 선택하는 것보다 미리 살아보고 잘 맞는 상대인지 알아보는 것이 더 현명하다는 생각이다.

그러나 이러한 생각이 반드시 옳은 것은 아니며 동거를 경험한 커플에 대한 연구(Cohan & Kleinbaum, 2002)에 따르면 동거를 하지 않고 결혼한 커플보다 혼전에 동거를 경험하고 결혼한 커플이 이혼을 더 많이 선택하였다. 그 이유는 동거를 한 사람들은 결혼이라는 제도에 대한 기대나 가치에 덜 충실하기 때문에 이혼도 더 쉽게 선택하기 때문이다. 이렇게 본다면 동거를 바람직한 결혼 상대자를 찾기 위한 수단으로 생각하는 것은 잘못된 기대이며 동거를 새로운 가족의 형태로 받아들이는 것이 오히려 타당할 수 있다.

chapter

11

직업과 일

Psychology of Human Relationship

chapter 11

직업과 일

우리가 직업이라고 말할 때는 먹고 살기 위한 돈을 버는 일이라는 생각을 하기 쉽지만 실제로 직업은 자존감과 소속감 그리고 성취감을 통해 끊임없이 자기정체감에 영향을 미치며 삶의 의미를 부여하기도 한다. 우리는 직장에서 인생의 많은 시간을 보내며 직장생활의 만족은 인생의 행복을 결정하는 중요한 요인이 된다. 그러므로 어떤 직업 그리고 어떤 직장을 선택하느냐의 문제는 인생을 결정하는 중요한 선택이며 잘못된 직업 선택은 행복한 인생을 영위하는 데 큰 방해물이 되기도 한다. 이 장에서는 직업을 갖는 이유, 어떻게 직업을 선택하게 되는지, 직장에서 원만한 인간관계를 유지하기 위해서는 어떻게 해야 하는지에 대해 알아보도록 한다.

1. 직업의 의미

인간에게 직업은 어떤 의미를 가지고 있을까? 첫째, 직업의 일차적인 의미는 생계의 수단에 있으며 스스로 자신의 생계를 책임질 수 있을 때 성인으로 인정을 받는다. 그러나 누가 보더라도 충분한 부를 축적한 후에도 일을 계속하는 것을 보면 직업을 갖는 이유가 경제적인 것만은 아니라고 생각할 수 있다. 둘째, 직업은 인간에게 사회적 정체감을 제공한다. 인간은 자기가 소속된 집단에 자신을 동일시하는 경향이 있으며 그 집단에서 자신이 맡고 있는 지위나 역할이 정체감에 영향을 미친다. 즉, 더 좋은 직업을 갖고 더 높은 지위에 오르는 것은 정체감에 긍정적 영향을 미친다.

특히, 자신이 속한 집단을 중요하게 여기는 집단주의 문화권에 속해 있는 우리는 서양인에 비해 직업과 지위가 정체감에 더 중요한 역할을 한다(Triandis, 1989). 그리고 직업적으로 성공한 사람일수록 다시 그 직업을 선택하겠다는 경향이 있으며, 가장이 얼마나 높은 위치의 직업을 가지고 있는지에 따라 가족의 위상도 달라진다(Yankelovich, 1974). 셋째, 직업은 사회적 욕구를 충족할 수 있게 해준다. 무엇인가를 성취하는 것은 인간의 기본적 욕구이며 이것을 통해 삶의 의미를 찾게 되는데 직업은 그러한 기회를 제공한다(Maslow, 1970). 직업을 얻고 열심히 노력하다 보면 지위도 높아지고 보수도 많아지는데 이것은 무엇인가를 성취했다는 생각을 갖게 하여 성취욕구를 만족시킨다.

그러나 자신의 직업에 대해 모든 사람이 경제적으로나 심리적으로 만족감을 느끼는 것은 아니며 어떤 사람들은 본인이 원하지 않는 직업을 갖거나 경쟁에서 낙오하여 좌절감을 느끼기도 한다. 직업을 통해 삶의 기쁨을 얻기 위해서는 자기가 좋아하고 잘하는 직업을 찾을 수 있어야 한다.

2. 직업에 대한 관심의 발달

어린아이에게 미래에 어떤 사람이 되고 싶은지 물어보면 "대통령"이 되고 싶다든지 "과학자"가 되고 싶다는 반응을 보이는데, 이러한 응답은 직업적 관심에 근거한 것이라기보다 꿈에 가깝다고 할 수 있다. 그렇다면 직업에 대한 관심은 연령에 따라 어떻게 변화될까? 긴즈버그(Ginzberg, 1972)는 인간이 직업을 선택하는 데 세 단계의 시기가 있다고 보았다.

첫째 단계는 태어나서 11살 때까지의 환상적 시기(fantasy period)로 직업을 실제로 가질 수 있는지 그리고 그 직업을 수행하는 데 요구되는 능력을 자신이 가지고 있는지를 고려하지 않고 자신의 욕망이나 꿈에 근거하여 직업을 생각하는 시기이다. 이 시기에는 아이들이 원하는 직업이 수시로 바뀌며 실제로 자신이 원하는 대로 될 수 있다고 생각한다. 둘째 단계는 11살에서 18살까지의 시험적 시기(tentative period)로 직업을 선택할 때 막연하게나마 자신의 현실을 고려하기 시작한다. 즉, 직업마다 요구되는 능력이 있다는 생각을 하게 되며 자신이 갖고 있는 능력이나 목표 등이 그 직업에 얼마나 적절한지를 생각해 보게 된다. 셋째 단계는 고등학교 졸업 시기인 18세 이후의 현실적 시기(realistic period) 시기로 직업과 관련된 분야에서 인턴 경험을 쌓거나 혹은 직업의 기본이 되는 지식을 접하면서 원하는 직업을 선택하려는 탐색이 이루어진다. 이러한 탐색과정을 통해 자신이 원하는 직업 분야를 좁혀 가다가 마침내 특정한 직업을 선택하게 된다. 현실적 시기에 선택된 직업은 한평생 계속되는 것이 보편적이지만 어떤 사람들은 직업을 선택하는 과정이 중년기까지 이어지기도 한다. 물론 갈수록 직업의 유동성이 커지면서 회사에서도 고용의 유연성을 경쟁력으로 보려는 경향과 함께 자기발전을 위해 더 나은 미래를 보장하는 직업이나 직장으로의 변경을 긍정적으로 보려는 경향도 증가하고 있다. 그러나 직업의 선택에서 무엇보다 중요한 것은 외적인 평가나 경제적 안정성보다 일을 통해 기쁨을 얻을 수 있는지를 되돌아보는 일이다.

3. 직업을 선택하는 데 영향을 미치는 요인

어떤 직업을 가지는가는 인생의 방향을 변화시키고 행복감에 영향을 미치기 때문에 매우 중요한 결정이다. 이러한 결정에는 어릴 때부터의 경험이나 주변 사람의 권유 그리고 본인의 가치관 등 다양한 요인이 영향을 미친다. 이절에서는 직업을 선택하는 데 어떤 요인들이 영향을 미치는지 살펴본다.

1) 부모의 기대

부모는 어릴 때부터 자녀의 가치관과 성격을 형성하는 데 영향을 미치기 때문에 직업에 대한 부모의 기대는 자녀의 직업 선택에 큰 영향을 미친다. 부모는 자녀가 아직 어려서 직업의 장점과 단점을 제대로 평가하지 못한다고 생각하기 때문에 직업을 선택할 때 부모의 기대를 고려하도록 직접 영향력을 행사하기도 한다. 가령, 많은 대학생들이 본인의 전공과 무관하게 공무원시험 준비에 매달리고 있는 현상도 부모의 기대가 작용했을 가능성이 있다. 그러나 자녀의 직업 선택에 부모가 지나치게 개입하게 되면 자녀의 흥미나 적성에 맞지 않는 직업을 가질 수 있고 그로 인해 불행한 삶을 살아갈 수 있다. 따라서 부모는 자신의 기대와 자녀의 흥미나 적성을 적절하게 조화시킬 수 있는 직업을 선택하도록 자녀와 많은 대화를 가질 필요가 있다.

2) 직업에 대한 탐색

직업을 선택하기 전에 그 직업을 가지면 어떤 일을 하는지 그리고 전망은 어떤지에 대한 정확한 정보를 탐색해 봐야 한다. 사회의 급격한 변화로 인해 어떤 직업은 사라지고 새로운 직업이 생기고 있다. 직업 선택 시 이러한 점을 고려해야 한다. 가령, 지금 하려는 일이 마음에 들어서 자신의 직업으로 삼고 열심히 노력했는데 직업에 대한 수요도 줄고 노력에 대한 보상도 주어지지 않는다면 좌절감을 느낄 수 있다. 따라서 직업을 선택하기 전에 현재의 직업들에 대한 정보만이 아니라 앞으로 우리가 살아가야 할 미래사회에서 어떤 직업이 발전하고 각광받을 것인지에 대해서 충분히 고려하는 것이 바람직하다. 이러한 정보는 본인 스스로 알아볼 수도 있지만 정보가 제한되고 정확성에서도 떨어질 수 있다. 각 대학의 취업담당 부서에 도움을 받으면 더 정확하고 많은 정보를 얻을 수 있다.

3) 개인적 특성

직업을 선택할 때 가장 중요한 것은 자신이 그것을 함으로써 행복감과 성취감을 느낄 수 있느냐 하는 것이다. 즉, 직업을 선택할 때는 개인의 흥미, 적성, 가치관, 성격 등이 고려되어야 한다.

흥미 우리가 흥미를 느끼는 일을 할 때는 힘든 줄 모르고 몰두하게 되어 좋은 성과가 나지만 흥미가 없는 일을 할 때는 고되고 지루하여 성과가 잘

나지 않는다. 흥미는 어떤 일에 즐거움을 느끼고 호기심을 갖게 하는 동기적 성향이며(Holland, 1959), 직업에 대한 만족도, 노력의 투여량, 근무기간을 결정하는 중요한 요인으로 알려져 있다. 어릴 때는 흥미가 잘 분화되어 있지 않지만 성장함에 따라 문학적 흥미, 사회과학적 흥미, 기계적 흥미, 상업적 흥미, 예술적 흥미 등으로 분화된다.

적성 사람은 누구나 나름대로 특정한 분야에 뛰어난 능력을 가지고 있으며 이렇게 자신의 뛰어난 능력, 즉 적성을 고려해서 직업을 선택하는 것이 필요하다. 보통 인간의 지능을 크게 일반 지능과 특수 지능으로 구분하는데, 일반 지능은 흔히 지능지수(IQ)로 측정되며 전반적인 지적 능력을 뜻하는 반면 특수지능은 특정한 분야에 필요한 지적 능력을 의미한다.

적성은 일종의 특수지능으로서 특정한 직업을 수행하는 데 필요한 특수한 능력을 말한다. 적성은 타고난 소질인 만큼 유전적인 소인이 강하지만 학습이나 훈련에 의해 계발될 수 있는 능력이기도 하다. 적성은 여러 검사기관에서 표준화된 적성검사를 통해 평가될 수 있으며 학교에서도 자주 실시되고 있다. 현장에서 많이 사용되는 Holland 직업적성검사에서는 적성 유형을 〈표 11-1〉에 제시된 바와 같이 실재적 유형, 탐구적 유형, 관습적 유형, 예술적 유형, 사회적 유형, 기업적 유형, 관습적 유형으로 나눈다.

성격 성격은 개인의 안정된 특성으로 정서적인 반응과 사회적 행동에 강력한 영향을 미친다. 가령, 외향적 성격을 가진 사람은 많은 사람과 접촉하는 활동적인 직업을 선호하는 데 비해 내향적 성격을 가진 사람은 사무실에서 꼼꼼하게 자료를 정리하고 계획하는 일을 좋아한다. 자신의 성격에 맞지 않는 직업을 가질 경우에는 직업에 만족하기도 어려울 뿐만이 아니라 스트레스도 많이 받게 될 수 있다. 홀랜드(Holland, 1985)는 직업 선택에 미치는 성격의 영향을 설명하기 위해 〈표 11-1〉에 적성 유형별로 성격특성과 적합한 직업을 제시하였다.

표 11-1. 적성 유형과 직업

유형	성격특성	적합한 직업
실제적 유형 (realistic)	남성적, 솔직 성실, 검소, 지구력이 있고, 말이 적으며 고집이 있고, 직선적이며 단순하다.	기술자, 항공기 조종사, 정비사, 엔지니어, 전기, 기계기사, 운동선수 등
탐구적 유형 (invetigative)	논리적이며 분석적이고, 지적 호기심이 많으며 비판적이고 내성적이며 수줍어하고 신중하다.	과학자, 생물학자, 화학자, 물리학자, 지질학자, 의료기술자, 의사 등
예술적 유형 (artistic)	상상력이 풍부하고 감수성이 강하며 자유분방하고 독창적이지만 협동적이지는 않다.	예술가, 작곡가, 음악가, 무대감독, 작가, 배우, 소설가, 미술가, 무용가, 디자이너 등
사회적 유형 (social)	사람들을 좋아하여 어울리기를 좋아하고 친절하고 이해심이 많으며 남을 도와주고 봉사적이고 이상주의적이다.	사회복지가, 교육자, 간호사, 유치원 교사, 종교지도자, 상담가, 임상치료사 등
기업적 유형 (enterprising)	지배적이고 통솔력과 지도력이 있으며 말을 잘하고 설득적이며 경쟁적이고 외향적이고 낙관적이며 열성적이다.	경영인, 정치가, 판사, 영업사원, 보험회사원, 관리자, 연출가 등
관습적 유형 (conventional)	정확하고 빈틈이 없으며 조심성이 있고 세밀하고 계획적이며 변화를 좋아하지 않고 완고하며 책임감이 강하다.	공인회계사, 경제분석가, 은행원, 세무사, 프로그래머, 감사원, 사서, 법무사 등

가치관 사람은 자신이 가치 있게 여기는 일을 할 때 만족감을 느끼기 때문에 직업을 선택하기 전에 자신이 인생에서 추구하는 가치관을 분명하게 하는 것이 좋다. 가치관은 성장과정에서 부모나 좋아하는 사람의 행동을 내면화하여 형성된다. 가치관은 유형은 사람마다 문화마다 다양하지만 가장 일반적인 가치관의 유형은 〈표 11-2〉에 제시된 바와 같다(청소년 대화의 광장, 1996). 자신의 가치관을 스스로 알아내는 것은 쉽지 않지만 가치관을 파악하기 위한 쉬운 방법이 있다. "어떤 삶이 가치 있는 삶이라고 생각하는가?"라든

지 "나는 인생에서 무엇을 할 때 가장 만족스럽게 여기는가?" 등의 물음을 자신에게 던지고 그동안의 삶을 되돌아봄으로써 자신의 가치관을 어느 정도 확인할 수 있다.

표 11-2. 가치관 유형과 직업

유형	특징	관련 직업
이론형	사물의 진리를 탐구하고 연구하며 가르치는 일에 보람과 긍지를 느낀다.	교사, 교수, 연구원, 학자, 과학자, 평론가, 수학자, 교육가 등 연구 및 교육활동에 종사하는 직업
경제형	재산형성에 큰 가치를 부여하며 돈을 버는 경제적 활동에 관심과 흥미를 갖는다.	소도매상인, 유통업종사자, 중소기업인, 대기업인, 무역인 등 경제활동에 종사하는 직업
심미형	아름다움의 추구에 가치를 두며 아름다움의 창조활동을 다른 어떤 일보다 소중하게 여긴다.	음악가, 화가, 무용가, 소설가, 예술평론가 등 예술분야의 직종
사회사업형	고통받는 사람의 삶에 관심이 많으며 이들을 위해 돕고 봉사하는 일에 높은 가치를 둔다.	사회사업가, 상담교사, 재활상담원, 의사, 간호사, 사회봉사자 직종
정치형	국가 및 사회발전에 관심이 많으며 권력을 취득하여 자신의 영향력을 행사하는 일에 가치를 둔다.	정당인, 정치가, 국회의원, 장관, 차관, 행정관료, 기관장, 시도의원 등의 직종
종교형	인생의 궁극적 의미를 추구하며 절대자의 숭배나 자기초월적 수행에 최고의 가치를 둔다.	목사, 전도사, 승려, 신부, 기타 종교와 관련된 직종

4. 직장의 이해

직업을 선택하고 선발절차를 통과하면 직장인으로서의 삶이 시작되는데 이때 가장 중요한 것은 직장의 특성을 잘 이해하고 주어진 업무를 잘 수행하는 일이다. 직장에서 업무를 수행하다 보면 업무와 관련된 사람과의 인간관계가 필수적이며 인간관계는 직장에 대한 만족도뿐만 아니라 업무수행에도 중요하다. 그렇다면 직장은 어떤 특성을 가지고 있으며 어떻게 해야 직장생활에 효과적으로 적응할 수 있는지 알아보자.

1) 직장 내에 존재하는 구조

직장은 이윤추구를 목적으로 이루어진 조직이며 그러한 목적을 효율적으로 달성하기 위한 공식조직과 직원들 간의 개인적인 인간관계에 근거한 비공식조직이 있다. 공식조직에는 업무를 수행하는 과정에서 누구의 지시에 따르고 누구에게 지시할 것인지를 바탕으로 업무의 권한과 역할을 정의한 수직적 구조와 업무의 종류에 따라 나뉘는 수평적 조직이 존재한다. 대부분의 회사는 사장, 전무, 상무 등의 임원과 부장, 차장, 과장, 대리, 사원 등의 수직적 구조를 가지고 있다. 물론 요즘에는 수직적 구조가 가지고 있는 경직성과 의사소통의 문제를 극복하기 위해 팀구조를 가지고 있는 회사들이 늘어나는 추세이다.

비공식적 구조는 외부로 드러나 있지 않고, 누가 누구와 주로 친하게 지내는지를 보여주며 출신학교나 지역, 여가활동의 유사성, 업무의 밀접성 등이 이러한 구조에 영향을 미친다.

이렇게 본다면 직장에는 공식조직으로 수직적 구조인 상사나 부하와의 관계와 수평적 구조인 동료와의 관계가 존재하고, 비공식조직으로 개인적인 인간관계가 존재한다고 할 수 있다. 이러한 관계가 서로 보완적으로 이루어져 있다면 개인은 업무에 충실할 수 있으며 소속감이나 안정감을 느낄 수 있지만 서로 갈등이 있다면 조직이 분열되고 사기가 저하되어 개인에게 이직이나 퇴사를 고려할 만한 문제를 가져올 수 있다. 실제로 긍정적인 대인관계가 이루어지는 조직에서는 그 수행 수준이 매우 높은 것으로 나타났다(Muchinsky, 2009). 신입사원으로 직장에 들어갔을 때 직장생활에 빨리 적응하기 위해서는 직장의 구조를 빨리 파악하여 적절하게 대응하는 것이 필요하다.

2) 직장에서의 기대

직장에 들어가면 수행해야 할 공식적인 업무만이 아니라 비공식적인 기대가 존재하며 그러한 기대를 얼마나 잘 충족시키는지에 따라 평가가 달라질 수 있다. 즉, 직장생활을 하다 보면 공식적 업무나 출퇴근 시간같이 명확하게 공지되어 있는 의무도 있지만, 회사 일이 많을 때 불평 없이 야근을 해주기를 기대하는 것처럼 암묵적으로 주어지는 비공식적 의무도 있다. 이러한 기대는 비공식적이지만 기대에 잘 부응하는 부하직원은 그렇지 못한 사람보다 상사로부터 더 좋은 평가를 받게 된다. 이렇게 직장 구성원 간에 이루어지는 암묵적인 기대를 심리적 계약(psychological contract)이라고 부른다(Rousseau, 1990).

직장에서는 직원들에게 열성적으로 근무할 것, 회사에 충성할 것, 회사 일에 자발적으로 참여할 것, 전근을 지시하면 자발적으로 따를 것, 기업 정보를 보호할 것 등 다양한 암묵적 기대를 가지고 있다. 물론 직원도 회사에 대해 나름대로 기대를 가지고 있는데 대표적인 것으로는 공정한 승진, 높은 임금과 경력개발의 기회 제공, 취업의 안정성 등이다. 이렇게 직장에서는 경영자와 직원 사이에 공식적 또는 비공식적으로 채워줘야 할 다양한 기대가 존재하며, 이러한 기대가 잘 충족될수록 상호 만족도는 증가할 수 있다.

3) 우리나라 기업의 조직문화

직장도 우리 사회의 한 조직이기 때문에 우리 사회의 지배적인 문화는 조직문화에도 영향을 미친다. 우리나라 전통문화의 특징들 중 조직문화에 영향을 미치는 대표적인 특징으로 인화 중시, 권위주의, 소양 중시 등을 들 수 있다.

첫째, 우리나라에서는 가족과 같은 인간관계를 가장 이상적인 것으로 보는 인화 중심 조직문화가 있다. 이러한 인화 중심 조직문화는 합리성이나 개인주의를 중심으로 하는 서구문화에 비해 구성원 간의 화목을 중시하기 때문에 구성원 간의 갈등을 줄이고 결속력을 강화하는 장점이 있지만 무사안일주의와 정실주의가 증가하는 단점도 동시에 가지고 있다. 시대가 변화됨에 따라서 신세대 사원들은 업무의 합리성과 자율성을 중시하지만 기성세대인 상급자들은 여전히 이런 전통적인 인화 중심 조직문화에 집착하는 경향이 있어 갈등의 원인을 제공하고 있다.

둘째, 지위를 중심으로 하는 권위주의적 문화를 가지고 있다. 권위주의는 수직적 구조에 기반한 것으로 명령체계가 확립되어 신속한 의사결정을 할 수 있다는 장점을 가지고 있지만 업무성과와 무관한 연차에 의한 임금체계와 자유로운 의사소통을 어렵게 하는 문제를 가지고 있다. 최근에는 우리나라에서도 수직적 조직 대신 업무에 기반한 팀장 조직으로 변화되고 있으며 임금도 연차보다 업무성과에 기반한 성과급이 보편화되고 있다.

셋째, 개인의 능력보다 소양을 중시한다. 우리나라 회사에서는 인사평가에서 업무실적보다 사람의 성품이나 성실성을 고려하는 경향이 있으며 이러한 인사평가는 채용이나 승진에 큰 영향을 미치고 있다. 그러나 소양이라는 주관적 요인에 의해 업무능력이라는 객관적 요인이 과소평가된다면 효율적 조직이라 할 수 없다. 그러나 인사평가에 대한 체계적 시스템을 도입하는 회사들이 증가하면서 소양 같은 주관적 지표보다 업무능력 같은 객관적 지표가 인사평가에서 더 중요해지고 있다.

4) 직장 내의 인간관계

직장은 이윤을 목적으로 만들어진 조직이긴 하지만 다양한 특성을 가진 구성원들로 이루어져 있기 때문에 직장에 잘 적응하기 위해서는 업무수행 능력만으로는 충분하지 않으며 직장상사나 동료 직원들과 원만한 인간관계를 유지하는 것이 필요하다. 그러나 직장생활을 하기 전에 학교에서 수평적인 인간관계를 주로 경험한 신입사원들은 직장의 수직적 인간관계에 적응하기는 쉽지 않다. 이 절에서는 직장에서 어떻게 하면 원만한 인간관계를 유지할 수 있는지를 알아보고자 한다.

(1) 직장의 상사 유형

직장생활은 업무에 대한 정보를 얻고 서로 협력하는 과정을 통해 이루어지는데 여기에서 인간관계는 중요한 역할을 한다. 특히, 직장에서의 인간관계는 직장상사의 유형을 파악하는 일에서 시작되는 경우가 많다. 직장상사의 유형은 과업 중심적 상사와 인간 중심적 상사로 구분할 수 있다(Halpin & Winer, 1952). 과업 중심적 상사는 주로 업무를 지시하고 그 성과에 관심을 갖는 유형으로 부하직원의 사생활이나 인간관계에는 별 관심을 갖지 않는 데 비해, 인간 중심적 상사는 부하직원과의 인간적 교류에 관심을 더 많이 가지며 업무는 그 결과로 이루어진다고 보는 유형으로 부하직원 개인의 성격이나 사생활에 관심을 많이 가진다. 만일 직장상사가 과업 중심적이라면 맡겨진 업무에 충실하고 직장 내의 규칙을 잘 지키면 능력이 있는 직원으로 인정받게 되지만 인간 중심적 상사라면 술자리에 자주 참여하고 개인적인 어려움을 털어놓는 등의 친밀한 교류가 필요하다.

블레이크와 머튼(Blake & Mouton, 1964)은 과업 중심적 상사와 인간 중심적 상사의 구분을 좀 더 심화하여 관리망(managerial grid) 개념을 제안하고, 일에 대한 관심의 정도와 인간에 대한 관심의 정도에 따라서 직장상사 유형을 다섯 가지로 구분하였다.

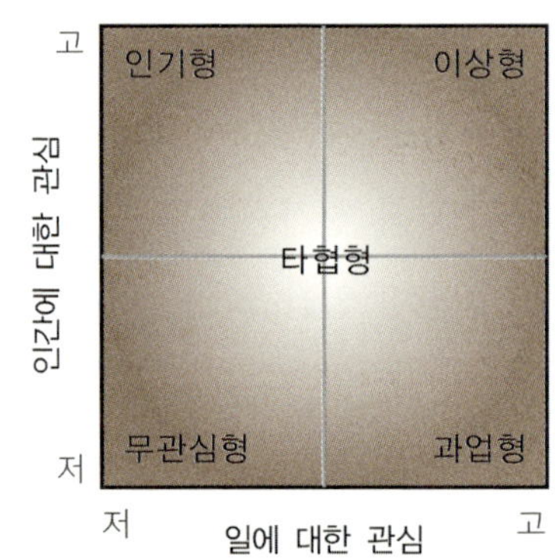

그림 11-1. 블레이크와 머튼의 관리망

무관심형은 부하직원에 대한 관심도 낮고 업무에 대한 관심도 낮아 오직 자신의 자리를 보존하는 데 관심을 가지는 무사안일형의 직장상사이다. 과업형은 업무성과에 대한 관심은 높으나 인간에 대한 배려는 거의 없는 직장상사로 목적달성을 위해서 능력 중심으로 직원을 평가하고 개인의 감정이나 조직의 분위기를 고려하지 않는다. 인기형은 조직의 목표나 업무성과에는 관심이 별로 없고 부서 직원에 대한 관심이 높은 상사이다. 직원의 요구사항을 잘 들어주고 배려하여 조직의 분위기를 잘 유지하지만 목표달성에는 적절하지 않다. 타협형은 업무성과와 인간에 대해 적절한 관심을 가지고 균형을 유지하려고 하는 유형의 상사를 말한다. 이상형은 팀 제도하에서 가장 바람직한 유형으로 업무에 대한 관심뿐 아니라 인간에 대한 관심도 높아서 구성원의 사기와 협동을 중시한다. 직장에서 가장 이상적인 직장상사는 이상형이지만 문화마다 이상형이 달라질 수 있다(Blake & Mouton, 1964).

(2) 직장 내의 인간관계 스트레스

직장생활을 하다 보면 업무를 수행하는 과정에서 생기는 업무 스트레스나 직장동료나 상사와의 교류에서 발생하는 인간관계 스트레스가 발생할 수 있다. 업무 스트레스는 업무의 과중함이나 시간적 압박 등 대부분의 직장인들이 겪게 되는 스트레스이지만 우리나라와 같이 직장 내의 인간관계가 중요시되는 곳에서는 인간관계로 인한 스트레스가 직장에 대한 만족도를 떨어뜨리는 데 심각한 원인이 될 수 있다. 실제로 직장에 불만을 느껴 전직이나 이직을 고려하는 가장 큰 이유가 인간관계 스트레스인 경우가 많다. 그렇다면 직장생활을 새롭게 시작하는 신입사원들은 어떤 종류의 인간관계 스트레스를 겪게 될까?

첫째는 직장의 공식적 구조와 비공식적 구조에 적응하여 새로운 인간관계를 맺는 것 자체가 스트레스가 될 수 있다. 직장에서 인간관계를 자연스럽게 형성하기 위해서는 직장에서 요구하는 공식적 기대와 암묵적 기대를 빨리 파악하고 이를 충족시키려고 노력해야 하며, 직장 내에 존재하는 비공식적인 조직에 자연스럽게 어울리려는 노력도 필요하다.

둘째는 부하직원이 상사를 존중하지 않는다고 여기거나 업무능력에 불만을 가지는 상사와 상사가 부당하게 업무를 강요하거나 자신을 무시한다는 생각을 가진 부하직원 간에 긴장이 형성될 수 있다. 즉, 상사는 업무능력이 부족하거나 사사건건 이의를 제기를 하거나 상사를 존중하지 않거나 조직의 규율을 무시하고 개인적으로 행동하는 부하직원에 불만을 느끼는 경우가 많고, 부하직원은 부당하고 무리한 업무를 강요하거나 부하직원의 능력을 무시하거나 부하직원의 노력에 대해 불공정한 평가를 하는 상사에 불만을 느끼는 경우가 많다. 이러한 불만들이 해소되지 않으면 부하직원은 업무를 태만하게 수행하게 되고 상사는 부하직원을 비난하는 데 힘을 쏟게 되기 때문에 조직의 효율성이 떨어지게 된다.

셋째는 직장에서는 동료와 함께 업무를 수행하는 경우가 많기 때문에 동료 사이에서도 업무를 수행하는 방식이 맞지 않거나 업무에 대한 평가가 불공평하면 갈등이 발생할 수 있다. 또한 직장인은 누구나 승진을 원하지만 일부만 상대평가를 통해 승진의 기회를 얻을 수 있기 때문에 업무평가에 대해 민감해지고 상사에 대한 충성 경쟁도 벌어질 수 있다. 이런 상황에서 직장 동료는 협력자이기보다 경쟁자로 인식될 수 있기에 갈등이 발생할 수 있다. 넷째는 신입사원이 직장의 분위기에 잘 적응하지 못하는 것으로 어떤 직장은 상하 간의 위계질서가 강하여 지시에 무조건 순종해야 하는 분위기가 있을 수 있고, 어떤 직장은 술자리나 여흥에 참여하지 않으면 직장의 분위기를 깨는 일로 간주하는 경우도 있다. 이런 직장의 분위기가 자기 성격에 맞지 않으면 스트레스의 근원이 될 수 있다.

(3) 직장에서 원만한 인간관계를 맺기 위한 방법

성공적인 직장생활을 위해서는 다른 사람에게 호감을 주고 자신의 뜻을 분명히 전달할 수 있는 의사소통의 기술과 갈등이 발생하였을 때 효과적으로 해결할 수 있는 요령이 있어야 한다.

추측하기보다 말로 확인한다 직장에서는 각자의 역할이 주어져 있어서 조그만 말로도 상처를 입을 수 있고, 어려운 상황에서는 상대방의 말에 감정이 있을 것으로 추측하는 경우가 많이 있다. 상대방이 어떤 의도로 이야기하는지를 추측하지 말고 직접 말로 확인하는 것이 바람직하다. 즉, 서로 간의 의사소통이 잘 이루어지고 있다고 느껴지더라도 자신이 상대방의 이야기를 잘 이해하고 있는지 확인하는 것이 중요하다. "제가 잘 이해했는지 모르지만 … 라는 말씀이지요?"라고 하면서 상대방의 말을 자신의 말로 정리하여 상대방에게 피드백을 주어야 한다.

상대방의 말을 경청한다 사람은 누구나 자신의 말을 잘 들어주는 사람을 좋아한다. 자신이 상대방의 말에 관심이 있다는 것을 구체적으로 표현하는 데 서툴면 오해를 사는 경우가 많다. 따라서 상대방이 어떤 말을 할 때 "아! 그렇군요."라고 응대를 해주거나 고개를 끄덕여 자신이 상대방의 말에 관심을 가지고 있고 그 말에 동의하고 있음을 보여줄 필요가 있다.

대화에서 상대방의 인격을 존중한다 일반적으로 권위를 가진 사람은 자신의 권력과 지위를 이용하여 강제적으로 자신의 의사를 관철시키려는 경향이 있는데 이것은 조직사회에서 가장 피해야 할 행동이다. 서로 존중하고 이해하는 상황에서만 마음속에 있는 말을 하게 되어 조직의 분위기도 좋아지고 업무효율성도 증가하게 된다.

생각의 다양성을 인정한다 사람마다 생각이 다르기 때문에 같은 주제에 대해 다양한 의견이 제시되는데 자신과 다른 의견을 가지고 있다고 부정적인 감정을 갖기보다 사고의 다양성을 인정하는 자세가 필요하다.

5. 직장에 잘 적응하는 방법

친구나 가족 같은 일반적인 인간관계와 달리 직장은 업무와 성취를 요구하기 때문에 감정보다 행동이 우선되어야 하며 자신을 드러내는 방법을 알아야 한다. 직장에서 자신을 드러내기 위해서는 업무에 필요한 능력을 가져야 하고 자신이 근무하는 조직의 생리와 업무상 필요한 정보를 알아야 하며, 남에게 요청하거나 부탁을 들어주고 상황에 따라서는 거절하거나 남들의 비난을 반박할 수 있는 대인기술도 요구된다. 이 절에서는 직장에서 잘 적응하려면 어떻게 해야 하는지를 알아본다.

1) 직장에서 갖지 말아야 할 비현실적인 환상

직장은 다양한 생각을 가진 개인들이 모인 조직이며 행동에 대한 냉정한 평가가 이루어지는 조직이다. 따라서 직장에 잘 적응하려면 그 조직의 고유한 문화를 잘 이해하고 자신의 능력을 발휘해야 할 뿐 아니라 사회인으로서 성숙한 모습도 보여야 한다. 직장생활을 처음 시작할 때 쉽게 빠질 수 있는 착각에는 다음 같은 것들이 있다.

직장에서 나의 필요성을 인정받아야 한다는 생각 이러한 생각은 잘못된 것은 아니지만 조직의 특성에 대한 이해가 부족하면 자칫 독불장군식의 행동을 유발하여 인간관계를 어렵게 만들 수 있다. 직장에서 요구하는 사람은 반드시 필요한 사람이라기보다 조직과 조화를 이루는 사람이다.

나에게 맡겨진 일은 끝까지 내가 해결해야 한다는 생각 어떤 사람은 업무로 인해 빚어지는 상황이 만족스럽지 않으면 이를 자기 탓이라고 여기는 경우가 있다. 어떤 문제가 발생했을 때 자신이 끝까지 책임지려고 하는 모습은 때로는 바람직하지만 대부분의 경우 지나친 일이다. 그런 상황은 누구 한 사람이 나서서 해결할 수 있는 것이 아니며 구성원의 논의와 협력을 통해 해결해야 한다.

다른 사람들에게 인정받는 사람이 되어야 한다는 생각 자신감이 떨어지면 타인이 자신을 어떻게 생각하는지에 매우 민감해지고 그 사람의 눈치를 살피게 된다. 자신의 업무능력을 타인에게 인정받고자 하는 것은 자연스러운 일이지만 지나치게 타인의 인정에 매달리는 것은 잘못된 일이다. 특히, 직장생활을 처음 하는 사람은 주변 사람에게 자신이 하는 일을 알리고 인정받고 싶어 하는 경향이 있는데, 직장은 각자에게 주어진 업무를 성실하게 수행하고 필요할 때 관련된 업무를 동료나 상사와 상의하면 된다. 직장에서 더 중요한 것은 타인에게 인정받는 것보다 자신에게 맡겨진 업무를 얼마나 충실하게 수행했느냐이다.

사람들은 내가 힘들어한다는 사실을 알고 안쓰러워할 것이라는 생각 직장에서 주어진 업무에 익숙하지 않다 보면 사소한 실수를 하게 되는데 그런 실수를 인정하지 않으려고 구성원들에게 자신이 얼마나 힘든지를 자꾸 하소연하려는 경향이 있다. 그러나 이렇게 주변 사람에게 하소연하는 것은 자기발전이나 조직에 적응하는 데 도움이 되지 않는다.

● **직장생활에 적응하지 못하는 사람의 유형**

직장에는 똑똑해 보이고 일도 열심히 하는데 이상하게 조직에 융합되지 못하고 겉도는 사람이 있다. 이렇게 직장생활에 적응을 하지 못하는 사람은 어떤 사람일까?

첫째는 속빈 강정 유형으로 일도 잘 하고 사람들의 호감은 받지만 자신의 능력을 인정받지 못한다. 둘째는 등받이 유형으로 열심히 일하지만 결국 다른 사람만 빛내준다. 셋째는 최대의 적 유형으로 자기주장이 지나쳐 공격적으로 행동하지만 일은 훌륭하게 해낸다. 넷째는 들러리 유형으로 일을 끝내는 것이 항상 늦으며, 자신의 능력을 발휘하지 못하여 승진에서 매번 누락한다. 다섯째는 투덜이 유형으로 업무나 사무실 환경, 주변 사람들에 대해 끝없이 불평을 하지만 무엇인가를 변화시키기 위해 노력하지는 않는다. 여섯째는 호구 유형으로 사람들이 당신에게 요청을 하면 상냥하게 웃으며 무조건 수락하기 때문에 개인적인 시간을 희생하는데도 불구하고 감사의 표시를 받지 못한다.

이렇게 직장생활에 적응을 하지 못하는 사람은 자신의 생각이나 행동을 한번 되돌아보고 어떤 점을 바꿔야 하는지 고민해야 한다.

2) 직장에 잘 적응하기 위해 필요한 사항

자신만의 목표를 가진다 직장에서 목표는 미래를 위해 노력하도록 동기화하고 자신의 행동을 변화시키며 삶을 가치 있게 만들어준다. 목표가 없으면 환경에 적응하며 살게 되고 미래를 위해 노력하지 않는다. 사람마다 직장을 다니는 목표가 다를 수 있다. 어떤 사람은 직업을 생계수단으로 삼을 수 있는데 그런 사람은 직장에서 꼭 하지 않으면 안 되는 일을 무사히 끝내고 회사업무가 사적인 일에 방해가 되지 않기를 바랄 것이다. 그에 비해 어떤 사람은 일 자체에 흥미를 느끼고 일에서 즐거움을 얻을 수 있는데, 그 사람은 일을 하는 동안에도 새로운 시도를 하고 자기 발전을 위해 많은 노력을 할 것이다. 물론 누구나 자기가 좋아하는 일을 하고 싶어 하지만 현실에서는 그렇게 쉽지 않은데 가끔 어떤 사람은 보수도 좋고 편한 직장을 포기하고 자기가 좋아하는 일을 선택하기도 한다.

업무에 필요한 지식이나 기술을 배운다 처음 직장에서 일을 시작할 때는 업무상 필요한 지식이 무엇인지 잘 알지 못한다. 학교에서 배우는 지식 자체가 실제 업무에 직접 적용하기 어려운 경우도 많고 아예 전공과 다른 직업을 선택할 수도 있다. 따라서 업무에서 필요한 기술이나 지식을 빨리 배우고 숙달시키면 업무의 효율도 높아지고 긴장도 줄어들어 일에 흥미가 생기게 된다.

자기 나름대로 긴장을 해소하는 방법을 배운다 직장에서는 다양한 이유로 긴장을 느끼게 되는데 생소한 업무로 인해 생길 수도 있고, 업무에 주어진 시간이 촉박하여 생길 수도 있다. 이유가 어떻든지 긴장을 느끼게 되면 사소한 일에도 민감하게 반응하도록 하여 업무뿐 아니라 동료나 상사와의 원만한 관계를 방해한다. 또한 긴장은 많은 에너지를 소모하게 하므로 피로감을 많이 느끼고 무기력해지기 쉽다. 따라서 긴장을 느꼈을 때 그것을 푸는 자신만의 방법을 익혀놓는 것이 매우 중요하다. 예를 들어, 직장동료와 산책하면서 대화하거나 운동을 하면서 땀을 흘리는 것도 좋은 방법이다.

원만한 인간관계를 유지하는 기술을 배운다 직장에서 업무를 잘 수행하기 위해서는 인간관계를 잘 유지하는 것이 필요하다. 직장이라는 상황에서 만나는 사람들과 친밀한 관계를 맺을 수 있으면 좋겠지만 부하, 동료, 상사라는 수직구조에 적절하게 대응하는 것으로 충분하다. 직장에서는 업무에 대한 의견이 다를 수 있기 때문에 자신의 의사를 정확하게 전달하는 것이 매우 중요하다.

첫째, 자신의 의견을 긍정적으로 표현한다. 동료의 의견에 무엇이 잘못되었는지 지적하기보다 어떻게 하는 것이 더 바람직한지를 말하는 것이 더 좋은 인상을 남긴다. 둘째, 자신의 감정을 정확하게 표현한다. 직장생활을 하다 보면 기분이 나빠도 참아야 하고 싫어도 해야 하는 경우가 있다. 그러나 이렇게 자꾸 자신의 감정을 억제하다 보면 상대방의 행동이 변화되지 않기 때문에 상황이 더 악화될 뿐 아니라 상대방에 대해 적대감을 갖게 되어 결국에는 인간관계가 나빠지게 된다. 셋째, 상사에게 "아니오"라고 거절할 수 있어야 한다. 상사들은 반대의견을 싫어하지만 대부분의 사람들은 인간적인 면을 가지고 있으며, 적절한 방법으로 반대를 하면 수용될 가능성이 높다. 자신의 주장이 수용되든 안 되든 주장을 했다는 사실만으로도 자긍심을 높여준다. 넷째, 다른 사람들도 감정을 가지고 있음을 인식한다. 사람은 나름대로의 감정과 생각을 가지고 있으며 서로 다른 경험이나 상황에 처해 있기 때문에 자신이 기대한 반응이 일어나지 않을 수 있다.

조직문화에 잘 적응한다 직장에서 좋은 평가를 받기 위해서는 자신의 업무능력을 인정받아야 하며 보이지 않는 구석에 남아 있으면 안 된다. 따라서 직장에서 누구와 무엇을 어디에서 해야 하는지를 알려고 노력해야 하고 직장 내에 존재하는 편견이나 기대 등을 받아들여야 한다. 그러나 여자에 대한 편견과 같이 자신이 극복하기 어려운 편견에 대해서는 그것과 싸울 수 있어야 한다. 그렇게 하려면 회사를 그만둘 수도 있다는 생각을 가지고 있어야 한다.

3) 직장에서 문제를 해결하는 방법

직장에서는 어떤 결정을 내리거나 문제를 해결해야 하는 상황이 수없이 반복된다. 어떤 경우에는 중요하고 위험을 내포하는 결정을 내려야 하는 경우도 있고, 불확실한 상황에서 신속한 결정을 내려야 하는 경우도 있다. 어떻게 해야 효과적으로 결정을 내릴 수 있을까?

(1) 심리적 함정을 피한다

우리는 어려운 상황에서 합리적으로 생각하거나 결정하기보다 즉흥적이고 비합리적으로 생각하거나 결정하는 경우가 더 많다. 어떤 상황에서 최선의 선택을 하기 위해서는 이러한 심리적 함정에 빠지지 않도록 주의해야 한다. 그렇다면 우리가 빠질 수 있는 심리적 함정에는 어떤 것들이 있을까? 첫째, 사람들은 문제를 부정하거나 회피하고 더 나빠지기 전에 문제가 사라지거나 자연히 해결되기를 기대한다. 둘째, 처음 생각나는 해결책을 무조건 선택하는 경향이 있으며 이 해결책은 보통 최선의 것이 아닌 경우가 더 많다. 따라서 다른 대안들을 생각해내고 여러 대안의 상대적 가치를 평가할 때까지 성급하게 결정을 하지 않는 것이 좋다. 가령, 소풍날 비가 오면 "소풍을 취소해야 한다."는 생각이 먼저 떠오르지만 조금 더 생각해 보면 "실내 놀이공원에 간다." 같은 다양한 해결책을 찾아낼 수 있다. 셋째, 과거의 해결책을 새로운 문제에 계속해서 적용시키는 경향이 있다. 시간이 없거나 문제가 중요할수록 새로운 대안을 찾기보다 과거에 사용했던 해결책을 적용하는 경향을 보인다. 상황이나 인적 구성이 달라져 새로운 대안이 필요할 경우에 이러한 경향은 잘못된 판단을 가져올 가능성이 있다. 넷째, 문제를 논리적으로 결정하지 않고 대표성(representativeness)과 가용성(availability) 같은 휴리스틱(heuristic)에 의존하려고 한다. 가령, 하늘에서 이상한 물체를 보면 다른 설명이 가능한데도 불구하고 UFO로 믿는 경향이 있으며(대표성), 비행기 사고로 인한 사망 가능성을 실제보다 높게 보는 경향이 있다(가용성). 다섯째, 문제를 빨리 해결하려고 문제해결에 중요한 단계를 건너뛰기 쉬운데, 특히 마지막 결정을 내리기 전에 가능한 모든 대안을 고려하지 못한다.

(2) 문제해결의 과정

직장생활을 하다 보면 크고 작은 문제에 직면하게 되는데 그러한 문제를 어떻게 다루느냐에 대해 서로 다른 의견을 보일 수 있다. 그렇다면 문제를 어떻게 다루는 것이 좋을까?

문제를 정의한다 문제에 직면했을 때 문제를 어떻게 정의하는가에 따라 문제해결방법이 달라질 수 있다. 문제를 정의하려면 문제의 원인을 찾아야 하는데 문제의 원인이 밝혀지면 정확하게 문제를 정의할 수 있기 때문에 해결책을 찾아내기가 쉬워진다. 그러나 때로는 문제를 해결하는 과정에서 문제를 새롭게 정의해야 하는 경우도 발생할 수 있다. 가령, 백화점에서 엘리베이터의 속도가 느리다는 고객의 불만을 해소하기 위해 엘리베이터의 속도를 높일 수 있는 방법을 찾아볼 수 있지만 이러한 방법은 안전문제를 야기할 수 있다. 이럴 때 문제를 "어떻게 하면 고객들이 엘리베이터를 기다릴 때 지루해 하지 않도록 할 것인가?"로 다시 정의하면 대형 거울을 설치하여 해결하는 방법 등을 찾을 수 있다.

중요한 사실들을 확인한다 일반적으로 많은 수의 사소한 문제보다 적은 수의 필수적인 것이 문제해결에 더 중요하므로 문제를 해결할 때는 중요한 사실에 초점을 맞춰야 한다. 즉, 문제를 해결할 때 관련이 있는 정보와 관련이 없는 정보를 구분하는 능력은 매우 중요하다.

다양한 대안을 만든다 어떤 결정을 하기 전에 다양한 대안을 생각해 보는 것이 중요한데 사람들은 최소의 대안만을 선택하거나 과거에 성공적이었던 해결책을 선택하는 경향이 있다. 이것을 피하려면 대안을 적어도 세 가지 이상 만들어 보거나 문제에 대해 환상적이고 극단적인 해결책을 상상해 보거나 브레인스토밍을 해보는 것이 좋다.

각 대안들을 평가하여 좋은 대안을 선택한다 가장 좋은 대안을 찾기 위해서는 첫째, 선택에서 자신이 이득과 손실 중 어떤 것을 더 중시하는지 인식하는 것이 좋다. 사람들은 손해를 보는 것보다 이득을 얻는 것을 선호하지만 모험 없이 좋은 결과를 얻기 어렵다. 즉, 사람들은 손해에 직면하면 모험적인 결정을 하는 경향이 있으며 손해를 보상해 줄 아주 작은 기회에 매달린다. 그렇기 때문에 가능성이 없는 도박이나 주식에 빠지게 된다. 둘째, 때로는 문제에 너무 집착하기보다 직관을 따르는 것이 효과적일 수 있다. 셋째, 예기치 못한 사건이 발생할 가능성을 고려하여 대안을 마련하는 것이 좋다. 우리가 어떤 선택을 할 때는 긍정적인 측면만 바라보는 경향이 있지만 부정적인 측면을 찾아내 대비책을 세우는 것이 필요하다.

4) 직장에 대한 만족도를 결정하는 요인

직장에 처음 들어갔을 때는 새로운 환경에 적응하고 인간관계를 맺느라 자신이 진정으로 그 일을 좋아하고 있는지를 반문할 기회가 별로 없다. 그러나 직장생활에 조금 익숙해지고 나면 지금 하는 일에서 얼마나 보람을 느끼고 있는지 그리고 장래성이 있는 일인지를 스스로에게 자문하는 순간이 오게 된다. 그렇다면 직업에 대한 만족도를 결정하는 요인은 무엇인가?

적절한 보수와 승진의 기회가 주어지는가? 보수와 승진의 기회는 직업에 대한 만족도를 결정하는 가장 중요한 요인이다. 그러나 보수 자체의 절대적 수준만이 아니라 자신의 노력에 대해 정당한 대가를 받고 있는지 그리고 다른 동료들과 비교하여 얼마나 많은 보수를 받고 있는지가 더 중요하다.

조직의 목표 설정에 참여할 수 있는가? 인간은 외부에서 지시된 일에 수동적으로 참여할 때보다 자신이 선택한 일을 할 때 더 만족감을 느낀다. 마찬가지로 직장에서도 부서나 팀의 목표를 설정할 때 상사의 지시뿐 아니라 부하직원과의 긴밀한 상호작용이 요구되며 이러한 과정에 참여할 수 있는지가 만족도를 결정한다.

해야 할 일과 분량을 분명히 아는가? 자신이 해야 할 일의 특성이나 양이 분명하게 정의되어 있을 때 직장에 대한 만족도가 높아진다. 작업의 명료성이 높으면 근로자는 자신이 해야 할 일을 어느 정도 예측할 수 있기 때문에 일을 어느 정도 스스로 조절할 수 있고 휴식을 취할 수 있기 때문에 직업에 대한 만족도도 높아진다.

일이 얼마나 가치 있는가? 자신이 맡고 있는 업무가 도전할 가치가 있고 흥미 있고, 성취 가능한 것이라고 생각한다면 지루하고 단조로운 일보다 훨씬 만족을 느낄 것이다. 그러나 이러한 만족감은 일 자체의 특성 때문이라기보다 그것을 근로자가 어떻게 받아들이는지에 달려 있다. 즉, 업무에 대한 만족도는 근로자의 성격이나 가치관 등에 크게 의존하므로 어떤 사람에게는 짜증나는 일이 다른 사람에게는 흥미롭고 해볼 만한 일로 여겨질 수 있다 (Locke, 1976).

6. 직장에서의 갈등

직장에서 발생하는 갈등은 업무에 대한 의견의 차이 때문에 발생할 수도 있고 인간관계 때문에 발생할 수도 있다. 업무를 수행하는 과정에서 나타나는 의견 차이는 조직이 좋은 분위기를 가지고 있을 경우에는 업무수행에 긍정적인 영향을 줄 수 있다. 그러나 역기능적 갈등은 업무수행을 어렵게 하고 직장에 대한 만족도를 떨어뜨리는 문제를 가져온다. 집보다 직장에서 보내는 시간이 늘어나고 있는 추세에 직장에서 발생하는 갈등은 매우 중요한 문제이다.

1) 갈등의 원인

(1) 경쟁상황

수직적 구조를 가지고 있는 직장에서는 직원들 중 일부만 승진할 수 있기 때문에 직장동료는 업무의 협력자인 동시에 승진의 경쟁자이기도 하다. 직장인에게 승진은 일에 대한 보상이기도 하고 자신의 미래를 결정하기 때문에 중요하지만 승진할 수 있는 직위는 제한되어 있기 때문에 소수의 우수한 직원이 승진할 수밖에 없다. 이러한 상황에 처한 직장인은 상사에게 자신의 능력을 증명하기 위해 업무수행 능력을 과시하고 상사와의 개인적인 유대관계를 형성하기 위해 충성경쟁을 하게 되거나 서로의 약점을 찾으려는 시도를 하는 상황으로 이어질 수 있으며 이것이 갈등의 원인이 될 수 있다(Muchinsky, 2009).

(2) 사회적 태만

직장에서 업무수행은 조직 구성원의 협력을 바탕으로 이루어지는데 업무에 충실하지 않은 일부 직원들 때문에 갈등이 생길 수 있다. 사회적 태만은 조직에서 각 구성원의 기여 정도가 객관적으로 평가되기 어려울 경우에 더 심각해질 수 있다. 가령, 줄다리기를 할 때 사람의 수가 증가한 만큼 전체의 힘이 증가하지 않는 경우가 많이 있는데, 줄다리기 자체가 개인의 기여 정도를 평가하기 쉽지 않은 활동이기 때문이다. 사회적 태만에 대해 일부 학자는 개인의 노력이 적절한 시점에서 잘 통합되어야 최대의 힘을 낼 수 있는데 이 통합이 잘 이루어지지 않아서 사회적 태만처럼 보일 수 있다고 주장하기도 한다.

그러나 사회적 태만은 많은 조직에서 발견할 수 있으며 가장 대표적인 경우가 무임승차이다. 즉, 자신은 열심히 하지 않고 다른 사람들의 노력으로 얻어진 결과를 나눠 가지려고 하는 것이다. 가령, 대학시절에 팀 단위로 과제를 받았을 때 다른 친구들은 열심히 준비를 하는데 어떤 친구는 열심히 하지 않고도 똑같은 평가를 받았던 경험이 누구나 있을 것이다. 이렇게 다른 사람의 노력에 무임승차하려는 사람이 조직에 있으면 다른 팀원들도 열심히 하기보다 다른 사람의 노력에 적당히 맞추면서 움직이게 되어 업무의 효율성이 떨어질 수 있다. 이러한 사회적 태만은 직원들 간의 팀워크를 약화시키고, 심할 경우 직원들 간의 갈등을 야기하는 원인이 될 수 있다.

(3) 성격 차이

직장인들을 대상으로 갈등을 겪는 원인을 조사한 결과에 따르면 24.2%가 '성격 차이'로 갈등을 일으킨다고 응답하였다. 누구나 입사 초기에는 상사나 동료에게 예절 바르게 행동하기 때문에 본인의 성격이 드러나지 않지만 적응기간이 지나고 같은 사람들과 오랜 시간 일하다 보면 자연스럽게 자신의 성격이 드러나게 된다. 가령, 성격이 적극적이고 자기주장적인 사람과 같이 일을 하다 보면 의견 충돌이 자주 일어날 수 있고 이러한 문제를 자연스럽게 해결하지 못하면 직장에 대한 만족도가 떨어지게 된다. 한 직장에서 성격문제로 갈등을 겪은 사람은 다른 직장에 가더라도 비슷한 갈등을 겪는 경우가 많기 때문에 스스로 자신을 되돌아보고 조직 구성원들과 어떻게 하면 원만하게 지낼 수 있는지 고민할 필요가 있다.

(4) 파벌문화

직장인들을 대상으로 조사한 결과에 따르면 72.0%가 '사내에 파벌문화가 존재한다'고 응답했고, 86.8%는 파벌문화로 스트레스를 받고 있으며, 75.8%는 사내파벌 때문에 불이익을 당한 적이 있는 것으로 나타났다. 또한 직장인 5명 중 1명이 회사생활을 하면서 '학벌'이나 '지역'으로 인해 소외감을 느낀 적이 있다는 결과가 나왔다. 흔히 '줄을 선다'라고 표현하는 파벌은 우리나라의 폐쇄적 집단주의의 문제점이다. 지연이나 학연 등으로 인해 업무와는 관련 없는 일을 해야 하거나 상사의 눈치를 봐야 하며, 줄을 잘못 섰다가 회사를 그만두게 되는 일이 생기기도 한다. 이렇게 능력이나 업적에 대한 공식적 평가가 아니라 지연이나 학연과 같이 비공식적 평가가 인사에서 중요시되는 직장에서 직장인들은 무기력과 의욕상실을 보이거나 저항을 보일 수 있다.

(5) 상사와 부하직원의 스타일

직장인을 대상으로 한 조사에 따르면 직장상사와의 갈등이나 마찰 빈도를 묻는 질문에 '높은 편이다'가 28.6%, '매우 높다'가 11.9%로 직장인 중 40.5% 정도가 직장상사와 갈등을 겪고 있었다. 상사와 부하직원은 업무수행 방식에 따라 몇 가지 유형으로 구분될 수 있다(White & Lippit, 1968).

상사는 권위형, 민주형, 방임혐으로 구분될 수 있는데 권위형 상사는 과업중심적이며 일방적으로 권한을 행사하고 부하들의 행동을 엄격하게 감독하고 통제하므로 부하직원들이 자신의 의견을 개진할 기회를 갖지 못한다. 민주형 상사는 조직의 모든 구성원들이 의사결정에 참여하도록 하고 자율성을 존중하는 상사로서 인간관계 중심적 특성을 가지고 있다. 방임형 상사는 부하직원들의 자유행동을 극단적으로 허용하고 업무활동에 무관심하거나 자신감이 없어 보이므로 부하직원들이 임의로 결정하고 행동할 가능성이 높다.

한편 부하직원은 추종형, 저항형, 합리형, 분리형으로 구분된다. 추종형 부하직원은 상사의 의견을 존중하고 순종하는 유형으로, 상사와 각별한 친교관계를 형성하려고 노력하는 적극적 추종형과 상사의 지시나 결정에 불만 없이 순종하는 소극적 추종형이 있다. 저항형 부하직원은 상사의 지휘 방식에 불만을 느끼고 반항적인 행동을 나타내는데, 노골적으로 이의를 제기하고 반발하는 적극적 저항형과 간접적인 방법으로 상사의 지시를 잘 따르지 않는 소극적 저항형이 있다. 합리형 부하직원은 상사의 합리적 지시는 적극적으로 수용하지만 불합리한 지시에는 이의를 제기하고 수정을 요구한다. 분리형 부하직원은 상사와 소원한 관계를 맺으며 상사의 지시에 정서적 반응을 보이지 않고 무관심한 태도를 나타낸다.

업무에만 관심을 가지고 부하직원들에게 자신의 의견을 강요하거나 부하를 비인격적으로 대하거나 업무수행에 대한 정당한 평가나 보상을 해주지 않고 특정인을 편애하거나 홀대하는 상사는 부하직원과의 갈등을 초래하기 쉽다. 반면에 지시한 일을 제대로 수행하지 못하고, 상사에게 저항하며 예의가 없는 부하직원은 상사와 갈등을 일으킬 가능성이 높다. 흔히 상사에게 불만을 지닌 부하직원은 직접적으로 불만을 표현하기 어렵기 때문에 업무를 소홀히 하거나 다른 일에서 이의를 제기하는 등 간접적으로 불만을 표현하는 경우가 많다. 상사 역시 부하의 이러한 태도에 불만을 느끼게 되어 더욱 비판적인 행동을 보이게 됨으로써 상사와 부하직원의 관계가 점점 더 악화되는 악순환이 형성될 수 있다.

(6) 조직문화

모든 직장에는 구성원 간의 인간관계에 영향을 미치는 독특한 문화나 분위기가 존재한다. 예를 들어, 어떤 직장은 위계질서가 강하여 상사의 지시에 무조건 복종해야 하고 상사의 지시가 매우 권위적인 경우가 있고, 어떤 직장은 직원 간의 정서적인 유대를 형성하기 위해 자주 회식이나 술자리를 갖고 모든 직원이 이에 참여하기를 강요하는 경우도 있다. 이러한 직장의 분위기가 개인의 성격이나 가치관에 맞지 않으면 적응하기 어려우며 갈등이 생길 수 있다.

2) 갈등의 결과: 집단 따돌림

직장에서 발생하는 갈등은 이와 같이 다양한 원인에 의해 발생하며 당사자의 노력이나 제삼자의 중재에 의해 갈등이 해결되기도 하지만 갈등이 심화되어 집단 따돌림 같은 심각한 문제가 발생하기도 한다. 사람마다 좋아하는 스타일이 있기 때문에 끼리끼리 어울리는 것은 당연하지만 조직 내에서 문제인물로 찍히거나 오해를 받게 되어 따돌림을 받게 되면 직장에 대한 만족도가 떨어지는 것은 물론 이직을 고려할 만큼 심각한 상황이 벌어진다. 물론 집단 따돌림은 갈등만으로 발생하지는 않으며 개인의 성격이나 조직문화도 영향을 미친다. 즉, 다른 사람들에게 따돌림을 받는 사람은 걱정이나 불안이 많고 예민한 내성적인 성격을 가지고 있는 경우가 많으며, 자존감이 낮고 융통성이 떨어지는 경향을 보인다(Brodsky, 1976). 또한 집단 따돌림은 개인에 대한 관심이나 대화가 부족하고, 파벌이 형성되어 있으며, 조직문화가 냉소적이고 비인간적일 때 일어나기 쉽다. 따라서 집단 따돌림은 성격 같은 개인적 요인과 조직문화 같은 상황적 요인이 존재할 때 갈등을 일으키는 사건이 불씨가 되어 나타난다고 할 수 있다.

집단 따돌림에는 업무와 관련하여 협조를 해주지 않거나 부정적으로 평가하는 업무상 따돌림, 함께 대화하거나 식사하는 것을 회피하여 철저히 혼자 생활하도록 만드는 사회적 고립, 악의적 유언비어를 퍼뜨리거나 모욕적인 말들로 사생활을 공격하는 사생활 공격 등이 있다. 직장에서 일어나는 집단 따돌림은 반복적으로 일어나고 조직적으로 이루어지기 때문에 개인에게 심각한 정신적 피해를 줄 수 있다. 집단 따돌림을 받는 사람은 좌절감과 스트레스로 무력감을 느끼고 자기존중감과 생산성의 저하를 보여 결국 직장을 떠나게 되며, 심한 경우 적개심이나 피해의식, 사회적 접촉 기피 등의 심리적인 증상을 보일 수도 있다.

3) 갈등의 해결을 위한 대화법

직장에서는 과도한 업무나 사소한 문제로 인해 직장동료나 상사와 갈등을 겪을 수 있다. 갈등상황에서는 누구나 평소에 자신에게 익숙한 해결방법을 선호하게 되므로 어떤 사람은 자신의 주장을 끝까지 관철하려고 하고, 어떤 사람은 당황해서 상대방의 주장에 동의해 주고, 어떤 사람은 대화로 해결하려고 한다. 이렇게 사람마다 갈등을 해결하는 방식은 다르지만 결국에는 갈등은 대화를 통해 해결될 수밖에 없다. 그렇다면 어떻게 해야 서로 마음을 상하지 않고 갈등을 해결할 수 있을까?

진실을 밝히려는 강박관념에서 벗어나라 대화를 지배하고 있는 것은 "나는 옳고 당신은 틀렸다."는 전제이며 이것이 수많은 문제의 원인이 된다. 대화의 초점이 자신이 옳다는 사실을 밝히려는 것보다 상대방의 생각이 나와 어떻게 다른지를 밝히는 노력으로 바뀌어야 한다.

자신이 상대방 의도를 알고 있다고 추측하지 말라 다른 사람에 대한 우리의 생각이 아무리 옳은 것으로 보일지라도 그것은 완전하지 않은 것이다. 사람은 누군가의 행동에 의해 상처를 받으면 우리는 상대방이 일부러 그랬다고 추측하고 나쁜 의도를 가진 것으로 생각한다. 이러한 잘못을 피하려면 상대방의 의도에 대한 자신의 생각은 단지 하나의 가설일 뿐이라고 생각해야 하고 상대방에게 직접 물어보는 자세가 필요하다.

비난하는 습관을 버리고 갈등의 원인을 찾아라 우리는 갈등이 발생하면 그것이 누구의 탓인가를 따져 비난하는 데만 관심을 두게 되며 이것이 대화를 어렵게 한다. 사람이 개입된 갈등이 일어났을 때 어느 한 사람이 갈등의 원인을 100% 제공하는 경우보다는 대부분 양쪽 모두에 원인이 있는 경우가 많다. 갈등에 대해 상대방과 자신이 제공하고 있는 원인이 무엇인지 파악하고 자신이 원인을 제공한 부분에 대한 책임을 빨리 인정한다. 스스로 원인을 제공한 부분에 대해 인정한다면 상대방은 원인 제공에 대한 논의를 회피하기 어려울 것이다.

7. 직장과 일, 워라밸의 시대

1) 일과 삶의 균형을 추구하는 세대

1970년대 영국에서 시작된 워라밸(work and life balance)의 개념은 인구정책이나 기업복지의 관점에서 언급되었으나 한국사회에서는 직장생활과 가정생활에 에너지와 시간을 적절하게 배분하는 만족스러운 삶의 방식으로 알려져 있다. 즉, 한국은 고도성장을 단기간에 이루는 과정에서 우리가 왜 사는지 삶의 가치를 되돌아볼 시간적 여유를 갖지 못하였다. 그로 인해 OECD에서 발표한 삶의 지수에서 일과 삶의 균형이 38개국 중 36위를 차지할 정도로 매우 열악한 상황에 처하게 되었다. 즉, 대부분의 시간과 노력을 직장에 적응하고 승진하는 데 사용하고 가정은 잠시 틈을 내어 충전하는 장소로 인식하게 되어 일과 삶의 균형이 깨지게 된 것이다.

이러한 문제는 행복의 지표를 인간관계의 질 같은 정신적 가치관에 두지 않고 돈이나 지위 같은 물질적인 가치에 두고 살아왔기 때문에 나타난 것이라고 할 수 있다. 어느 정도 사회경제적 수준이 향상되면서 물질적 가치보다 정신적 가치의 중요성을 인식하게 되었고 이제는 워라밸을 강조하는 시대가 되었다. 많은 사람들이 삶의 질을 더 중요하게 여기게 되어 개인시간이나 가정생활을 보장해 주는 직장을 선호하는 경향이 증가하고 있다. 이러한 워라밸은 현재의 행복과 그 가치를 추구하는 삶의 방식을 말하는 욜로(YOLO: You only live once)와 다르며 직장인들은 직장과 일을 불가피한 것으로 받아들이고 그 속에서 더 나은 삶의 균형을 추구하고자 한다.

2) 워라밸 세대의 의식과 한계

워라밸을 중시하는 세대는 타인과의 관계보다 자기 삶의 질을 더 우선시하며, 완벽함을 추구하기보다 불완전한 상태를 수용하는 긍정적 태도를 지향한다. 그렇기 때문에 연봉이 적더라도 야근 없이 정시 퇴근이 가능한 기업을 선호하고 업무가 퇴근 후의 개인생활에 지장을 주는 것을 원하지 않는다. 또한 취미나 수집 그리고 여행 등 소소하지만 확실한 행복을 추구하고 집을 장만하거나 장기적으로 투자하는 것보다 지금 당장의 힐링을 선호하는 특성을 보이고 있다.

워라밸은 현재 한국의 새로운 트랜드가 되어 가고 있지만 현실은 꼭 그렇지만은 않다. 즉, 워라밸에 대한 조사에서 한국인은 10명 중 7명이 워라밸을 연봉보다 중시한다는 결과가 나왔지만, 현실에서는 9.5%만이 자신의 현재 상태가 워라밸에 가깝다고 응답하여 워라밸을 추구하고 있지만 현실에서 이루지는 못하는 직장인이 대부분이라는 것을 보여준다. 경기가 좋지 않다 보니 최저임금을 받는 노동자나 일용직 노동자 그리고 자영업자가 크게 늘어나고 있는 상황인데 그들에게 워라밸이라는 개념은 의미 없는 것이고 대부분의 노동자들이 더 오래 일하더라도 더 많은 수입을 얻기를 원한다. 또한 워라밸은 일부 대기업 직장인들에게만 의미 있는 개념이 되고 있고 중소기업에서는 워라밸이 지켜지지 못하는 경우가 대부분이다. 특히, 기업의 규모와 무관하게 회사를 위해 헌신해야 한다고 생각하는 세대가 기업에서 직원들의 인사고과를 평가하는 위치를 차지하고 있기 때문에 워라밸이 확산되기 쉽지 않은 상황이다. 그러나 최근 들어 근무시간이 끝나면 소등하거나 컴퓨터의 전원을 내리는 방법으로 잔업을 하지 못하도록 제한하는 기업이 늘어나고 있기 때문에 워라밸이 점차 보편화되는 추세를 보이고 있다. 그러나 직장의 형태와 무관하게 일과 삶의 균형을 유지하려는 사회적 분위기가 어느 정도 정착되어야 워라밸에 대한 인식도 받아들여질 것으로 보인다.

chapter

12

사이버 공간과 인간관계

Psychology of Human Relationship

Psychology of Human Relationship

chapter 12

사이버 공간과 인간관계

인터넷을 통한 사이버 공간은 현실 세계와 다른 모습으로 우리 삶의 중심에서 있으며 긍정적이든 부정적이든 인간과 사회에 적지 않은 영향을 미치고 있다. 특히, 과학기술의 발전으로 인해 인터넷이나 휴대폰 같은 온라인 매체를 통한 교류가 오프라인 교류에 비해 보편화되면서 인간관계에도 큰 변화가 일어나고 있다. 즉, 인터넷은 단순히 정보만 전달하는 기능을 뛰어넘어 현실 속의 존재를 온라인을 통해 경험할 수 있는 사이버 공간화되고 있으며 스마트폰의 보편화로 인해 이러한 경향은 더 가속되고 있다. 따라서 사이버 공간의 특성을 이해하고 그것이 인간관계에 어떤 영향을 미치는지를 알아야 한다.

1. 사이버 공간과 인간관계

1) 사이버 공간의 의미

사이버 공간은 인터넷 같은 컴퓨터 네트워크에 의해 이루어진 공간을 은유적으로 표현한 것으로, 서로 정보를 공유하면서 집단화되어 있는 네트워크상의 가상세계라고 할 수 있다. 사이버 공간이라는 말이 처음 사용된 것은 윌리엄 깁슨(William Gibbson)이 『뉴로맨서(Neuromancer)』(1984)라는 소설에서 '사이버 스페이스'라는 용어를 사용한 것에 기원하며 가상현실에 기반한 컴퓨터 네트워크를 의미한다. 오늘날 사이버 공간은 더 이상 현실과 분리된 세계가 아니며 온라인 뱅킹이나 쇼핑 등 경제적인 활동뿐 아니라 음악, 영화 그리고 게임을 즐기는 문화적 활동 그리고 사람을 만나고 생각을 교류하는 SNS(social network service) 같은 사회적 활동에 이르기까지 인간의 모든 삶과 연결되어 있다. 그러나 사이버 공간에서 이루어지는 인간관계는 당사자가 굳이 개인정보를 드러낼 필요가 없기 때문에 약한 연계에 기반하고 있으며, 이것은 면대면 상호작용과 사회적 책임 같은 강한 연계에 기반한 현실의 인간관계와 차이를 보인다.

2) 사이버 공간의 특징

사이버 공간은 네트워크에 접속하고자 하는 누구에게나 개방되어 있기 때문에 개인의 욕구나 필요에 따라 언제나 자유롭게 네트워크에 접속하거나 중단할 수 있다. 따라서 사이버 공간의 인간관계는 현실세계와 달리 상호작용을 하는 대상도 고정되어 있지 않고 늘 유동적이기 때문에 만남 자체가 일시적이거나 일회적인 경우가 많다. 그렇다면 사이버 공간은 어떤 특징을 가지고 있을까?

자발적 참여 사이버 공간에서 일어나는 대부분의 인간행동은 행위자의 자발적 참여에 의해 이루어진다. 물론 경품 이벤트 행사에 참여하는 것같이 외적 동기에 의해 일어나는 행위도 있지만 기본적으로 사이버 공간에서는 자신의 필요에 의해 자발적으로 참여한 것이기 때문에 타인이 다른 사람의 행동을 강요할 수 없다. 또한 현실에서의 권력이나 지위에 무관하게 사이버 공간에서는 모든 사람이 동등한 위치를 갖는 수평적인 관계이기 때문에 상호작용을 원하지 않으면 언제든지 그만둘 수 있다.

정보의 공유 사이버 공간에서 만들어진 콘텐츠는 조건 없이 공유되는 경향이 있다. 개방성과 자발적 참여에 기초한 사이버 공간에서는 생산자가 소비자가 될 수 있고 소비자가 생산자가 될 수 있는 관계이다. 물론 스마트폰의 앱과 같이 영리추구를 목적으로 만들어진 콘텐츠도 있지만 우리나라는 사이버 공간에서 특정 콘텐츠를 사유화하거나 그것으로 영리를 취하는 것에 대해 매우 부정적이다.

확산 사이버 공간 자체가 사람들 사이의 네트워크에 기반한 것이기 때문에 사이버 공간에서 만들어진 콘텐츠는 한 사람에게서 다른 사람에게로 확산된다는 특징이 있다. 따라서 정보는 시간이 흐름에 따라 그리고 참여자의 수에 따라 빠른 속도로 확산되어 간다.

3) 디지털 네이티브

미국의 교육학자인 프렌스키(Prensky, 2001)는 디지털 매체의 대중화와 인터넷이라는 가상공간에 친숙한 새로운 세대를 디지털 네이티브(digital native)라고 불렀다. 디지털 네이티브는 텍스트보다 멀티미디어 정보를 선호하고 삶의 전반에 네트워크망이 자리 잡고 있어서 일과 놀이를 별개의 것으로 생각하지 않는 특성을 가진다. 디지털 네이티브인 청소년들은 이렇게 기성세대와 다르게 생각하고 느끼기 때문에 사회를 변화시키는 원동력이 될 수 있지만 사회에 적응하는 데 어려움을 겪을 수도 있다. 디지털 네이티브는 네 가지 특성을 가지고 있다.

첫째, 다양한 일을 동시에 처리한다. TV를 보면서 음악을 듣고 숙제를 하면서 온라인 채팅을 할 수 있는 존재이다. 디지털 네이티브는 TV와 인터넷을 통해 전달되는 엄청난 정보 속에서 성장하였기 때문에 이러한 정보를 처리할 수 있도록 사고나 행동방식이 적응되어 있다. 기성세대는 여러 가지 일을 수행하는 것을 어려워하지만 이들은 여러 과제에 주의를 분산시키고 동시에 처리하는 일에 익숙하다. 둘째, 친구에게 편지를 보내고 느긋하게 답장을 기다리던 기성세대와 달리 휴대폰이나 메신저를 통해 자신이 원할 때 언제나 상대방과 의사소통이 가능한 환경에서 자랐다. 따라서 이들에게 실시간 반응은 당연하다고 할 수 있지만 기성세대에게는 참을성이 부족하다는 느낌을 줄 수 있다. 셋째, 소셜 미디어의 발달로 인해 사소한 일에까지 개인의 의견을 솔직하게 표현할 수 있고 의견을 교환하여 같은 목소리를 내는 것도 가능하게 되었다. 이러한 환경은 겸양을 중시하는 기성세대와 달리 적극적으로 자기주장을 하고 토론을 통해 합의하는 것에 익숙하도록 만들고 있다. 넷째, 노는 것과 일하는 것의 구분은 무의미하며 일 자체가 놀이나 게임처럼 도전적이고 재미있기를 바란다. 지루하고 재미없는 일에 대해서는 흥미를 갖지 않는다.

2. 사이버 공간에서의 인간관계

1) 사이버 공간에서의 교류가 현실세계에 미치는 영향

사이버 공간에서의 교류가 현실세계에서 이루어지는 다양한 사회생활에 불가피하게 영향을 미치게 되면서 그 영향에 대한 관심이 증가하게 되었다. 사이버 공간에서의 교류가 현실세계의 인간관계에 어떤 영향을 미치는지에 대한 두 가지 입장이 있다.

한 가지 입장은 사이버 공간에서의 교류가 현실에서 사회적 기능을 촉진시킬 것이라는 견해이다. 즉, 사이버 공간에서 활동을 많이 할수록 현실에서의 사회활동이 더 활발하게 변화될 것이라고 보는 것이다(이현우, 1998). 그에 비해 사이버 공간에서의 교류가 현실에서의 사회적 기능을 저해할 것이라는 견해도 있다. 인터넷을 많이 사용할수록 가족 간의 의사소통 시간이 줄고, 접촉하는 사람의 수가 줄어들었다는 결과(Kraut, Lundmark, Patterson, Kiesler, Mukhopadhyay, & Scherlis, 1998)나 현실에서의 대인관계가 만족스럽지 못할 때 사이버 공간에서의 대인관계를 모색한다는 결과(배진한, 1995)는 이러한 견해를 지지한다. 물론 사이버 공간에서의 교류가 현실세계에서의 인간관계에 미치는 영향은 사이버 공간 자체의 특성만이 아니라 사용자의 성격이나 상황적 요인에도 의존하기 때문에 분명하게 결론을 내리기는 어렵다.

2) 사이버 공간의 만남을 더 편안하게 생각하는 이유

사람들이 일반적으로 인터넷을 통한 만남을 현실세계의 만남보다 편안하게 생각함에 따라 사용자 수가 증가하고 있는 추세를 보이고 있다. 그렇다면 사이버 공간의 어떤 특성 때문에 이러한 현상이 나타나게 되었는지 알아보자.

익명성 사이버 공간에서의 교류는 면대면(face to face)이 아니라 문자나 그림으로 된 메시지의 교환을 통해 이루어지며, 상호작용하는 당사자들이 서로 개인적인 정보를 쉽게 공개하지 않기 때문에 사람들은 익명성을 느낀다. 현실세계에서는 자신의 외모나 사회적 지위 등을 감추는 것이 사실상 어렵지만 사이버 공간에서는 어떻게 자신을 표현하느냐에 따라 새로운 정체감을 만들어낼 수 있기 때문에 실제 자신의 모습은 중요하지 않게 된다. 의사소통에서 익명성은 자유로운 대화를 촉진시키고, 평등한 분위기를 조성하며, 솔직한 의견이 교환되도록 만드는 경향이 있다. 얼굴을 마주하는 현실세계에서는 상대방을 함부로 대할 수 없지만 익명성이 보장되는 사이버 공간에서는 의사소통 당사자들이 서로 모르는 상태에서 만나기 때문에 사회적 관습이나 정체성에서 벗어나 일탈행동을 하기 쉽다(홍성태, 2003). 특히, 사이버 공간에서는 상대방을 언어적으로 공격하더라도 물리적 보복이 쉽게 이루어지기 어렵기 때문에 자신의 모습을 숨긴 채 마음 놓고 상대방을 공격할 가능성이 있다.

즉시성 사이버 공간에서 이루어지는 교류는 디지털 기기를 매개로 하기 때문에 바로 앞에 있는 것처럼 친근하게 대화를 나눌 수도 있지만 자신이 원하지 않으면 언제라도 즉시 대화를 중단할 수 있다. 현실세계에서 인간관계를 유지하는 것은 많은 노력과 시간이 필요한 과정이지만 사이버 공간에서의 만남은 가벼운 인사 정도만 나누고 바로 자신이 하고 싶은 이야기를 해도 무방하고 마음이 안 맞으면 바로 교류를 중단해도 아무런 부담이 없다. 이렇게 개인의 필요에 따라 자유롭게 시작하고 중단할 수 있기 때문에 상호작용하는 대상이 고정적이지 않고 인적 네트워크의 범위 자체가 유동적이고 모호하다(송경재, 2010).

공동체 형성 사이버 공간에서의 사람들의 교류는 '공동체'를 중심으로 이루어진다고 해도 과언이 아니다. 사이버 공간의 인간관계는 서로 공유된 의미체계 속에서 만들어지는 즉각적인 관계이기 때문에 사람들은 상대방을 더 가깝게 느끼고 서로 생각을 공유하고 있다고 생각하게 된다. 현실 공간에서 같은 관심사를 가진 사람들과 모이기 위해서는 많은 시간과 노력을 들여야 한다. 왜냐하면 처음 만났을 때는 누구나 자기 생각이나 감정을 드러내지 않기 때문에 상대방을 알기 위해서는 오랜 시간의 교류가 필요하기 때문이다.

그에 비해 사이버 공간에서는 자신의 욕구를 중심으로 모임이 형성되는 경향이 있기 때문에 같은 욕구를 가진 사람들을 찾기 어렵지 않다. 가령, 인터넷 동호회에 가입하거나 자기 스스로 모임을 만들어 동호인들을 모집할 수 있다. 동호회에 참여하는 사람들에게 중요한 것은 현실에서 내가 누구인지, 어떤 모습을 하고 있는지가 아니라 그들이 공유하고 있는 주제나 관심사이다. 자신이 관심을 가진 분야에 대해 이야기를 하고, 같은 생각을 가진 사람들의 지지를 받을 수 있는 곳이 사이버 공간이다.

공동체는 그것에 소속하고자 하는 욕구에 따라 거래 공동체, 관심사 공동체, 환상 공동체, 관계 공동체 등 네 가지의 공동체로 구분될 수 있다(Hagel & Armstrong, 1996). 거래 공동체의 경우 재화나 서비스의 구매와 판매를 위한 것으로 이러한 거래와 관련된 정보를 공유하는 공동체이다. 관심사 공동체는 참여자들이 취미나 전문분야 등 특정한 주제에 대한 광범위한 상호작용을 중심으로 이루어지는데 이들은 해당 주제에 대한 전문지식을 가지고 있다. 참여자들 간에는 거래 공동체보다 더 긴밀한 대인간 의사소통이 이루어진다. 환상 공동체는 새로운 환경이나 이야기를 창조하는 공동체로 게임이나 엔터테인먼트 등 가상적 체험과 관련된 욕구에 의해 형성된 공동체이다.

이들은 새로운 시도나 이야기를 만들고 그것을 공유하는 오락적 목적에 초점을 두고 있다. 관계 공동체는 매우 강하고 깊은 연대의식을 바탕으로 의미있는 인간관계를 형성하고자 하는 욕구로 만들어진 공동체이다. 이들은 경험의 공유와 상대방에 대한 정서적 지지를 바탕으로 오프라인 못지않은 인격적 관계를 추구한다.

수평적인 관계 사이버 공간에는 개인의 사회적 지위나 권력 등을 나타내는 사회적 지표가 중요하게 여겨지지 않으므로 메시지를 보낸 사람보다 메시지 자체에 주의를 기울이고 의미를 부여하게 된다. 사이버 공간에서 이루어지는 인간관계는 주로 메시지의 내용에 의존하기 때문에 특정분야에 대한 지식을 온라인 콘텐츠로 가공할 수 있는 능력을 가진 사람들의 영향력이 커지고 있다. 가령, 파워 블로거(power bloger)라고 하는 사람들은 특정분야에 대한 정보를 제공하는 블로그(blog)를 운영하면서 블로그에 있는 글을 읽는 사람들에게 많은 영향력을 행사하고 있다. 물론 페이스북이나 트위터에서 사회적으로 영향력 있는 사람이 많은 추종자(follower)를 거느리고 있는 것도 볼 수 있다. 가령, 베스트셀러 작가나 종교인 또는 정치인이 자신의 글을 좋아하는 사람들을 추종자로 거느리는 사례가 있다. 그렇지만 이러한 관계도 사회적 지위나 영향력 때문이라기보다 그들의 글 때문이라고 볼 수 있으며 현실 세계와 달리 그러한 관계는 현실의 삶과 괴리되어 있기 때문에 쉽게 중단될 수 있다. 특히, 상대방을 직접 대면하지 않은 가운데 주로 문자를 통해 의사소통이 이루어지기 때문에 메시지가 비인격화하고 자기주장이 강해지기 쉽다. 따라서 사이버 공간에서는 상대방의 인격과 권리를 무시하는 방식의 소통 행위가 쉽게 일어날 수 있다.

사이버 공간에서의 활동이 생활화된 현대인에게 사이버 공간과 현실세계의 구분은 의미가 없어지고 있으며 현실세계의 인간관계를 기반으로 사이버 공동체가 형성되기도 하고, 사이버 공간에서 시작된 인간관계가 현실의 인간관계로 발전되기도 한다(김재휘·송미란, 2008).

3. 사이버 공간에서의 교류현상

사이버 공간에서의 인간관계는 익명성이나 즉시성 등 현실세계와 다른 특성을 가지고 있기 때문에 인간관계가 형성되고 유지되는 방식도 조금 다를 수 있다. 그러나 사이버 공간에서의 인간관계도 인간관계의 교류방식에 기초를 두고 있기 때문에 현실세계와 유사한 특성도 많이 가지고 있다. 이 절에서는 사이버 공간에서의 인간관계가 현실 세계와 어떤 점에서 유사하고 어떤 점에서 다른지 살펴본다.

정체성 사이버 공간은 현실의 자기와 어느 정도 괴리되어 있기 때문에 자기 정체성이 불안정해지기 쉽다. 사이버 공간은 새로운 자기의 모습을 탐색할 수 있는 실험장소이며 현실의 자기 모습을 드러내지 않으면서 이루어지는 사이버 공간의 사회적 경험은 화면 속에서 표현되는 나와 그것에 반응하는 다양한 사람들과의 상호작용의 결과이다. 이러한 상황에서 사람들은 가상의 역할에 어울리는 이미지를 의도적으로 만들어내기도 하는데 이러한 경향은 사이버 공간이 가지고 있는 익명성으로 인해 더 강화된다. 이러한 정체성 실험에 대해 자기를 파편화시킨다는 지적도 있지만(Poster, 1990) 가상공간에서 해 본 역할을 현실에서 수행해 보면서 자신의 다양한 측면을 발견할 수 있다는 긍정적인 면도 있다(Turkle, 1995). 사람들은 이처럼 사이버 공간에서 의사소통을 통해 자신을 다차원적으로 표현하며 복합적인 정체성을 만들어낸다. 현실세계에서 이러한 모습은 다중인격장애로 보일 수 있지만 사이버 공간에서는 각 정체성이 자신의 서로 다른 모습으로 인정된다(황상민 · 양진영, 2002).

인상 관리 인상 형성에 대한 이론에 따르면 사람은 누구나 타인에게 좋은 인상을 주려고 하며, 사람들은 매우 적은 단서로도 놀라울 정도로 빨리 상대방에 대한 인상을 형성한다. 사이버 공간에서는 다른 사람들에게 자신의 실체를 드러내지 않기 때문에 오히려 현실세계보다 인상 관리 동기가 더 클 수 있다. 가령, 다른 사람의 의견을 존중하고 지지하는 행동, 욕설이나 인신공격을 하지 않는 행동, 타인의 도움 요청에 응해주는 행동 등으로 자신의 인상을 긍정적으로 관리할 수 있다. 그러나 사이버 공간에서의 만남에서는 면대면 만남보다 이해나 동의를 나타내는 표현이나 긴장을 풀어주는 우호적인 표현을 더 적게 쓰는 경향을 보인다(Hiltz & Turoff, 1978). 이것은 왜 사이버 공간에서의 만남이 현실보다 상대방을 더 삭막하게 느껴지는지를 설명해 준다.

또한 사이버 공간에서는 상대방에 대한 정보가 매우 제한되어 있기 때문에 작은 단서로도 인상이 많이 바뀔 수 있다. 그렇기 때문에 사이버 공간에서 상대방으로부터 좋은 인상을 얻기 위해서 따뜻한 느낌을 주는 시도를 하게 되는데 대표적인 것이 이모티콘(emoticon)의 사용이다. 이모티콘을 통해 상대방에게 정서적인 느낌을 전달하여 호의적인 반응을 얻고자 한다. 또한 사람들은 자신의 아이디(identification)나 아바타(avatar: 힌두어로 '분신'이란 뜻이지만 사이버 공간에서는 자신을 나타내는 캐릭터)에 집착하는 경우가 많은데 그것은 자신이 원하는 모습을 드러내는 가장 손쉽고도 눈에 띄는 방법이기 때문이다.

자기개방 현실세계에서는 타인과 친밀해지기 위해 필요한 자기개방을 주저하는 경향을 보이지만 사이버 공간에서는 자신이 쓴 글이나 게시한 사진을 다른 사람들이 보게 될 것을 알고 있음에도 불구하고 자신을 더 적극적으로 개방하려는 경향이 있다(Wallace, 2001). 그 이유는 현실에서는 그러한 개인적인 정보의 노출에 의해 피해를 당하거나 난처한 상황에 빠질 수 있지만 사이버 공간에서는 그러한 위험에 대한 부담이 적다고 느낄 뿐 아니라 자기개방을 할 때 개방 대상의 존재감이 약하기 때문이다. 즉, 사이버 공간에서는 평가에 대한 불안이 적고, 상처를 받지 않을 거라는 느낌을 가지며, 다른 사람에게 잘 보여야 한다는 부담을 덜 갖기 때문에 자기개방을 쉽게 한다(임평규, 2001). 특히, 사이버 공간은 적극적이고 외향적인 사람보다 소극적이고 내향적인 사람에게 더 편하게 느껴질 가능성이 있는데 이것은 익명성이 직접 대면함으로써 생기는 부담을 줄여주기 때문이며(황상민 · 한규석, 1999), 그로 인해 자기개방에서 외향적인 사람과 내향적인 사람 간의 차이가 그다지 나타나지 않는다. 그러나 이런 생각과 달리 지나친 자기개방은 과도한 비난과 공격으로 이어지기 쉽고, 이로 인해 마음에 상처를 받거나 심하면 자살시도를 하는 경우도 발생한다.

동류현상 대인매력에 대한 이론에 따르면 사람은 사회적 배경이나 성격 또는 태도에서 자신과 비슷한 특성을 가지고 있는 사람들을 더 선호하는데 이것은 자신과 유사한 것이나 동질적인 것에 대해 친숙함이나 친밀감을 느끼기 때문이다. 물론 이질적인 대상에 대해 호기심이나 주의를 기울이기는 하지만 불편함이나 심리적 거리감을 느끼기 때문에 쉽게 접근하지 못한다. 불특정 다수와 교류를 하게 되고 상호작용하는 상대의 실체를 정확하게 모르는 사이버 공간에서도 자신과 유사하거나 동질적인 특성을 가진 대상과의 교류를 선호하는 경향이 있다.

동조현상 사이버 공간에서의 인간관계는 불특정 다수와 이루어지며 개인의 관점에서 온라인 네트워크에 존재하는 무수한 타인은 하나의 집단이나 조직처럼 지각될 수 있다. 어떤 판단을 내리기 어려운 상황에서 사람들은 다른 사람과 유사한 판단을 내리는 경향을 보이는데 이것은 자신의 판단이 정확한 것이라고 평가받고자 하는 동기 때문이다. 즉, 사람은 자신의 판단과 주변에 있는 다른 사람들의 판단을 비교하여 다르지 않다는 것을 알았을 때 자신의 판단에 대한 확신을 갖는다. 게다가 다수의 의견은 개인의 행동에 동조의 압력을 가할 수 있으며(Asch, 1955) 현실세계보다 그 압력은 크게 느껴지지 않을 수 있지만 사이버 공간에서도 다수의 의견이 개인의 의견에 영향력을 행사할 수 있다.

이렇게 사이버 공간에서 이루어지는 인간관계는 현실세계와 비슷한 특성을 많이 가지고 있다. 그러나 사이버 공간은 익명성을 기초로 하기 때문에 현실세계와 가장 큰 차이를 보이는 부분이 특정대상에 대한 몰입수준이다. 현실세계에서는 누군가와 친하게 지내게 되면 그 관계에 대한 몰입이 증가하기 때문에 관계를 유지하려는 강력한 동기가 발생하여 상대방의 의견에 동조하려는 경향이 나타난다(Sassenberg & Postmes, 2002). 그러나 사이버 공간의 경우 잘 모르는 사람들과 상호작용하는 것이기 때문에 현실세계보다 몰입수준이 약하다.

4. SNS를 통한 새로운 인간관계

1) SNS의 의미

SNS(social network service)는 사회적 관계의 개념을 인터넷에 적용한 것으로 개인 대 개인 간의 관계 맺기를 통해 네트워크를 형성하도록 돕는 서비스라고 할 수 있다. 〈그림 12-1〉과 같이 다양한 SNS 서비스가 존재하지만 가장 대표적인 것은 페이스북(Facebook)이다. 페이스북은 2004년에 하버드대학의 학생이었던 주커버그(Zuckerberg)가 사진이나 동영상, 음악 등 다양한 콘텐츠를 배포하고 공유하기 위해 개설한 학내 콘텐츠 공유 사이트이었지만 상용화되면서 가입자가 5억 명을 돌파할 정도로 폭발적인 인기를 누리게 되었다.

SNS는 넓은 의미로는 인간관계를 형성하는 온라인 커뮤니티(OC)와 유사해 보이지만 온라인 커뮤니티가 한 사이트에서 공통의 관심사를 가진 사람들끼리 모여 움직이는 데 비해 SNS는 개인을 중심으로 개인 간의 연결된 관계가 누적되어 더 큰 네트워크를 형성한다는 점에서 차이를 보인다. 또한 인간의 사회적 활동에 기반을 두고 있기 때문에 서비스에 대한 충성도가 매우 높으며 이러한 인간의 행동이 문화를 이루고 있다는 특징을 보인다. 또한 SNS는 새로운 인간관계를 촉진하고 잊고 있던 인간관계를 복원하며 기존의 인간관계를 친밀하게 하는 역할을 하기도 한다.

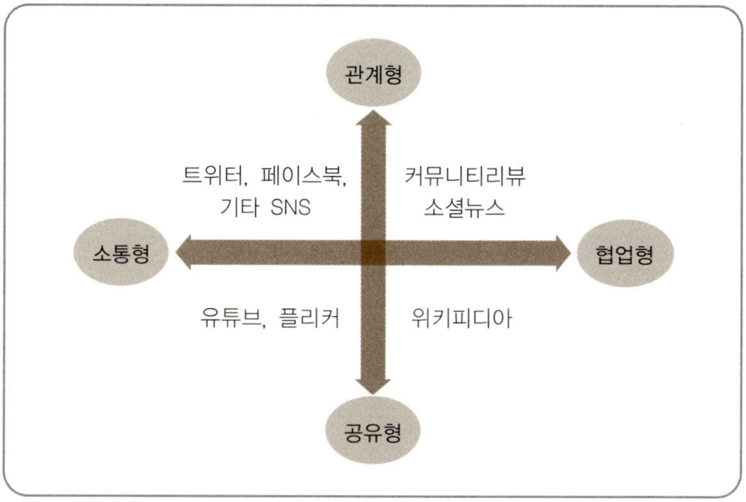

그림 12-1. SNS의 유형

그러나 SNS 이용이 증가하면서 새로운 문제가 발생하고 있다. SNS에서 사회적 관계는 개인이 만들어내는 사진이나 글 같은 정보에 의해 유지되는데, 그러한 정보가 SNS를 통해 확산되는 과정에서 왜곡되기 쉽다는 것이다.

닐센(Nielsen)의 1 : 9 : 90법칙에 따르면 인터넷에서 콘텐츠를 생산하는 사람은 1%의 사람이고 9%의 사람은 생산된 콘텐츠를 가공하거나 댓글로 반응하고 나머지 90%의 사람은 그저 관찰하고 전달한다고 한다. 이렇게 본다면 1%의 사람이 잘못된 정보를 유포하면 대다수의 사람들은 비판 없이 받아들일 수 있다는 것이다. 이렇게 되면 SNS에서의 사소한 '장난'이 어떤 사람에게는 심각한 언어폭력이 될 수도 있음을 의미한다.

어찌 되었든 SNS를 이용하여 사람들은 어렵게만 느껴지던 직장 상사와도 일상적인 얘기를 나누고 만나보지도 못한 정치인, 스포츠스타, 연예인 등 유명인사들의 일면을 쉽게 엿보고 있다. 이렇게 보면 SNS가 새로운 인간관계의 형성을 촉진하고 새로운 매체로 자리 잡아 가고 있는 것처럼 보인다.

2) SNS로 인한 의사소통 패러다임의 변화

일반적인 의사소통은 송신자가 자신의 생각이나 감정을 수신자에게 전달하는 것이다. 그렇다면 SNS는 이러한 의사소통 과정에 어떤 변화를 가져온 것일까? SNS 이전에는 사용자가 자신의 생각이나 감정을 인터넷 게시판에 글로 표현하여 의사소통을 시도하는 것이 보편적인 방식이었으며 이러한 일방적인 의사소통방식은 한계가 있었다. 그러나 SNS가 보편화되면서 의사소통 패러다임에 변화가 생기기 시작했다.

상호적 의사소통 SNS에서는 글을 게시하는 것으로 그치는 것이 아니라 댓글을 통해 독자가 글쓴이에게 피드백을 하게 되어 상호적 의사소통이 가능하게 되었다. 글쓴이가 댓글이 달릴 것이라 예상을 하고 글을 올리면 불특정 다수의 사람들이 글에 답을 하고 그것에 글쓴이가 다시 댓글을 다는 과정을 통해 새로운 방식의 의사소통방식이 성립하게 되었다. 특히, 스마트폰이 보편화되면서 장소에 구애받지 않고 SNS에 접속하게 되었고 거의 실시간으로 대화가 이루어지게 되었다.

인적 네트워크의 확장 페이스북 같은 SNS에서는 친구를 연결하면 두 사람의 인적 네트워크가 결합되기 때문에 알고 있는 사람만이 아니라 그 사람과 연결되어 있는 사람들에게도 글이 전달되어 오프라인에서 마주 대면하여 대화하는 의사소통방식이 더 확장되었다. 이렇게 SNS에서는 두 사람이 친구가 되면 두 사람이 전에 가지고 있던 인적 네트워크가 결합되어 자신이 인지하지 못하는 사이에 인적 네트워크가 확장되는 속성을 가지고 있다.

정보의 신뢰성 인터넷 정보의 가장 큰 문제는 정보의 신뢰성이 보장되지 않는다는 점이었다. 근거가 분명하지 않은 다양한 정보가 인터넷에 떠돌기 때문에 어떤 정보가 정확한 것인지 판단하기 어려웠지만 SNS에서는 정보를 제공하는 사람의 신원이 분명하고 평상시 댓글이나 게시글로부터 정보의 신뢰성을 판단할 수 있기 때문에 비교적 믿을만한 정보를 얻을 수 있다.

3) SNS가 인간관계에 미칠 부정적 영향

SNS는 자신의 생각과 감정을 공유하고 싶어하는 많은 사람들에게 기회를 제공하는 인간관계의 새로운 매체로 기능하고 있다. 그러나 SNS가 보편화되면서 새로운 문제들이 생기고 있다.

가공의 친밀감 SNS를 하게 되면 느끼는 것은 전에는 생각하지도 못했던 사람들과 친밀한 관계를 맺을 수 있다는 점이다. 즉, SNS를 이용하면서 현실세계에서는 대화를 나누기 어려운 연예인이나 유명인사와 일대일로 소통하고 그 사람의 개인적인 면을 보게 되면서 가공의 친밀감을 갖게 될 수 있다. 이를 '디지털 스킨십'이라고 부르는데 SNS에서 친구로 지내다 보면 뭔가 특별한 관계가 형성됐다고 생각하지만 실제로는 피상적인 관계일 뿐이다. 이러한 피상적인 관계에 집착하게 되면 상대적 비교로 인한 박탈감이나 고립감을 느낄 수 있다.

공개되는 비밀 SNS의 하나인 페이스북에서는 자신의 신상정보가 공개되고 친구로 등록되면 공개하기 싫은 사람에게도 자신의 글이 전달되는 문제를 가지고 있다. 예를 들어, 부하직원이 페이스북에 별 생각 없이 "요즘 일이 많아 힘들다."는 푸념 섞인 글을 올렸는데 친구로 등록했던 상사가 "뭐가 힘든지 내게 말해보라."고 물어본다는 이야기도 있다. 이렇게 불특정 대상을 상대로 자신의 글을 올릴 수 있어 솔직한 감정을 표현할 수 있는 인터넷의 장점이 SNS에서는 지켜지지 못하고 있다. 그래서 페이스북 ID를 복수로 만들어 놓고 공적 SNS와 사적 SNS를 별도로 운영하는 '이중생활'을 하는 사람도 생기고 있다. 또한 SNS의 흔적을 지우는 스마트폰 애플리케이션이 나오고 있을 정도다.

박탈감과 소외감 SNS의 발달에 의해 인간관계가 좋아져서 더 행복하고 윤택한 삶을 즐겨야 하지만 점점 사회로부터, 기기로부터, 그리고 자신으로부터 소외되어 가고 있다는 느낌을 받는 경우가 많다. 우리는 타인과의 비교를 통해 자신의 정체감과 자존감을 설정하는데, 페이스북에는 많은 사람들이 자신의 일상적이지 않은 삶의 부분을 드러내려고 노력한다. 사람은 누구나 자신의 삶을 자기보다 나은 사람과 비교하는 상향비교 경향을 보인다. 때문에 이러한 과정에서 상대적 박탈감이나 소외감을 느낄 수 있다. 또한 SNS에 익숙하지 못한 기성세대는 SNS를 통해 이루어지는 교류에서 배제되었을 때 소외감을 느끼며, SNS에서 자신의 메시지에 댓글이 조금만 늦게 올라와도 불안을 느끼는 청소년도 늘어가고 있다.

5. 사이버 공간에서 이루어지는 인간관계의 문제

오늘날 유용한 정보나 학습 자료는 대부분 인터넷을 통해 얻을 수 있으며, 앞으로 인터넷을 모르면 은행을 이용하거나 쇼핑을 하는 것조차 어려워질 수 있다. 그러나 이러한 인터넷의 중요성에도 불구하고 인간관계에서는 인터넷으로 인한 문제들이 심각해지고 있다.

1) 익명성으로 인한 공격 성향

사이버 공간에서의 인간관계는 낯선 사람들과 다양한 관심사를 공유하고 지지적인 피드백을 주고받음으로써 인간관계의 폭을 넓히고 친밀한 교류를 가능하게 해주는 긍정적인 측면도 있다. 그러나 사이버 공간에서의 인간관계가 긍정적 결과만 가져온 것은 아니며 부정적 결과도 가져오게 되었는데 대표적인 것이 바로 익명성으로 인한 공격성이다. 대표적인 사례로 안티문화를 들 수 있다. 익명으로 연예인이나 정치인 등 공인의 행동이나 모습에 대해 부정적인 댓글을 올리거나 잘못된 정보에 근거하여 악의적인 내용을 홈페이지나 블로그에 올리는 것을 말한다. 실제로 부정적인 댓글로 인해 자살을 하거나 정신적 충격을 받아 정신과 치료를 받는 연예인도 생기고 있으며, 공인이 아니더라도 개인의 페이스북 등에 집단으로 욕을 하고 비난을 함으로써 온라인 왕따를 시키는 현상도 나타나고 있다.

이렇게 익명성과 개방성을 악용해 상대방에게 인신공격을 하거나 욕을 하는 행위를 '플레이밍(flaming)' 현상이라고 부른다. 이러한 현상은 왜 나타나는 것일까? 자신의 존재를 타인에게 알리고자 하는 욕구와 자신의 행동에 대한 타인의 반응을 확인하고자 하는 욕구가 좌절되면 그것으로 인해 발생한 분노를 악의적 비난이나 댓글로 표현할 수 있다. 물론, 사이버 공간도 사회적 공간이기 때문에 의견차이나 갈등이 발생할 수 있지만 그 결과는 현실세계와 다를 수 있다. 현실에서는 상대방과의 협상을 통해 의견 차이나 갈등을 줄이려고 노력할 가능성이 더 높지만 사이버 공간에서는 익명성으로 인해 상대방을 설득하려고 노력하기보다 비난을 선택하기 쉽다. 사이버 공간에서 사람들은 자신의 신분이 노출되지 않고 자신의 행동에 대한 개인적 책임을 피할 수 있다고 생각하여 평소에는 사회적 책임 때문에 하지 못했던 심한 욕설이나 악의적인 댓글을 더 쉽게 표현하게 된다.

2) 현실적 인간관계의 단절

'폐인'이라는 말은 심각한 병으로 인해 몸이 망가진 사람이라는 뜻으로 사용되는 말이지만 언젠가부터 자신만의 공간에서 인터넷을 통해 원하는 모든 것을 얻으려고 하는 사람을 지칭하는 의미로도 사용되고 있다. 외로움과 공허감에 시달리는 현대인에게 자신과 타인 간의 경계가 얇아지는 사이버 공간에서의 인간관계는 현실세계의 인간관계에서 느끼는 외로움과 공허감을 보상해줄 수 있을 것처럼 보일 수 있다. 즉, 공통 관심사를 공유하는 네티즌들은 강력한 유대를 경험하며, 이 유대감은 현대인에게 결핍되어 가는 소속감과 동질의식을 심어줄 수 있다.

문제는 이러한 사이버 공간의 인간관계에 지나치게 의존하다 보면 중독이나 몰입 같은 폐인증상이 나타날 수 있다는 점이다. 가령, 집 밖으로 나오지 않고 방에서 컴퓨터를 통한 교류만 하고 살아가는 '은둔형 외톨이'는 분열형 인격장애로 볼 수도 있지만 일본의 히키코모리(ひきこもり)와 같이 외부세계에 대한 접촉을 꺼리고 자기 안에서만 살아가는 사람이라고 할 수 있다. 이들은 사이버 공간에서의 인간관계를 활용하여 자신과 타인에 대한 지각을 왜곡하고 자신에게 아무런 문제가 없는 것으로 믿게 만든다. 즉, 사이버 공간은 의사소통능력이 부족하거나 대인관계에 대한 욕구 자체의 결핍으로 인해 타인과의 인간관계를 형성하지 못하는 사람들에게 보상수단이 될 수 있다. 물론 현실세계에서 인간관계에 적극적인 사람이 사이버 공간에서도 많은 교류를 갖는다는 연구결과가 있지만 문제는 현실세계에 적응하는 데 문제를 보이는 사람들이 사이버 인간관계에 몰입하기 쉽다는 점이다.

3) 인간관계의 신뢰성 문제

사이버 공간에서 사람들은 자신의 모습을 자기가 원하는 대로 제시하는 경우가 많다. 이러한 자기제시가 악의적인 것이 아닌 경우에는 자신의 다양한 면을 드러낼 수 있고 그것을 통해 자신의 새로운 면을 발견할 수 있다. 그러나 인터넷을 통해 낯선 사람과 대화를 할 경우에 자신에 대한 정보를 조작하여 전달하는 경우가 있으며, 상대방도 그렇게 할 가능성이 있기 때문에 있는 그대로 받아들이지 않는다. 즉, 자신이나 상대방이 진실을 말하지 않더라도 익명성이 보장된 사이버 공간에서는 사실 여부를 판단하기 어렵고 사실이 아니더라도 그것에 대해 책임을 지지 않아도 된다. 물론 제목과 본문의 내용을 다르게 게시하여 보내는 스팸메일이나 온라인 상거래에서 자주 일어나는 사기행위처럼 가해자와 피해자가 분명한 경우는 아니더라도 사이버 공간의 인간관계에서 제기되는 신뢰성의 문제는 왜 인터넷을 통한 인간관계가 일회적이고 비인격적인지를 설명하는 원인이 된다.

익명성을 가진 사이버 공간에서는 개인 간의 상호작용을 방해하는 성, 종교, 나이, 학벌 등의 사회적 제약이 인간관계에 영향을 미치지 못한다. 이런 이유 때문에 많은 사람들이 사이버 공간에서의 인간관계에 더 몰입을 하게 되었지만 인간관계의 기반이 되는 신뢰성 없이는 사상누각과 다름이 없다.

6. 사이버 공간과 청소년

1) 사이버 공간에서 보이는 청소년의 행동특성

사이버 공간을 놀이터로 경험해온 현재의 청소년들은 라디오나 TV를 통해 세상을 배웠던 어른과 분명 다르다. 사회화 과정을 한 인간이 사회의 구성원이 되기 위해 다양한 경험을 하는 과정이라고 본다면, 이런 경험의 차이는 청소년들의 행동에 영향을 미쳤을 것이다. 가령, 컴퓨터로 듣고 컴퓨터로 느끼고 컴퓨터로 생각하고 컴퓨터로 말하는 특성을 지닌 청소년들은 현실세계보다 사이버 공간에서의 인간관계가 더 친숙하고 편하게 느껴질 수 있다. 그렇다면 사이버 공간에 대한 경험은 청소년들에게 어떤 영향을 미치고 있을까?

첫째, 사이버 공간에 대한 의존도가 커질수록 현실세계의 인간관계에서 요구되는 사회적 규범에 미숙한 경향을 보인다. 즉, 가정이나 학교에서 사회규범이나 예절에 대한 충분한 교육이 이루어지지 못하는 상황에, 인터넷을 통한 의사소통에서 거친 말과 부정적인 사고에 익숙해지다 보면 바람직한 인간관계를 위해 필요한 소양이 길러지지 못할 가능성이 있기 때문이다. 둘째, 스스로 원하는 정보를 찾고 그것에 근거하여 행동한다. 현재의 청소년들은 대학의 전공을 선택하는 일에서부터 직업을 정하는 일 등에서 주변 사람들의 충고나 조언들 듣기보다 인터넷에서 필요한 정보를 찾고 그것에 근거하여 스스로 판단한 후에 남의 눈을 의식하지 않고 행동한다. 셋째, 매사를 옳고 그름이 아니라 좋고 싫음에 의해 판단하고 행동한다. 유교문화의 영향을 받았던 기성세대는 어떤 선택을 해야 할 때 그것이 유교적 윤리관에 기반하여 옳은 것인지 그른 것인지가 가장 중요한 기준이 된다. 그러나 현재의 청소년들은 인터넷에서 얻은 정보에 근거하여 판단하며, 선택을 할 때 좋은지 싫은지가 제일 중요한 기준이 된다.

● 사이버 공간에서 청소년이 경험하는 정체성

청소년들이 경험하는 사이버 공간에서의 인간관계는 자신이 억제해왔던 욕구나 갈등을 표현하는 현실적 대안이 되고 있다. 사이버 공간에서 만들어지는 수많은 자신은 때로는 마음에 들지 않은 모습이기도 하고 때로는 상상 속에서만 가능했던 이상적인 모습이기도 하다. 이렇게 만들어진 가상의 자신은 사이버 공간에서 만난 사람들과의 관계를 통해 인정받으면서 또 하나의 실체처럼 느껴질 수도 있다. 그렇다면 발달적으로 정체성을 형성하는 청소년들은 사이버 공간 속의 인간관계를 통해 어떤 경험을 할까? 청소년들에게 현실에서의 만남이 자신이 인정하기 싫은 모습을 나타내야 하는 것이었다면 사이버 공간에서의 만남은 자신의 모습을 원하는 방식으로 조작할 수 있는 것으로 받아들여진다. 사이버 공간 속에서 청소년들은 자신을 다양한 정체성으로 표현하고 그것을 통해 현실의 삶과 다른 자신만의 세계를 만들어 나간다. 사이버 공간 속에서 청소년들은 새로운 정체성을 만들어내며 페이스북을 통한 만남이나 동호회 같은 공동체에 참여함으로써 자기가 창조한 정체성을 실험한다. 사이버 공간에서의 만남을 통해 자신이 만들어낸 정체성이 받아들여지는 경험을 하게 되면 그 공간에서 이루어지는 만남에서 자신의 역할이나 정체성을 변신시키려는 욕구를 갖게 된다. 때로는 이러한 욕구로 인해 현실에서는 보이지 않던 과격하거나 저속한 행동을 보이기도 한다. 어떻게 보면 일탈로 보일 수 있지만 청소년들은 현실세계에서의 자신의 모습과는 다른 모습을 창조하면서 새로운 자기 모습에 대한 인식을 하게 된다. 이러한 행동이 현실세계의 제한되고 불만족스러운 자신으로부터 탈출을 하는 것만이 아니라 자신의 다양한 모습을 만들고 경험하도록 해준다.

2) 청소년에 미치는 사이버 인간관계의 부정적 영향

사이버 공간은 공부에 시달리고 마땅한 휴식공간이 없는 청소년들에게 새로운 놀이터로 받아들여지고 있다. 사이버 공간에서 이루어지는 인간관계는 청소년에게 다양한 정보를 제공하고 새로운 친구를 만날 수 있는 기회를 제공한다. 그러나 사이버 공간에 대한 지나친 의존은 청소년에게 문제를 일으키는데 대표적인 것은 다음과 같다.

첫째, 자신을 드러내는 것에 민감한 청소년들은 사이버 공간에서도 자신의 감정이나 생각을 글이나 그림을 통해 표현하고자 한다. 이것에 대해 상대방이 지나치게 공격적이거나 상처를 주는 댓글을 올리면 좌절감이나 분노를 느낄 수 있다. 특히, 상대방의 글이나 그림에 대해 지나치게 공격적이거나 상처를 주는 댓글로 인한 피해는 사이버 공간의 익명성으로 인해 더 커질 수 있다. 둘째, 청소년기 동안 청소년들은 자신의 정체성을 형성하는데 주변 사람들의 평가는 여기에 가장 큰 영향을 주게 된다. 사이버 공간에서 만난 사람들은 상대방에 대한 진정한 이해나 수용 없이 글의 내용 같은 피상적 정보만으로 상대방을 평가하기 때문에 부정적 정체성을 형성하도록 할 수 있다. 셋째, 집단 따돌림은 청소년기에 자주 발생하는 문제이며 정체감 형성이 이루어지기 시작하는 청소년들에게는 심각한 마음의 상처를 줄 수 있다. 집단 따돌림 대부분이 학교생활에서 일어난다고 보지만 같은 현상이 SNS에서도 발생할 수 있으며, 그로 인해 소외감이나 정신적 충격을 받아서 심하면 자살을 하는 청소년들이 생기고 있다.

그밖에도 자기 행동에 대한 억제가 어려운 청소년들은 SNS 활동에 재미를 느끼고 중독에 빠질 가능성이 높으며 그로 인해 학업이나 학교생활에 어려움을 느낄 수 있다. 요즘 스마트폰을 가진 청소년들이 늘어나면서 하루에도 수십 번씩 SNS에 접촉하여 친구와 이야기를 나누거나 자신의 일상을 올리는 데 시간을 소모하는 경우가 많이 나타나고 있다. 또한 인간관계를 형성할 때 사이버 공간은 현실세계보다 훨씬 노력이나 시간이 적게 소모되며, 공통 관심사를 중심으로 인적 네트워크가 이루어지기 때문에 사회적 지지를 받을 수 있는 가능성이 더 높다. 그렇기 때문에 많은 청소년들이 사이버 공간에서 다양한 친구들을 만나고 거기에서 새로운 경험을 시도하게 된다. 그러나 사이버 공간에서 이루어지는 인간관계는 약한 친밀감에 근거하며 쉽게 끝날 수 있기 때문에 친밀감을 바탕으로 하는 정서적 안정감을 채우기 어려우며, 현실세계에서 이루어지는 친구들과의 관계를 소원하게 만들어 사회적 고립을 초래할 수도 있다.

참고문헌

권석만 (1996). 우울과 불안의 관계: 유발 생활사건과 인지내용에 있어서의 공통점과 차이점. 심리과학, 5, 13-38.

김선경 (2004). 아동이 지각한 부모-자녀간의 의사소통 유형과 초등학생의 사회성발달과의 관계. 경인대학교 교육대학원 석사학위논문.

김재휘, 송미란 (2008). 온라인에서의 새로운 의견 선도자 탐색: 구전의 확산에 미치는 영향력을 통해서. 소비자학연구, 19, 93-113.

김혜숙 (1999). 집단범주에 대한 고정관념, 감정과 편견. 한국심리학회지: 사회 및 성격, 13(1), 1-33.

박부진, 이해영 (2000). 대학생의 인터넷 이용특성과 가족생활의 변화. 가족과 문화, 12, 99-126.

박영신, 김의철 (2004). 청소년의 인간관계와 일탈행동: 부모자녀관계, 친구관계, 교사학생관계를 중심으로. 한국심리학회지: 문화 및 사회문제, 10, 87-115.

박찬옥 (1986). 아동의 대인문제해결사고에 관한 연구. 중앙대학교 대학원 박사학위논문.

배진한 (1995). 컴퓨터 매개 커뮤니케이션이 대인 커뮤니케이션 채널 및 정보이용에 미치는 영향. 서울대학교 대학원 박사학위논문.

송경재 (2010). 미국 소셜 네트워크 서비스 (SNS) 사용자의 특성과 정치참여. 한국과 국제정치, 26(3), 129-157.

송혜영, 최보가 (2002). 또래갈등상황에서 아동의 책략, 목표 및 또래 수용. 대한가정학회지, 40(11), 11-22.

유영주 (2004). 가족강화를 위한 한국형 가족건강성 척도 개발 연구. 한국가족관계학회지, 9(2), 119-151.

이수원 (1993). 사회적 갈등의 인지적 기제: 사회적 자아중심성. 한국심리학회지: 사회 및 성격, 7(2), 1-23.

이슬아, 권석만 (2020). 행동동기체계와 자기통제, 내재화/외현화 문제의 관계: 자기통제의 조절효과를 중심으로. 한국심리학회지: 임상심리 연구와 실제, 6(3),

189-206.

이은해, 고윤주, 오원정 (2000). 청소년기 친구에 대한 만족감과 친구의 지원 및 갈등해결. 한국심리학회지: 발달, 13(3), 105-121.

임태섭 (1993). 텔레비전 뉴스의 공정성에 대한 담론분석 연구. 언론과 사회, 67-109.

임평규 (2001). 현실과 사이버의 맥락에 따른 자기노출의 차이; 성격 특성과의 상호작용을 중심으로. 석사학위논문. 연세대학교 심리학과. 서울.

장성수 (1984). 분배정의와 절차정의가 보상의 불만족에 미치는 효과. 한국심리학회지: 사회 및 성격, 2(1), 193-218.

조정문 (1995). 결혼생활의 공평성 인지와 결혼만족. 한국사회학, 29(FAL), 559-584.

차재호 (1980). 한국인의 성격과 의식. 한상복 등 (편). 한국문화의 연속과 변화에 관한 연구, 서울: 문교부.

최상진, 최인재 (2002). 한국인의 문화 심리적 특성이 문제대응방식, 스트레스, 생활만족도에 미치는 영향: 정(情), 우리성을 중심으로. 한국심리학회지: 상담 및 심리치료, 14(1), 55-71.

한규석, 최송현, 정욱, 배재창 (2004). 한국사회에서의 사람 판단의 준거: 된 사람과 난 사람의 평가를 중심으로. 한국심리학회지: 사회 및 성격, 18(1), 23-39.

홍성태 (2003). 사이버공간, 시민사회, 윤리의 정치. 민주사회와 정책연구, 4, 75-94.

황상민, 양진영 (2002). 한국사회의 세대집단에 대한 심리학적 탐색: 전이적 공존 관점을 통한 대학생 집단의 세대 이미지 분석. 한국심리학회지: 사회 및 성격, 16(3), 75-93.

황상민, 한규석 (1999). 사이버 공간의 심리. 서울: 박영사.

Abele, A. E., & Wojciszke, B. (2007). Agency and communion from the perspective of self versus others. Journal of Personality and Social Psychology, 93(5), 751-763.

Ainsworth, M. D. S. (1982). Attachment: Retrospect and prospect. In Parkes, C. M., and Stevenson-Hinde, J (eds.), The Place of Attachment in Human Behavior. Basic Books, New York, pp. 3-30.

Albrecht, S. L. (1980). Reactions and Adjustments to Divorce: Differences in the Experiences of Males and Females. Family Relations, 29(1), 59-68.

Albright, L., Kenny, D. A., & Malloy, T. E. (1988). Consensus in personality judgments at zero acquaintance. Journal of Personality and Social Psychology, 55(3), 387-395.

Altman, I. & Talyor, D. (1973). Social Penetration: The Development o f Interpersonal Relationships. New York: Holt.

Amato, P. R. & DeBoer, D. D. (2001). The Transmission of Marital Instability Across Generations: Relationship Skills or Commitment to Marriage? Journal of Marriage and Family, 63, Issue 4, 1038-1051.

Anderson, N. H. & Hubert, S. (1963). Effects of concomitant verbal recall on order effects in personality impression formation. Journal of Verbal Learning and Verbal Behavior, 2, Issues 5-6.

Anderson, N. H. (1966). Component ratings in impression formation. Psychonomic Science, 6(6), 279-280.

Anderson, N. H. (1968). Application of a linear-serial model to a personality-impression task using serial presentation. Journal of Personality and Social Psychology, 10(4), 354-362.

Armstrong, A., & Hagel III, J. (1996). The real value of on-line communities. Harvard Business Review, May-June, pp. 134-141.

Aronson, E. & Linder, D. (1965). Gain and loss of esteem as determinants of interpersonal attractiveness. Journal of Experimental Social Psychology, 1, Issue 2, pp. 156-171.

Aronson, E., Willerman, B., & Floyd, J. (1966). The effect of a pratfall on increasing interpersonal attraction. Psychonomic Science, 4, 227-228.

Asch, S. E. (1955). Opinion and social pressure. Scientific American, 193(5), 31-35.

Balswick, J. & Avertt, C. P. (1977). Differences in Expressiveness: Gender, Interpersonal Orientation, and Perceived Parental Expressiveness as Contributing Factors. Journal of Marriage and Family, 39(1), 121-127.

Beck, A. (1971). Cognition, Affect, and Psychopathology. Arch Gen Psychiatry, 24(6), 495-500.

Berne, E. (1968). Games people play: The psychology of human relationships.

Harmondsworth: Penguin.

Berscheid, H. & Walster, E. H. (1978). Interpersonal attraction (2nd ed.), Addison-Wesley, Reading, MA.

Blake, R. R., Mouton, J. S., & Bidwell, A. C. (1962). Managerial grid. Advanced Management - Office Executive, 1(9), 12-15.

Bower, S. A., & Bower, G. H. (1991). Asserting yourself-updated edition: a practical guide for positive change. Hachette UK.

Brehm, S. S. (1992). Intimate relationships. The McGraw-Hill series in social psychology.Intimate relationships (2nd ed.). Mcgraw-Hill Book Company.

Brown, P., & Levinson, S. C. (1987) Politeness: Some Universals in Language Usage. Cambridge University Press.

Buck, R. (1984). The Physiological Bases of Nonverbal Communication. Sociophysiology. pp. 139-161.

Buhrmester, D. (1990). Intimacy of Friendship, Interpersonal Competence, and Adjustment during Preadolescence and Adolescence. Child Development, 61, Issue 4, 1101-1111.

Byrne, D. & Nelson, D. (1964). Attraction as a function of attitude similarity-dissimilarity: the effect of topic importance. Psychonomic Science, 1, 93-94

Cacioppo, J. T. & Hawkey, L. C. (2009). Perceived social isolation and cognition Trends in Cognitive Sciences, 13, 447-454

Caldwell, M. A. & Peplau, L. A. (1982). Sex differences in same-sex friendship. Sex Roles, 8, 721-732.

Campbell, J. D., & Tesser, A. (1983). Motivational interpretations of hindsight bias: An individual difference analysis. Journal of Personality, 51(4), 605-620.

Cantor, N., Markus, H., Niedenthal, P., & Nurius, P. (1986). On motivation and the self-concept.

Carkhuff, R. R. & Truax, C. B. (1965). Training in counseling and psychotherapy: An evaluation of an integrated didactic and experiential approach. Journal of Consulting Psychology, 29(4), 333-336.

Cash, T. F., Begley, P. J., McCown, D. A., & Weise, B. C. (1975). When counselors are heard but not seen: Initial impact of physical attractiveness. Journal of Counseling Psychology, 22(4), 273.

Cate, R. M. & Lloyd, S. A. (1988). The Role of Rewards and Fairness in Developing Premarital Relationships. Journal of Marriage and Family, 50(2), 443-452

Chung, Tsai-Yen & Asher, S. R. (1996). Children's Goals and Strategies in Peer Conflict Situations. Merrill-Palmer Quarterly, 42(1), Invitational Issue: Conflicts in Families and Between Children: Advances in Theory and Research, pp. 125-147.

Cohan, C. L. & Kleinbaum, S. (2002). Toward a Greater Understanding of the Cohabitation Effect: Premarital Cohabitation and Marital Communication. Journal of Marriage and Family, 64, 180-192.

Damon, W. & Hart, D. (1988). Self-understanding and social cognitive development. Early Child Development and Care, 40, Issue 1, 5-23.

Davis, D., & Perkowitz, W. T. (1979). Consequences of responsiveness in dyadic interaction: Effects of probability of response and proportion of content-related responses on interpersonal attraction. Journal of Personality and Social Psychology, 37(4), 534–550.

Davis, K. E., & Todd, M. J. (1985). Assessing friendship: Prototypes, paradigm cases and relationship description. In S. Duck & D. Perlman (Eds.), Understanding personal relationships: An interdisciplinary approach (pp. 17–38)

Davis, L., Young, M. H. & Richard, D. (1985). The effects of private self-consciousness and perspective taking on satisfaction in close relationships. Journal of Personality and Social Psychology, 48(6), 1584-1594.

DeFrain, J., & Olson, D. H. (1999). Contemporary family patterns and relationships. In Handbook of marriage and the family (pp. 309-326). Springer, Boston, MA.

DeFrain, J., & Stinnett, N. (1985). American family strengths inventory.

DeFrain, J., & Stinnett, N. (2002). Family strengths. In J. J. Ponzetti (Ed.), International encyclopedia of marriage and family (2nd ed., pp. 637–642). New York: Macmillan.

Delia, J. G. & O' keefe, B. J. (1979). Construct comprehensiveness and cognitive complexity as predictors of the number and strategic adaptation of arguments and appeals in a persuasive message. Communication Monographs, 46, Issue 4.

DePaulo, B. M., LeMay, C. S. & Epstein, J. A. (1991). Effects of Importance of Success and Expectations for Success on Effectiveness at Deceiving. Personality and Social Psychology Bulletin.

Derlega, V. J., Wilson, M., & Chaikin, A. L. (1976). Friendship and disclosure reciprocity. Journal of Personality and Social Psychology, 34(4), 578-582.

Doherty, W. J., Kouneski, E. F., & Erickson, M. F. (1996). Responsible Fathering: An Overview and Conceptual Framework. Journal of Marriage and Family, 60(2), 277-292.

Donna J. Hess & Geoffrey W. Grant. (1983). Prime-Time Television and Gender-Role Behavior. Teaching Sociology, Vol. 10, No. 3, The Use of Mass Media in Sociology Curricula, pp. 371-388.

Duvall, S. L. (1977). The Family Life Cycle: Empirical or Conceptual Tool? Journal of Marriage and Family, 41(1), 15-26.

Ebbesen, B. Kjos, G. L. & Konecni, V. (1976). Spatial ecology: Its effects on the choice of friends and enemies. Journal of Experimental Social Psychology, 12, 505-518.

Ehrlich, H. & Graeven, D. B. (1971). Reciprocal self-disclosure in a dyad. Journal of Experimental Social Psychology, 7, 389-400.

Ekman, P., & Friesen, W. V. (1978). Facial Action Coding System: A technique for the measurement of facial movement. Palo Alto, CA: Consulting Psychologists Press.

Elkins, L. E. & Peterson, C. (1993). Gender differences in best friendships. Sex Roles, 29, 497-508.

Emery, R. E. (1988). Children in the divorce process. Journal of Family Psychology, 2(2), 141-144.

Epstein, S. (1983). The Mother-Father-Peer Scale. Unpublished manuscript, University of Massachusetts.

Erber, R. & Erber, M. W. (2001). Mood and processing: A view from a self-regulation perspective. Theories of Mood and Cognition: A User's Guidebook.

Festinger, L., Schachter, S., & Back, K. (1950). Social pressures in informal groups; a study of human factors in housing. Harper.

Fiske, A. P. (1992). The four elementary forms of sociality: Framework for a unified theory of social relations. Psychological Review, 99, 689-723.

Fitzpatrick, M. A. & Ritchie, L. D. (1994). Communication schemata within the family: Multiple perspectives on family intevaction., Humanication Research, 20, 275-301.

Friedman, R. H. & Rosenman, M. (1959). The possible relationship of the emotions to clinical coronary heart disease. Hormones and Atherosclerosis: Proceedings of the Conference Held in Brighton.

Gardner, R. M. & Tockerman, Y. R. (1994). A Computer-TV Video Methodology for Investigating the Influence of Somatotype on Perceived Personality Traits. Journal of Social Behavior and Personality; Vol. 9, Iss. 3, 555.

Gilligan, C. (1982). New maps of development: New visions of maturity. American Journal of Orthopsychiatry, 52(2), 199–212.

Ginzberg, E. (1972). A Critical Look at Career Guidance. American Vocational Journal, 47, 4, 51-54.

Goldstein, E. (1983). Cognitive Psychology: Connecting Mind, Research and Everyday Experience. Cengage Learning.

Gottman, J. M. & Krokoff, L. J. (1989). Marital interaction and satisfaction: A longitudinal view. Journal of Consulting and Clinical Psychology, 57(1), 47–52.

Halpin, A. W. & Winer, J. W. (1952). The leadership behavior of the airplane commander. Ohio State University Research.

Hammock, G. S. Richardson, D. R. & Utley, M. (1990). Measurement of conflict in social relationships. Personality and Individual Differences, 11, 577-583.

Hample, D. & Dallinger, J. M. (1987). Individual differences in cognitive editing standards. Human. Communication Research, 14, 123-144.

Hill, C. T., Rubin, Z., & Peplau, L. (1976) A. Breakups before marriage: The end of 103 affairs. lournal of Social Issues, 32(1), 147-168.

Hill, R. A. & Dunbar, R. I. (2003). Social network size in humans. Human nature, 14, 53-72.

Hiltz, S. R. and Turoff, M. (1985). Structuring Computer-Mediated Communication Systems to avoid Information. Overload, CACM., 28(7), 682-689

Holland, J. L. (1959). A theory of vocational choice. Journal of Counseling Psychology, 6(1), 35-45.

Hollin, C. R. & Trower, P. (1986). Handbook of Social Skills Training: Clinical Applications and New Directions.

James L. Hawkins, Carol Weisberg & Dixie W. Ray (1980). Spouse Differences in Communication Style: Preference, Perception, Behavior. Journal of Marriage and Family, 42(3), 585-593.

Johnson, J. A., Cheek, J. M., & Smither, R. (1983). The structure of empathy. Journal of Personality and Social Psychology, 45(6), 1299-1312.

Jones, W. H. & Carpenter, B. N. (1986). Shyness, Social Behavior, and Relationships. Shyness, 227-238.

Jourard, S. M. (1964). The transparent self: Self-disclosure and well-being. Van Nostrand Princeton, NJ.

Kail, R. V., & Wicks-Nelson, R. (1993). Developmental psychology, (5th ed.), Englewood Cliffs, Prentice Hall, New Jersey.

Kaslow, F. W., & Schwartz, L. L. (1983). Vulnerability and invulnerability to the cults: An assessment of family dynamics, functioning, and values. Marital and Family Therapy: New Perspectives in Theory, Research and Practice, 165-90.

Kelley, H. H., & Stahelski, A. J. (1970). Social interaction basis of cooperators' and competitors' beliefs about others. Journal of Personality and Social Psychology, 16(1), 66-91.

Kelley, H. H., & Thibaut, J. W. (1978). Interpersonal relations: A theory of interdependence. New York: Wiley.

Kerkoff, A. C. & Davis, K. E. (1962). Value Consensus and Need Complementarity in Mate Selection. American Sociological Review, 27(3), 295-303.

Kraut, R., Patterson, M., Lundmark, V., Kiesler, S., Mukophadhyay, T., & Scherlis,

W. (1998). Internet paradox: A social technology that reduces social involvement and psychological well-being?. American psychologist, 53(9), 1017.

Kurdek, L. A. (1993). Predicting marital dissolution: A 5-year prospective longitudinal study of newlywed couples. Journal of personality and social psychology, 64(2), 221.

Lange, A. J., Jakubowski, P., & McGovern, T. V. (1976). Responsible assertive behavior: Cognitive/behavioral procedures for trainers. Research Press.

Lassiter, G. D., & Briggs, M. A. (1990). Effect of Anticipated Interactions on Liking: An Individual Difference Analysis. Journal of Social Behavior and Personality, 5(5), 357.

Lasswell, Marcia, & Lobsenz, Norman M. (1980). Styles of loving: Why we love the way you do. New York: Doubleday.

LeMasters, E. E., & DeFrain, J. (1983). Parents in con culinity (pp. 83-97). Beverly Hills.

Lepper, M. R., & Greene, D. (1978). Overjustification research and beyond: Toward a means-ends analysis of intrinsic and extrinsic motivation. The hidden costs of reward: New perspectives on the psychology of human motivation, 109-148.

Leung, K., & Bond, M. H. (1984). The impact of cultural collectivism on reward allocation. Journal of Personality and Social psychology, 47(4), 793.

Liebman, R., Minuchin, S., & Baker, L. (1974). The use of structural family therapy in the treatment of intractable asthma. American Journal of Psychiatry, 131(5), 535-540.

Lipsitz, J (1991). Public policy and young adolescents: A 1990s context for researchers. The Journal of Early Adolescence, 11(1), 20-37.

Luft, Joseph & Harry H. Ingham (1955). The Johari Window as a Graphic Model of Interpersonal Awareness. Proceedings of the Western Training Laboratory.

Maslow, A. (1954). Motivation and Personality (book).

McLeod, J. M., Atkin, C. K., & Chaffee, S. H. (1972). Adolescents, parents, and television use: Self-report and other-report measures from the Wisconsin sample. Television and social behavior, 3, 239-313.

Mehrabian, A., & Ferris, S. R. (1967). Inference of attitudes from nonverbal communication in two channels. Journal of consulting psychology, 31(3), 248.

Morse, S., & Gergen, K. J. (1970). Social comparison, self-consistency, and the concept of self. Journal of personality and social psychology, 16(1), 148.

Muchinsky, P. M., & Culbertson, S. S. (2009). Industrial and Organizational Psychology.

Murstein, B. I (1986). Paths to marriage. SAGE Publications.

Nahemow, L., & Lawton, M. P. (1975). Similarity and propinquity in friendship formation. Journal of Personality and Social Psychology, 32(2), 205.

OKADA, T. (2011). Friendship and Self-esteem in Contemporary Adolescents. Japanese Journal of Personality, 20(1).

Osborne, L. N., & Fincham, F. D. (1996). Marital conflict, parent-child relationships, and child adjustment: Does gender matter?. Merrill-Palmer Quarterly (1982-), 48-75.

Patterson, G. R. (1986). Performance models for antisocial boys. American psychologist, 41(4), 432.

Patzer, G. L. (1985). The physical attractiveness phenomena. New York: Plenum Press.

Peplau, L. A., Rubin, Z., & Hill, C. T. (1977). Sexual intimacy in dating relationships. Journal of Social Issues, 33(2), 86-109.

Popkin, M. H. (1983). Active parenting handbook. Active parenting Incorporated.

Prager, K. J. (1991). Intimacy status and couple conflict resolution. Journal of Social and Personal Relationships, 8(4), 505-526.

Prensky, M. (2001). Digital natives, digital immigrants part 2: Do they really think differently?. On the horizon.

Rahim, M. A. (1983). A measure of styles of handling interpersonal conflict. Academy of Management journal, 26(2), 368-376.

Reardon, B. (1982). Militarization, Security, and Peace Education: A Guide for Concerned Citizens.

Reis, H. T., Senchak, M., & Solomon, B. (1985). Sex differences in the intimacy of social interaction: Further examination of potential explanations. Journal of Personality and Social Psychology, 48(5), 1204.

Rempel, J. K., Holmes, J. G., & Zanna, M. P. (1985). Trust in close relationships. Journal of personality and social psychology, 49(1), 95.

Rodin, M. J. (1982). Non-engagement, failure to engage, and disengagement. In S. Duck (Ed.), Personal relationships: Vol. 4. Dissolving personal relationships (pp. 31-49). London: Academic Press.

Rogers, C. R. (1951). Client-centered therapy: Its current practice, implications, and theory. Boston: Houghton Mifflin.

Rose, A. J., & Asher, S. R. (1999). Children's goals and strategies in response to conflicts within a friendship. Developmental psychology, 35(1), 69.

Rosenberg, M. (1979). Conceiving the self. New York: Basic Books.

Rosenthal, R., & DePaulo, B. M. (1979). Sex differences in eavesdropping on nonverbal cues. Journal of Personality and social Psychology, 37(2), 273.

Rosenthal, R., Archer, D., Hall, J. A., DiMatteo, M. R., & Rogers, P. L. (1979). Measuring sensitivity to nonverbal communication: The PONS test. In Nonverbal behavior (pp. 67-98). Academic Press.

Ross, J., & Ferris, K. R. (1981). Interpersonal attraction and organizational outcomes: A field examination. Administrative Science Quarterly, 617-632.

Rubin, Z. (1973). Liking and loving: An invitation to social psychology. New York: Holt,Rinehart, & Winston.

Safilios-Rothschild, C. (1977). Love, sex and sex roles.

Sapadin, L. A. (1988). Friendship and gender: Perspectives of professional men and women. Journal of Social and personal Relationships, 5(4), 387-403.

Sassenberg, K., & Postmes, T. (2002). Cognitive and strategic processes in small groups: Effects of anonymity of the self and anonymity of the group on social influence. British Journal of Social Psychology, 41(3), 463-480.

Schachter, S., & Singer, J. (1962). Cognitive, social, and physiological determinants of emotional state. Psychological review, 69(5), 379.

Schlenker, B. R. (1980). Impression management. Monterey, CA: Brooks/Cole, 79-80.

Schneider, D. J. (1973). Implicit personality theory: A review. Psychological bulletin, 79(5), 294.

Shaver, P., Furman, W., & Buhrmester, D. (1985). Transition to college: Network changes, social skills, and loneliness.

Shennum, W. A., & Bugental, D. B. (1978). Effects of child impulsivity on maternal communication patterns. In a meeting of the Western Psychological Association, San Francisco.

Siegelman, E. Y. (1983). PERSONAL RISK: MASTERING CHANGE IN LOVE AND WORK. Harper and Row.

Sigall, H., & Ostrove, N. (1975). Beautiful but dangerous: effects of offender attractiveness and nature of the crime on juridic judgment. Journal of Personality and Social Psychology, 31(3), 410.

Sternberg, R. J. (1988). The Triangle of Love: Intimacy passion and commitment. New York: Basic Books.

Sternberg, R. J., & Grajek, S. (1984). The nature of love. Journal of Personality and Social Psychology, 47(2), 312.

Stinnett, N., Walters, J., & Kaye, E. (1984). Relationships in marriage and the family. Macmillan.

Tannen, D. (1994). Gender and discourse. Oxford University Press.

Tesser, A. (1988). Toward a self-evaluation maintenance model of social behavior. In Advances in experimental social psychology, 21, 181-227. Academic Press.

Thomas, K. W. (1988). The conflict-handling modes: Toward more precise theory. Management Communication Quarterly, 1(3), 430-436.

Triandis, H. C. (1989). The self and social behavior in differing cultural contexts. Psychological review, 96(3), 506.

Triandis, H. C., & Fishbein, M. (1963). Cognitive interaction in person perception. The Journal of Abnormal and Social Psychology, 67(5), 446.

Turkle, S. (1995). Ghosts in the machine. The sciences, 36-40.

Vuchinich, S. (1987). Starting and stopping spontaneous family conflicts. Journal of Marriage and the Family, 591-601.

Wallace, P. (2001). The Psychology of the Internet. Cambridge, UK: Cambridge University Press.

Walster, E., Walster, G. W., & Berscheid, E. (1978). Equity: Theory and research. Boston: Allyn and Bacon.

Watson, D., & Friend, R. (1969). Measurement of social-evaluative anxiety. Journal of consulting and clinical psychology, 33(4), 448.

Weiten, W., Lloyd, M. A., & Lashley, R. (1997). Psychology applied to modern life: Adjustment in the 90s Brooks.

Wheeler, L., & Kim, Y. (1997). What is beautiful is culturally good: The physical attractiveness stereotype has different content in collectivistic cultures. Personality and Social Psychology Bulletin, 23(8), 795-800.

Yankelovich, D. (1974). The New Morality: A Profile of American Youth in the 70's.

Zajonc, R. B. (1968). Attitudinal effects of mere exposure. Journal of personality and social psychology, 9(2p2), 1.

Zimbardo, P. G., Pilkonis, P. A., & Norwood, R. (1975). Shackles of shyness. Psychology Today, 1(6), 24-27.

찾아보기

저자약력

이태연

서울대학교 심리학과에서 인지심리학으로 박사학위를 받았고, 연구분야는 인간의 학습과정으로 이와 관련된 연구논문들과 저서들을 집필하였다. 현재 한서대학교 교수로 재직하고 있으며 학습분야뿐 아니라 디자인이나 행복에 대해서도 관심을 가지고 연구를 진행하고 있다. 출판된 저서에는 〈인간관계심리학〉, 〈실험심리학 용어사전〉, 〈응용인지심리학〉, 〈마음치유와 시〉 등이 있다.

인간관계 심리학(2판)

초판발행 2014년 3월 10일 1판 1쇄 발행 | 2015년 3월 10일 1판 2쇄 발행 | 2019년 3월 10일 1판 3쇄 발행

2판발행 2021년 9월 10일 2판 1쇄 발행 | 2023년 3월 10일 2판 2쇄 발행

지은이 이태연
펴낸이 최용구 | **펴낸곳** 도서출판 **신정**
주소 (04316) 서울시 용산구 원효로 89길 19(원효로1가)
전화 02)3211-4782, 0266(영업부), 3211-4783(편집부), 3211-4784(팩스)
이메일 shinjeong72@naver.com | **홈페이지** www.sjbook.co.kr
등록 2001년 5월 11일 제13-702호
기획마케팅 최용구 장만동 최충구 송대용 | **책임편집** 석기은 황가연

ISBN 978-89-5912-766-5 93180
정가 19,000원